第8卷

长安金融法学研究

Chang'an Financial Law Review

法律出版社
LAW PRESS·CHINA

西北政法大学经济法学院
陕西省法学会金融法学研究会
主办

主编 强力
副主编 杨为乔 傅瑜

编审委员会

前　言

据不完全统计，截至2016年年底我国资产管理业务总体规模已达80万亿元之巨，其中银行业约占24万亿元，信托业约占16万亿元，保险业约占10万亿元，其余部分则分别由券商、公募基金、基金子公司专户以及私募股权基金分享。就总体规模而言，资产管理业务总量已超2015年全国GDP总量，我国无疑已进入“大资管”时代。

这个日新月异的“大资管”时代的出现，不仅得益于金融各业在资产管理业务领域丰富、多元的业务创新，也得益于自2012年5月以来监管部门对资产管理业务规制的缓和：放松投资范围、降低投资门槛以及减少相关限制等措施。传统上横亘于商业银行、信托公司、保险公司、证券公司、证投基金管理公司、期货公司之间分业经营的沉沉壁垒被一点点打开。可以毫不夸张地讲，“大资管”时代带来的冲击不仅是金融市场份额的重新洗牌，更重要的是对现有金融法制，尤其是我国信托法律理论和制度提出了新要求。较之于大资管时代的要求，以“一法三规”（《信托法》《信托公司管理办法》《集合资金信托计划管理办法》《信托公司净资本管理办法》）为主体的我国信托法制亟待完善。

本辑《长安金融法学研究》即以此为背景，着重分析探讨了以下几类理论与实践问题：一是对于“资产管理”基本法律理论范畴、基本业务规范的界定与认识；二是关于信托模式在资产管理中的创新运用的探索；

三是关于资产管理业务、行业立法问题的探索与建议;四是关于资产管理业务风险控制问题,如刚性兑付问题的讨论;五是关于资产管理业务及行业监管体制构建及比较分析;六是“大资管”背景下商业银行不良资产处置问题。

此外,还有一些文章从一个更广阔的背景出发,关注与“大资管”时代相关的其他金融法律理论与实践问题,例如,“大资管”背景下游走于自治与管制之间的政府定位问题,“大资管”背景下的互联网金融法律问题以及“大资管”背景下产业园区PPP以及中韩自贸区(FTA)的金融推进问题等。

或许什么社会经济现象背后都有可以追寻的法律问题,也都有纠结不止的因果关系。人们在乐见“大资管”时代带来的进步与活力的同时,对传统法律制度在这一新兴事物带来的脱监管趋势面前,却显得无所适从与尴尬。在很大程度上,这些担心与纠结只不过是杞人忧天;相反,由此忧虑所导致的传统法律制度的惯性反弹,反而可能会成为阻碍资产管理业务发展的一种阻碍力量。为此,我们期冀通过本卷的讨论,进一步厘清“大资管”时代背后的法律制度与逻辑基础,作出更符合市场经济发展以及金融市场规律的恰当、必要回应。

编　者

2017年10月18日于长安

目　录

“大资管”与信托业立法的思考

强　力*

改革开放30多年来，中国经济的发展取得了举世瞩目的成就，国家财富和社会财富迅速积累、急剧增长，这就需要更丰富的多元化的资产管理方式。在此背景下，自2012年5月以来，中国的资产管理行业迎来了一轮监管放松、业务创新的浪潮。新一轮的监管放松，在扩大投资范围、降低投资门槛以及减少相关限制等方面，打破了银行、信托公司、保险公司、证券公司、证券投资基金管理公司、期货公司之间的竞争壁垒，使资产管理行业进入进一步的竞争、创新、混业经营的大资管时代，中国的资产管理行业得以迅猛发展。然而，资产管理的内涵、特征以及支撑其发展的法律关系存在模糊不清的情形，特别是至今仍缺少一部规范资产管理行为的《信托业法》。

一、金融变局与大资管时代

（一）大资管时代的开启

党的十八届三中全会以来的经济新常态下，中国金融体系正经历着结构性变化，其中一个重要的表现就是“大资管”时代到来。2016年资管行业的规模粗略统计接近80万亿元，银行理财大概在24万亿元，信托16万亿元，保险资管10万亿元，券商资管12万亿

---

* 西北政法大学经济法学院院长，教授、博士研究生导师。

元,公募基金8万亿元,基金子公司专户12万亿元,私募股权基金3万亿元,阳光私募约2万亿元。① 其规模已经超过我国2015年GDP的总量。这些金融产品所提供的资金已经成为中国社会融资总额的重要组成部分,中国已经开启了“大资产”管理时代之门。

中国“大资管”行业的快速发展得益于多方面的条件。第一,中国经济总量不断发展,人均收入不断提高。根据国家统计局公布的数据,2015年中国全年国内生产总值(GDP)为67.67万亿元,人均GDP为5.2万元,约合8016美元。根据国际经验,世界各国人均GDP超过5000美元的,资产管理行业都会迅速发展,人均收入超过1万美元时更是会出现爆炸式增长。② 中国经济的快速发展和居民财富的不断增长,形成了巨大的理财需求,为资产管理行业的发展打下了良好的基础。第二,中国人口结构变化带来社会财富的再配置需求。中国统计局数据表明,中国15~64岁劳动年龄人口的峰值出现在2011年,随着人口老龄化社会的到来以及投资者的代际结构的变化,过去30年所积累的财富未来都会转化为对存款、房地产之外的金融资产的需求。这既意味着社会融资成本的结构性下移,也意味着对资产管理机构的巨大需求。③ 第三,中国已经形成了基本的资产管理市场体系。目前,我国已形成银行、信托、保险、证券、基金、期货6大金融资产管理机构,每个机构在这个市场中都有自己的市场份额和定位。另外,中国的资产管理市场容量、投资品种、基础设施都已基本到位,已形成一个规模较大的投资平台,在这个平台上既有货币市场,也有资本市场,还有大量的基础设施融资。第四,中国经济转型与发展动力的变化。中国经济经过长期的粗放式发展,现已进入结构调整期,正从要素驱动、投资驱动转向创新驱动。传统的经济发展以国企为主、以投资拉动,银行成为金融配置的主要力量,而在大众创新、万众创业的阶段,需要多元的融资渠道支持中小微企业的发展。另外,随着“一带一路”战略的实施和“十三五”规划的落实,资产管理行业将成为中国经济发展的重要融资平台。第五,互联网金融的发展拓宽了客户群,解决了大量中小客户的理财需求。近年来,互联网、大数据技术与传统

---

① 参见巴曙松:《中国资产管理六大新趋势》,载搜狐财经:http://business.sohu.com/20160904/n467567847.shtml,最后访问日期:2016年10月26日。

② 参见《大资管时代的机遇和挑战》,载中国金融四十人论坛:http://www.cf40.org.cn/plus/view.php?aid=8333,最后访问日期:2016年10月26日。

③ 参见张旭阳:《资产管理行业未来将经历五大变化》,载新浪财经:http://finance.sina.com.cn/money/bank/bank_hydt/20150629/231322546128.shtml,最后访问日期:2016年10月26日。

金融行业不断"碰撞",在资产管理方面,互联网公司拥有大量的客户资源,进而拓宽了产品的销售渠道,降低了资产管理渠道的成本。另外,互联网金融也实现了资产管理长尾市场的管理,解决了长期存在的"二八定律"问题,为大量中小客户提供体验式理财服务。①

(二)资管管理行业的布局与发展

中国资产管理行起始于信托、基金行业,银行理财和信托业的快速膨胀,促进了资产管理业的发展。目前,中国资产管理行业形成了银行、信托、保险、券商、基金、期货等专业金融机构之间的多元竞争"春秋战国"时代。

1. 银行资产管理

从2004年光大银行推出首款理财产品起,商业银行的理财业务已经走过了10余年,理财业务规模不断扩大,满足了不同层次投资者的需求,实现了居民财富的保值增值。据银行业理财登记托管中心发布信息,截至2016年6月底,全国共有454家银行业金融机构有存续的理财产品68,961只;理财资金账面余额26.28万亿元,较2016年年初增加2.78万亿元,增幅为11.83%。② 中国银行理财产品虽然起步晚,但发展速度快,其规模已经成为资产管理行业的第一。银行理财的法律法规发展分为4个阶段。第一阶段:监管起步。为适应市场发展,银监会于2005年9月发布了《商业银行个人理财业务管理暂行办法》和《商业银行个人理财业务风险管理指引》专门规范商业银行的个人理财业务,商业银行理财业务正式纳入监管范畴。第二阶段:规范发展。这一阶段监管方向是在原有管理办法的制度框架下,对部分风险比较突出、社会反响较大的方面,提出更具体、明确的要求。经《银监会关于调整商业银行个人理财业务管理有关规定的通知》和《银监会关于进一步规范商业银行个人理财业务投资管理有关问题的通知》规范,将审批制变为报告制,对个人理财业务管理作出明确规定和明确理财资金投资范围。第三阶段:规范治理。以2011年《商业银行理财产品销售管理办法》出台为开端,对商业银行理财产品销售客户划分、理财产品销售管理进行了规定,并研究、制定了关于投资管理、风险管理等多项基础管理办法,理财业务的合规性和规范性逐步得到提高。第四阶段:转型阶段。2013年3月银监会出台《关于规范商业银行理财业务投资运作有关

① 参见巴曙松:《中国资产管理行业发展报告(2015)》,中国人民大学出版社2015年版,第50~78页。

② 参见《中国银行业理财市场报告(2016上半年)》,载中国债券信息网:http://www.chinabond.com.cn/Info/24438323,最后访问日期:2016年10月26日。

问题的通知》,全面整顿规范银行理财业务,建立理财信息登记系统,以强化理财信息披露。同年9月又推出"理财直接融资工具"和"理财管理计划",正式将银行理财向真正资管业务转型推上日程;同年12月,国务院发布《关于加强影子银行监管有关问题的通知》,首次确立了"影子银行"业务的监管法规,2013年成为商业银行理财业务的"转型元年",银行理财业务回归资管、理性发展的道路。①

2. 信托资产管理

信托作为一种优良的财产转移和财产管理制度,发挥着巨大而独特的功用。自改革开放以来,适应金融服务经济的需要,我国将信托机构作为国有银行的补充,引入金融体系中。根据中国信托业协会公布的2015年第4季度信托数据显示,2015年年末,全国68家信托公司管理的信托资产规模为16.30万亿元,较2014年年末的13.98万亿元同比增长16.60%,信托业迈入16万亿元时代。② 大体上中国信托业经历了3个时期。第一阶段为信托的探索期。改革开放后的20余年间,中国尚不具备发展信托业的市场基础和法律基础,这使信托业在这一阶段可谓是有名无实,功能错位严重信托机构在金融体制改革中扮演的角色,是在传统僵化的国有银行系统之外较少受到计划约束的,更具灵活性和弹性的新型银行类机构,以满足社会各方对资金的渴求,该阶段的信托机构具有强烈的银行色彩。第二阶段为信托的规范发展期。规范发展就是颁布实施信托业的"一法两规",即国家颁布的《信托法》和《信托投资公司管理办法》及《信托投资公司资金信托管理暂行办法》。"一法两规"的出台,标志着我国信托业从探索期进入了规范发展期,其明确了信托基本法律关系、信托公司经营信托业活动的主体。另外,对信托公司的经营活动和资金信托进行了规范。第三阶段为信托的高速增长期。2007年中国银监会重新制定并颁发实施了《信托公司管理办法》和《信托公司集合资金信托计划管理办法》(以下简称"新两规"),在"新两规"市场化改革措施的推行,有力地促进了信托业爆发式增长,信托业管理资产规模超过了保险业、证券业和基金业,在2013年一跃成为中国金融体系中第二大子行业。③ 2010年8月24日,中国银监会发布施行

---

① 参见《银行资管行业痛点与发展趋势》,载搜狐网:http://mt. sohu. com/20160423/n445771209. shtml,最后访问日期:2016年10月26日。

② 参见张菲菲:《中国信托业资产规模破16万亿》,载网易财经:http://money. 163. com/16/0225/00/BGKMLKF200253B0H. html,最后访问日期:2016年10月26日。

③ 周小明:《中国信托风雨实录》,载新浪财经:http://finance. sina. com. cn/trust/xtplyj/2016-03-29/doc-ifxqsxic3469984. shtml,最后访问日期:2016年10月26日。

《信托公司净资本管理办法》,形成了信托业的"一法三规"。

3. 保险资产管理

2003 年中国人保资产管理有限公司的设立,标志着保险资产管理市场化、专业化进程的开启。目前,保险资产管理业市场主体主要包括 21 家综合性保险资产管理公司、10 多家专业性保险资产管理机构、11 家保险资产管理公司香港子公司、6 家养老基金管理公司、2 家私募股权投资管理公司、1 家财富管理公司。这些专业管理机构或部门管理资产规模超过 14 万亿元。[①] 保险公司作为委托人将保险资金交由保险资产管理公司作为受托人管理运用保险资金,由保险资产管理公司实现险资的保值增值。保险资产管理行业发展历程,可分为三个阶段:第一个阶段是探索时期,主要表现在投资渠道拓展方面的创新。第二个阶段是发展时期。保监会于 2004 年 2 月颁布《保险资产管理公司管理暂行规定》,规范保险资产管理公司的设立,此后通过各种文件不断放开保险资金的投资渠道,确立了资产配置多元化、资产管理专业化、资金运作集约化的重要格局。2006 年国务院颁布《关于保险业改革发展的若干意见》(以下简称"旧国十条"),明确指出要提高保险资金运用水平,推进保险资金专业化、规范化、市场化运作,提高保险资金运用水平,允许符合条件的保险资产管理公司逐步扩大资产管理范围,探索保险资金独立托管机制。第三个阶段是市场化改革。2014 年 8 月 10 日国务院以国发〔2014〕29 号印发《关于加快发展现代保险服务业的若干意见》(以下简称"新国十条")。"新国十条"首次明晰险资可涉足投资领域,进一步发挥保险公司的机构投资者作用,为股票市场和债券市场长期稳定发展提供有力支持。在这一阶段,监管体制不断完善,监管政策进一步放宽,专业化管理机制不断健全。保险资产管理行业已成为金融市场上投资门类齐全、管理平台多元、配置领域广泛、专业团队精良的重要力量。

4. 券商资产管理

2003 年 12 月证监会颁布《证券公司客户资产管理业务试行办法》,明确界定了券商资产管理业务的类型,即定向、专项与集合资产管理业务三项业务;2004 年 10 月 21 日发布了《关于证券公司开展集合资产管理业务有关问题的通知》,对券商设立集合资产管理计划、开展集合资产管理业务的具体操作及监管事宜进行了详细说明。2012 年在监管部门的推动下,券商资管迎来发展时期,证监会颁布了《证券公司资产管理业务管理办法》《证券公司集合资产管

---

① 参见中国保险资产管理业协会:《中国保险资产管理发展报告》,载《中国金融》2016 年第 6 期。

理业务实施细则》《证券公司定向资产管理业务实施细则》,提出适度扩大资管投资范围与资产运作方式,调整相关资产投资限制,允许集合计划份额分级和有条件转让。体现了"放松管制、放宽限制、强化监管、防控风险"的政策导向,为证券公司的资产管理业务开创了前所未有的良好制度环境和业务发展的崭新局面,引领资产管理业务进入全新的发展时代。据中国基金业协会数据显示,截至2016年3月31日,证券公司资产管理业务总规模达13.73万亿元,较2015年年底增加1.84万亿元;产品数量达19,507只,较2015年年底增加1279只。①

5. 基金资产管理

基金资产管理包括公募基金资产管理、基金子公司资产管理和私募基金管理。中国基金业起步于20世纪90年代初。1991年7月经中国人民银行珠海分行批准,珠海国际信托投资公司发起成立一号珠信物托,属于专项物业投资基金,是中国设立最早的投资基金。1997年是中国基金行业发展的一个分水岭。《证券投资基金管理暂行办法》的颁布与实施标志着中国封闭式基金进入了新的发展阶段。2001年10月《开放式证券投资基金试点办法》颁布,使证券投资基金管理的基本框架进一步得到了完善。2003年《证券投资基金法》的颁布实施更是将基金的性质定位为信托法律关系,进一步规范了基金的发展。这里的证券投资基金主要指公募基金,根据基金业协会发布数据显示,截至2016年8月底,我国公募基金资产规模为8.527万亿元,比7月底增加2480.13亿元,增幅达到2.99%;公募基金份额规模为8.13万亿份,比7月底增加了1955.59亿份,增幅为2.46%。② 2012年11月中国证监会出台《证券投资基金管理公司子公司管理暂行规定》,基金子公司由此设立开展业务。此后,监管机关逐步放开对基金公司设立的限制,基金子公司大体可以分为银行系、券商系、金控系、信托系、4大资管系、PE系、实业系等类别。根据中国证券业协会数据,截至2016年3月底,基金子公司的专户业务规模已达9.84万亿元,占基金业专户业务总规模的7成以上。③ 私募基金的发展则要早于基金子公司,2004年,私募投资人赵丹阳与深国投信托合作,成立"深国投·赤子之心(中

① 参见《券商资管规模突破13万亿》,载网易新闻:http://news.163.com/16/0526/14/BO0I1K7100014AED.html,最后访问日期:2016年10月26日。

② 参见《公募规模攀至8.53万亿,再创历史新高》,载凤凰财经:http://finance.ifeng.com/a/20160920/14889227_0.shtml,最后访问日期:2016年10月26日。

③ 参见《基金子公司规模激增》,载凤凰财经:http://finance.ifeng.com/a/20160519/14395540_0.shtml,最后访问日期:2016年10月26日。

国)集合资金信托计划",被业内视为国内首只阳光私募产品,以"投资顾问"的形式开启了私募基金阳光化的模式。2009 年银监会印发《信托公司证券投资信托业务操作指引》,成为第一个规范证券类信托产品的文件,意味存在多年的阳光私募模式得到监管认可。2012 年修订的《证券投资基金法》,增加"非公开募集基金"章节,对私募基金作出相关规定,意味着私募基金的法律地位得以确立,成为正规军纳入监管。2014 年证监会审议通过《私募投资基金监督管理暂行办法》,在备案制的基础上,进一步对包括阳光私募在内的私募基金监管作出全面规定。2016 年 2 月至今,基金业协会陆续发布《私募投资基金管理人内部控制指引》《私募投资基金信息披露管理办法》《私募投资基金募集行为管理办法》等私募行业自律规则,构建起一套私募基金行业的自律规则体系,规范了私募行业发展。私募基金从 2015 年 2 月备案产品数量 9156 只,管理规模 2.38 万亿元,达到 2016 年 9 月底的认缴规模 8.57 万亿元,备案产品数量 4 万余只。①

6. 期货资产管理

长期以来,期货公司的盈利模式都比较单一,基本上以收取手续费为主要利润来源。为了改变期货行业从传统的单一的经营模式向高端服务以及增值服务领域迈进,2012 年《期货公司资产管理业务试点办法》公布,随后,中国期货业协会发布《期货公司资产管理合同指引》《期货公司资产管理业务投资者适当性评估程序(试行)》等规则,这些文件允许境内符合一定条件的期货公司以专户理财的方式从事资产管理业务,除了可以投资于商品期货、金融期货等衍生品外,还可以投资于股票、债券、基金和票据等金融资产,期货公司正式步入了资产管理时代。目前,因期货公司极度缺乏投资人才、资管后台技术与期货公司业务不匹配、风险控制和监管难度大等原因,期货资管至今没有发展起来。中国证券投资基金业协会昨日公布的数据显示,截至 2016 年 6 月,基金管理公司及其子公司、证券公司、期货公司、私募基金管理机构资产管理业务总规模约 46.48 万亿元,其中期货公司资产管理业务规模约 2273 亿元,②这充分说明了其在市场上的追随地位。

(三)资产管理行业发展的困境

尽管我国资产管理行业的发展已经取得了巨大的成就,但从自身角度考虑

---

① 参见《私募基金资管集中度快速提高》,载新浪财经:http://finance.sina.com.cn/roll/2016-10-27/doc-ifxxaeqk5768887.shtml,最后访问日期:2016 年 10 月 26 日。

② 参见《期货公司资管规模增至 2273 亿元》,载搜狐财经:http://money.sohu.com/20160803/n462337184.shtml,最后访问日期:2016 年 10 月 26 日。

仍存在不足,制约了行业发展。

1.资产管理行业法律位阶偏低

我国资产管理发展的规模已经超过了国民生产总值的总量,然而支撑其发展的主要法律依据仍是各自监管部门出台的部门规章,其法律位阶偏低。《信托法》属于民商法范畴,其自身缺乏对信托业监督管理的规定。[①] 资产管理活动以契约合同为基础来约束平等的法律主体,但根据我国《合同法》第52条规定,违反法律、行政法规的强制性规定的,合同无效,即在司法审判中,法院的审判依据主要依靠法律和行政法规,而对于部门规章只是参考其效力,并不具有强制约束力。资产管理的行为在本质上都是一样的,即信托法律关系,理应对其进行统一规制,制定一部《信托业法》。

2.资产管理行业法律性质模糊不清

目前,在资产管理行业关于法律性质存在信托法律关系和委托代理两种法律定位。信托公司从事资产管理业务主要依据我国《信托法》和《信托公司管理办法》,其对信托公司开展业务的法律定位为信托法律关系。《商业银行个人理财业务管理暂行办法》则是以委托代理的法律性质支撑银行理财业务的开展,而模糊商业银行个人理财业务属于信托关系之本质。[②] 信托法律关系的构成由两种判断标准:一种为纯粹判断标准;另一种为核心判断标准。纯粹判断标准表现为:信托财产完全独立于信托当事人的财产;受托人仅收取信托管理费用;受益人完全承受财产的经营管理后果。核心判断标准包括以下几方面:受托人对信托财产享有一定的财产权;受托人在授权范围内对信托财产享有独立的经营管理权;受益人的受益权与受托财产的经营管理后果直接相关。[③] 据此分析,资产管理的行为符合信托法律关系。

3.资产管理行业监管政出多门

随着各金融机构悉数参与其中,我国金融理财产品市场获得了野蛮的增长,但金融理财市场的监管却存在"政出多门"的乱象,各金融监管部门对于各自"治下"的金融理财产品的发行条件、募集对象、审批条件和程序、信息披露要求、投资风险分担、资金使用要求、监管措施及法律责任方面的内容均是"各自表述"。这使运营模式相同的金融理财因监管者不同,而适用不同的监管政

① 参见席月民:《我国信托业监管改革的重要问题》,载《上海财经大学学报》2011年第1期。

② 参见强力:《中国金融法》,中国政法大学出版社2010年版,第125页。

③ 参见刘少军:《信托业经营的法律定位与公平竞争》,载《河南省政法管理干部学院学报》2011年第1期。

策，这导致金融理财的监管“政出多门”、标准不一。例如，同样是理财产品，对信托公司而言，参与单个自然人信托的自然人人数不得超过50人，而基金公司开展的特定客户资产管理项目单个资产管理委托人数可以达到200人；更有甚者，保险公司开展的具有理财功能的分红险、投资连结险、万能寿险则几乎没有人数的限制。[①] 这种情形是与我国金融分业经营下的分业监管理念一脉相承的，但可能存在重复监管和监管漏洞。

4. 资产管理行业存在刚性兑付的问题

目前，大部分的资产管理行业都存在刚性兑付的问题，刚性兑付对整个资产管理市场的发展非常不利。首先，刚性兑付问题阻碍了信托业回归信托本源。在整个信托关系中，信托公司在获取较少信托报酬的同时承担了绝大部分责任和风险，这种经营模式已影响信托行业自主管理项目的开发，阻碍了信托业回归信托本源，即资产管理的发展道路。其次，刚性兑付问题扭曲了金融产品风险定价机制。低风险低收益产品的市场空间被挤小，社会融资成本也相应被抬高，优质企业融资将增加困难，也易形成资本套利行为。最后，刚性兑付问题造成市场风险分担不合理。在市场经济中有投资交易就必然面临市场风险，但在风险事件发生后需要由合适主体依法承担，如果做不到风险自担，那么整个金融系统的潜在风险将会非常大。[②] 更重要的是，刚性兑付不利于投资者教育和金融知识的普及，我国的金融消费者就很难成长起来，进一步推动资产管理行业的发展。

二、资产管理的内涵与特征

（一）资产管理的内涵

在欧美地区，“资产管理”（Asset Management）是一个被广泛使用的词汇。广义上的资产管理是指投资人委托资产管理者对其资产进行管理和维护，以实现资产保值增值的过程，委托人要承担投资风险，由管理人收取适当的佣金。美国财政部在2013年年度《资产管理和金融稳定》报告中有以下描述：“资产管理者作为受托人，为客户提供投资管理和相关辅助服务。客户多样化的需求使得资产管理者发展出不同的公司结构和商业模式——从专注于单一资产的

---

① 参见胡伟：《大资管时代金融理财监管的困境与出路》，载《现代经济讨论》2013年第6期。

② 参见李生昭、张磊：《中国信托业“刚性兑付”问题成因分析及对策研究》，载《中央财经大学学报》2015年第8期。

精品投资公司到能提供全方位服务的大型金融机构。”①在中国,资产管理行业从来都没有清晰的定义和边界,在不断发展的过程中,其内涵和外延也一直在发生巨大变化。金融学者将其定义为,居民、企业等存在资产配置与管理等需求的主体进行资产的配置与管理的行为。在整个资产管理的产业链上,其主体应当分为基础资产、金融产品、金融机构、销售渠道及投资者五大类。基础资产是资产管理产业链中的最底层,它是对实体经济投融资的需求反应,既可以是一个直接的融资需求,也可以是被标准化了的融资需求。资产管理机构设计、管理并销售金融产品,而金融产品是连接投资者和基础资产之间的环节。销售渠道在为投资者提供知识、建议的过程中逐步具备了财富管理功能。投资者是行业的最终端,是满足基础资产所代表的融资需求的最终资金来源。②

金融学者从资金的运行过程给出了资产管理的内涵,而在法律方面仍以委托代理、信托法律关系给出资产管理的定义。商业银行理财和证券公司资管计划都以委托代理给出定义,例如,《商业银行个人理财业务管理暂行办法》第21条规定,商业银行开展个人理财业务,应与客户签订合同,明确双方的权利与义务,并根据业务需要签署必要的客户委托授权书和其他代理客户投资所必需的法律文件。《证券公司客户资产管理业务管理办法》第5条规定,证券公司从事客户资产管理业务,应当依照本办法的规定与客户签订资产管理合同,根据资产管理合同约定的方式、条件、要求及限制,对客户资产进行经营运作,为客户提供证券及其他金融产品的投资管理服务。而信托公司、保险资管公司、期货公司则是以信托法律关系给出定义。《信托公司管理办法》第2条规定,本办法所称信托业务,是指信托公司以营业和收取报酬为目的,以受托人身份承诺信托和处理信托事务的经营行为。《中国保险监督管理委员会关于保险资产管理公司有关事项的通知》第3条规定,保险资产管理公司作为受托人,可以接受客户委托,以委托人名义,开展资产管理业务,也可以设立资产管理产品,为受益人利益或者特定目的,开展资产管理业务。《期货公司资产管理业务试点办法》第2条规定,资产管理业务是指期货公司接受单一客户或者特定多个客户的书面委托,根据本办法规定和合同约定,运用客户委托资产进行投

① 参见中经未来产业研究院:《2015年我国资产管理行业发展回顾与2016年展望》,载百度文库:http://wenku. baiducom/link? url = qGon3Z8yVBhH_VLgdGf7xQI3j9ov40e2qnp75mMCZlLXtxfwGGQcpEgvcgKyg7_4fwA8wexRhEAKcIDAVbzrXjpnOsjA_ils - 6u_WBQtCxC,最后访问日期:2016年10月27日。

② 参见巴曙松:《中国资产管理行业发展报告(2015)》,中国人民大学出版社2015年版,第11~12页。

资,并按照合同约定收取费用或者报酬的业务活动。

笔者认为,以信托法律关系定位资产管理更为确切。其一,信托能为投资者提供更周全的保护。在委托代理关系下,法律并未规定受托人负有高度的勤勉、忠实、信任义务,只是要求受托人在授权范围内履行职权,这与信托关系下受托人的信义义务相去甚远。其二,信托能确保受托财产的独立性。依据信托架构设计理财产品,一旦信托设定,投资者委托的财产即可独立于受托人的财产,确保受托财产的安全。委托代理关系并无受托财产独立性的性质。其三,在信托关系下,作为受托人的资产管理公司拥有更大的自主权。受托人是以自己的名义持有与管理信托财产,发挥主动管理能力。委托代理本质上是一种消极、被动的资产管理方式。①

综上,将资产管理定义为委托人基于对资产管理者的信任,将资产委托给资产管理者,由资产管理者以自己的名义,以实现资产的保值增值为目的,进行管理和处分的行为。

(二)资产管理的特征

将资产管理定性为信托,资产管理的特征就具备了信托这一法律制度的特点。第一,资产财产所有权的分离。投资者将其资产委托给资产管理机构,使得资产管理机构取得名义上的所有权,资产管理机构取得以自己名义处分和经营财产的权利,而投资者则取得财产收益的分配权。第二,财产的独立性。资产管理机构管理的资产不仅与资产管理者财产独立,同时也独立于投资者的资产,直至资产管理目的的实现。第三,投资者既是委托人,又是受益人。在信托法律关系当中,委托人可以和受益人同为一人,但在法律上必须以不同身份分别享有权利和承担义务。第四,资产管理民事责任的有限性。财产的独立性直接决定了受托人以管理的资产为限承担民事责任。一方面,只要资产管理机构履行了勤勉义务,即使未能使财产保值增值,资产管理者也不用以自有财产承担责任。另一方面,资产管理者在管理财产的过程中与信托法律关系之外的第三方发生侵权或者违约,投资者也不用以自有财产承担责任,只以管理的财产为限独立承担责任。

三、资产管理的信托法律关系构架

将资产管理定性为信托法律关系,那么就要将信托原理与资产管理以法律关系构架起来。从基本的法律关系入手,其包括主体、客体和内容。

---

① 参见胡伟:《大资管时代金融理财监管的困境与出路》,载《现代经济讨论》2013年第6期。

(一)资产管理的主体

资产管理的主体是指参加信托法律关系,享受信托权利并承担义务的人。信托法律关系主体包括委托人、受托人和受益人。

1. 委托人—投资者

构架到资产管理当中委托人即为投资者,从作为委托人的条件来看,首先要具备民事行为能力,即行为人能独立实施民事行为的法律资格。我国《信托法》第19条规定:"委托人应当是具有完全民事行为能力的自然人、法人或者依法成立的其他组织。"其次要对设立信托的财产享有所有权或者依法处分权。委托人欲将特定的财产设立信托,就必须向受托人转移该项财产,这就要求委托人应对该财产享有所有权或者依法处分的权利。《信托法》第7条规定:"设立信托,必须有确定的信托财产,并且该信托财产必须是委托人合法所有的财产。本法所称财产包括合法的财产权利。"从范围上来讲,我国3种民事主体可以成为委托人,即自然人、法人或者依法成立的其他组织。自然人须为完全民事行为能力的自然人。法人是具备民事权利能力和民事行为能力的,但是任何一个法人都必须在依法核准的业务范围内从事民商活动。因此,法人在其依法核准登记的业务活动范围内可以成为委托人。依法成立的其他组织享有民事活动的权利,因而也可以作为委托人。综上,资产管理的投资者应为享有完全民事行为能力的自然人、法人和依法设立的其他组织,且对其处分的财产享有所有权或者依法处分权利。

2. 受托人—资产管理机构

在信托法律关系当中,受托人实际支配及经营管理财产。首先,在市场准入上实行核准制。目前,我国资产管理机构大多为金融机构,而为了把控风险我国对金融机构的设立采取核准制,所以资产管理机构的设立必须得到主管机关的批准。其次,为降低风险,要严格控制资产管理机构的净资本额。我国对金融公司的设立采取实缴制,为进一步降低公司的运行风险,要根据其管理的资产规模确定资产管理公司的注册资本额,以达到降低杠杆,防范风险的目的。例如,《信托公司净资本管理办法》第15条、第16条规定,信托公司净资本不得低于人民币2亿元,净资本不得低于净资产的40%。最后,资产管理机构作为专业的理财机构,其自身必须具备理财的能力,这就要求对从事资产管理的从业人员进行资格考试。目前,各资管机构所在的协会都形成了各自的考试制度,然而在执行阶段没有把控严格,例如,信托公司的从业人员在没有取得从业资格的前提下依然可以从事信托业务,这与专业理财精神不符。

3.受益人—投资者

投资者将资产交给资产管理机构就是为了实现财富的保值增值,从而获取收益。在信托法律关系当中,受益人在信托中享有信托利益的权利,在委托人和受益人为同一人的情形下,即是自益信托。大多数投资者进行理财服务都是将自己作为受益人。例如,《信托公司集合资金信托计划管理办法》第5条规定,参与信托计划的委托人为唯一受益人。同时,为保证资产管理的安全性,将委托人和收益人重合,符合当下资产管理行业的发展。

(二)资产管理的客体

资产管理的客体是指信托权利和义务所指向对象,即指信托财产。我国《信托法》第14条规定:“受托人因承诺信托而取得的财产是信托财产。受托人因信托财产的管理运用、处分或者其他情形而取得的财产,也归入信托财产。法律、行政法规禁止流通的财产,不得作为信托财产。”信托财产应当是可以合法转让的财产,法律、行政法规禁止流通的财产不得流通,同样也不能作为信托财产。根据《信托公司管理办法》的规定,可以作为信托财产的有资金动产不动产有价证券、其他财产或财产权等。作为投资者要保证其资产的合法性,大多数投资者基本都以货币资金为资产交由资产管理机构进行管理。

(三)资产管理的内容

资产管理的内容是指资产管理的主体所享有和承担的义务,即作为投资者的权利和义务,以及作为资产管理者的权利和义务,对此,我国已有专门的《信托法》加以规制。

1.作为委托人的投资者的权利义务

在权利方面,首先,委托人具有知情权。委托人有权了解其信托财产的管理运用、处分及收支情况,并有权要求受托人作出说明。其次,委托人具有财产管理方法请求权。因设立信托时未能预见的特别事由,委托人有权要求受托人调整该信托财产的管理方法。再次,其享有对受托人不当信托行为的撤销申请权。受托人违反信托目的处分信托财产或者因违背管理职责、处理信托事务不当,致使信托财产受到损失的,委托人有权申请人民法院撤销该处分行为,并有权要求受托人恢复信托财产的原状或者予以赔偿。最后,其还享有对受托人的解任权。受托人违反信托目的处分信托财产或者管理运用、处分信托财产有重大过失的,委托人有权依照信托文件的规定解任受托人,或者申请人民法院解任受托人。同时,委托人也要承担转移信托财产的义务、支付报酬的义务。作为投资者当然享有委托人享有的一切权利,同时也要承担相应的义务。

2. 作为受益人的投资者的权利

首先是信托利益的享有权。信托终止的,信托财产归属于信托文件规定的人,信托文件未规定的,信托财产首先属于受益人。其次是监督信托事务的权利。我国《信托法》第49条规定,"受益人可以行使本法第二十条至第二十三条规定的委托人享有的权利",这些权利为对受托人的监督权。最后是受托人辞任同意权。设立信托后,经委托人和受益人同意,受托人可以辞任。投资者是集委托人和受托人于一体,所以在行使权利时一定要明确行使权利的身份。

3. 作为受托人资产管理机构的权利义务

在权利方面,第一,受托人对信托财产享有所有权,受托人因承诺信托而取得的财产是信托财产。第二,受托人处理信托事务的权利,由受托人按委托人的意愿以自己的名义,进行管理或者处分。第三,请求支付报酬的权利,即受托人有权依照信托文件的约定取得报酬。第四,请求补偿费用的权利。受托人因处理信托事务所支出的费用、对第三人所负债务,以信托财产承担。受托人以其固有财产先行支付的,对信托财产享有优先受偿的权利。在义务方面,第一,忠实义务。受托人应当每年定期将信托财产的管理运用、处分及收支情况,报告委托人和受益人,并负有保密的义务。第二,分别管理义务。受托人必须将信托财产与其固有财产分别管理、分别记账,并将不同委托人的信托财产分别管理、分别记账。第三,自己管理义务。受托人应当自己处理信托事务,有不得已事由的,可以委托他人代为处理。第四,谨慎义务。受托人管理信托财产,必须恪尽职守,履行诚实、信用、谨慎、有效管理的义务。资产管理机构作为财产的受托人享有请求支付报酬的权利,同样也要履行勤勉、忠实的义务。

四、信托业法的定位与重构

(一)信托业法的定位

"信托业"作为一个语词概念,从监管角度来看,目前主要在3种语境中使用。一是将信托业理解为信托机构或信托公司,这是一种机构监管意义上的"业";二是将信托业理解为信托业务或信托活动,这是功能监管意义上的"业";三是将信托业理解为国民经济部门中的金融信托产业,这是宏观经济意义上的"业"。[①] 目前在我国理财市场中,同样法律性质的信托业务只因经营主体所隶属监管机构不同而适用不同监管规则的局面,严重暴露出市场监管的不协调和不严肃。按照现行《商业银行法》《证券法》和《信托投资公司管理办

① 参见席月民:《我国信托业监管改革的重要问题》,载《上海财经大学学报》2011年第1期。

法》只允许信托公司经营信托业务，然而在各监管部门的默许之下，各机构都开始进行资产管理业务，并且其发展规模成倍的增长。这说明市场对统一规范信托业务准入资格制度上采取“模糊”战术，然而各监管部门天然的“父爱主义”，对统一的资产管理市场采取不同监管标准，导致了市场的无序竞争。因此，我国信托业已经成为从事营业信托业务的所有金融机构的总和或相应业务的市场总和，信托业监管对象绝不限于信托公司及其业务。另外，各金融机构对其管理资产的行为的法律性质有的定位为委托代理法律关系，有的定位为信托法律关系，而究其实质，实为信托法律关系。吴晓灵女士提出“银行理财产品由客户来承担风险，这些钱绝对不会以购买理财产品的人的名义操作，肯定是银行把这些钱集中起来操作，让客户承担风险也应该享受投资的收益，因而它是一个信托产品”。[①] 那么，在分业经营分业监管的格局下，要统一规范资产管理这种活动，就需要整合目前的资产管理市场，将各金融机构分别适用不同监管条例整合起来，形成一部信托业法，以促进资产管理市场公平、有序的发展。

（二）信托业立法模式选择

目前，关于信托业立法存在两种倾向，即统一立法模式和分别立法模式。统一依法模式即把信托关系和信托公司统一纳入《信托法》之中，分别立法模式即在《信托法》之外专门再制定一部信托业法。统一立法模式的学者认为：其一，我国金融实行分业经营，分业管理信托业在金融业和金融体系中的地位是独立的，如果对信托业的独立地位不在《信托法》中予以确认，则不利于对信托的认识；其二，我国目前大多数为营业信托，而民事信托和公益信托的发展基本上处于空白或摸索阶段，若不在《信托法》中规范信托业，则《信托法》的制定就失去其意义；[②]坚持分别立法模式的学者认为，信托业务实际上已经由信托公司一家经营发展到由多家机构经营，另外理财市场公平竞争需要信托业法统一规范。[③] 参考国际经验，无论是英美法系的国家，还是大陆法系的国家，都倾向于采取以规范信托关系的《信托法》为信托基本法，同时对信托业和特别信托业务采取专门立法的立法模式。信托基本关系的规范属于民事法律规范，而信托业的规范则属于行政法的范畴，从逻辑上更符合立法思维。结合当下我国

---

① 吴晓灵：《财富管理与新基金法》，载新浪财经：http://finance.sina.com.cn/money/fund/20130403/211115047341.shtml，最后访问日期：2016 年 10 月 27 日。

② 参见余能斌、文杰：《我国信托法内容缺陷管窥与补正思考》，载《法学》2002 年第 9 期。

③ 参见李勇：《论我国制定〈信托业法〉的必要性》，载《中南大学学报》2006 年第 5 期。

资产管理行业的发展现状,以信托行为为核心的理财市场已经发展壮大,我国迎来了“大资管”时代,但“政出多门”不利于行业的进步规范发展,单独制定信托业法的时机已经成熟。

(三)信托业的立法构架

1.信托业的立法内容

首先是该法的名称问题。将该法的名称确定为信托业法,还是受托人法,抑或是信托业监督管理法,目前尚有争议。相较而言,前者和后者容易被误解为仅对信托公司适用,因此可能会受到其他金融机构的抵触,受托人法的名称稍具中性,可能易于被各方更快地接受。但事实上,信托业法或信托业监督管理法更准确,更能体现有关信托业监管的经济法属性。[①] 所以采用信托业法这一名称是合适的,能体现出该法所具有的公法与私法相融合的性质,并比信托业监督管理法更简洁。其次是在内容上。我国台湾地区“信托业法”的内容包括总则、设立及变更、业务、监督、公会、罚则和附则,共七章。而当前仅适用于信托公司的《信托公司管理办法》的内容有总则、机构的设立、变更与终止、经营范围、经营规则、监督管理和附则共六章。中国资产管理发展的现状要求在制定《信托业法》时必须统筹整个资产管理行业,所以既要有国际视野,也要立足行业现实。具体来说,制定《信托业法》的内容应该包括基本原则、监管目标、主管机关、适用范围、设立及变更、业务种类、经营规则、风险控制、监督管理、行业自律、法律责任和附则。基本原则、监管目标、主管机关和适用范围可以放在总则部分,另外几部分可单独成章。之所以选择这样的立法构架,从立法结构上来说,比较符合一部法律的构成。另外,我国资产管理行业的现状要求必须建立统一的风险防控制度,防止风险向部分机构集中,构建行业自律协会,进行行业自律规范。

2.明确兼营信托的法律地位

信托业立法应当对专营和兼营信托业务的金融机构一视同仁,将兼营信托业务的金融机构全部纳入,形成统一监管规则。根据《商业银行法》第43条[②]和《证券法》第6条[③]规定,银行和证券公司经营信托业务等属于其他机构的业

---

① 参见席月民:《信托业法是信托乱象终结者》,载新浪财经:http://finance.sina.com.cn/trust/20140610/005919358570.shtml,最后访问日期:2016年10月27日。

② 《商业银行法》第43条规定:商业银行在中华人民共和国境内不得从事信托投资和证券经营业务,不得向非自用不动产投资或者向非银行金融机构和企业投资,但国家另有规定的除外。

③ 《证券法》第6条规定:证券业和银行业、信托业、保险业实行分业经营、分业管理,证券公司与银行、信托、保险业务机构分别设立。国家另有规定的除外。

务必须由"国家另行规定"。至于是由国务院出台相关文件还是由各部门出台相应规范,并没有明确说明,实际中是由各部门出台相关的监管条例来进行规范的,可是仍存在法律定位尴尬的情形,而《立法法》第8条明确规定,关于金融基本制度必须由人大进行法律立法的规定,"国家另行规定"不能是一个国务院法规或规章,而只能是以法律的形式来进行。我国台湾地区将兼营信托的机构纳入"信托业法"当中巧妙地解决了这一问题,①同时也符合我国现在已经形成的资产管理行业布局。

3. 明确信托业的监管机构

我国目前"一行三会"的监管架构是在分业经营的基础上形成的,但资产管理行业现已打破分业的格局,走向混业。在新的监管框架没有形成之前,多头监管已经不适应资产管理行业的发展,只有转变观念,改多头监管为统一监管,改机构监管为功能监管,所以可以以资产管理行业的监管为契机,在资产管理行业明确行为监管。我国台湾地区"信托业法"第4条规定,信托业的主管机构为"金融监督管理委员会",由其负责信托业的监管。借鉴我国台湾地区的经验,将信托业监管权整合集中授予某一机构,在制定信托业法时予以明确。另外,要尽快建立统一的资产管理行业自律协会,加强行业的自律监管。制定信托业法,既有利于有效限制市场过度竞争,促进信托业合法、稳健运行,也有利于保护投资者,维护公众对信托业的信心。

4. 明确信托业的经营规则

目前只有《信托公司管理办法》明确了经营规则,而其余几家金融机构的监管办法并没有明确经营规则,原因在于没有将信托法律关系作为其发展的法律依据。根据现实资产管理行为必须要以信托法律关系规制,所以在制定《信托业法》时一定要明确信托业的经营规则,明确受托人的忠实义务、保密义务、信息披露义务、分别管理、分别记账等义务。只有形成的统一经营规则,才能将信托业法与信托法有机结合起来,资产管理的法律框架才能形成,进而有利于资产管理市场秩序的规范和公平竞争。

在制定《信托法》早期的草案中曾有"信托公司"一章,主要规定了信托公司的设立及变更、经营规则、监督管理等问题,因来自国务院层面的意见,认为当时国家正在对信托投资公司进行清理整顿,信托业的立法时机和条件并不成

---

① 我国台湾地区"信托业法"第3条规定银行经主管机关之许可兼营信托业务,适用本规定。证券投资信托事业及证券投资顾问事业依"证券投资信托及顾问法"之规定兼营信托业务之特定项目,其符合一定条件者,或证券商兼营信托业务之特定项目,应申请主管机关许可。

熟,而信托业则由国务院或其有关部门先行制定行政法规或行政规章予以规范,待条件成熟时再制定信托业法。[①] 经过10余年的时间,信托业蓬勃发展,并超出信托公司在各金融机构而展开,2015年的发展规模已经超过了国民经济总量,经过多年的发展,各金融机构已经积累了足够多的管理经验,金融知识得到普及,“理财”观念被社会所认知。当前,只有制定统一的市场规则才能促进资产管理行业的进一步发展,所以信托业法的立法条件已经成熟,时机已到。

① 参见王连洲:《信托法立法模式选择及其争鸣》,载金融界:http://trust.jrj.com.cn/2011/05/1014039930222.shtml,最后访问日期:2016年10月27日。

有价证券委托或信托代客操作相关法律问题之探讨

郭土木*

一、前沿

有价证券之投资为财富管理的重要环节，在专业理财之时代，为改善证券市场之投资人结构及因应专业理财的需求，原台湾地区“证券交易法”第18条之3修正条文已于2000年7月19日修正通过并公布，开放证券投资顾问事业、证券投资信托事业经营全权委托投资业务为相关规定明文之授权，台湾地区财政事务主管机关业已于2000年10月9日奉我国台湾地区行政管理机构核定修正发布“证券投资顾问事业管理规则”，并订定发布“证券投资顾问事业、证券投资信托事业经营全权委托投资业务管理办法”，使证券投资顾问事业及证券投资信托事业得以经营全权委托的代客操作业务，同时为考量投资人权益的保护，对于各该事业从业人员素质及对其财务业务亦赋予加强管理之机制，除配合前开规定的发布实施，积极规划开放全权委托投资的业务，自同年11月1日已正式接受证券投资信托及证券投资顾问事业的申请。截至2001年10月4日，全权委托契约件数计116件，契约金额共约新台

* 台湾辅仁大学法学院财经法律系专任教授兼财经法律系主任、财经法律研究所所长、学术副院长，东吴及铭传大学法律系兼任教授，台湾政治大学法律研究所法学博士。

币126亿元。又整合资产管理我国台湾地区“证券投资信托及顾问法”于2004年6月11日“三读”通过完成制定程序,延续前开开放的脚步,截至2016年9月核准办理全权委托业务并完成营业执照换发的证券投资信托公司计35家,证券投资顾问公司计18家,信托业及证券业兼全委业务22家;契约金额共新台币12,730.98亿元,[①]代客操作的投资方式已普遍受市场所肯定。

在科技与金融环境急剧变迁的现行投资理财市场上,金融商品不断创新(innovation),资产管理国际化(internationalize)及理财智识专业化,精确的投资决策与判断往往是制胜获利先决条件。据统计评比之结果,专家法人操作之绩效其平均报酬率通常是比大盘之表现为佳,台湾地区行政管理机构“劳工委员会”于1997年12月3日修正“劳工退休基金收支保管及途用办法”,于第3条中明定,对于劳工退休基金之收支、保管等业务,除由台湾地区“信托局”办理外,同时放宽得委托其他金融机构经营,另“公务人员退休抚恤基金管理条例”第2条第4项规定,有关公务人员退休抚恤基金的运用得委托经营,而台湾地区考试管理机构与台湾地区行政管理机构在1997年2月26日会衔发布“公务人员退休抚恤基金委托经营办法”,而委托经营主要是参照境外之立法例及运作实务,在透过专业的信息、分析判断,求取更高报酬。而在委托专业投资理财的管道方面,一般而言,可以购买证券投资信托所发行的受益凭证,汇集成整理基金而加以运用,亦可委托证券投资信托或证券投资顾问事业,以全权委托运用方式的代客操作,证券投资顾问事业及投资信托事业于2000年7月19日经公布的“证券交易法”部分条文修正案,已取得开放从事代客操作之规范上依据。另“信托业法”第18条有关信托业以信托财产从事“投资证券交易法”第6条所规定之“有价证券及期货交易”第3条所规定的期货交易时,亦可以兼营证券投资顾问事业的业务,该规定亦于同年7月19日发布实施,除了可以提供一般投资人代客操作的理财方法外,亦可使劳工退休基金及公务人员退休抚恤基金委托专业经营的选择。然而全权委托经营业务的开放,虽然可引导台湾地区境内投资理财进入更精准、更理性之环境,但因为此一制度事涉委托人的权益甚巨,如何能保障投资之委托人权益,并厘清其与投信、投顾事业、信托业及保管银行,甚至证券商、证券集中事业等相互权利义务的法律关系,不仅委托的管理单位所必须了解,更是为投资人所关心,本文拟尝试就从事全权委托

---

① 数据参见台湾地区金融监管机构“证期局”网:http://www.sfb.gov.tw/ch/home.jsp?id=622&parentpath=0,4,109&mcustomize=important_view.jsp&serno=201610170001,最后访问日期:2016年10月17日。

经营时，在现行制度规范下，其各参与当事人间之法律架构及可能产生的问题加以论述解析，希望能有益于各界的了解与乐于运用。

二、信托业之有价证券信托业务

依我国台湾地区“信托业法”第8条第1项规定，本规定称共同信托基金，谓信托业就一定之投资标的，以发行受益证券或记账方式向不特定多数人募集，并为该不特定多数人之利益而运用之信托资金，同条第2项规定设立共同信托基金以“投资证券交易法”第6条的有价证券为目的者，应依“证券交易法”有关规定办理。另“信托业法”第18条第1项后段规定，信托业其业务之经营涉及信托业得全权决定运用标的，且将信托财产运用于“证券交易法”第6条规定之“有价证券或期货交易法”第3条规定之期货时，并应向证券主管机关申请兼营证券投资顾问业务。上开条文与“证券交易法”间如何适用，事涉证券投资信托事业及证券投资顾问事业之业务区隔，实有厘清之必要，而其法律适用的争议可说明如后。

（一）有关我国台湾地区“信托业法”第8条部分

1. 依我国台湾地区“信托业法”第8条第1项规定，对不特定多数人募集之共同信托基金是否属于“证券交易法”所称的有价证券？

（1）依美国1940年《投资公司法》第3(c)条第3款规定，一般信托基金(common trust fund)，所汇集的资金从事集合投资(collective investment)，不受投资公司法管辖，唯查美国一般信托基金系由银行信托部办理，表征上或与证券投资信托基金(mutual fund)相似，依规定不得对公众募集资金，亦不得广告，且其对象多为受雇人福利基金及参与雇主办理的退休金计划。另查美国《联邦税法》于1995年12月31日已同意一般信托基金转换为证券投资信托基金得免除税赋，故美国政策上应为鼓励一般信托基金转换为证券投资信托基金，以纳入投资公司法规范。而美国投资公司法系由美国证监会(Securities and Exchange Commission，SEC)主管，并依1933年《证券法》及1934年《证券交易法》列为同一主管机关，以求事权的统一。

（2）向不特定多数人募集资金且交付具投资性的权利证明文件，是我国台湾地区“证券交易法”所称有价证券特性之一。基于此，主管机关于1988年核定证券投资信托事业为募集证券投资信托基金发行的受益凭证为有价证券，又现行我国台湾地区“都市更新条例”第51条规定，有关都市更新信托基金的募集、运用及管理，由证券管理机关定之发行之，亦认定其发行的受益凭证为有价证券。

(3)鉴于信托业发行受益证券或记账方式向不特定多数人募集的行为,除私募且不具投资性质者外,实与证券交易规范之公开募集无异,查证券交易法对于有价证券的募集发行已有一整体规范,如信息揭露、市场炒作、内线交易等均较周延,且参照美、日对共同信托基金的受益凭证发行及交易,除适用我国台湾地区"投资公司法"外,尚受我国台湾地区"证券法""证券交易法"规范,基于证券市场的一致性、完整性,及参酌台湾地区境外立法例,对不特定多数人公开募集之共同信托基金应依台湾地区"证券交易法"第6条规定核定为有价证券,受"证券交易法"有关的规范。

(4)故台湾地区"信托业法"第8条第1项所谓之共同信托基金,除非是类似美国1940年《投资公司法》第3条所定私募之一般信托基金从事的集合投资契约,得豁免"投资公司法"及"证券交易法"规定之适用外,就公开对不特定招募的证券投资信托基金,应依"证券交易法"之有关规定办理,且信托业得经营的业务项目依"信托业法"第16条、第17条的规定,远大于证券投资信托业务,业者屡有呼吁考量其业务之生存空间,"证券交易法"或"证券投资信托及顾问法"就共同信托基金的募集方面,似以视为"信托业法"的特别法较妥。

2. 台湾地区"信托业法"第8条第2项所定,以"投资证券交易法"第6条之有价证券为目的者,应依"证券交易法"有关规定办理,应如何适用?

(1)当信托业设立以"投资证券交易法"第6条之有价证券为目的的共同信托基金,实与现行"证券投资信托基金"无异,故除"信托业法"及"证券交易法"或"证券投资信托及顾问法"规定均有适用外,其经营主体、募集发行及投资有价证券之操作限制暨规范、利益冲突防范或符合内部人员交易之规定等,均应回归"证券交易法"有关规定,信托业应以设立证券投资信托子公司(或兼营)方式为之,此亦为"信托业法"草案于2000年1月11日台湾地区立法机构党团协商后之共识。亦为"证券投资信托及顾问法"于2004年6月11日台湾地区立法机构"三读"通过时,于其第6条第2项所定,信托业募集发行共同信托基金投资于有价证券为目的,并符合一定条件者,应依"证券投资信托及顾问法"申请兼营证券投资信托业务。

(2)另从业务上功能及专业分工的观点,证券投资信托事业专注于资本市场有价证券的投资,信托业强化金融市场的金融资产、不动产、金钱债权及其他担保物权债权等标的的业务,各分业发挥其专业功能并均衡发展方能有助于台湾地区金融自由化及多元化发展,"证券投资信托及顾问法""证券交易法"除对于有价证券发行市场之募集、发行有所规范外,就其买卖交割结算等交易市场亦有较完整体系的规定。因此,若使信托业与证券投资信托业之业务重叠,将徒增政策及管理上的分歧,并使业者难以遵循。

(二)有关"信托业法"第18条部分

1. 信托业以受托财产从事"证券交易法"之"有价证券投资及期货交易法"的期货交易时,依上开规定应申请兼营证券投资顾问业务,而所谓"兼营业务"。例如,银行兼营证券业务或证券商兼营期货业务,就兼营部分在业务上除有特别规定外,自然依"证券交易法"或"期货交易法"之有关规定进行。因此,兼营证券投资顾问业务的信托业,在业务上如依"信托业法"的信托契约方式,则可能与依"证券投资信托及顾问法"所定全权委托业务的代客操作,由投顾(投信)、保管银行及投资人间采委任方式有不同,将使管理上徒增困扰与纷争。

2. 信托业兼营证券投资顾问业务,依主管机关2004年10月30日发布的"证券投资信托事业证券投资顾问事业经营全权委托投资业务管理办法"规定,应依该规定指拨专用之营运资金、具备符合全权委托管理办法所规定资格之组织人员、拟具经营全权委托投资业务之营业计划及业务章则,并加入投信投顾公会,在规范上与投信投顾之代客操作完全一致。另对于客户全权委托之管理资金与有价证券,其与投信投顾间,或保管银行间采委任关系,在性质上与信托必须移转形式所有权有所不同,且采行信托的架构,其信托财产种类除金钱、有价证券外,尚包括动产、不动产或其他财产权,因此,若不将受托之金钱及有价证券之信托财产独立出来,其从事有价证券全权委托投资之代客操作部分,在代客操作业务上与信托为以自己名义为法律行为模式为不同的体制架构,如何管理及业者如何遵循将难以区隔,且信托业的业务空间大,故证券投资顾问及证券投资信托业者亦一再吁请当局注意业务竞争的公平性。

3. 故就"信托业法"第18条之文义及兼营运作之实务上,专业范围应依专业功能管理之"法令",投资有价证券之代客操作除信托业与委托人间的为信托关系外,自应依"证券交易法"的体系运作,否则"信托业法"第18条之条文,仅向我国台湾地区"证券暨期货市场发展基金会"取得乙纸营业执照,将形成具文,并造成未来管理上的漏洞。也因此依"证券投资信托及顾问法"第65条第1项规定,信托业经营"信托业法"主管机关核定之业务,涉及信托业得全权决定运用标的,且将信托财产运用于"证券交易法"第6条规定之有价证券,并符合一定条件者,应向主管机关申请兼营全权委托投资业务。

(三)"信托业法"第8条及第18条与"证券交易法"间的适用问题

鉴于"信托业法"第8条及第18条与"证券交易法"间如何适用,信托业与证券投信、投顾业看法不一致,因本案事涉重大且影响深远,为慎重起见,曾经由我国台湾地区财政管理机构于2001年邀集相关单位研商解决。决议依“信托业法”第8条第2项规定设立之共同信托基金,投资于“证券交易法”第6条的有价证券占共同信托基金募集发行额度40%以上或可投资于“证券交易法”第6条的有价证券达新台币6亿元以上者,应向证券主管机关申请核准,其募集、发行、买卖、管理及监督事项,依证券有关规定办理。其经证券主管机关核准者,视为已依“信托业法”规定核准。

(四)信托业得依“信托业法”第18条第1项后段规定向证券主管机关申请兼营证券投资顾问业务,亦得依“信托业法”第17条第12款规定,经主管机关核准以委任方式办理接受客户全权委托投资业务,并向证券主管机关申请兼营证券投资顾问业务

其依“信托业法”第18条第1项后段的规定,以信托财产运用于“证券交易法”第6条规定的“有价证券或期货交易法”第3条规定的期货时,有关业务运作的规范,请投信投顾公会及信托业公会研提须配合修正的“法令”供台湾地区“证券暨期货市场发展基金会”参考,俾便修改“法令”配合施行。另参照“信托业法”第32条及第18条第1项后段的规定,所称应向证券主管机关申请兼营证券投资顾问业务者,系指信托业办理委托人金钱信托或有价证券信托,且经信托业全权决定运用于有价证券或期货者。于信托业的同“信托基金管理办法”第3条第4款及“信托业法施行细则”的相关条文配合规范。

三、有价证券全权委托投资经营之意义

所谓全权委托投资经营(discretionary),一般称为代客操作,系指受托人接受委托人的委托,就委托自己的资产运用有关投资事项,包括买入、卖出或投资对象之种类、数量、价格等概括授权受托人代为决定的业务行为。而所谓之业务行为是否必须收受报酬,就设立公司以营利为目的的角度而言,报酬是维持业务支出之成本及维护客户提供服务的对价,应属营业业务行为的基本要件,至于其报酬之多寡、方式等当依法令及当事人之约定。① “证券投资顾问事业证券投资信托事业经营全权委托投资业务管理办法”第2条第1项规定:“本办法所称全权委托投资业务,系指证券投资顾问事业或证券投资信托事业对客户委任交付或信托移转的委托投资资产,就有价证券、证券相关商品或其他经主管机关核准项目之投资或交易为价值分析、投资判断,并基于该投资判断,为

---

① 参见余雪明:《证券交易法》,财团法人台湾地区“证券暨期货市场发展基金会”2000年版,第629页。

客户执行有价证券投资或之业务。”即证券投顾或投信事业基于客户之授权，依指示之范围作最合适、最有效率的投资组合(portfolio)与运用。[①] 全权委托的代客操作为依据较大额度资金投资人，依其特殊需求所设计的个别委托，通常是以客户名义并授予相当裁量的决定空间，依代理人身份从事为投资人投资之量身定做运作，与共同基金是透过发行受益凭证募集基金，筹集小额投资人的资金，并以基金专户名义从事投资的方式有所不同，然共同基金与全权委托的代客操作都是透过专业法人的参与，使投资判断更为精确，投资的政策更趋理性，不仅可为投资人追求更高的报酬，亦可为稳定市场及健全市场发展扮演相当重要的角色。

四、全权委托投资之法律架构

继“信托法”于1995年12月29日经我国台湾地区立法机构“三读”通过，1996年1月26日公布后，“证券交易法”部分条文修正案与“信托业法”之亦同时于2000年6月30日经我国台湾地区立法机构“三读”通过，有关涉及全权委托投资业务的规范方面，包括通过信托财产的方式，或以“证券交易法”第18条之3及“信托业法”第18条之规定来从事有关资产之管理，一直为我国台湾地区金融证券市场之发展所关注，依“证券交易法”第18条之3之规定，除了规定全权委托投资的资金，必须其受托人及保管机构之自有财产分别独立外，受托人及保管机构的债权人亦不得对于委托人所委托的资金及该资金购入的资产，为任何请求或行使其他权利，以保护客户的权益，亦授权我国台湾地区财政管理机构订定接受经营全权委托投资业务的“管理办法”及其营业保证金，以为开放证券投资顾问事业及信托事业得从事全权委托的依据。而在“信托业法”第16条、第17条的规定，信托业得经营金钱及有价证券之信托业，并得为代理信托财产的取得、管理、处分、清算等事项，所以信托业得依信托契约从事全权委托的代客操作业务，唯在同规第18条第1项后段规定，信托业的业务经营，如涉及得全权决定运用标的，且将信托财产运用于“证券交易法”第6条

---

① 有认为全权委托可区分为投资之全权委托与买卖之全权委托，买卖之全权委托是由证券经纪商就有价证券之买卖代为种类、数量、价格或买入、卖出之决定，而投资之全权委托在于委托资金整体投资组合之运用，台湾地区“证券交易法”第18条之3第2项之用语为全权委托投资业务，且在相关管理办法中规定，其投资范围包括台湾地区上市、上柜之有价证券、台湾地区投信发行之开放型或受益凭证、外国有价证券及承销之有价证券等，另“公务人员退休抚恤基金管理条例”第5条所规定之基金运用范围包括购买公债、库券、短期票券、受益凭证、公司债、上市公司股票及银行存款等，因此所谓之全权委托投资业务，是指投资之全权委托而言。

规定的有价证券或“期货交易法”第3条规定的期货时,应申请兼营证券投资顾问业务。综据此次新增订之规定,对于证券投资顾问事业、证券投资信托事业及经证券主管机关许可兼营证券投资顾问事务之信托业得经营受托从事有价证券全权委托的业务,未经取得营业许可之证券投资顾问、证券投资信托及得兼营的信托业者,不得从事该项受托业务,否则将触犯“证券交易法”第175条及“信托业法”第48条规定之刑事责任,投资人亦不宜贸然委托其投资,以避免在没有相关规定保障下,权利遭受损害。

然而“信托业法”第18条第1项规定,对于信托业者经营受托有价证券或从事期货交易时,应向证券主管机关申请兼营证券资顾问业务。所谓向证券主管机关申靖兼营证券投资顾问业务,是单纯取得证券暨期货管理机构的兼营许可证照即可,抑或其经营受托代理信托有价证券的取得、管理、处分、清算等运用事项的业务时,仍须依证券投资顾问事业经营全权委托投资业务的规范办理,由于依信托契约方式的委托经营,与“证券交易法”第18条第3项所规定依委任契约的方式尚有不同,因此,信托业从事有价证券之全权委托业务时,可否完全依“信托业法”规定之信托契约方式为之,或必须依“证券交易法”全权委托投资的方式为之,则不无异议,依信托契约以有价证券为信托财产时,必须依规定为信托登记,于证券上或其他表彰权利的文件上载明为信托财产。换言之,在形式上的所有权必须移转登记予受托人的信托业者,受托机构运用受托基金买入有价证券,其信托财产包括记名证券,应以受托人名义为之,①此之信托业与一般的法人个人投资无异。因此,以信托方式就有价证券之全权委托投资对象,若透过以委任方式为从事业务应以依“证券交易法”规定的方式为主,至于信托业从事代客操作的可能方式,容于后述,由于新规定对于全权委托投资业务的代客操作“法令”架构已取得相关规定明确之授权订定管理之“办法”之依据,因此,全权委托投资业务的开放在规划上可依相关规定由行政机关订定“法规法令”之加以管理,另外亦得透过客户受托人及保管机构间私权利义务的契约规范,同时也需加强由同业公会订定的自律公约或业务操作办法等3方面来加强其对客户权益的保障,兹就行政、私法契约及自律规范上分述其内容如后。

(一)行政管理规范

1. 明定经营全权委托投资业务之受托人的资格条件,必须是依规定取得许可证照且健全经营体质的业者,除证券投资信托事业依其既有之经营条件外,

---

① 参见赖源河、王志诚:《新信托法》,1995年版,第8页。

投资顾问事业者必须具备实收资本额达新台币5000万元以上之资本额度,营业满2年并具有资产管理经验与专业能力者,并符合最近未被行政机关处分或同业公会自律规范处罚者。

2. 从严规定对全权委托投资有关事项从事研究分析,投资决策或买卖执行的人员,必须具备证券投资分析人员资格,或在专业投资机构有2年工作经验之合格证券高级业务员,或曾担任我国台湾地区境内外基金经理人1年以上者,或已登记并具有3年实际工作经验之投资顾问事业业务人员等,以提升服务的质量并保障投资人的权益。

3. 明文规定受托人应尽善良管理人的注意,并负忠实之义务并禁止受托人或其董事、监察人、经理人、业务人员及其他受雇人员,不得有不依委任人委任之条件从事投资或利用职务上所获知之信息从事偷跑(front-running)、抢帽子(scalping)的行为,或滥用委任人的账户及资金从事足以损害委任人权益之"炒单"(churnning)等行为。

4. 要求受托人要善尽通知及报告的义务,应对委任人详细说明全权委托投资事项交付说明书,并依委任人别分别设账,按月定期编制报告书及逐日依规定登载相关记录,委任人并得随时要求查询,而在投资事项发生资产净值减损达10%以上的重大事由时,亦应于事实发生日起2个营业日内,通知报告委任人。

5. 明定受托人应依规定向台湾地区财政管理机构核准得办理保管业务之金融机构提存一定额度的营业保证金,营业保证金因具有债权之优先权,得以保护因业务受侵害之委任人权益,而此一营业保证金的处理,在要求业者自律的前提下,受害人债权人如何提领,以及是否具有共同联保之性质则容于后论述,至于其使用的内容则委由同业公会订定相关要点。

(二)全权委托投资契约

1. 全权委托投资契约

(1)投资人同意委由投信投顾业者代为投资操作时,应与业者签订全权委托投资契约,确认双方的权利义务,以杜争议。因系依委任人个别需求量身定制,投信投顾业者应与委任人个别签订全权委托投资契约,不得接受共同委托。

(2)由委任者与业者签订全权委托投资契约,而在全权委托投资契约中应记载事项,包括签约后可要求解约的期限、委托投资金额、投资基本方针及投资范围、投资决策的授予及限制、资产运用指示权的授予及限制、投资经理人、保管机构、证券经纪商之指定及变更、保密、交付定期报告及重大损失实时报告的义务、委托报酬与费用之计算、越权交易的交割责任及委任关系终止后的了结义务等。

2. 委任代理保管款券之保管及委任契约

委任人应自行指定经台湾地区财政管理机构核准得办理保管业务的金融机构,将委托投资的资产交由该保管机构保管,而由保管机构与委任人签订委任代理契约,办理证券投资之开户、款券保管、买卖交割及账务处理等事宜,委任代理契约必须由保管机构与委任人个别签订,不得共同委任。

3. 三方权利义务协定书的签订,委任人、投信投顾业者及保管机构,于确认三方当事人对彼此之权利义务无异议后,签订三方权义协定书,对于证券投资信托及顾问事业的投资决策权、委托买卖代理权、交割指示权的范围与限制加以规范。而保管机构于交割前更应负有交易审查确认的义务以有效钩稽是否依委任人的指示从事代客操作。

4. 保管机构代理委任人完成证券投资之开户,并同时由投信投顾业者、保管机构及证券经纪商,签订三方权义协定书,确认三方当事人各自权利义务,尤其是对于越权交易之交割责任归属必须明定,以杜未来产生的争议。

(三)道德自律规范

证券投资顾问、投资信托或其他信托业者,为提供专业知识及专业技能的服务事业,其业务的推展与委任的投资人信心息息相关,为建立业者的形象并考虑投资人权益的保护,美国、加拿大及中国香港特别行政区等地的立法例皆有由业者提出自律及道德规范(ethics codes)之前例,而自律规范相较属于道德层面之约束,一般而言,法律是道德的最低标准,逾越最低道德要求的界限即应接受法律之制裁,因此对于自律规范的道德诉求,可要求发挥更高的约束效力。对于经许可从事全权委托投资业务的证券投资顾问、投资信托事业或兼营之信托业者,强制规定必须加入同业公会,并接受公会自律规章及公约的规范,同时业者也可统一意见通过公会反映业界的看法,缩短业界与行政机关沟通之距离,主管机关就业务上以自律规范为宜的事项可授予公会处理,减省行政人力、物力的耗费,并可收事半功倍的效果,主管机关于2001年4月13日曾核定证券投资信托暨顾问商业同业公会的基金经营守则,并同时适用在有关代客操作的运作上,系以指引式的指导原则(guideline)方式订定为从业者的自律规范,对于违反者除所属公司应予以警告、停职或解职外,自律机构的公会更应依自律方式处分,[①]否则就必须依其规范。而在规范上其原则与内容如下:

---

① 参见证券投资信托暨顾问商业同业公会2001年4月13日奉主管机关以〔2001〕台财证〔四〕第116176号函核定之基金经营守则,第1页、第2页。

1. 原则

为加强自律功能，业者有完善之管理及内部控制，内部稽核体制，以保护投资人的资产，为投资人创造最利的获利契机，公司之负责及全体员工在业务的执行上应符合忠实、诚信、小心谨慎及专业管理的原则，由于代客操作系受投资人的委任收受有报酬，应以善良管理人之注意义务为投资人从事经营。在美国由于受任人与投资人间存有所谓信赖关系（fiduciary relationship），因此应践行信赖责任（fiduciary duty），在业者内部或众多投资人利益发生冲突时（conflicts of interest），应尽量考虑到如何不损及投资人权益。①

2. 内容

（1）对于从业人员积极资格之取得，由于必须具备专业的分析能力及判断所需之技术与知识，因此业界最熟稔，故除了相关规范规定的最基本条件外，其他如人员的测验、登记、训练，甚至对于考核事项等，皆可由公会来办理。

（2）就所从事的全权委托投资业务之项目检查、辅导及业务纷争之调解，可由公会订定办法加强办理，就我国台湾地区境外之体制而言，自律机关的检查及辅导往往比主管机关还严格，既可适时发现缺失并实时处理或辅导遏止违规事件的发生，避免被行政处分的窘境，亦可由公会就业者与客户间或业者相互间的纠纷予以适当的调解，减少事件的扩大与兴讼之发生。

（3）为消弭恶性的竞争及维护市场之秩序，在符合公平交易管理法令下，就全权委托投资业务相关的私契约内容授权公会订定相关的契约模板提供各界参考，而相关契约的种类包括委任人与受任人间、委任人与保管机关间的契约等，甚至受任人、保管机构、证券商及证券集中保管公司权利义务的契约，亦宜有可资参考之资料，以避免纠纷及不周延。

（4）就全权委托投资业务的实际操作，包括业务招揽、促销、客户的征信、契约之签订、委托下单、交割结算、集保及如何向委任人说明报告等，由于涉及程序性及专业性的细节规定，业界对于在法令规范下如何发挥最有效的运作，宜由同业公会作更详细的规范。

五、全权委托投资之作业

开放全权委托投资代客操作的业务，在新“证券交易法”第18条之3规定

① 参见余雪明：《证券交易法》，财团法人台湾地区“证券暨期货市场发展基金会”，2000年版，第337页。

及授权下,配合现行证券交易实务的运作,投资人委托证券投资顾问、投资信托事业及经证券主管机关许可兼营之信托业,从事专业的投资运用,代客操作在"证券交易法"之架构由于依照"民法"委任或混合契约形态的方式从事业务行为,①为进一步了解在此一委托运用情况下投资人所扮演的角色地位及所受的保障,有必要先探究其作业的流程及管理之结构,然后再厘清其相互间之法律关系,以下拟先就委托投资作业流程及业务管理结构加以图示说明,如图1与图2所示,再进一步分析其法律架构。

(一)全权委托投资作业流程

1.选任委托经营之受托人

(1)就合格得从事全权委托投资业务的证券投资信托及顾问事业选择专业、优良及有信誉的业者为之,而委任之自然人客户若为未成年人或经禁治产宣告者,必须有法定代理人的同意或由其代为开户方得为的。另受破产宣告未经复权者,主管机关人员及受托人的负责人、从业人员等亦不得委托。此外,委托人与在证券经纪商开户委托买卖的客户资格并无差别。换言之,除有特别情况外,对于得在证券市场上投资皆可委托代客操作,现行证券业者、保险业者已得委托代客操作,但银行业的自有资金开放委托业者代客操作,尚待我国台湾地区财政管理机构之许可。

(2)受托人之投顾投信公司及信托业要经营全权委托投资业务应具备的条件,并不是所有的投顾或投信公司或信托业都可以经营有价证券的全权委托投资事业。申请经营全权委托投资业务,必须具备下列资格条件:

①相当的资本额

投顾公司实收资本额需达新台币5000万元以上,投信公司实收资本额需达新台币3亿元,且最近期财务报告每股净值不低于面额,而信托业申请兼营应指拨相当的专用营运基金。

① 日本对于投资顾问契约之性质,学者有认为是准委任之无名契约,因为委任之规定系委托以法律行为之事务为限,有关提供分析建议意见之事项并非法律行为之事务,只得准用或类推适用民法委任之规定,故称为准委任契约,至于全权委托投资之业务就投资资金之运用行为,则为法律行为之委任契约,亦有学者认为既有准用之规定或得类推适用,则无区分委任或准委任之必要,概称为事务处理之委托,台湾地区现行之"证券投资顾问管理规则"第5条第1款规定,证券投资顾问事业得经营之业务项目为"接受委任,对证券投资有关事项提供研究分析意见或建议",另拟议中之"证券投资顾问事业证券投资信托事业经营全权委托投资业务管理办法草案"第3条第1项规定,本办法所称全权委托投资业务,系指接受受任人委任,对委任人交由保管机构保管之委托投资资金为投资判断及执行投资之业务,故亦认为是基于民法委任契约之基础。

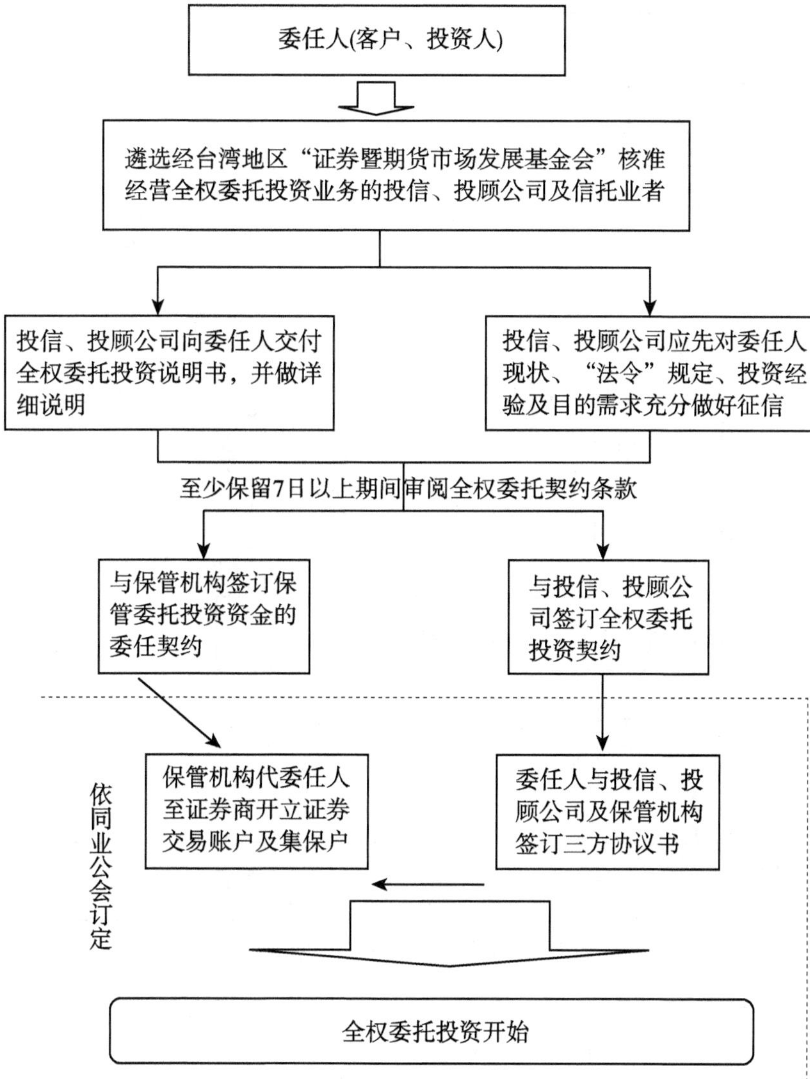

图 1　全权委托投资作业流程

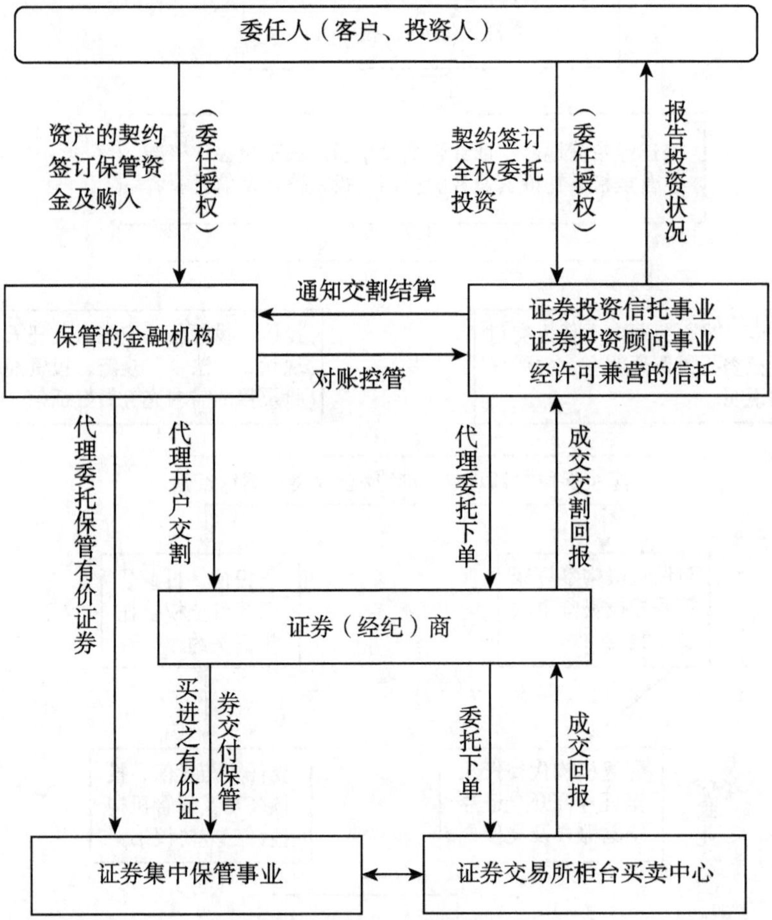

图 2　全权委托投资业务管理结构

②具有经营业务能力

投顾公司必须营业满 2 年并具有经营全权委托投资业务能力,投信公司则因其主要业务为管理共同基金,性质与全权委托投资相近,所以没有最低经营年限限制。

③未遭受主管机关下列处分

A. 最近 2 年未曾被主管机关依“证券交易法”第 66 条第 2 款以上处分(包括命令解除其董事、监察人或经理人职务、处 6 个月以上的停业及撤销营业许可)。

B. 最近半年未曾被主管机关依“证券交易法”第 66 条第 1 款为警告的处分。

④需提存营业保证金

为使客户权益获得适度保障，投顾或投信公司应依主管机关规定提存一定金额的全权委托营业保证金。

现行主管机关规定应提存营业保证金的标准如下：

A. 实收资本额未达新台币 1 亿元者，提存新台币 1000 万元。

B. 实收资本额新台币 1 亿元以上而未达新台币 2 亿元者，提存新台币 2000 万元。

C. 实收资本额新台币 2 亿元以上而未达新台币 3 亿元者，提存新台币 3000 万元。

D. 实收资本额新台币 3 亿元以上者，提存新台币 5000 万元。

⑤其他经主管机关规定应具备的条件。

2. 遴送保管机构

(1) 保管机构之积极资格条件

依"证券投资顾问事业、证券投资信托事业经营全权委托投资业务管理办法"第 11 条第 1 项及第 2 项规定，委任之投资人之款券必须存入保管机构得由受托人保管而保管机构应由委任人自行指定之，至于保管机构的资格条件依我国台湾地区财政管理机构"证券暨期货管理委员会"规定，必须符合"银行法"第 20 条所称的银行，且其信用平等等级达下列情形之一者才可以担任全权委托投资业务的保管机构：

①经 Standard & Poors Corp 评定，长期债务信用评等达 BBB - 级以上，短期债务信用评等达 A - 3 级以上。

②经 Moodys Investors Service 评定，长期债务信用评等达 Baa3 级以上，短期债务信用评等达 P - 3 级以上。

③经 Thomson Bank Watch 评定，长期债务信用评等达 C/D 级或 IC - C/D 级以上，或长期债务信用评等达 BBB - 级或 LC - BBB - 以上，短期债务信用评等达 TBW - 3 级或 LC - 3 级以上。

④经 Fitch IBCALTD 评定，长期债务信用评等达 BBB - 级以上，短期债务信用评等达 F3 级以上。

⑤经台湾中华信用评等股份有限公司评定，长期债务信用评等达 twBBB - 级以上，短期债务信用评等达 twA - 3 级以上。

(2) 保管机构的积极资格条件

为达到接受委托经营业务者能专心致力于专业的分析判断，避免联合垄断，并有利于稽查管控之制衡，保管机构与接受委托经营业务者应严加区隔，前述“证券投资顾问事业、证券投资信托事业经营全权委托投资业务管理办法”第11条第1项及第3项规定,保管机构与证券投资顾问事业证券投资信托事业间,有下列情事之一者,应负告知之义务:

①投资于证券投资顾问事业或证券投资信托事业已发行股份的10%以上股份者。

②担任证券投资顾问事业或证券投资信托事业董事、监察人;或其董事、监察人担任证券投资顾问事业或证券投资信托事业的董事、监察人或经理人者。

③证券投资顾问事业或证券投资信托事业持有已发行股份的总数之10%以上股份者。

④保管机构与证券投资顾问事业或证券投资信托事业间,具有实质控制关系者。

⑤由证券投资顾问事业或证券投资信托事业担任董事、监察人者。

⑥担任之董事、监察人者,其代表人或指定代表行使职务者,存有前述情事者。

由于保管机构系受基金管理委员会委任保管及处理交割结算等事项,在投资业务的进行时,有依经营全权委托投资判断受任人的指示完成交易事项,因此与操盘者亦有法律上的权利义务关系,因此必须有明确之三方议定书作为遵循。

(二)投资决策之形成

有关全权委托投资决策的形成,必须经过广泛收集信息及专业的分析判断而作成,在程序上般可分为投资分析、投资决定、投资执行及检讨等步骤进行,因此,委托人应设置专责分析研究部门依委任人约定投资的范围,就产业或个别公司收集财务、业务的信息提供为分析报告,并应积极掌握我国台湾地区境内外政经情势及总体经济环境的变化,而在投资决定时,应根据研究员的投资分析报告、产业分析会议、每日开盘前的分析会议及投资决策会议的结论,与前一日执行买卖之差异分析报告等信息,并考量委任人的各项委任条件及其他相关因素后为综合判断,客观公正地为每一委任人决定投资标的,并作成投资决定书,然后再由交易员依所开户的决定书内容对证券商执行委托下单的指示完成交易。

(三)全权委托投资当事人间之法律关系

1.委任人与受托人之法律关系

依“民法”第103条第1项的规定,代理人于代理权限内,以本人名义所为的意思表示,直接对本人发生效力,而有关代理权的授予是否为债发生的原因,在性质及学理上尚有争论，有采委任契约说者，亦有采无名契约说者，甚至有采单独行为说者，唯我国台湾地区学者以采单独行为说为通说。[①] 换言之，代理权授予行为之基本法律关系，有可能是基于委任、雇佣等契约而来，代客操作的业务系由委任人授以代理权予受托人，而其委托事项则由委任人与受任人的业者订定全权委托契约，委由业者决定资金的运用，其投资范围以全权委任契约或其附件“投资方针书”所示之证券种类、性质、范围、投资组合分配、交易方法及其他限制特约为限。委任人委托证券投资顾问、投资信托事业从事全权委托投资时，其间之法律关系如图1、图2所示认为属于民法的委任与代理关系（内部关系为委任，外部关系为代理）。[②] 依委任人与业者签订全权委托投资契约，授权业者决定资产的运用，代理买卖下单及指示交割等而全权委托投资契约，而该契约为要式契约，必须以书面为之，未依书面契约则其授权行为是否无效，依我国台湾地区对于代理权的授予实务上采单方行为的见解，不因其基础法律行为无效而影响代理权之存在，但业者未订书面委任契约而接受委托，其应于违反管理“法令”的规定，至于该书面委任契约，除当事人名称、地址外，应记载下事项：

（1）解约事由及期限；

（2）委托经营之资金额度；

（3）投资基本方针及投资范围之约定及变更，投资范围应明白列出有价证券之种类或名称；

（4）投资决策之授予及限制；

（5）资产运用指示权之授予及限制；

（6）投资经理人之指示与变更；

（7）保管机构之指定与变更、保管方式及收付方式之指示；

（8）证券经纪商之指定与变更；

（9）报告义务、委托报酬、费用之计算、交付方式及交付时机；

（10）契约生效日期、存续期间及其变更、终止事项；

（11）契约终止后了结之义务，及受停业、撤照处分后之处理方式；

（12）违约之处理、纷争之解方式及管辖法院；

（13）遵守“法令”规定、证券投资顾问暨投资信托业同业公会作业规范及其他主管机关规定事项。

---

① 参见邱聪智：《新订民法债编通则》（上），2000年版，第71页。

② 同上书，第79页。

有关法律基础之委任契约必须依“民法”的规定,而委任、代理以及契约一般原则之规定,就委任关系而言,其系双务契约的一种,适用“民法”第528条至第552条之规定,其重要者如受任人如有收受报酬时应依指示及善良管理人注意之义务(第535条)、自己处理事务的原则(第537~539条)、报告义务(第540条)、交付收受利益的义务(第541条、第542条)、受任人因过失或逾越权限之行为所生之损害,对委任人赔偿责任(第544条)、得随时终止契约的原则(第549条)等,兹进一步分析如下:

(1)就代理关系而言,委任人既然委托受任人为全权委托的投资决定,其投资买卖有价证券的行为为法律行为,同时授与受任人以代理的权限,受任人以委任人名义处理委任事务,所为或所受的意思表示直接对委任人发生效力,故受任人因处理委任投资事务,其盈亏归属于委任人,所取得之有价证券或其他资产的所有权,自亦属于委任人所有。

(2)禁止自己代理与双方代理的行为,受任人运用全权委托投资资金买卖有价证券时,应尽到忠实的义务,不得为自己、他人或其他受托投资资金的利益,从事足以损害委任人权益的交易,如利用所获知的信息或分析的判断,在为委任人账户委托买进时,先行下单买进从事偷跑插花或为其他的委任账户抬轿。

(3)交付收益利义的义务,受任人因处理委任事务,所收取的金钱、物品及孳息,固应交付于委任人,唯受任人若因过失或逾越权限的行为,若因而有所收益时,是否有交付的义务,由于“民法”第544条规定,因过失或逾越权限之行为所生之损害,对于委任人应负赔偿之责,在“全权委托投资业务管理办法草案”第18条亦规定,就逾越“法令”或全权委托投资契约所定限制范围者,应由证券投资顾问事业或证券投资信托事业负履行责任,但对于相对的因此而受有利益时则未进一步规定,从“民法”第541条第1项的规定,受任人因处理委任事务所收取之金钱、物品及孳息,应交付于委任人以观,对于过失或逾越权限所取得的部分法无排除规定,自属在交付的范围。

2. 客户与保管银行间的资产保管关系

由客户与信托银行签订委任保险契约,负责客户资产的保管并依证券投资信托或投资顾问事业者之投资指示办理交割与股权行使及股息股利收取等资产管理事宜。

“证券交易法”第18条之3第1项的规定与“证券交易法”第18条之2第1项之规定相类似,除了规范基金或全权委托投资资金及其购进资产的独立性外,由于该资金之真正所有权属于委任人或受益人,故进一步并规定,受任人、保管机构之债权人不得对该资金或资产请求扣押或行使其他权利。证券投资信托在基金经理之投信公司与保管机构间的法律关系为何,在学者间有主张为信托者,亦有主张为委任者,或为信托者,甚有主张为无名契约者,由于按台湾地区证券投资信托相关规定系沿袭日本法制而来,依相关规定,基金经理公司与保管机构签订证券投资信托契约,委托保管机构保管基金资产,基金资产虽以"××银行信托部受托保管××证券投资信托公司××信记基金专户"之名义登记于保管机构名下,与基金经理公司及保管机构的自有财产分别独立,具有信托之特色,但由于基金资产的运用权属于基金经理公司,保管机构仅有保管及受经理公司指示而执行的权利,与"信托法"上受托人得为信托资产的管理或处分("信托法"第1条及第9条)不同,日本通说即认为证券投资信托契约当事人间的法律关系并非信托关系,而比较偏向于混合型态之无名契约。"证券交易法"第18条之2第1项"证券投资信托事业募集之证券投资信托基金,与证券投资信托事业及基金保管机构之自有财产应分别独立,证券投资信托事业及基金保管机构就其自有财产所负债务,其债权人不得对基金资产请求扣押或行使其他权利"的规定,其目的主要在于保障受益人之权益,排除投信事业及保管机构的债权人对基金行使权利,实际上并未赋予基金独立之法律上人格,尤不提供投信事业及保管机构间任何成立信托关系的法律依据。

而参考前述有关基金经理公司的投信与保管机构的契约,有关全权委托投资委任契约的当事人自然委任人与受任人之证券投资信托或顾问事业的本名签订,而在与保管机构签订的委托保管契约方面则由委任人与保管机构签订,至于在保管银行开立的账户,就其独立性的观点及便于区别而言,亦宜比照证券投资信托基金的开户方式,使三方当事人皆能显现于专户上,故以"××银行信托部受托保管×××委托××证券投资顾问(信托)公司全权委托投资基金专户"为之。而实务上则仅以受任人的证券投资信托或顾问业者及委任人的名称开立账户,至于委任人与保管机构间在法律关系上,除了保管资金及财产的寄托契约外,尚包括有为该委托经营全权委托投资资金买卖有价证券的受指示办理交割结算等业务,甚至还必须为其负责控管钩稽之任务,因此亦含有为其处理事务之约性质,其权利义务须依具体之契约认定虽然一般称为委任契约但其实质内容则涵盖寄托委任等,故应属于无名契约的一种。

3. 委任人保管机构及投顾或投信业者三个方面间关系

就整个全权委托投资业务的流程而言,委任人分别就投资事项委托证券投资信托事业,或顾问事业为之,而就保管及交割结算事项委托保管机构为之,但受委任投资决定及从事下单买卖委托后,必须指示保管机构进行确认及交割结算之工作。因此,证券投资信托或顾问事业保管机构与委任人间必须共同签订三方协定,确认保管之资产种类内容,并明订客户资产运用,应由投信或投顾依全权委托契约所为之投资决策指示办理,客户原则上不得向保管银行指示,且其投资标的范围以投资方针书所列者为限,保管银行就此负有监督义务。

4. 委任人、投顾或投信业者、保管银行与交易对象间(以证券经纪商为例)之开户委托买卖关系

(1)以委任人名义及代理人保管银行及受任全权委托投资业务之证券投顾或投信业者等三方显名的账户,为证券经纪商的开户契约名义人,保管机构、投顾或投信业者各为保管资产及投资行为之代理人,开户卡及每笔委托单应载明开户账号并加注足资区隔与其他委托人别之"代号",以免成交后分配不公的流弊,且仅注记代号不标示委托人姓名,以迎合客户的保密需求。

(2)投资或投信业者代理下单的额度或其投资标的如有逾越全权委托契约所定额度投资范围限制者,由投顾或投信业者自负履约交割责任,唯所谓自负履行交割责任,是将该超过部分移由投顾或投信的开立之账完成交割,抑由在该委托投资的账户完成交割后,再向投信或投顾追探损失之部分,为考量避免造成直接侵害委托专户款项之风险,应以移转予投信或投顾事业另开立处理的账户办理交割结算责任,但以全权委托投资账户完成之交易,经保管机构确认为逾越投资范围者,其改变投信或投顾自己的账户完成交割,应比照错账处理的方式,受任人投信投顾业者就此逾越投资额度或范围的行为,已然构成违约或违反法令的行为。

(3)证券经纪商由客户指定之,未为指定者,由投顾或投信业者定之,但应尽量分散,避免集中,以防流弊,而有关的开户契约,无论是由委任人或受委托经营投资的业者指定,其内容事涉委任人、受任保管资金及资产的保管机构、受任委托经营之投信或投顾业者及证券经纪商间权利义务关系,因此亦宜有三方之协定,在下单委托的程序上,证券经纪商亦属于受任人,其收受有手续费的报酬,对于委托投资的范围及对象亦应尽善良管理人的注意义务,对于显然逾越投资范围之委托下单,亦应加以过滤或拒绝,如此透过保管机构及证券经纪商之钩稽控管,更能保障委任人以全权委托投资的安全。

六、信托业兼营全权委托投资业务之运作

(一)经营之可能架构

将信托财产运用于"证券交易法"第6条规定的"有价证券或期货交易法"第3条规定的期货时,并应向证券主管机关申请兼营证券投资顾问业而信托业

其经营业务与委任人的本质为信托关系,在经营全权委托投资业务时,应遵行原信托的法律架构,还是要依照证券投资信托或顾问事业接受委托代客操作之委任关系则有疑义,拟议中的"信托业法施行细则"第11条规定,认为"信托业法"第18条后段所称应向证券主管机关申请兼营证券投资顾问业务者,系指信托业办理委托人不指定营运范围或方法的单独管理运用之金钱信托,且其信托契约约定得由信托业将信托财产全数运用于"证券交易法"第6条规定的"有价证券或期货交易法"第3条规定的期货者。所以依该条草案规定系较倾向认信托业兼营代客操作业务必须将全部信托财产用于证券市场或期货市场才算,若有部分不运用在该二市场则不需申请兼营证券投资顾问事业执照,至于其兼营时应依信托或一般委任的架构仍未解决,信托业兼营全权委托业务时,银行或信托业者(现行之信托业者仍全为银行兼营),由于银行可能兼具保管机构、证券商、信托业及全权委托投资之代客操作业务4种角色,如何厘清其扮演的功能,如图3所示:

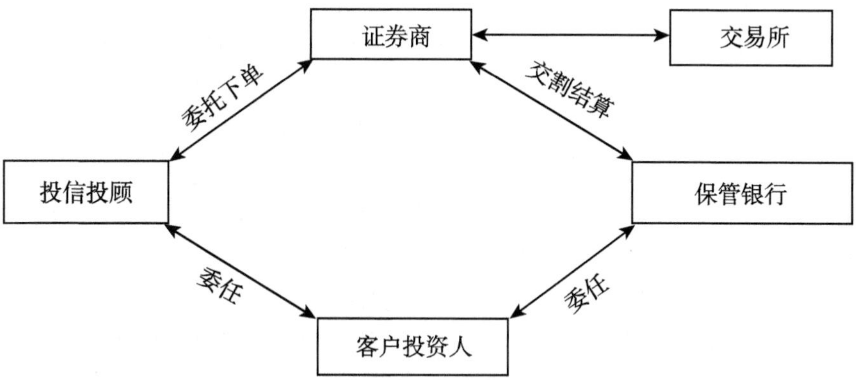

图3

图3就信托业者于接受客户委托后,由于内部关系是信托契约,所以形式上所有权已移转到信托业各下,而由信托业已受任人兼一般投资人的角色,对外关系可再委托证券投资顾问投资信托业者从事全权委托投资,同时再委任其他的保管机构为保管及交割结算等之业务,香港特别行政区资产管理机构同时可接受其关系企业及其他客户的委托从事代客操作,所以信托部门、银行部门都是其资产管理部门的客户,其区隔并使各专业部门的职能得以在此发挥意义,而在拟议中金融控股公司法的理想架构亦在此,各个部门都成立独立子公司,并可透过防火墙防止利益上的冲突,而在此一架构下,信托业扮演代客操作的受托人,与一般投资人无异。

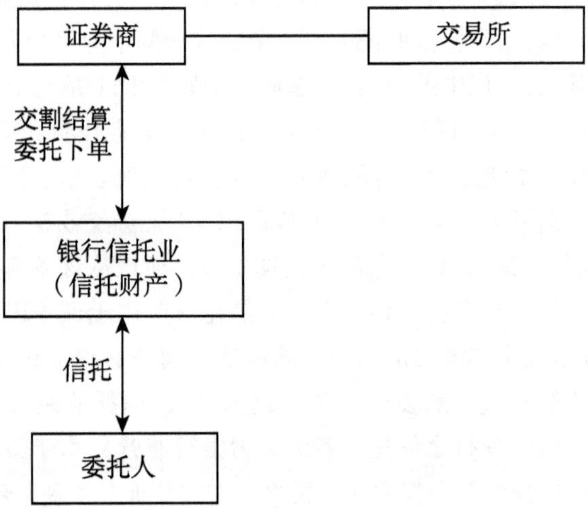

图4

图4部分,银行或信托业于接受客户的信托后,依信托契约的本旨其信托财产已移转于银行或信托业名下,而银行或信托业对于受托之财产可依契约为使用、收益、处分,其为投资有价证券市场或买卖期货交易契约,自属于信托契约或信托业法依法有据,然银行或信托业与客户内部间存在有信托关系,其本身可否仅依"信托业法"第18条规定在表面上取得兼营证券投资顾问事业营业许可之执照即可,而在运用信托财产从事投资时,自行依据其公司或该业有内部之规范。换言之,不必再考虑设置独立的专责部门而统一由信托部集体运用,而受托代客操作之财产亦得与其他信托财产混合运用,果真如此,则其虽然较不专业,但成本自然较低,"信托业法"管理亦较低度,是否合乎公平、专业理念及投资人权益保护,是有商榷之余地。

图5部分,银行或信托业者以信托契约接受客户的信托财产后,由银行或信托业者内部专门设置代客操作的独立专责单位,类似银行之信托部设置专责部门兼营证券商的业务一样,而该专责部门的人员、会计、资金、业务操作方式与银行或信托业本身之业务独立,且该部门的运作模式以一般证券投资顾问事业或证券投资信托事业相同,如此与经营相类似代客操作之业者是处于同一平等之基础,与之遵循相同的市场游戏规则,虽然代客操作的专责部门是设立在银行或信托业的内部单位,但其取得证券主管机关的兼营营业许可证照,从功能业务的区分,是同为一般的证券投资事业,而必须指拨相同的营运资金,对于投资的标的范围亦须有相同的标准。至于保管机构之角色,则可由银行或信托业的其他部门负责,但需做好钩稽控管之责任。

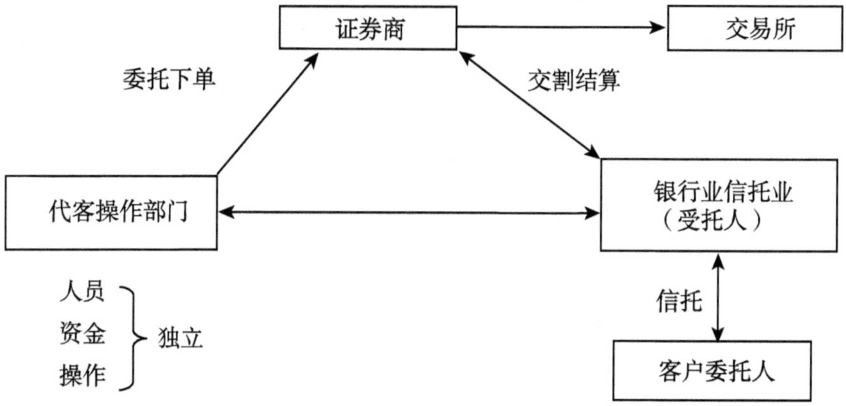

图 5

图 6 部分，银行或信托业者从事代客操作业务时，由于“信托业法”第 18 条规定，系将信托财产运用于“证券交易法”第 6 条规定之“有价证券或期货交易法”第 3 条规定之期货时，应向证券主管机关申请兼营证券投资顾问业之许可，但对于信托财产之保管是否由银行或信托业者担任保管机构的角色，则未有明确之规定。因此，从保管机构的功能而言，不仅是担任保管寄托、确认计算、钩稽控管及查核等之业务，为免由同一人担任而产生角色混淆以致失去原规

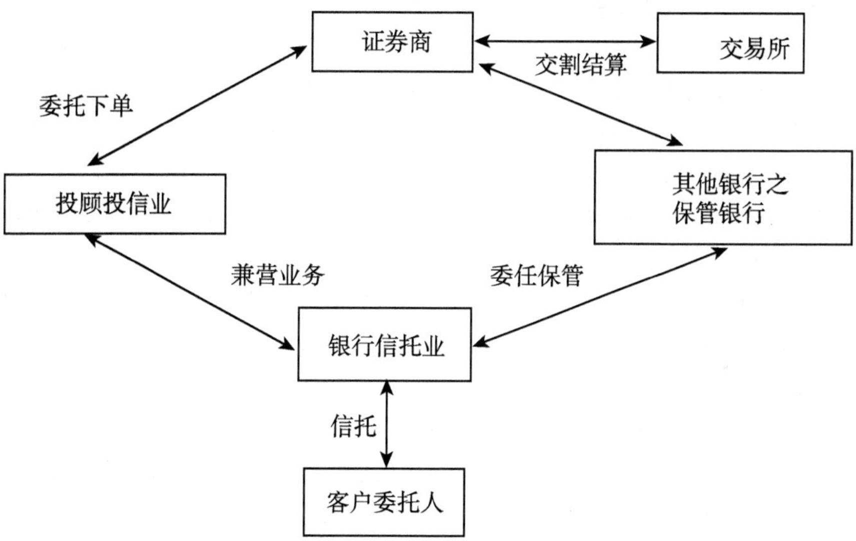

图 6

划之目的,故在银行或信托业者从事代客操作业务时,必须将其委托人所信托从事代客操作的资产移由其他银行或信托业者担任保管机构,才能达到原先规划的控管目的,而银行或信托业以信托受托人的地位再委任其他银行或信托业者保管,在外部关系上,就已登记为受托人的银行或信托业者的信托财产并不改变其名义,故不致影响信托契约之原来架构。

(二)合理解决之经营架构

1.信托业以受托财产从事"证券交易法"之"有价证券投资及期货交易法"的期货交易时,依上开规定应向证券管理机关申请兼营证券投资顾问事业执照,而所谓"兼营业务",如银行兼营证券业务或证券商兼营期货业务,就兼营部分在业务上除有特别规定外,自然依"证券交易法"或"期货交易法"之有关规定进行办理。因此,兼营证券投资顾问业务的信托业,在业务上如依"信托业法"之信托契约方式,则与依"证券交易法"第18条之3开放全权委托业务的代客操作系依委任关系有所不同,而且与保管银行及投资人间采委任方式,其资产所有权并未移转亦有所不同,故未厘清体制架设将使营运及管理上徒增困扰与纷争。

2.信托业兼营证券投资顾问业务,依我国台湾地区行政管理机构2000年10月9日发布的"证券投资顾问事业管理规则"第三章的规定,应依该规定指拨专用之营运资金、具备符合"全权委托管理办法"所规定资格的组织人员、拟具经营全权委托投资业务的营业计划及业务章则,并加入投信投顾公会,在规范上与投信投顾的代客操作完全一致。另对于客户全权委托的管理资金与有价证券,其与投信投顾间,或保管银行间采委任关系,在性质上与信托必须移转形式所有权有所不同,且采行信托的架构,其信托财产种类除金钱、有价证券外,尚包括动产、不动产或其他财产权,因此,若不将受托的金钱及有价证券之信托财产独立出来,其从事有价证券全权委托投资的代客操作部分,在代客操作业务上与信托为以自己名义为法律行为模式为不同的体制架构,如何管理及业者如何遵循将难以区隔,且信托业的业务空间大,而证券投资顾问及证券投资信托业从事代客操作,其投资标的、资金的运用及业务应遵行的规范较严格,所以对于同样业务,在竞争的基础上应提供公平性之环境与条件。

3.美国国会于1999年通过格雷姆-里奇-比利雷法(Gramm-Leach-Bliley Act),准许银行从事证券相关业务,亦于该法案中规定银行从事投资顾问须设置独立部门,并依《投资顾问法》的规定注册,且须完全符合美国证管会有关销售及广告之相关规范。另香港证监会虽例外准许银行豁免投资顾问之登记,唯1995年香港金管局与证监会共同签署谅解备忘录,以促进监管工作上的合作,

1996年香港金管局在证监会协助下，编制了认可机构证券业务的现场审查指引，目前香港金管局与证监会每月举行一次会议，讨论共同关注的监管事项及个案，因此，香港银行在从事证券相关活动时，亦受证券主管机关的管理。此外，于新加坡，举凡从事证券顾问、发行证券分析报告及接受客户全权委托投资业务者，均定义为证券投顾业者，须依证券业法的规范向新加坡金融管理局申请投资顾问执照，因此，从我国台湾地区境外立法例及实务运作上，即使是银行或信托业兼营资产管理之全权委托投资业务，还是要遵守所兼营业务之专业规范。①

4. 依据前开说明，就"信托业法"第18条的文义及兼营运作之实务上，专业范围应依专业功能管理之"法令"，投资有价证券的代客操作除信托业与委托人间之为信托关系外，自应依"证券交易法"的体系运作，否则"信托业法"第18条之条文，仅向我国台湾地区"证券暨期货市场发展基金会"取得乙纸营业执照，将形成具文，并造成未来管理上的漏洞，而前面所示笔者认为以图5或图6较能符合"证券交易法"及"信托业法"的本旨。

七、越权交易与违约之处理

（一）越权交易

经本人承认，对于本人不生效力。而无代理权包括未经授权、授权无效、超越授权范围及代理权消灭后的代理，因此，越权代理之交易并非无效，但在证券市场之交易系统中也不可能如民法之规定处于效力未定，毕竟集中或店头市场交易必须通过证券经纪商以行纪名义为的交易，至于越权交易后有关责任的厘清，则有待依照法令或契约的约定加以解决。依我国台湾地区证券投资信托暨顾问商业同业公会于2000年11月7日所发布的"证券投资顾问事业投资信托事业经营全权委托投资业务操作办法"第56条规定，越权交易买进或卖出的款券，受任人应为接获越权交易通知书之日起，依下列规定为相反之卖出或买进冲销处理并结算损益：(1)如为买进证券总金额逾越委托投资资产金额或其可动用金额者，应就逾越的金额所买进之证券全数卖出冲销，其应行卖出冲销之证券及因之所生损益的计算，均采后进先出法，将越权交易当日买进成交时间最迟的证券优先卖出，依次为之，至完全冲销，所生损失及相关交易税费由受

① 参见"证券投资信托暨顾问商业同业公会"2001年5月15日函报主管机关，我国台湾地区"证券暨期货市场发展基金会"陈春山教授研究"发展全权委托投资业务之研究"所提意见第2页至第4页。

任人负担,所生利益归委人,并自冲销所得价款扣抵之,扣抵后的余额于越权交易的交割及冲销完成后归还受任人,不足抵扣的差额由受任人负责补足。(2)如为超买或超卖某种证券者,应将超买或超卖的数量全数冲销,其损益的计算、归属、税费负担与所得价款余额的归还,同前款规定。受任人未依前项规定补足冲销后之损益及税费者,保管机构得代理委任人向受任人追偿。然如果从证券商受托买卖之角度观之,则由于外部的代客操作契约存在,得以认定为表见代理,依"民法"第169条之规定,除非为受托之证券商明知其无代理权或可得而知,否则委任人还是需要负责。

(二)违约之处理

受任人之财务所能承受范围而导致违约交割时,其有关违约交割之刑事、行政及民事法律责任应如何追究,由于全权委托投资契约必须遵守法令及市场规则,故委任人不致事先为违约交割的授权,受任人蓄意或疏于注意的违约交割自应由其负起法律责任,包括是否构成操纵的犯罪、民事赔偿以及禁止开户交易等的责任。

八、利益冲突之解决

(一)退佣之利益

公司运用全权委托投资的资产或基金买卖有价证券所支付的手续费,与代客操作的资金及基金每月买卖成交金额相较,往来券商完全依行为时法定五级费率制收取手续费,而未再依当时市场对大额成交客户按月折减惯例予以折减,似未尽合理。由于证券商对一般客户折减收取手续费,皆有相当的手续费折减收费标准,而有关手续费折减收费利益应归属委任人或基金受益人全体,域外有些证券投资顾问或证券投资信托事业甚至以其集体的额度作为取得有利手续费的筹码,但其利益应归属委任人或基金受益人全体。

(二)手续费以外之利益

一般券商对投资顾问或投资信托事业法人提供的额外服务项目主要包括:(1)研究报告之提供;(2)盘中实时信息之传递;(3)重大讯息变化之告知;(4)上市公司参访行程之协助;(5)定期举办研讨会,由于投资顾问或投资信托事业对委任人或基金受益人负有忠实义务,且有权选择或建议所经理基金及资产从事交易的委托证券商,因此,当其使用委任人资金或基金支付予证券商的手续费[在国外称为"软钱"(soft dollars)]取得执行证券交易所需以外的产品或服务时(如证券商提供"研究报告"),即与基金受益人的利益发生冲突,而有必要予以适度规范。

第一,"证券投资信托事业管理规则"第26条第1项规定,"证券投资信托事业的董事、监察人、经理人、业务人员及其他受雇人员,应为受益人利益,忠实执行职务,不得为自己或他人谋取不法利益,并不得有下列行为……"及第4款规定,"运用证券投资信托基金买卖有价证券时,收取证券商退还手续费或其他利益"。鉴于上述规定仅适用于证券投资信托事业之相关人员,且必须以获取不法利益为违反本规定的必要条件,故2001年1月12日函送我国台湾地区行政管理机构的"证券投资信托事业管理规则"修正草案,已将投信事业增列为上述规定之规范对象,文字并作部分修正,以配合台湾地区已实施之证券商手续费率自由化制度。

第二,经查美国、新加坡及中国香港特别行政区等均未禁止使用"软钱",唯为确保投信公司或投资经理人忠实义务的履行,均要求"软钱"所取得的必须为有助于投资经理人投资决策程序之研究服务,且基金所支付的手续费必须与基金所收到的证券商研究及交易执行服务相当。另投顾、投信公司或投资经理人必须向客户揭露其"软钱"政策,且必须不断建议或寻求最佳的证券商执行基金买卖交易。

第三,以美国为例,由于国会认为委托最低手续费率之证券商并不必然符合受益人之最佳利益,因此,该国于1975年取消证券交易固定手续费率制后,已配合于《证券交易法》第28(e)条订定支付的手续费如经信赖判断与所取得之证券经纪及研究服务价值相当,将不视为必然违反忠实义务或违反法令规定,并授权美国证管会订定有关投资顾问(负责共同基金之运作)揭露其软钱政策及程序之管理规则。此外,投资顾问尚须依1940年《投资顾问法》及各州州法的规定,不得在事前未经客户同意的情形下,运用客户资产使自己或其他客户获得利益,否则将违反联邦证券法的反诈欺条款;1940年《投资公司法》亦规定投资公司(共同基金)应于公开说明书及额外信息报告中揭露其委托证券商情形及使用"软钱"的实务,投资公司董事会并应就投资顾问使用"软钱"的情形,评估其与投资顾问间合约的存续。

前述"证券投资信托事业管理规则"相关条文的规定,对于投信事业得否运用软钱取得研究服务的问题,依第4款之"……未将证券商或期货商退还手续费归入基金资产,或收取其他利益"已明文禁止。鉴于我国台湾地区外对于使用"软钱"均以一定程度之豁免及适度规范取代禁止规定,且我国台湾地区境内实务上类似情形确实相当普遍,如全面禁止,对投顾、投信公司或基金受益人未必有利,爰建议参考前述国家和地区采原则禁止、例外许可的方式管理,于上述条文后段增列但书(但符合我国台湾地区"证券暨期货市场的发展基金会”规定者,不在此限),再由主管机关据以订定豁免应符合的条件。

九、营业保证金法律问题之探讨

委任人与受任人间外观上存有代理的法律关系,虽然委任之投资本人与证券商仍存有委托下单买卖的行为,对于市场上存在证券经纪经营的风险仍可通过交割结算基金、投资人保护基金及提存营业保证金得到保护,但对于证券投资信托或顾问事业存在的经营风险造成之损害,则欠缺进一步的保护机制,因此,新修正之“证券交易法”第18条之3第2项规定,在经营接受客户全权委托投资业务时必须提存营业保证金。而“营业保证金”(Business Guaranty Bond)一词,在“证券暨期货交易管理法令”规定之处甚多,由于“法令”上的定位不明确,因此对于因业务或其他法律关系产生债务,债权人对该项营业保证金请求清偿,或依“法令”规定申请强制执行时,往往酿成极为复杂的纷争。

(一)营业保证金之意义及目的

系指依主管机关之规定或同业公会的规范,于指定的金融机构缴(提)存一定比例或一定金额的现金、当局债券、金融债券或金融机构得以接受的有价证券,于缴(提)存者因业务产生债务时,为履约赔偿责任,债权人对该笔保证金有优先受偿之权利。因此,营业(或设立)保证金为提供其因业务产生债务的担保,原“证券交易法”在增订证券投资顾问事业及信托事业从事代客操作业务时,在考量此一业务的开放关系投资人的权益甚巨,同时为引导业者自律的必要性,对于该保证金原有比照交割结算基金之提拔,并以共同责任制委由同业公会就投资人因业务产生的损害加以赔偿,嗣鉴于共同责任制的采行对未有过失之受任人要求过重之责,仅规定提存营业保证金而已。

(二)营业保证金优先受偿之法律性质

营业或设立保证金,对于因营业或设立生债务的债权人,就该保证金有优先受偿之权(privilege),此种由于法律规定的法定优先权排除债权人对于同一债务人有平等接受分配的原则,法律规定的目的用以保护特殊的债权,由于系法定且优先于一般债权人受清偿,并不对该提(缴)存标的物有排他、直接支配之性质,故宜认为仅具债权的优先权而已。

十、结论

历次“证券交易法”的修正与“证券投资信托及顾问法”“信托业法”的制订,开放全权委托投资的代客操作业务,可配合提供一般散户的投资人委托专业机构经营的规范依据,同时也可提供非专业资产管理机构委托经营的管道,如公务人员退休抚恤基金、劳工退休基金、劳工保险基金、邮政储金及其他基金的运用,而在专业理财投资分析与判断之资产管理时代中,鉴于专业收集信息及分析能力及人力,恐非公务人员或资产管理专业人员所能负荷,因此,委托专家经营是各国和地区退休基金运用之趋势,而结合"证券交易法""信托业法"及其他有关全权委托投资业务的管理规范,可在最有"法令"保障及发挥最大投资效益下,使委托之资产得到有效的运用,不仅可减轻各操作人员的压力与主管部门的负担,亦可增进资金的活络及有效运用,并可达到稳定市场的机能,然全权委托证券投资信托事业、证券投资顾问事业或信托业者从事全权委托投资业务的推展,有赖业者的自律与共同努力,不仅在于对绩效的追求,更应注意形象的维护,严格遵守市场共通之规范,才能得到投资人的认同与信赖,继而能业务兴隆,整个市场之结构及秩序也能跟着趋于理性与稳定。

关于中韩 FTA 金融领域规定的考察

李相模*　崔谞智**

一、绪论

近年来，中韩两国的经济虽然自 2007 年全球金融危机之后呈现快速恢复的态势，但近年来的增长速度有所放缓，2016 年的经济增长率也要比当初所预期的低。2016 年年初，国际货币基金组织（International Monetary Fund，IMF）曾预测，中国经济的固定资产投资增长率将会进一步放慢，并且股市的暴涨暴跌等金融市场的不稳定性将会导致经济增长率放缓。另外，在股价方面，中国股市于 2014 年下半年暴涨后，2015 年反复出现暴涨暴跌，表现出不稳定的态势。韩国受到美国利率上调的影响，呈现恶化的趋势。对此，为克服两国近年来的经济难题，早日恢复经济发展，需要在本国自行努力恢复经济的同时，强化中韩两国间的经济政策协助及金融合作。特别是近年来韩国企业已开始正式进军中国内地市场，两国在金融领域的政策合作以及金融企业间的交流也在逐渐增加。在这种背景

---

* 韩国法制研究院副研究委员，西北政法大学经济法学院兼任教授，中国政法大学法学博士。

** 西北政法大学经济法学院兼任教授，济州大学法律与政策研究院研究员。

本论文是基于李尚牟等 11 人所著《韩中 FTA 各领域法制问题分析与研究》（韩国法制研究院 2015 年版）中作者本人编制的部分，即基于第六章金融服务相关内容（第 333～358 页）进行了修改和完善。

下,于2015年6月签订,12月20日生效的中韩自由贸易协定(Free Trade Agreement,FTA)在两国间的经济合作方面占据了重要的位置。

目前,FTA已开放了超出两国在多哈发展议程(Doha Development Agenda,DDA)协商中各自提出的减让标准的服务市场。特别是在金融服务方面规定了放宽对金融服务的限制,成立金融服务委员会,提高透明度等,以此改善两国金融产业的市场准入基础,保持两国在保护金融消费者、保障金融制度的完整性与安全性方面能够采取措施的权限,在金融服务相关投资人请求投资服务指令(Investment Services Directive,ISD),被请求国提出审慎原因措施抗辩时,两国可根据被请求国的要求,协商是否属于审慎措施对象。而且在包括金融领域的服务领域方面,两国协商决定在FTA生效后的2年内协商追加开放市场,并在开始协商后的2年内完成协商,预计今后两国在服务领域的开放与合作将会不断增加。

如上所述,FTA在中韩两国金融服务领域的开放方面占据重要地位的当下,正确理解和分析FTA协定内容是非常重要的。

二、中韩金融合作的现况与发展过程

(一)政府间的合作

随着1992年中韩两国建交后贸易量的激增,结算体系和资金流动方面对两国间金融领域的合作要求不断提高,针对这一要求,韩国财政经济部和中国人民银行每年都会召开一次金融合作会议。1997年经历了亚洲金融危机后,两国合作的重要性进一步提高,对此,韩国金融监督院和中国证券监督委员会等主要金融机构签订了谅解备忘录,正式开展合作,①目前两国依旧保持活跃的交流。②

2000年在泰国清迈召开的第2次ASEAN+3("东盟10+3",东盟十国加上中、日、韩三国)财务长官会议上,两国就预防外汇危机再发,签订了双方间的货币互换《清迈协议》(Chiang Mai Intiative,CMI)。在CMI下,中韩两国于2002年签订了20亿美元规模的货币互换协议。③

在2007年5月召开的"10+3"财务长官会议上,与会国基于CMI达成一

---

① 2003年韩国银行在北京成立了北京事务所,2005年3月作为外国金融机构,首次设立了韩国金融监督院北京事务所。

② 禹镇勋:《金融危机和韩中金融合作》,载《中国和中国学》2012年第2期。

③ 参见赵益贤:《韩中金融合作:挑战和机会》,第一届韩国金融经营研究所—交通银行金融研究中心共同举办国际论坛,2014年4月29日发表资料。

致意见,同意设立"东亚外汇储备基金",在会员国出现外汇不足时,通过该基金进行支援,帮助其克服危机。在韩国的积极努力下,2008年5月基金的规模定为800亿美元,其中中、韩、日三国承担80%,ASEAN承担20%。2009年3月处于准备阶段的共同基金的规模增额50%,扩大至1200亿美元,同时各方决定成立独立的监督机构,对共同基金体系的运行进行监督。

2010年3月以保全会员国国际收支和发生危机时支援短期流动为目的,成立了清迈倡议多边化协议(Chiang Mai Intiative Multilateralization Agreement,CMIM)。

2012年2月中韩两国开启中韩FTA谈判;2015年12月中韩FTA生效;2014年7月中韩首脑对《人民币交易活性化方案》达成一致意见;2015年1月16日,拥有57个会员国的亚洲基础设施投资银行(Asian Infrastructure Investment Bank,AIIB)正式成立运营。

(二)金融机构间的合作

在这种中韩两国政府的合作努力下,各个金融机构正在寻求进入对方国家市场。首先,韩国通过商业存在(commercial presence)的方式进入中国。具体来说,韩国在中韩建交前的1个月,即1992年7月将(原)外汇银行作为韩国首个进入中国的银行,在北京设立了代表事务所。2014年年末,韩国的10家银行、21家金融投资公司、10家保险公司及4家信贷专业公司等45家公司共159个据点进驻中国。其中,韩国银行在中国开设了5家当地法人、46家分行、42家支行、3处事务所,共96个据点,并且主要集中在北京(22家)、上海(15家)、天津(12家)、青岛(10家)等东北部地区。

而中国则从过去的资本市场参与中脱离出来,改为进入银行领域。自2011年中国农业银行进入韩国以来,2015年12月26日中国光大银行进驻韩国市场,此后共有6家国有商业银行(中国银行、中国工商银行、中国建设银行、中国农业银行、交通银行)在韩国设立据点,3家证券公司(申银万国证券、招商证券、韩国CLSA证券)以设立办事处和当地法人(韩国CLSA)的形式进入韩国市场。①

① 参见金融委员会:《中国光大银行首尔分行新设批准及在外银行分行设立现况》,载 http://www.korea.kr/policy/pressReleaseView.do? newsId=156095639,最后访问日期:2016年10月21日。林炳益:《近年来中国金融环境的变化和扩大韩中金融合作的必要性》,载《金融投资》2015年第167号。

三、关于中韩 FTA 对金融领域规定的分析

（一）规定方式和规定内容

在一般情况下，FTA 对金融领域作出规定的方法如下：（1）准用服务贸易总协定（General Agreement on Trade in Services，GATS）条款的方法；（2）修订 GATS 等，由 GATS 作出规定的方法；（3）不对金融领域作出规定的方法等。中国在签订金融通信服务领域相关的协定时，首先签订基本协定，今后再签订服务协定（中国·东盟 FTA、中国·巴基斯坦 FTA、中国·智利 FTA），或者签订基本协定的同时签订服务协定，今后再扩大服务开放领域（中国中央政府·香港特区 CEPA、中国·ASEAN、中国·新加坡 FTA）。此类做法的目的在于通过渐进式的服务开放扩大方式，完善中国相关制度的不健全之处，缓解地理上的庞大性与矛盾。[①] 中韩 FTA 就金融服务领域，在第九章进行了规定，由 14 项条款和附件（具体承诺）构成，与市场准入和国民待遇义务相关的金融备忘在服务备忘录附件 9 – A 中进行了规定。如表 1 所示，中韩 FTA 是中国将金融服务作为单独一章进行规定的第一个 FTA。而在韩国签订的 FTA 中，韩国·新加坡 FTA、韩国·EFTA FTA、韩国·欧盟 FTA、韩国·美国 FTA、韩国·澳洲 FTA、韩国·加拿大 FTA 等都在独立的分章中规定了金融服务相关内容。

表 1　中韩 FTA 的金融领域规定方式

<table>
<tr><th>区分</th><th>韩国的 FTA</th><th>中国的 FTA</th></tr>
<tr><td rowspan="2">在独立分章共规定</td><td colspan="2">中韩 FTA</td></tr>
<tr><td>韩国·新加坡 FTA、韩国·EFTA FTA、韩国·欧盟 FTA、韩国·秘鲁 FTA、韩国·美国 FTA、韩澳 FTA、韩国·加拿大 FTA</td><td>—</td></tr>
<tr><td>在附件中规定</td><td>韩国·ASEAN FTA、韩国·印度 CEPA、韩国·土耳其 FTA</td><td>中国·澳洲 FTA</td></tr>
</table>

① 参见郑焕宇：《韩中 FTA 服务领域谈判时的争论点和启示》，国际贸易研究院 2012 年版，第 6 页。

续表

区分	韩国的 FTA	中国的 FTA
在 GATS 中规定	韩国·智利 FTA	中国·冰岛 FTA、中国·瑞士 FTA、中国·新西兰 FTA、中国·ASEAN FTA、中国中央政府·中国香港特别行政区 ECPA、中国·新加坡 FTA、中国中央政府·中国台湾地区 ECFA
无相关规定	—	中国·智利 FTA、中国·巴基斯坦 FTA, 中国·秘鲁 FTA、中国·哥斯达黎加 FTA

表2 已签订的各 FTA 间金融服务规定内容比较

中国·韩国 FTA	韩国·新加坡 FTA	韩国·EFTA FTA	韩国·欧盟 FTA	韩国·秘鲁/美国/澳大利亚/加拿大 FTA	WTO 金融服务附件/谅解备忘录
第九章	第十二章	第四章	第五章	第十二章/第十三章/第八章/第十章	—
适用范围	适用范围	适用范围	适用范围	适用范围	范围
国民待遇	国民待遇	国民待遇	—	国民待遇	国民待遇
—	—	最惠国待遇	—	最惠国待遇	—
金融机构的市场准入	市场准入	市场准入	—	金融机构的市场准入	市场准入
—	—	—	—	国家间贸易	—
—	—	—	新金融服务	新金融服务	—

续表

中国·韩国 FTA	韩国·新加坡 FTA	韩国·EFTA FTA	韩国·欧盟 FTA	韩国·秘鲁/美国/澳大利亚/加拿大 FTA	WTO 金融服务附件/谅解备忘录
特定信息的处理	特定信息的处理	—	—	一定信息的处理	—
—	—	—	—	高级经营团队及理事会	—
—	—	—	—	非一致措施	—
审慎例外	例外	例外	审慎措施例外具体例外	例外	—
透明度	透明度	透明度	透明度	透明度	—
—	—	—	自律监管机构	自律监管机构	—
支付和清算系统	—	—	支付和结算制度	支付和清算制度	—
审慎措施的承认	承认	承认	承认	承认	承认
具体承诺	备忘表的修改	具体承诺相关的备忘表的修改	—	具体承诺	—
金融服务委员会	金融服务委员会	金融服务委员会	—	金融服务委员会	—
磋商	磋商	—	—	磋商	—
争端解决	争端解决	争端解决	争端解决	争端解决	争端解决
金融服务投资争端的事前磋商	金融服务投资争端	—	—	金融服务投资争端	—
定义	定义	定义	定义	定义	定义
—	国内规定	国内规定	—	—	国内规定
—	—	其他	—	—	冻结

(二)适用范围

中韩 FTA 第 9.1 条规定本章的基本适用范围原则上为"适用影响金融服务提供的措施"(measures affecting the supply of financial services)。这与韩国·美国 FTA 和韩国·加拿大 FTA、韩国·欧盟 FTA 类似。但是,韩国·美国 FTA(第 13.1 条第 1 项)和韩国·加拿大 FTA(第 10.1 条第 1 项)中规定,适用一缔约方对另一缔约方的金融机构、位于缔约方领域内的金融机构的另一缔约国之投资人及其投资人的投资、国家间金融服务贸易产生影响的措施。其将本章的基本适用范围进行了扩大。但是,中韩 FTA 对于此类原则承认一定的例外情况。即在包括公共实体的缔约国本国领域内,(1)构成公共退休计划或法定社会保障制度组成部分的活动或服务;(2)包括公共实体在内的,代表该缔约方,或由该缔约方担保,或使用该缔约方财务资源的活动或服务;或(3)中央银行或货币当局或任何其他公共实体[①]为实行货币或汇率政策而从事的活动;(4)本章不适用于规范政府部门为政府目的而购买金融服务的法律、法规或要求。与韩国·美国 FTA(第 13.1 条第 3 项及第 4 项)、韩国·加拿大 FTA(第 10.1 条第 3 项及第 4 项)的规定类似。特别是上述第 3 项的规定,引入了韩国·欧盟 FTA 第 7.44 条第 2 项规定,[②]对货币、汇率政策追加规定了例外情况。

(三)用语定义

中国·韩国 FTA 第 9.14 条中规定,"金融服务"是指为一缔约方的金融服务提供者提供的任何金融性质的服务。金融服务包括所有保险及其相关服务,但所有银行和其他金融服务保险除外。这与韩国·美国 FTA 第 13.20 条、韩国·加拿大 FTA 第 10.20 条、韩国·欧盟 FTA 第 7.37 条第 2 项的内容相同。另外,分类为金融服务活动的具体定义方面,中国·韩国 FTA 第 9.14 条、韩国·美国 FTA 第 13.20 条、韩国·加拿大 FTA 第 10.20 条的内容相同。

对于"金融服务提供者"的定义为,"金融服务提供者指一缔约方希望提供或正在提供金融服务的任何自然人或法人,但'金融服务提供者'一词不包括公共实体"。这可以视为援引了韩国·欧盟 FTA 第 7.37 条第 2 项的规定。

"措施"是指"一缔约方采取的任何措施,无论是以法律、法规、规则、程序、

---

① 这里的公共退休计划相当于韩国的国民年金制度,法定社会保障制度相当于韩国的国民健康保险制度,中央银行是指韩国银行,货币当局是指企划财政部。参见《韩中 FTA 详细说明资料》(2015.3)p.81.,http://www.fta.go.kr/webmodule/_PSD_FTA/cn/doc/1_description.pdf。

② 该协定的任何规定都不适用于中央银行或货币当局或任何其他公共实体为实行货币或汇率政策而从事的活动。

决定、行政行为的形式,还是以任何其他形式”“中央或地方政府和主管机构所采取的措施;及中央或地方政府或主管机构下放给非政府机构行使政府职权,非政府机构所采取的措施”。这条规定即不存在于韩美、韩加,也不存在于韩国·欧盟 FTA 中。

在“金融服务提供”方面,则规定了以下 4 大类形态:即(1)自一缔约方境内向另一缔约方境内提供服务;(2)在一缔约方境内向另一缔约方消费者提供服务;(3)一缔约方金融服务提供者通过在另一缔约方境内以商业存在方式提供服务;(4)一缔约方金融服务提供者通过在另一缔约方境内以自然人存在方式提供服务。其中,(1)、(2)、(4)相当于韩加 FTA 和韩美 FTA 中定义为“国家间金融服务提供”的金融服务提供形态,(3)是既不存在于韩国·美国、韩国·加拿大,也不存在于韩国·欧盟 FTA 中的规定,中国·韩国 FTA 第 12.1 条对“投资”的定义,目的是想要包括通过“企业和企业的据点”提供的金融服务。

“公共实体”是指“一缔约方的政府、中央银行或货币当局,或由一缔约方拥有或控制的、主要为政府目的而履行政府职能或进行的活动的实体”,与韩国·欧盟 FTA 第 7.37 条的“公共实体”定义相同。在中国·韩国 FTA 的用语定义中值得注意的是,韩国·美国、韩国·加拿大、韩国·欧盟 FTA 中概不存在的“措施”及“金融服务提供”相关的用语定义,这是经过了修改或全新引入的部分。另外,中国·韩国 FTA 中没有关于金融投资或新金融服务的条款,因此没有与此相关的用语定义。

(四)国民待遇

中国·韩国 FTA 第 9.2 条规定,国民待遇是指一缔约方给予另一缔约方的金融服务和金融服务提供者的待遇,不得低于其给予本国同类金融服务和金融服务提供者的待遇。这一条款与韩国·欧盟 FTA 第 7.6 条的国民待遇内容相同。韩国·美国 FTA 和韩国·加拿大 FTA 在金融服务方面的国民待遇规定中包括了金融服务投资和投资人保护相关条款,因此视为援引了韩国·欧盟 FTA 的国民待遇条款。另外,中国·韩国 FTA 中不存在最惠国待遇条款,这与其他的 FTA 相比也是一个比较特别的之处。

(五)市场准入

中国·韩国 FTA 第 9.3 条在市场准入方面规定,禁止一缔约方引入以下措施,(1)限制金融服务提供者的数量;(2)限制金融服务提供者的数量;(3)限制金融服务业务总数或以指定数量单位表示的金融服务产出总量;(4)限制特定金融服务部门或金融服务提供者可雇佣的、提供具体金融服务所必需且直接有关的自然人总数;(5)限制或要求金融机构通过特定类型法律实体或合营企业提供服务的措施;(6)以限制外国持股最高百分比或限制单个或总体外国投资总额的方式限制外国资本的参与等。

(六)特定信息的处理

中国·韩国FTA第9.4条规定对一缔约方个人客户的事务和账户信息,或公共机构拥有的任何机密或专有信息进行保护。这与韩国·欧盟FTA第7.38条第3项的个人信息及机密信息保护条款宗旨相同。

另外,韩国·美国FTA第13.7条和韩国·加拿大FTA第10.7条规定,一缔约方禁止披露金融机构或国家间金融服务提供人的个人客户金融服务及账户信息,或公开后会妨碍法律的执行、违背公共利益或妨碍特定企业正当商业利益的机密信息。对于保护对象的定义有所不同。对此,笔者认为,对于什么是"公共机构拥有的任何机密或专有信息"这一点存在争议。特别是与韩国·美国FTA和韩国·加拿大FTA的相关条款进行比较时,非公开的对象信息的范围是非常广的。

(七)审慎例外

中国·韩国FTA第9.5条规定,一缔约方为审慎原因可采取或维持措施,包括(1)保护投资人、存款人、投保人、保单持有人或金融服务提供者对其负有信托责任的人而采取的措施;(2)为保证金融体系完整和稳定而采取的措施。但是,不得用作逃避该缔约方在这些条款下的承诺或义务的手段。这一条与韩国·美国FTA第13.10条第1项、韩国·欧盟FTA第7.38条第1项、韩国·加拿大FTA第10.10条第1项的宗旨相同。关于"审慎原因",中国·韩国FTA中未进行定义,但韩国·美国FTA第13.10条第1项的脚注中将"审慎原因"定义为"包括维持个别金融机构或国家间金融服务提供人的安全性、审慎、完整性或金融责任"。韩国·欧盟FTA第7.38条第1项脚注及韩国·加拿大FTA第10.10条第1项脚注也作了相同规定。

(八)透明度

中国·韩国FTA第9.6条提到缔约双方认识到,规范金融服务提供者行为的监管和政策的透明度,对于便利金融服务提供者进入彼此市场并投入运营的重要性。各缔约方承诺将提高金融服务领域的监管透明度。各缔约方应确保以合理、客观和公平的方式适用本章所有的规定。另外,为了提高透明度,各缔约方在可行的范围内:(1)应提前公布准备采取的任何与本章有关的普遍适用的法规及其目的。(2)给予利害关系人和另一缔约方对此类法规草案发表意见的合理机会。(3)在合理范围内,各缔约方应努力在普遍适用法规最终公布日期与生效日期之间留出一段合理时间。(4)各缔约方应建立和维持适当渠道,以接收关于本章涵盖的普遍适用措施的咨询。(5)缔约方的监管机构应将关于金融服务提供的申请要求公之于众,包括为完成提供金融服务的申请所必需的任何文件要求。(6)一缔约方的监管机构应在相关法规规定的时间内告知该申请人其申请的状态。如要求申请人提供补充信息,则监管机构应及时通知申请人。(7)对另一缔约方金融服务提供者提出的关于提供金融服务的完整申请,一缔约方的监管机构应在相关法规规定的时间内,做出行政决定并立即通知申请人。只有在收到所有必要信息之后,才能被视为完整的申请。如无法在此期限内做出决定,则监管机构应毫不延迟地通知申请人,并应努力在相关法规规定的期限内做出决定。(8)应申请失败的申请人的要求,拒绝其申请的监管机构应在可能的范围内告知申请人拒绝的理由。

该透明度方面的规定与韩国·美国FTA第13.11条及韩国·加拿大FTA第10.11条类似。但是,中国·韩国FTA中不存在韩国·美国FTA第13.11条第3项第C款及韩国·加拿大FTA第10.11条第3项第C款规定之“选择本国最终规定时,接收利害关系人就规定草案提出的实质性意见的,应通过书面进行处理”。另外,对于另一缔约方的投资人、另一缔约方的金融机构,或另一缔约方的国家间金融服务提供者提出的关于提供金融服务的完整申请,将处理期限设定为180天,①笔者认为有些过长。

(九)支付和清算系统

中国·韩国FTA第9.7条规定,根据给予国民待遇的条款和条件,一缔约方应给予另一缔约方在其领土内设立的金融机构进入公共实体运营的支付和清算系统的权利,以及在正常业务经营中获得官方融资和再融资安排的权利。中国·韩国FTA与韩国·美国FTA、②韩国·加拿大FTA、③韩国·欧盟FTA④相同,均规定“根据给予国民待遇的条款和条件,一缔约方应给予另一缔约方在其领土内设立的金融机构进入公共实体运营的支付和清算系统的权利,以及在正常业务经营中获得官方融资和再融资安排的权利。本条并不意味着给予任一缔约方获得最终贷款人便利的权利”。对支付和清算系统的使用权进行了规定。

---

① 韩国·美国FTA及韩国·加拿大FTA中设定为120天。

② 参见第13.13条。

③ 参见第10.13条。

④ 参见第7.41条。

(十)审慎措施的承认

中国·韩国FTA第9.8条规定,一缔约方在决定其有关金融服务的措施应如何实施时,可承认非缔约方的审慎措施。该条款内容与韩国·欧盟FTA第7.46条内容类似,此类可通过协调或其他方式实现的承认,可依据与该非缔约方的协定或安排,也可自动给予。并且属第1款所指协定或安排参加方的一缔约方,无论此类协定或安排是在将来订立还是现有的,如在该协定或安排的参加方之间存在此类法规的同等法规、监督和实施,则应向另一缔约方提供谈判加入该协定或安排的充分机会,或谈判达成类似的协定或安排,且如适当,还可达成关于各方信息共享的程序。如一缔约方自动给予承认,则应向另一缔约方提供证明此类情况存在的充分机会。以此规定了类似的审慎措施的承认标准。

(十一)具体承诺

中国·韩国FTA第9.9条中规定的中国·韩国FTA的具体承诺内容明显比韩国·美国FTA、韩国·欧盟FTA、韩国·加拿大FTA少。中国·韩国FTA中规定的具体承诺只有监管合作、政府政策履行登记过的金融服务提供者除外,以及互惠待遇三项。在监管合作方面,缔约双方支持各自金融监管机构协助另一缔约方监管机构加强对消费者的保护和增强监管者预防、发现和处理不公平和欺诈的能力。各缔约方确认,其金融监管机构具有交换信息以支持此类努力的法定权力。缔约双方鼓励金融监管机构继续努力,通过双边磋商、双边或多边国际合作机制加强合作,如签署谅解备忘录或采取特别行动。该条款在韩国·欧盟FTA未作规定,与韩国·美国FTA附件13-B第7节及韩国·加拿大FTA附件10-B第2节的规定相同。

(十二)金融服务委员会

中国·韩国FTA第9.10条规定,两国为研究包括金融规定的履行及金融服务领域中的合作在内的金融服务相关问题,同意成立金融服务委员会,由缔约方负责金融服务的主管机构官员组成。对韩国而言,是金融服务委员会和企划财政部或他们的继任者。对中国而言,是中国银行业监督管理委员会(China Banking Regulatory Commission, CBRC)、中国保险监督管理委员会(China Insurance Regulatory Commission, CIRC)、中国证券业监督管理委员会(China Securities Regulatory Commission, CSRC)和中国人民银行(The People's Bank of China, PBOC)或他们的继任者。在双方达成一致的前提下,该委员会应召开会议评估本协定在金融服务领域的执行情况。

(十三)磋商

中国·韩国 FTA 第 9.11 条规定,一缔约方可要求另一缔约方就本协定产生的、影响金融服务的任何问题进行磋商。另一缔约方应对该请求给予适当考虑。本条下的磋商应包含附件 9-A 第 2 段所指定的主管机构的官员。但是,这与韩国·美国 FTA 和韩国·加拿大 FTA 不同,由于不必向金融服务委员会报告磋商结果,因此,笔者对该条款的实际有效性产生了疑问。

(十四)争端解决和投资争端的事前磋商

考虑到金融服务的特殊性,中国·韩国 FTA 中添加了与争端解决和投资争端相关的特别条款。FTA 规定,对于审慎原因以及其他金融问题的争端解决,专家组成员应具备与该争端中特定金融服务相关的专门知识。但是,这一规定与韩国·美国 FTA、韩国·欧盟 FTA、韩国·加拿大 FTA 相比较时,具体性明显不足,今后应该就金融机构的设立、机构委员的资格条件和争端解决机构的判定履行,参考其他 FTA,加入更加具体翔实的内容。另外,在投资争端方面,一缔约方对金融机构的投资者提起诉讼,在应诉方援引第九章进行辩护的情况下,在应诉方的要求下,缔约方之间应进行磋商,并尝试善意做出决定。该决定在诉讼请求提交后的一定期限内对仲裁庭有约束力。

而韩国·美国 FTA 和韩国·加拿大 FTA 规定,应诉方援引审慎例外时,应根据应诉方的要求,在提出仲裁请求之日起的 120 日内,应诉方向金融服务委员会提交共同决定请求书,陈述其是否承认第 13.10 条请求为有效抗辩,以及在哪种程度上承认。委员会应尽善意的努力,然后作出上述决定。委员会自接收应诉方书面请求的 60 日内未作出决定的,由仲裁判定部解决委员会未解决的问题。与这种具体的规定相比,中国·韩国 FTA 的 ISD 双方磋商条款明显缺乏具体性。

首先,中国·韩国 FTA 中缺乏针对双方如何进行磋商,以及如何规定双方的磋商与金融服务委员会的关系的具体指南。其次,如果无法通过双方磋商解决问题,则仲裁判定部应采取怎样的后续措施,这一点也未在中国·韩国 FTA 中明确。这些部分应在今后中国·韩国 FTA 的修订谈判中提出。

(十五)小结

中国·韩国 FTA 在金融服务方面的规定大致与韩国·美国 FTA、韩国·加拿大 FTA、韩国·欧盟 FTA 类似,目标开放程度与韩国·美国 FTA 类似。但是,中国·韩国 FTA 中不具备最惠国待遇、对新金融服务的规定,在透明度规定中,虽然规定了提高透明度,但是将申请处理期限设定为 180 天,与其他的 FTA 相比,处理期限较长。另外,在具体承诺方面,中国·韩国 FTA 未对国家间的服务开放范围以及信息转移、资源组合运营服务进行规定。从整体的规定体系来看,中国·韩国FTA的目标开放范围与韩国·欧盟FTA类似,具体的文案根据需要援引了韩国·美国FTA与韩国·欧盟FTA的内容。这是因为与韩国相比,中国的金融市场发展程度相对落后,同时站在韩国的立场上,也要考虑金融服务的敏感性,很难主张与韩国·美国FTA或韩国·加拿大FTA类似的规定,因此作出了妥协让步。

四、中国·韩国FTA后续谈判与展望

(一)中国·韩国FTA后续谈判指南

在中国·韩国FTA后续谈判方面,中国·韩国FTA第二十二章附件22-A中对谈判的范围、日程等进行了规定,其中也包含了金融领域的谈判。阅读与金融领域相关的内容会发现:(1)在一般原则下,为达成服务贸易的高水平自由化,以消极目录的方式编制金融服务保留案(附件Ⅲ);(2)就后续谈判的范围,缔约国可再次提出讨论相应章的任何一个规定,可提出新的文案建议;(3)后续谈判自协定生效后的2年后开始,谈判开始后的2年内结束;(4)"国家间服务贸易"使用服务提供形态中的Mode 1和Mode 2;(5)对国家间服务贸易相关章的后续谈判结果中应包含未来最惠国待遇相关规定;(6)在金融服务方面,应包括未来最惠国待遇、信息传递及新金融服务相关规定;(7)保持现有的非一致措施目录和缔约方在金融服务章节规定义务方面未达成一致的现有措施,或将可选择新的或限制性措施的特定领域、下设领域或行为目录作为本协定附件Ⅲ进行添加。

(二)展望

中韩两国建交以来在贸易、投资、人员交流等方面形成并保持了密切的实务关系,然而在金融整合与合作方面却不尽如人意。但两国经历了金融危机后逐渐认识到金融合作的重要性,并展开了积极合作。在这种背景下,两国应强化在金融领域的信息交流与合作,探索投资保障体系和政策金融等创新型的金融合作,积极参与今后将要展开的中国·韩国FTA服务领域谈判,进而通过中国·韩国·日本FTA谈判等探索对话合作,建立亚洲各国间的"亚洲单一对话"机制。

资产管理之信托受益权设定担保物权风险控管

——信托忠实义务之视点

林盟翔*

一、楔子

查中国台湾地区立法机构提案资料可知,①中国台湾地区"信托业法"自2000年7月19日公布施行以来,历经6次修正。为提供特定金钱信托之受益人兼具委托人以信托受益权为担保,向同一受托银行融通资金之便利性,并顾及兼具质权人身份之受托银行,于出质人(委托人)债务不履行而行使质权时,形式上虽有受托人享有信托利益或将信托财产转为自有财产,唯鉴于受益权设质系基于委托人(受益人)自身的利益,并经其书面同意质权设定及实行条件,爰参酌"信托法"第35条所列除外事由的制定意旨,增订第3条之1规定:前条之银行办理授信业务,以自己担任受托人且对信托财产不具运用决定权的金钱信托受益权为担保设定质权,并取得享有全部信托利益之受益人兼具委托人书面同意为质权设定及实行条件者,不适用"信托法"第34条及第35条规定(第1项)。前项之受

---

* 铭传大学财金法律学系暨两岸法制研究中心专任助理教授,西北政法大学经济法学院兼职助理教授。

① 参见台湾地区立法机构议案关系文书("院"总第1662号,"委员"提案第18265号),2016年2月24日印发。

益人书面同意质权设定、实行条件及其他事项的相关行为规范,由我国台湾地区银行商业同业公会联合会洽商信托业商业同业公会拟订,报请主管机关核定。(第 2 项)

其制定理由指出:第一,本条新增。第二,“信托法”第 35 条制定意旨,受托人不得将信托财产转为自有财产,或于该信托财产上设定或取得权利,但如经受益人书面同意并依市价取得者,即非属忠实义务的违反,亦不生违反“信托法”第 1 条有关信托本旨,或“信托法”第 22 条及“信托业法”第 22 条有关善良管理人注意义务规定。第三,为协助民众资金调度,增加特定金钱信托的委托人(受益人)资金使用之灵活性和流动性,及于同一受托银行办理质借的便利性,并顾及该受托银行同时为质权人,于出质人(委托人)债务不履行而行使质权时,形式上虽有受托人享有信托利益或将信托财产转为自有财产的情形,唯鉴于受益权设质系基于委托人(受益人)自身的利益并经其书面同意质权设定及实行条件,爰参酌“信托法”第 35 条所列除外事由之制定意旨,尊重当事人意思自治的精神,明定第 1 项。第四,他益信托的受益权设定质权,在委托人依“信托法”第 3 条规定保留变更受益人、处分受益人权利或终止信托契约的权利,如委托人行使保留权利时,会影响受益人的权利及质权的效力,为简化法律关系,明定第 1 项为担保的受益权仅限自益信托。第五,于第 2 项授权有关公会拟订受益人书面同意质权设定及实行条件等相关行为规范并报主管机关核定,以维护受益权设定质权当事人的权益。

但问题在于受托人于信托受益权上设定并取得质权,是否有违反忠实义务规定之嫌?若认定有违忠实义务,则金融圆滑化与资金调度的弹性将因设定信托而减损,是否有助于信托与金融制度的调和?若认定不当然违反忠实义务,但草案内容规定,仅仅由受益人书面同意,即可当然排除我国台湾地区“信托法”第 34 条及第 35 条之规定,是否对于受益人之权益保护不周,而背离信托的基础构造?

二、信托忠实义务之法制构造

(一)信托忠实义务之原则与类型

受托人既系基于委托人的高度信赖,以管理信托财产,故其应忠实公正地处理信托事务,始不悖于信托关系所依存的信赖基础。[①] 即受托人应本于信托

---

① See David J. Hayton, *The Law of Trusts*, Sweet & Maxwell, 4th Edition, 2003, pp. 141 - 142.

财产及受益人的利益,以处理信托事务,始符合忠实义务的要求。① 虽然各国和地区对于信托忠实义务的规定不相一致,但就信托关系而言,大致上可以共同包括下列原则:②第一原则,系贯彻信托财产独立性与利益冲突之防免,因此受托人不得置身于信托财产利益与受托人个人利益彼此冲突的地位。第二原则,则是禁止受托人从信托财产中自己私利。换句话说,受托人于处理信托事务时,不得自己得利。第三原则,禁止受托人管理处分信托财产时使第三获得不当之信托利益。简言之,受托人处理信托事务时,不得使第三人获得不当利益。

然而,为使忠实义务违反行为射程明确,从利益冲突的内容视点观之,所谓忠实义务违反行为应分类如下:③第一类型,即防止受益人之利益与受托人之利益冲突之场合。本类型为"自己交易"类型,除此之外之利益冲突行为亦包括在内。第二类型,即防止第三人利益与受益人利益冲突之场合。此类型不仅仅单纯从受益人之利益与第三人的利益客观对立比较,而必须具备"牺牲受益人之利益图谋第三人之利益"要素,始构成忠实义务违反。第三类型,即防止受益人与其他受益人间的利益冲突场合。该类型系在复数信托中受益人间利益冲突(信托财产利益冲突)之问题。需注意,忠实义务的违反必须要同时具备下列要素:其一,"利益冲突行为之禁止"(No Conflict Rule);其二,"信托报酬以外之利益取得禁止"(No Profit Rule);其三,"忠实执行信托事务"。学者指出,所谓忠实义务系包括在善良管理人注意义务(以下简称善管义务)之范围内,借由"忠实执行信托事务"系忠实义务内容包含可能之要素,将前述一二之要素特化为忠实义务违反,而区分善管义务与忠实义务之意义与各自定义定其违反之效果。④

(二)台湾地区之规定

按受托人既基于信赖关系管理他人的财产,自须依信托行为所定意旨,积极实现信托之目的。从而其注意义务不能以与处理自己事务同一注意为已足,应课以善良管理人之注意处理信托事务的义务。据此,"信托法"第22条规定:"受托人应依信托本旨,以善良管理人之注意,处理信托事务。"按受托人因管理不当致信托财产发生损害或违反信托本旨处分信托财产时,委托

---

① 参见王志诚:《信托法》,台北,五南图书出版公司2010年版,第230页。

② 参见[日]四宫和夫:《信托法》(新版),有斐阁1994年版,第231页。[日]四宫和夫:《信托法》,载《法律学全集33-II》(新版7刷),有斐阁2002年版,第231页。

③ 参见[日]新井诚:《信托法》(第3版),有斐阁2008年版,第249页。

④ 参见[日]新井诚:《信托法》(第3版),有斐阁2008年版,第249~250页、第268页。

人、受益人或其他受托人得请求以金钱赔偿信托财产所受损害或回复原状,并得请求减免报酬,固为"信托法"第22条所明定,然所谓管理不当或信托本旨的内涵究竟为何,则仍应探究双方所订信托契约的内容及相关规定予以补充。

由此可知,"信托法"中并无忠实义务之一般规定,但可从"信托法"第34条规定及学理依据,以及第35条规定及其制定理由,导出"忠实义务"之结论。

1.受托人原则上不得享有信托利益

"信托法"第34条规定:"受托人不得以任何名义,享有信托利益。但与他人为共同受益人时,不在此限。"按受托人为负有依信托本旨,管理或处分信托财产义务之人;受益人为享有信托利益之人,如受托人兼为同一信托的受益人,则其应负之管理义务将与受益权混为一体,易使受托人为自身的利益而为违背信托本旨的行为,故原则上受托人不得兼为受益人,更不得假管理或处分信托财产之便,以任何名义享有信托利益。唯如受托人仅系受益人中的一人时,则仍可经由其他受益人督促之,应可防弊,爰为除外规定。学者指出,此规定为前述第一原则的具体表现。[①] 需注意,但书所称"他人",司法实务解释上包括委托人以自己为受益人的情形。[②] 违反该条规定的效力,应依"信托法"第5条第1款之规定无效:"信托行为,有左列各款情形之一者,无效:一,其目的违反强制或禁止规定者……"

而受托人或他人为共同受益人的情形时,应在信托行为中订明享受信托利益的比率或期间,假若信托行为未约定各共同受益人的受益比例,为利行使信

① 参见王志诚:《信托法》,台北,五南图书出版公司2010年版,第231页。

② 台湾地区法务事务主管部门2002年11月26日法律字第0910042147号函释中规定:"……三,又信托行为中订定,信托关系存续期中,信托财产孳息由特定受益人享有,信托关系消灭时,信托财产原本由其他受益人享有之情形,该享有信托财产孳息之人,称为'孳息受益人';享有信托财产原本之人,称为'原本受益人'。"本件受托人系委托人之母亲,就信托本旨而言,应无脱法行为之意图,且受托人仅为孳息为受益人中之一人,其虽享有孳息利益之99%,唯尚无受益比例显不相当问题(参照附件之土地登记申请书,本件之孳息受益权利价值为新台币63.2199万元整,本金受益权利价值则为新台币163.2634万元整)。至"信托法"第34条但书中之"他人",自包括委托人以自己为受益人之情形在内。

托利益给付请求权等权利,受益人间应按人数平均享受其信托的利益,[①]至于“受益比例相当”之原则及审查标准是否相当,则应由登记机关本依职权就具体个案审认之。[②] 但若受托人受益比例较巨,与另一受益人受益的比例相差悬殊时,亦显与“信托法”第 34 条前述的制定意旨有违,而属有违“信托法”第 5 条第 1 款所定其目的违反强制或禁止规定的情形,则其信托行为即属无效。[③] 应注意者,遗产分割协议书之分配,受托人因继承成为信托财产之受益人,应可认信托财产之受益人、受托人与信托财产的归属权利人为同一人,而违反“信

---

① 台湾地区法务事务主管部门 2011 年 1 月 31 日法律字第 0999039141 号函释中规定:“按受益人因信托之成立而享有信托利益。但信托行为另有订定者,从其所定。(第 1 项)受益人得抛弃其享有信托利益之权利。(第 2 项)”,“民法”第 294 条至第 299 条之规定,于受益权之让与,准用之。分别为“信托法”第 17 条及第 20 条所明定。准此,受益人乃因信托行为而享有信托利益之人,受益人无须为任何意思表示,即得于信托成立时当然享受信托利益,且此一权利,兼具对受托人给付请求权之债权性质,而为财产权之一种,原则上应许其融通(“信托法”第 17 条及第 20 条制定理由、2007 年度台上字第 844 号判决参照)。从而,同一信托之受益人有数人时,分别依信托行为所定比例或期间,享受其信托利益;信托行为中未订定比例或期间者,依“民法”第 831 条规定,准用“民法”第 817 条第 2 项规定,各共有人之应有部分不明者,推定其为均等,故信托行为未订比例或期间之数受益人,则按人数平均享受其信托利益。本件受托人与他人 1 人为共同受益人,唯信托契约书未约定各共同受益人之受益比例,依上开说明,为利行使信托利益给付请求权、受益权抛弃或让与等权利,受益人间应按人数平均享受其信托利益。

② 台湾地区内政事务主管部门 2011 年 2 月 11 日内授中办地字第 1000040560 号函释中规定,本案经函准法务事务主管部门上开号函略以:……同一信托之受益人有数人时,分别依信托行为所定比例或期间,享受其信托利益;信托行为中未订定比例或期间者,依“民法”第 831 条规定,准用“民法”第 817 条第 2 项规定,各共有人之应有部分不明者,推定其为均等,故信托行为未订比例或期间之数受益人,则按人数平均享受其信托利益。本件受托人或他人 1 人为共同受益人,唯信托契约书未约定各共同受益人之受益比例,依上开说明,为利行使信托利益给付请求权、受益权抛弃或让与权等权利,受益人间应按人数平均享受其信托利益。(附件)本案请依法务事务主管部门上开号函办理。至贵处建议明定“受益比例相当”之原则及审查标准乙节,按信托利益由受托人与他人为共同受益人时,其等受益比例是否相当,仍宜由登记机关本依职权就具体个案情形审认之。

③ 台湾地区高雄“高等行政法院”2008 年年度诉字第 734 号行政裁判:“信托法”第 34 条之制定意旨系受托人为负有依信托本旨,管理或处分信托财产义务之人;受益人为享有信托利益之人,如受托人兼为同一信托之受益人,则其应负之管理义务将与受益权混为一体,易使受托人为自身之利益而为违背信托本旨之行为,故原则上,受托人不得兼为受益人,更不得假管理或处分信托财产之便,以任何名义享有信托利益。另于受托人与另一受益人为共同受益人之情形,若受托人受益比例较巨,与另一受益人受益之比例相差悬殊时,亦显与“信托法”第 34 条前述之制定意旨有违,而属有违“信托法”第 5 条第 1 款所定其目的违反强制或禁止规定之情形,则其信托行为即属无效甚明。

托法"第34条之规定。[①]

另值得注意的是,"信托法"第65条规定:"信托关系消灭时,信托财产之归属,除信托行为另有订定外,依左列顺序定之:一,享有全部信托利益之受益人。二,委托人或其继承人。"制定理由指出,本条参酌修正前日本《信托法》[②]第61条及第62条规定而制定:"信托财产于信托关系存续中,名义上虽属于受托人所有,却非受托人之自有财产,而为受益权之目标。故信托关系消灭时,信托财产究归属于何人,须有明文规定。为确定信托财产之归属,本条特明定信托关系消灭时,除信托行为另有订定外,信托财产以归属于享有全部信托利益之受益人,最为符合信托目的。其无享有全部信托利益之受益人时,则归属于信托财产之原所有人即委托人,委托人已死亡者,则归属于其继承人。另本条之所以纳入委托人之继承人,乃因本条所定之权利为固有之实质权利,并非来自信托财产或其他以保护受益人为目的之权能。"

但问题在于,若受托人并非依据"信托法"第34条之规定成为共同受益人,亦非另行规定信托报酬,于信托登记约款中约定受益人为委托人或他人,但却在信托关系消灭时约定信托财产为受托人享有,该约定是否有违"信托法"第34条及第5条的规定而无效?从"信托法"的规定来说,信托财产于信托关系存续中,名义上虽属于受托人所有,却非受托人的自有财产,而为受益权的目标。故信托关系消灭时,信托财产究归属于何人,须有明文规定。为确定信托财产之归属,"信托法"第65条特明定信托关系消灭时,除信托行为另有订定

---

① 台湾地区台北市"地政处"2000年1月13日北市地籍字第09930094600号函释中规定……本案经本处2009年10月8日北市地一字第09832704400号函(副本谅达)报奉我国台湾地区内政管理机构上开函核复略以……本案经函准上开我国台湾地区法务管理机构函略以:按"信托法"第5条第1款规定,信托行为,下列各款情形之一者,无效。第一,其目的违反强制或禁止规定者。同法第34条规定:受托人不得以任何名义,享有信托利益。但与他人为共同受益人时,不在此限。依本函所述,本件依遗产分割协议书分配结果办理,则该信托财产之受益人、受托人与信托财产之归属权利人即成为同一人,且无其他共同受人,显已违反上开规定(本"部"2002年10月8日法律字第0910036555号函参照,另参考高雄"高等行政法院"2008年年度诉字第00734号判决)。另按"信托法"第35条第2项规定:"前项规定,于受托人因继承、合并或其他事由,概括承受托财产上之权利时,不适用之。于此情形,并准用第十四条之规定。"系规范受托人取得信托财产上之权利,如具有继承等法定原因时,不适用该条第1项之禁止规定。此项规定与本案受托人得否因继承取得受益权之情形无涉,且与前揭同"法"第34条规定受托人不得以任何名义享有信托利益者,系属二事。本部同意上开我国台湾地区法务管理机构意见,是本案应否准受理信托内容变更登记,本案请依我国台湾地区内政管理机构上开函示办理。

② 本文所称日本《信托法》系指平成18年(2006年)12月15日法律第108号修正后新法。修正前之日本《信托法》另以"修正前日本《信托法》"表示之。

外,信托财产以归属于享有全部信托利益的受益人,最为符合信托目的。其无享有全部信托利益之受益人时,则归属于信托财产之原所有人即委托人,委托人已死亡者,则归属于其继承人。另本条之所以纳入委托人的继承人,乃因本条所定的权利为固有的实质权利,并非来自信托财产或其他以保护受益人为目的的权能。实务见解较为以个案判断为主。按"信托法"第34条、第65条及第66条之规定观之,信托关系消灭时归属权利人依法视为受益人,则本件依委托人与受托人间订立的信托契约书记载,信托关系存续中,信托财产的孳息受益人为委托人,而信托关系消灭时,信托财产的原本受益人为归属权利人(受托人之一)时,则上开记载的信托行为是否有"信托法"第5条第1款所定其目的违反强制或禁止规定的情形?仍须依是否违反"信托法"第34条规定加以判断①。地政机关在受理信托登记时,应依信托契约书所约定的事项与条款予以审查。② 另有实务见解依据个案判断因受托人所享有之归属比例与另一归属权利人享有的比率差距甚大,受托人享有比例显不相当,因此认定违反第34条规定无效。③

笔者认为,信托财产、信托利益与信托的剩余财产均为不同的概念。依据"信托法"第9条规定:"受托人因信托行为取得之财产权为信托财产。"因此,信托财产以财产权为限,亦限于积极财产,并且符合可能、确定、适法之法律行为基本规定。至于信托利益则是规定在"信托法"第17条第1项,即"受益人因信托之成立而享有信托利益。但信托行为另有订定者,从其所定。"盖信托之受益人有别于民法上第三人利益契约之受益人,毋庸为享受利益之意思表示,故除信托行为另有订定者,从其所定外,于信托成立时,即当然享有信托利益。受益人既享有信托利益,对于受托人自有信托利益给付请求权存在。④ 而

① 台湾地区法务管理机构2005年9月29日法律字第0940034383号函释。

② 台湾地区内政管理机构2005年10月6日台湾地区内政管理机构授中办地字第09400528950号函释:……鉴于信托为私法行为之一种,应尊重当事人的意思,故申办土地权利信托登记,虽以公定信托契约书为登记原因证明文件,唯倘委托人与受托人间所约定之主要信托条款,因受限于公定信托契约书中"信托条款"栏之篇幅而无法尽载,尚需另附信托契约书(私契)方能贯彻信托本旨或达信托目的者,登记机关于受理登记时,自应依另附之信托契约书所约定之事项条款予以审查。

③ 台湾地区法务管理机构2005年7月26日法律字第0940023735号函释中规定:……本件受托人与另一人虽为共同归属权利益(视为共同受益人),唯依来函所附资料,受托人享有归属比例为672/10,000,另一归属权利人则为1/10,000(全部信托财产为土地673/10,000),故归属权利人间(视为共同受益人)之受益比例显不相当,已违反本"法"第34条之规定(参照本"部"2002年11月26日法律字第0910042147号函)。

④ 参见台湾地区"最高法院"2007年年度台上字第844号民事判决。

同条第2项规定受益权应许受托人抛弃之,可知信托利益为受益权(无论采债权说、物权说或债权物权兼有的性质)内涵。因此,信托财产益与信托利益系属两种不同之权利,前者为受托人所有,后者为受益人所有。至于信托关系消灭后,信托财产应归属谁,尊重信托行为订定优先于最符合信托目的之安排,因此,委托人与受托人的信托契约或委托人于遗嘱信托时,均可以约定或自己安排之。至于前述实务见解将归属权利人解释为受益人的依据,系来自"信托法"第66条规定:"信托关系消灭时,于受托人移转信托财产于前条归属权利人前,信托关系视为存续,以归属权利人视为受益人。"观制定理由可知:"本条规定信托关系消灭持,在信托财产移转于归属权利人前,信托关系视为存续,俾信托财产仍有其独立性,而受托人亦能有效处理信托善后事务,以保护归属权利人之利益,此时并以归属权利人视为受益人。"详言之,"信托法"第65条、第66条等规定参照,信托关系消灭后,受托人有义务将信托财产移转信托财产归属权利人,唯移转手续未必于短期内完成,为保障其权益,受托人移转信托财产归属权利人前,信托关系视为存续,以归属权利人视为受益人。①

信托关系消灭后,本法并未如日本《信托法》规定"信托之清算"章节进行清算。(日本《信托法》第175条至第184条)此种"拟制信托"与"视为受益人"的立法目的,俾使受托人必须对归属权利人依据拟制信托的延续,在归属权利人取得剩余信托财产前,具有与信托期间受益人的地位,并具备向受托人请求移转的权限,以及受托人必须要对该视为受益人之归属权利人负担信托受托人的义务与责任,否则若信托关系消灭后,受托人的义务与责任解消,又无日本信托清算的规定,将造成受托人义务降低而使归属权利人无法取得良好的信托财产危险,所设的特别规定,该视为受益人之与信托制定时约定受益人的意义大相径庭,前者仅能行使请求剩余信托财产的移转,而后者仅能向受托人请求履行受益权与信托利益,二者内涵明显不同。上述实务见解将归属权利人视为受益人的规定,扩张与受益人等视的权益,并把信托消灭后的"剩余信托财产"与"信托利益"画上等号,进而扩张"信托法"第34条之射程范围,并不符合该等规范意旨,更非妥适。即使将之视为受益人,其权利也仅在于"清算之剩余信托财产"范围内,也并非信托存续期间单纯以信托利益可以评释。唯需注意者,若使受托人成为归属权利人的本意在规避"信托法"第34条共同受益人之规定时,依据"信托法"第5条第4款规定:信托行为,有左列各款情形之一者,无效:……(4)以依规定不得受让特定财产权之人为该财产权之受益人者。

① 参见台湾地区法务事务主管部门2011年12月19日法律决字第1000028290号函释。

此种脱法行为之信托仍为无效,与前述之差别在于无法仅从信托契约中之约定就可单纯判断之,也非登记机关即可形式判断,仍须以诉讼之方式进行,由受损害之受益人、信托监察人依法主张之,并予叙明。

另观日本《信托法》第 176 条规定:“信托终了时,该信托在清算完结前,仍视为存续。”日本《信托法》第 177 条规定:信托终了后之受托人(以下简称清算受托人)应执行下列职务:(1)了结现务。(2)收取信托财产之债权,清偿信托债务。(3)对受益债权(以给付剩余财产为内容者除外)清偿债务。(4)分派剩余财产。另依日本《信托法》第 182 条之规定:剩余财产归属于下列之人:(1)在信托行为中,被指定为以给付剩余财产为内容之受益债权之受益人(次项称为“剩余财产受益人”)。(2)在信托行为中,被指定之剩余财产应归属之人(以下简称归属权利人)(第 1 项)。信托行为中未指定剩余财产受益人或归属权利人(以下总称“剩余财产受益人等”)时,或信托行为指定之剩余财产受益人等全体抛弃其权利时,视为信托行为指定委托人或其继承人或其他一般承受人为归属权利人(第 2 项)。依前 2 项规定剩余财产归属未定时,剩余财产视为归属清算受托人(第 3 项)。再者,日本《信托法》第 183 条规定:在信托行为中被指定为归属权利人者,当然取得应给付剩余财产之债务之债权。但信托行为另有订定者,依该订定为之。(第 1 项)第 88 条第 2 项规定,准用于前项规定指定之归属权利人。(第 2 项)依信托行为订定而成为归属权利人者,得向受托人为抛弃权利之意思表示。但依信托行为订定归属权利人亦为信托行为之当事人时,不在此限。(第 3 项)前项规定归属权利人为同项规定之意思表示时,视为自始未取得归属权利人之权利。但不得损害第三人之权利。(第 4 项)第 100 条及第 102 条之规定,于归属权利人享有之债权中,与应给付剩余财产之债务有关部分,准用之(第 5 项)。归属权利人于信托清算程序中,视为受益人。(第 6 项)

综合上述可知,“剩余财产受益人”的归属位阶优先于“归属权利人”,若要降低受托人借由归属权利人约定的脱法行为,此可供“信托法”第 66 条修订时参考。然而本文认为,从同规定第 3 条的规定观之:“委托人与受益人非同一人者,委托人除信托行为另有保留外,于信托成立后不得变更受益人或终止其信托,亦不得处分受益人之权利。但经受益人同意者,不在此限。”鉴于受益人利益为信托制度首要保护的核心价值,为贯彻信托目的及保障受益人的权益,本条规定在他益信托时,一经成立信托,委托人除于信托行为时另有保留或经受益人同意外,不得任意变更受益人或终止其信托,亦不得处分受益人的权利。然而为了调和委托人的意愿及与受托人的契约自由,仍然可由信托行为另外保留之,信托成立之时至信托关系消灭时,现行法规的规范前后一致,若以日本法为师,仍需要进行全盘考虑进行修正,非仅以单一条文为特殊规定,避免造成体系前后不一之弊。

2. 受托人将信托财产转为自有财产之限制

台湾地区"信托法"第35条规定:受托人除有下列各款情形之一外,不得将信托财产转为自有财产,或于该信托财产上设定或取得权利:(1)经受益人书面同意,并依市价取得者。(2)由集中市场竞价取得者。(3)有不得已事由经法院许可者。(第1项)前项规定,于受托人因继承、合并或其他事由,概括承受信托财产上之权利时,不适用之。于此情形,并准用第14条之规定。(第2项)受托人违反第1项之规定,使用或处分信托财产者,委托人、受益人或其他受托人,除准用第23条规定外,并得请求将其所得之利益归于信托财产;于受托人有恶意者,应附加利息一并归入。(第3项)前项请求权,自委托人或受益人知悉之日起,2年间不行使而消灭。自事实发生时起逾5年者,亦同。(第4项)观其制定理由可知:"按本条系规定受托人之忠实义务,禁止受托人将信托财产巧为自有财产或于该信托财产上设定或取得权利,以避免发生信托财产之利益与受托人个人之利益冲突之情事。但如经受益人书面同意并依市价取得、由集中市场公开竞价取得或有不得已之事由经法院许可者,即非属忠实义务之违反,不在禁止之列。其次,受托人取得权利如具有继承、法人合并等法定原因,即与受托人任意违反忠实义务所为之财产或其他权利之取得不同,殊无禁止之必要,爰设第2项前段之规定。唯于此情形,仍有第十四条规定之准用,即如该信托财产为所有权以外之权利时,受托人虽取得该权利目标之财产,其为信托财产之权利,才不得适用民法混同之原则而归于消灭。再者,受托人违反第一项规定,使用或处分信托财产者,系违背忠实义务,自应令其负责。最后,为免权利义务状态久悬不决,特规定请求权行使期间之限制,以保障交易安全。"

本条之理由明确揭示,系基于受托人的"忠实义务"特设的规定。"信托法"第35条第2项系规范受托人如具有继承等法定原因取得信托财产上的权利时,不适用该条第1项之禁止规定,与同规范第34条受托人不得以任何名义享有信托利益的规定属二项不同规范,因此,受托人因继承成为信托财产的受益人时,仍不得准予办理取得受益权的信托内容变更登记。[①]

补充说明的是,"信托法"第35条第1项亦为上开第一原则之具体表现。

① 参见我国台湾地区内政事务管理机构2000年1月7日内授中办地字第0990040130号函释。

至于上开第二原则与第三原则,“信托法”中虽为明文规定,但若从“民法”第106条禁止自己代理与双方代理之法理观之,受托人与处理信托事务时,应不得使自己或第三人获利,以免有违反民法禁止利益冲突之法理。解释前开第二原则与第三原则应可以从民法禁止利益冲突之基本原理导出,而成为忠实义务之内涵。①

3. 信托业之特别规定

“信托业法”第22条规定:“信托业处理信托事务,应以善良管理人之注意为之,并负忠实义务。(第1项)前项信托业应负之义务及相关行为规范,由信托业商业同业公会拟订,报请主管机关核定。(第2项)政党或其他政治团体交付信托之财产及其信托利益之取得与分配,信托业者应定期公告;其公告事项及公告方式等事项之办法,由主管机关定之。(第3项)”本条系规范信托业处理信托事务,应遵守之义务。按信托业系基于信赖关系管理他人之财产,且以收受信托报酬、经营信托业务为专业,故应课以较高之注意义务,爰仿“银行法”第105条、②“信托法”第22条、“律师法”第23条及修正前日本《信托法》第4条、第20条,课以善良管理人之注意及忠实义务。需注意的是,“信托业法”第10条第1项规定:“信托业之组织,以股份有限公司为限。但经主管机关之许可兼营信托业务者,不在此限。”因此,信托业之忠实义务,亦有台湾地区“公司法”第23条③及第209条④规定之适用。此外,依据“信托业法”第35

---

① 参见王志诚:《信托法》,台北,五南图书出版公司2010年版,第235页。

② 台湾地区“银行法”第105条规定:“信托投资公司受托经理信托资金或信托资产,应尽善良管理人之注意。”

③ 台湾地区“公司法”第23条规定:“公司负责人应忠实执行业务并尽善良管理人之注意义务,如有违反致公司受有损害者,负损害赔偿责任(第1项)。公司负责人对于公司业务之执行,如有违反法令致他人受有损害时,对他人应与公司负连带赔偿之责(第2项)。公司负责人对于违反第一项之规定,为自己或他人为该行为时,股东会得以决议,将该行为之所得视为公司之所得。但自所得产生后逾一年者,不在此限(第3项)。”本条在2012年4月修正时增加第3项之规定,系因修正前“公司法”第23条“负责人忠实义务”之规定,系延续自英美法及日本商法“公司与董事间之委任关系”而来。“公司法”第209条第3项亦有“股东归入权”,以避免公司负责人动辄中饱私囊并径为脱产。因此“公司法”第23条显有增订该规定之必要。

④ 台湾地区“公司法”第209条规定:“董事为自己或他人为属于公司营业范围内之行为,应对股东会说明其行为之重要内容并取得其许可(第1项)。股东会为前项许可之决议,应有代表已发行股份总数三分之二以上股东之出席,以出席股东表决权过半数之同意行之(第2项)。公开发行股票之公司,出席股东之股份总数不足前项定额者,得以有代表已发行股份总数过半数股东之出席,出席股东表决权三分之二以上之同意行之(第3项)。前二项出席股东股份总数及表决权数,章程有较高之规定者,从其规定(第4项)。董事违反第一项之规定,为自己或他人为该行为时,股东会得以决议,将该行为之所得视为公司之所得。但自所得产生后逾一年者,不在此限(第5项)。”

条规定:[①]信托业违反法令或信托契约,或因其他可归责于信托业之事由,致委托人或受益人受有损害者,其应负责之董事及主管人员应与信托业连带负损害赔偿之责(第1项)。前项连带责任,自各应负责之董事及主管人员卸职之日起2年内,不行使该项请求权而消灭(第2项)。

"信托业法"第22条所称善良管理人之注意义务,乃指行为人注意之程度,依一般社会上之观念,认为具有相当知识及经验之人,在相同情况下,不为具有相当知识及经验之人在相同情况下,所应为之行为,即构成注意义务之违反而有过失。其注意之程度应视行为人之职业性质、社会交易习惯及法令规定等情形而定。而专门职业人员,基于与当事人之信赖关系,并本于其专业能力、工作经验及职业责任,在执行业务时,对于相对人或利害关系人应负有保护、照顾或防范损害发生之注意义务。[②] 值得注意的是,"信托业法"第51条规定:信托业违反"信托法"第35条规定,将信托财产转为自有财产,或于信托财产上设定或取得权利者,其行为负责人处1年以上7年以下有期徒刑,得并科新台币1000万元以下罚金。

补充说明者,我国台湾地区"信托业商业同业公会"依"信托业法"第22条第2项规定订定"信托业应负之义务及相关行为规范",[③]其第4条规定信托业忠实义务之一般规范:信托业应忠实执行信托业务,并应遵守下列规定:(1)为信托事务之管理,应尽力为受益人谋求利益。(2)不得明知某项信托财产之投资运用或交易对委托人或受益人是显不适当的,意图为自己或第三人不法之利益,或损害委托人或受益人之利益,而故意建议委托人或受益人进行该项投资运用或交易,或如对信托财产有运用决定权时,为委托人或受益人执行该项投资运用或交易行为。(3)不得明知委托人或受益人对于信托契约之重大条款、信托行为或信托财产管理之重大事项认知错误,而故意不告知该错误情事。(4)经营信托业务,不得对委托人或受益人有虚伪、诈欺或其他足致委托人或受益人误信之行为。(5)不得故意设计某些交易行为以掩饰或隐匿其违反"法

① 制定理由指出:为健全信托业之发展,宜加重信托业董事及有关人员之责任,以保障委托人或受益人之利益,爰参照"银行法"第107条及"公司法"第23条,规定信托业违"法"或不当行为致委托人或受益人受损害时,其应负责之董事及主管人员应与信托业负连带损害赔偿之责。唯因连带责任范围难测,为促使受损之委托人或受益人实时主张权利,俾使法律秩序早日确定,爰规定自各应负责之人卸职之日起二年间,未经诉讼上之请求而消灭。

② 参见台南地方法院2012年度金字第4号民事判决。

③ 参见台湾地区行政事务管理机构"金融监督管理委员会"2012年5月9日金管银票字第10100077150号函核定。

令”或信托公会规章规定之行为。(6)于担任受托人时,除与他人为共同受益人外,不得以任何名义,享有信托利益,或与他人交互享有信托利益。(7)为避免信托业执行信托事务时与本身发生利害冲突,除信托契约约定信托业对信托财产不具运用决定权之信托外,信托业不得有“信托业法”第25条规定之禁止行为;除信托契约约定信托业对信托财产不具运用决定权之信托外,非依信托契约之约定或事先告知受益人并取得其书面同意,亦不得有“信托业法”第27条规定之限制行为。(8)如以信托财产与其本身或利害关系人交易时,应依“信托业法”第25条第2项及第27条第2项规定,就信托财产与信托业本身或利害关系人交易之情形充分告知委托人;如涉及外汇相关之交易,除应符合外汇相关规定外,并应就外汇相关风险充分告知委托人;其受益人已确定者,并均应告知受益人。(9)受客户委托办理信托财产之投资时,其业务相关人员有利害关系者,不得参与该投资行为之决定。(10)信托如有二人以上之受益人,信托业应依信托本旨,尽力以公平原则处理信托财产之运用、管理与分配事宜。(11)不得以信托财产办理授信;除另有规定外,亦不得以信托财产借入款项,但以开发为目的之土地信托,依信托契约之约定、经全体受益人同意或符合“信托业法”第26条第3项之受益人会议决议者,不在此限。(12)对其委托人或受益人之往来、事务数据,除相关规范或主管机关另有规定外,应予保密。(13)于经营或执行信托相关业务时,不得强制委托人或受益人接受信托业本身或其利害关系人之业务商品、服务或与其交易,作为订立信托契约之必要条件。但如各该商品或服务系不可分,基于商业习惯或有正当理由,且无妨害公平竞争之虞者,不在此限。(14)信托业办理以自己担任受托人之信托受益权为担保之质权设定时,应注意遵守“信托法”第34条、第35条、“信托业法”第22条第1项及本规范第36条第1项规定,以避免违反忠实义务或发生利益冲突之情事。

(三)日本法制之构造

1. 平成十八年(2006年)修正前之规定

修正前日本《信托法》并未针对“忠实义务”有明文规定,但从第22条规定,即“受托人不论以何人之名义,皆不得将信托财产充作固有财产,或据以取得权利”观之,可以得出忠实义务之内涵。盖受托人不得将信托财产充作固有财产之规定,系典型利益冲突(利益相反)之行为,然而利益冲突尚有其他类型,却也无法在该法中寻觅,因此,该忠实义务实为非常狭隘之规定。此外,该条规定缺乏弹性,即使当事人已达成协议,多数学说仍认为该条为无例外之强制规定,但是实务上将信托财产之多余资金借给自营银行之银行借款、信托财产与自营银行部分之汇兑交易、衍生性金融商品(derivate)交易等,以往一般都会先订定信托约款,凸显强制规定之不合时宜。[①] 与当时制定信托法背景相较,现今运用目的之信托日益增多,受有支付适当对价之受托人银行部门之服务,对于信托财产而言反而更具优势,因此强制规定实不适合现代信托之必要。[②]

2. 平成十八年(2006年)修正后之规定

(1)一般规定

修正后日本《信托法》第30条增订忠实义务一般规范:"受托人,应为受益人之利益,忠实处理信托事务或为其他行为。"而分别在第31条及第32条分别具体列举出各项典型的违反忠实义务行为,其效力分别依据个别条规定判断,若然这两条文无法判断,则可依据第30条规定判断受托人的行为。

(2)利益冲突(相反)之行为

修正后的日本《信托法》第31条第1项增订利冲突行为之限制规范:受托人不得为下列行为:(1)使信托财产(包括该财产有关之权利)归属为固有财产,或使固有财产(包括该财产有关之权利)归属为信托财产。(2)使信托财产(包括该财产有关之权利)归属于其他信托之信托财产。(3)与第三人间为信托财产之行为,而自己为该第三人之代理人。(4)将信托财产设定担保,而以仅就固有财产负履行责任之债权作为被担保债权,或其他与第三人间为信托财产之行为,而受托人或其利害关系人与受益人间之利益相反时。第1款系"自己交易",前段与旧法第22条规定相同:"信托财产固有财产化。"第2款为信托财产间的交易,虽然本条有认为是公平义务的类型,但仍然将的立法为忠实义务违反的类型。第3款是双方代理行为。第4款系类似提供信托财产作为自己债务担保的间接交易,并加以列举。需注意的是,第1款与第3款系以受托人为对象,不包括受托人的利害关系人,如将信托财产归属至受托人的利害关系人,则依据第30条处理。

(3)利益相反行为之例外

修正后日本《信托法》第31条第2项,依形式上符合利益冲突(相反)行为从实质观点判断有无害于受益人利益的行为,即为禁止之例外。其规定如下:不论前项之规定,有下列任一款的情形时,得为同项各款所示之行为。但在第

① 参见《信托法改正要纲试案补足说明》,日本法务省民事局参事官室2005年版,第35~49页。参见[日]寺本振透:《解说新信托法》,弘文堂2007年版,第106页。

② 参见[日]新井诚:《信托法》(第3版),有斐阁2008年版,第249页。

2款之情形,如信托行为中,有订定即使有同款之情形亦不得为该行为时,不在此限:(1)信托行为中,订定容许从事该行为时。(2)受托人揭露该行为之重要事实,并取得受益人同意时。(3)因法定继承或其他概括承受之情形,信托财产之权利归属于固有财产时。(4)受托人所为该行为,系为达成信托目的合理且必要者,且显无损于受益人之利益,或对照该行为对于信托财产之影响、该行为之目的与态样、受托人与受益人间之实质利害关系状况或其他情事,而有正当理由时。除了第3款法定继承或为其他概括继承,为原先修正前第22条第2项所承认外,其他是新增订之类型。值得注意的是,虽然忠实义务任意规定化,若透过信托之规定,是否可能出现完全无忠实义务之信托,则不予正面答复,认定某利益冲突(相反)之例外时,应具备必要性与合理性。忠实义务对于受托人而言,仍是义务之核心与信托本质,修正后仍不变。①

(4)违反之效果

修正后日本《信托法》第31条第3项至第7项规定:受托人为第1项各款之行为时,应将该行为之重要事实通知受益人。但信托行为中另有订定时,依该订定为之。(第3项)违反第1项及第2项规定,而为第1项第1款或第2款之行为时,该行为均无效。(第4项)前项行为,经受益人追认,溯及行为当时发生效力。(第5项)第4项规定,受托人与第三人间,为处分第1项第1款或第2款之财产,或为其他行为时,限于该第三人明知第1项第1款或第2款所示之行为违反同项及第2项规定,或因重大过失而不知者,受益人得撤销该处分或其他行为。此时,准用第27条第3项及第4项之规定。(第6项)违反第1项及第2项规定,而为第1项第3款或第4款之行为,限于该第三人知悉或因重大过失而不知时,受益人得撤销该行为。此时,准用第27条第3项及第4项之规定②。(第7项)

(5)禁止竞合行为

修正后的日本《信托法》第32条规定:属于受托人处理信托事务之权限范围内所得从事之行为,且如不为该行为即与受益人之利益相反者,受托人亦不得基于为其固有财产或其利害关系人之利益计算,而从事该行为。(第1项)

---

① 参见日本三菱日联信托银行编著:《日本信托法制与实务》,台湾地区信托业商业同业公会审订,台湾地区金融研训院2009年版,第88页。

② 日本《信托法》第27条第3项及第4项规定:二人以上之受益人中,有一人行使前二项规定之撤销权时,该撤销对其他受益人亦生效。(第3项)第1项或第2项规定之撤销权,自受益人(在有信托管理人时,为信托管理人)知有撤销原因之时起,3月间不行使而消灭。自行为时逾1年者,亦同。(第4项)

不论前项之规定,在有下列各款之情形时,受托人得为其固有财产或受托人之利害关系人之利益计算,为同项规定之行为。但如信托行为中另有订定,即使有第2款之情事,亦不得为固有财产或受托人之利害关系人之利益计算而从事该行为者,不在此限:(1)信托行为中订定,容许受托人为其固有财产或其利害关系人之利益计算,从事该行为时。(2)受托人已将该行为是为其固有财产或受托人之利害关系人之利益计算所为之重要事实,向受益人揭露并获其同意时。(第2项)受托人为其固有财产或受托人之利害关系人之利益计算,从事第1项规定之行为时,应将该行为之重要事实通知受益人。但信托行为中另有订定时,从其订定。(第3项)受托人违反第1项及第2项规定,而从事第1项规定之行为时,受益人得将该行为视为系为信托财产所为。但不得损害第三人之权利。(第4项)前项规定之权利,自行为时起,经过1年而消灭。(第5项)

(6)营业信托之特别规定

日本《信托业法》第28条设有忠实义务的一般规定,[①]并在第29条规定行为准则,使规定具体化。日本《信托业法》第29条第2项规定:[②]信托行为中,除了有关于行使利益冲突(相反)交易的概要规定,或公开提出有关该行为的重要事实而取得受益人承认等情形外,不得进行下列交易:(1)信托公司或其利害关系人与信托财产间之交易。(2)某一信托财产与其他信托财产之交易。(3)与第三人间为信托财产而进行之交易,并以自己为该第三人之代理人。第3项则规定,应于信托财产之个决算期间,做成记载该期间之交易状况之书面

---

① 日本《信托業法》第28条(信託会社の忠実義務等):“信託会社は、信託の本旨に従い、受益者のため忠実に信託業務その他の業務を行わなければならない。2 信託会社は、信託の本旨に従い、善良な管理者の注意をもって、信託業務を行わなければならない。3 信託会社は、内閣府令で定めるところにより、信託法第三十四条　の規定に基づき信託財産に属する財産と固有財産及び他の信託の信託財産に属する財産とを分別して管理するための体制その他信託財産に損害を生じさせ、又は信託業の信用を失墜させることのない体制を整備しなければならない。”

② 日本《信托業法》第29条(信託財産に係る行為準則):“2 信託会社は、信託行為において次に掲げる取引を行う旨及び当該取引の概要について定めがあり、又は当該取引に関する重要な事実を開示してあらかじめ書面若しくは電磁的方法による受益者(信託管理人又は受益者代理人が現に存する場合にあっては、当該信託管理人又は受益者代理人を含む。)の承認を得た場合(当該取引をすることができない旨の信託行為の定めがある場合を除く。)であり、かつ、受益者の保護に支障を生ずることがない場合として内閣府令で定める場合を除き、次に掲げる取引をしてはならない。一自己又はその利害関係人(株式の所有関係又は人的関係において密接な関係を有する者として政令で定める者をいう。)と信託財産との間における取引二一の信託の信託財産と他の信託の信託財産との間の取引三第三者との間において信託財産のためにする取引であって、自己が当該第三者の代理人となって行うもの。”

交付给受益人,此为营业信托之要件。①

值得注意的是,日本《信托业法》在《信托法》修正前,已于平成16年(2004年)年修正,信托行为中若有订定,则可以进行利益冲突(相反)交易(任意规定化),但其程序要件应严格设定。2006年《信托法》对于取得受益人同意时亦认定为例外,但例外仅限于信托行为有订定或有取得受益人同意时,因此依日本《信托法》第31条第2项第4款实质判断之例外规定,营业信托并无适用之余地。此外,日本《信托法》第31条第1项规定之利益冲突(相反)交易,仅以受托人为对象,但营业信托亦以信托公司之利害关系人为对象。日本平成16年(2004)年日本《信托业法施行规则》中利害关系人之范围过广,故于日本《信托法》修正中,修正为隶属于信托公司之干部或具使用关系之雇员等银行法之特定关系人范围内之相关人士,但不包括银行代理店在内。②

三、受托人将受益权设定担保物权之分析

(一)学理与实务之交错:个案认定

从前述我国台湾地区"信托法"第35条规定观之,在设立信托之际,债务人将其设定抵押于债权人的不动产,再信托予该债权人为管理或处分,则并无违反本条第1项的问题。申言之,如委托人将不动产交付信托与信托银行前,业已将该不动产设定抵押权予受托银行,则与本条第1项禁止受托人将信托财产转为自有财产或于该信托财产上设定或取得权利的情形,两者并非相同。③ 即"信托法"第35条系有关受托人忠实义务之规定,乃为避免受托人在"信托关系存续中",图谋自身或第三人利益而设;至在"设立信托之际",债务人将其设定抵押于债权人之不动产,信托予该债权人为管理或处分,虽无违反"信托法"第35条之问题,然而,受托人为信托业,其得经营之业务种类应经主管机关核定,("信托业法"第18条)并应受主管机关之管理与监督,其以债权人兼抵押权人身份,接受债务人财产权之移转,担任受托人,管理处分信托财产,法理上固无不可,唯在受托期间,

---

① 日本《信托業法》第29条(信託財産に係る行為準則):"3 信託会社は、前項各号の取引をした場合には、信託財産の計算期間ごとに、当該期間における当該取引の状況を記載した書面を作成し、当該信託財産に係る受益者に対し交付しなければならない。ただし、当該書面を受益者に対し交付しなくても受益者の保護に支障を生ずることがない場合として内閣府令で定める場合は、この限りでない。"

② 参见日本三菱日联信托银行编著:《日本信托法制与实务》,台湾地区信托业商业同业公会审订,台湾地区金融研训院2009年版,第89~90页。

③ 同上书,第85~86页。

是否会置信托财产利益与受托人自身利益于可能冲突立场(如双方有无约定信托期间受托人不行使其债权人的权利,不自信托财产收取利息或本金,不申请拍卖抵押物等),以及是否会妨碍其他债权人权利的行使,仍须依个案判断之。[①] 其次,受托人于信托财产上设定担保物权,如认非使受托人享有信托利益,且符合"信托法"第35条第1项规定的得于信托财产上设定权利之条件者,则尚无违反第34条规定。[②] 需注意的是,受托人以已办妥信托登记之同一不动产目标同时提供担保及申办抵押权设定登记的情形,实务见解认为得准用信托法请求损害赔偿或回复原状外,将其所得的利益归于信托财产。[③] 最后,有关"依市价

① 参见台湾地区法务事务管理机构2002年8月27日法律字第0910030114号函释。

② 台湾地区内政事务管理机构2015年3月9日台内地字第1040403467号函释:(2)本件贵局提报二则旨揭实际案例,自益信托之契约书均有得设定抵押权之约定,而其一债务人与受托人为同一人,其二债务人为受托人及非委托人以外之第三人,因涉债务人与受托人为同一人,恐违反"信托法"第34条规定,使受托人享有信托利益;又受托人以自益信托财产担保自己或非委托人以外第三人之债务,与同"法"第1条之信托本旨规定、第22条规定应以善良管理人之注意处理信托事务是否相符等疑义,请示到"部"。……(3)案经本"部"函准法务事务管理机构前揭函略以:……(2)按"信托法"(以下称本"法")第35条第1项第1款规定,受托人不得于该信托财产上设定或取得权利;但经受益人书面同意,并依市价取得者,则可例外为之,尚不生违反本"法"第1条有关信托本旨或第22条有关善良管理人注意义务规定之问题。又受托人以信托财产设定抵押权,担保委托人以外之人之债务,系在该信托财产上"设定"权利,亦有本"法"第35条第1项规定之适用(台湾地区"最高法院"2000年度台抗字第555号裁定参照)。准此,本件受托人于该信托财产上设定抵押权,担保受托人或委托人以外第三人之债务,土地登记机关于受理此类案件时,宜确实审查是否符合本"法"第35条第1项规定,以避免受托人违反其忠实义务之情形。(3)次按本法第34条规定:"受托人不得以任何名义,享有信托利益。但与他人为共同受益人时,不在此限。"其所谓"信托利益"系指受托人依信托本旨,为受益人之利益或为特定之目的,管理或处分信托财产所生之利益而言,包括"信托财产本身"及"信托财产所生之孳息"(台湾地区"高等法院"2012年年度上字第1110号判决、本"部"2006年6月26日法律决字第0940047336号函参照)。本件来函所述受托人于信托财产上设定抵押权之情形,如经审认并非使受托人享有信托利益,且符合本"法"第35条第1项规定,则尚无违反本"法"第34条规定之问题……本案请依上开法务事务管理机构意见,本于职权处理。

③ 台湾地区法务事务管理机构2007年10月4日法律字第0960030552号函释:按本"部"2002年8月27日法律字第0910030114号函系认为债务人将前已设定抵押于债权人之不动产,再信托予该债权人为管理或处分,尚无违反"信托法"第35条之问题,与本案系先办理信托后,再由受托人设定抵押权于自己,乃属二事。又依"信托法"第35条第1项规定:"受托人除有左列各款情形之一外,不得将信托财产转为自有财产,或于该信托财产上设定或取得权利……"准此,本案受托人于信托财产上取得抵押权,如无该条项除外规定情形之一者,显已违反前述规定,委托人、受益人或其他受托人,除得准用"信托法"第23条规定请求损害赔偿或回复原状外,并得请求将其所得之利益归于信托财产;于受托人有恶意者,应附加利息一并归入("信托法"第35条第3项)。又就信托财产而言,受托人为形式所有权名义人,非为代理人,核与"民法"第106条禁止自己代理或双方代理之规定无涉。至贵"部"是否以违反"信托法"第35条规定为由否准受理登记,乃属土地登记行政问题,仍请本于权责酌处。

取得者"的意涵,系指受托人就信托财产取得的利益,应同于一般交易市场所为之交易般支付相当的对价或利益,亦即两者间应具公平且适足之对价关系,[①]是以,受托人是否具备"依市价取得者",仍须就个案具体事实而定。

值得注意的是,学者认为,若委托与受托人先办理信托后,再由受托人设定担保物权于自己,则仍有"信托法"第35条第1项的适用,除非有"信托法"第35条第1项除外规定情形之一者,否则受托人不得同时以担保物提供人兼担保物权人身份申办抵押权设定登记。[②]

(二)信托业以受益权设定担保物权的特别规范

1. 利益冲突的规范与防火墙的设置

与信托业设定权有关的一般规定,系在"信托业应负的义务及相关行为规范"第36条:信托业应遵守"信托业法"及相关"法令"有关利害关系人之规范,并就利害关系交易之防制措施,订定书面政策及程序。(第1项)信托业应确保对委托人与受益人合理公平及合理保障委托人与受益人的权益,并应注意下列事项:(1)除另有规定外,如信托业就其为委托人及受益人所执行之交易行为有重大利害关系致有发生利益冲突之虞,或与信托业其他委托人或受益人有利益冲突情事时,除非信托业采取适当措施确保对其委托人及受益人合理公平处理,否则不得为委托人及受益人执行该项有利益冲突之交易行为。(2)为处理前款规定之利益冲突情事,信托业得采取下列一种或数种措施:①告知委托人及受益人利益冲突之情形(以口头或书面,告知冲突之情形及所涉及之交易),并取得委托人及受益人之书面同意。②于公司内部设置防火墙,办理信托业务人员得拒绝或不使用某项信息或拒绝提供或透露予信托业内其他非办理信托业务人员使用,以防止委托人或受益人之信息不当交流或不当共享,并为适当监管。③拒绝接受有利益冲突之委托人之委托。(3)银行经营信托业务若其信托业务专责部门与银行其他部门间信息交互运用或共享营业设备时,应注意信托财产内容、运用方式及交易纪录等内部信息控管流程,并应指派专人负责,以防止信息之不当流用及维护委托人及受益人数据之安全性,且不得有利害冲突与损及委托人及受益人权益之情事,并应遵守"银行经营信托业务风险管理规范"。(第2项)

2. 信托受益权设质时利益冲突的规范

"信托业应负之义务及相关行为规范"第36条之1规定:为避免利益冲

① 参见台北地方法院2004年年度重诉字第704号民事判决。

② 参见王志诚:《信托法》,台北,五南图书出版公司2010年版,第234页。

突,信托业办理以自己担任受托人之信托受益权为担保之质权设定时,应于契约载明信托业之管理处分权限、信托业不得自信托财产收取本息、委托人债务不履行时信托业不得提前终止信托契约及信托业得实行质权之条件等之与质权设定相关之权利义务事项(第1项)。前项质权设定后,信托业在信托契约所定信托存续期间内,不得为行使质权而提前终止信托契约(第2项)。信托业不得办理依法令供发行人或其指定之人履行交付或提供服务义务使用之商品(服务)礼券所收取之金额交付信托或其他作为对消费者履约保障交付信托之受益权质权设定(第3项)。

(三)日本案例借鉴

以日本案例对照,本案[①] X(原告)之夫为诉外人A,于1926年6月3日以A的土地为担保从Y信托公司(被告)的信托财产中借入5万日元,X从A收受5万日元中之3.7万日元。X于1926年12月25日以"信托存款"(信托预金,fiduciary deposit)存入信托公司(金钱信托、1928年12月25日到期),于信托受益权上记载A介入款项的质权设定,系以该当受益权清偿A的债务之无异议意旨缔结特约。Y于1929年12月5日基于该特约,X为受益人对Y持有的债权(金钱信托受益权)及对A的贷款债权之结算后,X对Y提起诉讼,要求支付信托借款的还本付息,第一审Y胜诉,X针对原审以Y结算计算后的结果,X对于Y的债权不存在为由提起上诉,该上诉驳回。本判决的要旨为,受托人取得受益人受益权之质权作为他债权的担保,并无违反修正前日本《信托法》第9条及第22条的规定。该法第9条,系禁止受托人利用他人名义来将信托财产使用于自己财产的强制执行、抵销等弊端,以及禁止受托人享有信托利益、受托人不可以形式受托人的名义而实质享有受益人权益等理由而订定。然而受益权的质权取得系受托人与成为受益人并不相同,因此并无违反该条的立法意旨。其次,受益权与信托财产相异的前提下,受托人取得受益权担保的质权,与受托人系取得信托财产的权利亦属二事,亦同样无侵害该法第22条的规定。本判决的理由,于从受托人的固有财产中取得贷款的行为,同样的亦无违反上述条文的内涵,亦即大多数日本学说认为,无论系从信托财产或固有财产中借款,一般以受益权担保贷款的有效性认定的学说,主张无效者越来越少。[②]需注意的是,修正后日本《信托法》第8条规定:"受托人除以受益人身份享受信托利益外,不得以任何人名义享有信托利益。"受托人以受益人身份使固有

① 大判昭和八年(1933年)3月14日民集12卷4号350页。

② 姜雪蓮,『信託における忠実義務の展開と機能』、信山社、2014、頁104~106。

财产享有信托利益之状况，也被该条所涵摄在内。因此，修正后日本《信托法》第 163 条第 2 款规定："信托，除次条规定外，于下列之情形终了……受托人将受益权之全部以固有财产状态持有继续达一年时。"即受托人将受益权之全部以固有财产之状态持有继续一年，与信托财产独立性之基本原则相违，且持续 1 年应可视为无益于受益人权利之保护，因此作为信托终了之事由。

笔者赞同上述判决的评释观点，其理由如下：[①](1)圆滑的金融观点。基于受托人取得受益权之质权并未当然违反修正前日本《信托法》第 9 条与第 22 条的结论，系基于该旧法时期的多数说，此外，在现行信托法制上更有意义。受益人以受益权担保的设定从受托人特定的信托账户借入资金，实务上广为行之。契约金钱信托是与"储蓄及投资信托"相同类型的金融商品，包含基于个人在内的多数投资人之特定资产运用对象，综合账户交易等，以契约金钱信托的受益权担保从受托人也就是信托银行处借贷资金的情形并不少见。再者，不动产流动化、证券化等案件一系列方案、不动产管理处分信托的受益权担保的受益人 SPC 等，从受托人也就是信托银行处借入资金的相对应。对受托人以外的金融机构设定质权，从该金融机构处借入资金也当然并无不可，假若对受托人的信托银行设定质权进而从该银行借入资金不得为之，这将会造成资金调度的障碍。(2)受益人保护的观点。受托人取得受益权的担保后，其对于受益人的善管义务、忠实义务、公平义务、报告义务、分别管理义务等各种义务仍然持续，受益人仍得对于受托人继续监督，应思考的是，受托人取得受益权的担保进而不当然有害于受益人利益。取得受益权担保的受托人，被担保债权的保全观点来说，为了不会去伤害担保物是高经济价值，受托人为了其自身的利益，信托财产的适切管理之激励是可以想见的。换句话说，担保权人之受托人与受益人的利害关系是一致的，基于受托人取得受益权的担保有害于受益人的单方利益，这样的观点是很难当然接受的，本判决有这个意味存在。(3)信托的基本构造观点。被担保债权清偿之场合，受益权上设定之担保权消灭，受益人再次拥有无担保负担的受益权。受益权上设定的担保物权实行时，受益权由第三人取得，受托人取得受益权的担保，亦非当然使受托人变成受益人。据此，观察本文前述的相关立法提案，仅限缩在受托人"不具备运用决定权之特定金钱自益信托"类型，无超过前述案例之涵摄范围，相同理由自可使用于本立法提案的情形，应无忠实义务违反之虞。

---

① みずほ信託銀行＝堀総合法律事務所，『詳解信託判例——信託実務の観点から』，一般社団法人金融財政事情研究会，頁 327～330。

四、结论

首先,因我国台湾地区"信托法"受日本《信托法》制影响甚深,日本已于平成十八年(2006年)进行大规模之调整,而台湾地区自1996年制定已来尚未进行修正,致使该规定必须借由许多实务见解加以补充,适用上仍有所不便,我国台湾地区应于"信托法"中增订与"信托业法"第22条规定相同或类似之忠实义务规范,始赋予忠实义务在"信托法"中之明确地位。

其次,忠实义务之规范,参酌我国台湾地区"公司法""信托业法"等规定,仅规定"忠实执行职务""负忠实义务"等抽象性规范,忠实义务系要采取日本学者建议上开三原则或三类型具体化其内涵,目前学者之见解仍有歧义,解释上,本文前揭上开三原则,第一原则已明文落实上于我国台湾地区"信托法"第34条及第35条第1项之规定中,第二原则与第三原则则必须通过解释的方式导出,并非妥适。未来建议主管机关进行修订时,应具体增列其类型,而采以"列举+概括条款(兜底条款)"之模式,与日本《信托法》第31条第2项第1款至第3款列举,并以第4款为概括规定,将忠实义务具体并任意规定化,增加适用之弹性。换言之,内涵上,其一,应受忠实义务的规范对象,不仅应从"受益人与受托人"间之关系扩张至"受益人与受托人及其利害关系人"间之关系,亦应从"受益人与受托人"间的关系扩大到"受益人与其他信托的受益人"之关系。其二,应受忠实义务的规范交易对象,亦应从"直接交易"扩大到"直接交易"与"间接交易"二者,以具体化忠实义务的内涵。①

另外,以日本《信托法》第29条善管义务与第30条忠实义务的规范比较观之,善管义务可以借由信托行为的另外订定而从其注意义务为之,但忠实义务并未有信托行为订定之弹性,因此可以确认忠实义务乃为强制规定,不能利用信托行为的订定而加以排除或减低其适用标准,日本修正后的《信托法》及《信托业法》之规定,与台湾地区现行的规定解释上并无二致。解释上,虽日本《信托法》第31条第3项订有通知义务的规定,虽然该条同时规定"但信托行为另有订定时,依该订定为之",但却并无存在有降低该条通知义务甚而免除通知义务的空间,殊值注意。

再次,针对本文前述提及的草案评价上,第一,辅以前述日本案例的相同理由观点的分析下,提案内容应无忠实义务违反的可能,且该规定系在以商业信托为主要适用之"信托业法"之规定中,并无日本平成18年(2006年)当时立法

① 参见王志诚:《信托法》,台北,五南图书出版公司2010年版,第235页。

对于日本《信托法》的修正是否要引进许多商事信托才需要之规范条文，而将民事信托与商事信托的不同特点模糊化，扩大日本《信托法》的适用范围之争执，争议较小，应属可采。第二，受托人取得受益权担保之质权，与受托人系取得信托财产的权利亦属二事，并不当然使受益人的权益受损，在以往日本适用范围较狭隘的规定下，法院仍认为不当然违反忠实义务，而在现行日本《信托法》任意规定化之下，更无违反之可能。但值得注意的是，观察日本《信托法》第 32 条第 1 款至第 3 款的列举类型（自己交易、信托财产间之交易、双方代理行为）以及日本《信托业法》第 29 条第 2 项的类型（自己交易或利害关系人之交易、信托财产间的交易、双方代理），前述草案与日本案例虽然无前述列举类型的适用，但受益人的资金调度或借款，是否来自于受托人（信托银行）之招揽或推介，甚或以信托财产管理处分为理由引诱受益人进行借款的契约订定、相关借款条件与质权的设定是否符合常规交易之情形、是否在借由此类法律上的行为成就取得信托受益权的担保物权的目的等，尚属有疑，无法仅借由当事人书面同意即可合理化前述问题。

退而言之，虽然借由日本前述案例，导出因受托人之利益与受益人一致，虽无使信托财产有损害或有损及信托受益权的可能，但仍然有日本《信托法》第 9 条与《信托法》第 34 条，受托人以非受益人的身份享有信托利益规定违反之虞，此时应适用日本《信托法》第 32 条第 4 款的规定："受托人所为该行为，系为达成信托目的合理且必要者，且显无损于受益人之利益，或对照该行为对于信托财产之影响、该行为之目的与态样、受托人与受益人间之实质利害关系状况或其他情事，而有正当理由时。"而由受托人负担举证责任证明其具有正当理由，以举证责任倒置之设计平衡受托人与受益人的地位，进而保护受益人之受益权，方为正确。

最后，其制定的模式之选择有二：其一，参酌日本《信托法》的相关忠实义务之规定与修正，于台湾地区"信托法"及"信托业法"中详细规范，则前述草案的内容自可被包括适用，重点让当事人与法院可以依据不同之情状个案判断，适用较为弹性。其二，忠实义务仍采取抽象化规定时，参酌日本《信托法》第 32 条第 4 款之相关规定与精神，应由草案赋予之行为规范发布内容中明确订定，为避免适用上的疑义。

中国产业园区PPP法律问题研究

朱国华[*]　李　红[**]

一、引言

1978年以来我国各地产业园区（以下简称工业园区或园区）迅速发展蔓延开来，在宏观经济形势的引导促进下，地方政府做了一系列的有益探索和尝试。从1979年开始的蛇口工业园区到“一带一路”的战略下产业园区的国际化；从最初的低级加工制造到张江高科的生物、医药、云计算；从最初的2.14平方公里到几百平方公里的物流产业园区，从一个特区的角落星星之火到全国东西部数以千计的产业园区的燎原之势，中国产业园区伴随中国经济、政策、法律的不断变化发展，也经历了风风雨雨近40年的历程。产值、税收、利用外资等各项经济指标都在说明产业园区给各个区域、国家经济产业做出的巨大贡献，并且中关村科技园、漕河泾新兴技术开发区已经逐步取得令人瞩目的成绩，并走向世界、引领中国经济腾飞，但同时我们不可忽视的是，取得巨大成功的一些产业园区毕竟依靠天时、地利、人和的优势是少数的，中国数以千计的产业园区还在脏乱差、同质化、单一化、土地闲置、产业停滞、严重污染中苦苦挣扎着出路。以具有代表性的动

* 同济大学法学院、知识产权学院教授、博士研究生导师，同济大学发展研究院副院长，同济大学商会行业协会发展研究中心执行主任。

** 同济大学法学院2013级法律硕士。

漫产业园区为例,我国建设了世界上数量最多的动漫园区,生产了世界上最多的动漫作品,但真正面世的、被市场接受的作品却寥寥无几。传统上依靠政府主导的园区开发管理,随着近年来地方政府园区融资平台不断高涨的债务,《财政部关于坚决制止财政违规担保向社会公众集资行为的通知》(2009 年)、《国务院关于加强地方政府融资平台公司管理有关问题的通知》(2010 年)、《银监办关于加强融资平台贷款风险管理的指导意见》(2010 年)、《国务院、国家发展改革委、银监会、财政部关于制止地方政府违法违规融资行为的通知》(2012 年)、《国土资源部、财政部、人民银行、银监会关于加强土地储备与融资管理的通知》(2012 年)等一系列法规文件的出台,政府平台融资环境日趋严峻。产业园区维持现状的步履也更加艰难。产业园区也不断思考着到底怎么样的一种融资开发建设、管理运营模式才能突破重围,持续健康地发展。① 地方政府融资平台发展进入低谷的同时,政府和社会关系合作(Public-Private-Partnership,PPP)模式融资却带来新的曙光。

二、产业园区的公共性及 PPP 的公共性

(一)经济法的公共性

金泽良雄曾指出"现代的资本主义社会经济的法律构架大抵以自由主义的市民法为基点,为适应协调社会经济的发展需求而综合了国家干预的各种法律规范。国家干预成分与这些法与自由主义市民社会中的私人性是相对立的,具有一定的社会公共性"。② 所谓社会公共性,可以从社会性、公益性、公共性、公平性 4 个维度来理解,公共性应为其重要的本质。而在我国经济运行发展过程中:经济法尝试在公共利益和个体利益寻找平衡点,一旦平衡被打破却最终会倾向社会公共的经济利益——社会经济资源的合理配置与利用;经济秩序的高效、安全及健康;弱者经济利益的保护等。为了维护公共经济利益,干预成为一种必然的选择。除了市场机制调节外,还需要国家的干预,跟内在自发性的干预不同,它更多体现了一种外在强制性。亚当·斯密并不否认"看不见的手"可以引导私利的个体实现社会的公共利益,但实践中,尤其在过去的资本主义国家,我们更多的是看到被私利所破坏的社会公共利益,并非平衡相互促

① 参见朱跃军、姜盼:《中国产业园区:使命与实务》,中国经济出版社 2014 年版,第 10 页。

② [日]金泽良雄:《经济法概论》,满达人译,甘肃人民出版社 1985 年版,第 10~19 页。

进地发展着。[①] 经济法的宗旨是协调个体的营利性与社会的公益性的平衡关系,通过宏观调控市场竞争机制关系,从而避免垄断促进公平、效率。唯有这样才能可持续地解决市场化经济发展中出现的弊端,促进社会经济健康发展,保障社会公共利益与公平正义的实现,协调经济的良性运行。经济法所追求的目标是社会利益与私人利益两者关系的协调与保护。[②] 社会公共利益虽为其首要价值目标,但强调社会分配公平的同时兼顾个体私利的保护,协调社会与私人两者利益,在平衡的基础上积累社会财富,追求经济和社会健康可持续的发展。

(二)PPP 的公共性

1998 年联合国发展计划署给出的 PPP 的概念是,PPP 是基于某个项目政府与营利性(非营利性)企业达成某种合作的形式。通过这种独特的合作形式,双方实现利益共赢,并共同承担融资风险、建设风险、收益风险等一系列风险。美国 PPP 国家委员会的概念是,PPP 是综合外包与私有化并兼具两者特征的公共产品提供方式,为了满足公共需求私人资源负责设计、建设、投资以及相关后续配套服务。我国财政部对其的定义是,PPP 是指在基础设施或公共服务领域中政府和社会资本建立的一种长期合作伙伴关系。社会资本承担大部分基础设施后建设、维护、运作,其回报方式是通过"使用者付费"及必要的"政府付费"。政府部门为了保证社会公共利益最大化,负责基础设施质量及公共服务价格等方向的监管。我国发展和改革委员会对其的定义是,PPP 是指政府层面通过特许经营、购买服务、股权合作等方式,与社会资本合作建立一种利益共享、风险分担、长期合作的关系,目的是增强公共产品及服务的供给能力和提高供给效率。[③]

这 3 个"P"分别代表公共部门、私营部门、公私合作。"公"强调社会公益性,"私"重视个体营利性。个体营利性和社会公益性的冲突,产生了第三个"P"在更高层次上对两者关系加以协调和解决,即出现了在法律框架下的"公私合作"。在公共领域,公共部门依然可以正当行使监管、规范等方面公共权力来有效地保障公共秩序、公共利益。因而无形当中使 PPP 在本质上体现出一种公共性特点。基于这种公共性,张守文教授认为应从公开性、公平性和公

① 参见[德]沃尔夫冈·费肯杰:《经济法》(第 1 卷、第 2 卷),中国民主法制出版社 2010 年版。

② 参见何锦:《经济法的社会公共性》,载《法制与社会》2013 年第 2 期。

③ 参见何春丽:《基础设施公私合作(含跨国 PPP)的法律保障》,法律出版社 2015 年版。

益性 3 个角度来理解。(1)公开性。为了选择最佳合作伙伴,为公众提供优质的公共服务,公共部分必须依法阳光披露需要社会资本参与合作的 PPP 制度和 PPP 项目,符合条件的私人部门享有参与竞争的权利。公共部门在各项适合条件中进行筛选,最终严格按照程序要求确立适合的合作伙伴,并且将 PPP 项目的结果和过程依法向社会公众公布和公示。保障公众对合作项目的知情权更好地对参与各方形成有效监督和约束。(2)公平性。PPP 制度和 PPP 项目面向社会公众采用公开公示的方式在市场中寻找合作主体,具有资质的社会资本方可通过公开公平竞争,成为 PPP 项目公共部门的合作对象,广大社会公众也因此享受到更优质的公共服务。(3)公益性。政府提供公共产品或服务的领域不仅包括能源、交通运输、环境保护,而且还延伸到保障性安居工程、医疗等方面。由此可见,公共服务领域牵涉的范围不仅广,而且与公众利益息息相关。这些工程向社会公众提供公共产品及公共服务,因而公益性是 PPP 的应有之义。公共服务本质上属于公共物品,政府方面仍需作为其主要且必要的提供主体,才能更好地保障 PPP 项目的公平性、公开性及公益性。但若公共产品(公共服务)仅由政府一方主体单向提供,则又不利于供给的质量、效率的提升而更有可能出现行业垄断的现象。通过公私合作的模式便可很好地规避这个棘手的问题,合作双方各尽所能、各取所需,在 PPP 项目的合作过程中,公共部门、私人部门根据合同设计约定需要承担享有不同的职责和权利;公共部门更多的是体现保障及监管的规范制定,私人部门则更专注于资本化市场运作。在保证公益性的前提下适度体现合作方的收益性,最大限度地协调个体营利性和社会公益性的冲突问题。①

(三)产业园区的公共性

早在 1968 年,克里斯塔泰勒就指出所有经济活动都是在一种空间关系中进行的,而产业园区正是这种空间载体之一。在某种区域空间载体范围内进行科学化整合,构造功能布局优化、结构层次合理、产业特色鲜明的园区企业集聚区,已成为地方区域经济转型发展的核心突破点,而且已显现出了强大的创新优势及竞争优势。各具特色的地方产业园区对促进人口、产业聚集,尤其是对提升产业结构升级、发展现代化的工业、提高地方区域竞争力等方面所带来的巨大低成本、集聚经济效应更是不言而喻,且成为其所处各区域参与经济竞争的重要力量。② 第一,产业园区成为发展地方区域经济的助推器。当前我国各

① 参见张守文:《PPP 的公共性及经济法解析》,载《法学》2015 年第 11 期。

② 参见朱跃军、姜盼:《中国产业园区:使命与实务》,中国经济出版社 2014 年版。

地兴建产业园区的主要目标是提升地方区域经济能力,通过发展工业以工业化带动产业结构调整、增加就业、税收,从而增强区域经济综合能力。赛尔奎、钱纳里、鲁宾孙等学者的研究表明,其“以经济重心由初级的产品生产向制造业的生产转移为特征”。从世界各国、各地区实践来看,区域的转型发展必须依靠强大的工业实力。工业不仅能提升劳动生产率,而且还可以解决大量人口就业问题,创造和满足工业生产及生活需求,从而拉动第一产业和第三产业发展。此外,还可以提供稳定而丰厚的税收。园区经济也可以称为产业经济,其本质是一种生产组织方式的创新,通过生产地域化以及产业集群化的产业经济有机结合,形成专业化的企业分工、协作以及规模经济。因此,这也是园区型工业通常具有较快的发展速度、较高的发展质量、容易形成区域主导产业及新的增长极的原因。① 第二,园区已成为加快新型城市化的突破口。现代新型城市化是以科学发展观为指导,坚持以人为本、推动城市向现代化集群化生态化发展。产业园区本身就是城市的延伸,其发展恰恰契合了新型城市化发展需求。首先,产业园区开发建设使本地农村人口失去农业用地,户籍上从农村户口转化为城镇人口,开始在产业园区就业。甚至连生产生活方式也迅速向城市化转变。同时,园区在经济结构上通常以第二产业、第三产业为主,必然也会引起外部的人口聚集,致使其城市化在人口规模上得以迅速实现。其次,产业园区的基础设施建设遵循的是城市建设标准,在某种程度上有利于减轻城市的基础设施建设压力,从而提高基础设施投入的效益。最后,现有的从固安产业园区到产业新城等成功实践也佐证了这一点。因此,无论是从区域经济发展助推还是从城市化的角度来看,发展产业园区经济都成为经济的公共性、公益性服务的应有之义。②

产业园区引入社会资本采用PPP合作的形式,作为私人部门的社会资本方需承担园区内基础设施的建设、投资、融资以及后期运营、维护、综合服务等义务;而作为公共部门的政府,则需承担建立园区PPP合作相关法律制度、培育统一规范、竞争且有序市场、强化市场监管、优化绩效考核等方面职责,同时因地制宜在土地、财税、金融等方面实行差异化政策加大对PPP的支持力度,以鼓励保障社会资本及社会公众都能享益其中。③ 第一,提供主体的公共性。

---

① 参见刘争波:《园区经济与区域经济互动发展研究》,长沙理工大学2010年法学院硕士学位论文,第2~6页。

② 参见魏后凯:《现代区域经济学》,经济管理出版社2011年版,第171~172页。

③ 参见[美]E. S. 萨瓦斯:《民营化与公私部门的伙伴关系》,周志忍译,中国人民大学出版社2002年版。

不管是政府还是地方政府平台、园区管委会，作为产业园区提供的主体，这些组织具有不同于其他私域组织的根本特征，主要表现在服务宗旨的公益性和政府权力的指导性，在产业园区规划开发发展过程中也必须接受政府的指导，为地方产业经济服务。采取隶属政府的园区管委会也正是为了园区企业、产业发展多种需求能得到有效的满足，最大限度地维护地方产业经济公共利益。第二，管理监督的公共性。权力是政治社会之基石，是理解一切政治现象的基础。霍布斯说“契约，没有刀剑，就是一纸空文”。恩格斯同样认为国家在某种层面上就是同社会大众相分离，这样一种公共权力的存在。随着产业园区参与主体的多元化，政府部门不再是唯一的单向服务提供者，它必须依靠与民众、企业或非营利部门进行共同治理与共同管理。事实上，在产业园区开发管理过程中，园区企业和其他参与主体都具有相当重要的法律地位，直接或间接的园区监督管理之中，园区也不再是仅有政府与企业的单向监督和单向管理。开发管理主体及参与主体的多元化，也促使管理监督手段更加多元，更加体现了其具有公共性的特征。第三，发展目标的公共性。产业园区的直接客体或对象是园区范围内的企业其他机构单位，间接客体实质上是通过园区企业产业链的健康有序发展，提升区域产业经济竞争力，而增加区域就业、产业特色鲜明、区域经济增长、公共服务提升、人民安居乐业等无疑赋予了园区经济公共性特质。① 产业园区企业、职工和园区范围内的单位或其他第三方中介组织，内部都有直接或间接的联系，其目标也同样是为了维护整个园区公共利益。因此，产业园区发展服务对象及目标的公共性正是产业园区具有公共性特征的应有之义。第四，利益冲突的公共性。与完全市场条件下资本逐利性、利润最大化的私人部门利益不同，园区服务的是整个区域经济或者产业新城的经济公共利益。完全市场经济产业具有个人本位主义和自利性，把追求个人效率和利益最大化作为目标取向。与其迥然不同的是，产业园区公共服务注重在民主政治理念上去实现园区内的企业的高度参与和产业升级发展，谋求园区公共福利，以期实现产业经济的公平与正义，排斥垄断和不合理的产业链经济。因此，在园区发展中需要优先保证公共利益这一前提，通过各种市场化资本运作产生社会资本的收益性。②

---

① 参见［德］阿尔弗雷德·韦伯：《工业区位论》，李刚剑、陈志人译，商务印书馆 2009 年版，第 51 页。

② See Moszoro. M, Gasiorowski. P. , *Optimal Capital Structure of Public-Private Partnerships*, IMF Working Paper, 2008, p. 11.

产业园区引入PPP合作目前在我国还处于探索阶段,与一般政府类公共基础设施相比既具有同质性,又有其独特的差异性。其独特的差异性表现在涉及法律主体、收益来源不同:一般市政类的公共基础设施如轨道交通、路桥类、城市污水处理、自来水厂的PPP项目合作,涉及的法律主体主要是政府和社会资本方以及社会公众,通常的付费使用者是一般的社会公众,受益群体广泛,依靠"使用者"付费。例如,上海地铁的轨道交通绝大部分依靠面向乘客的收费项目公司以及投放广告等获得收益来源,并且这种收益是稳定、持续可保障的,尽管前期工程建设需要投入巨大规模的资金,但是除了基本的地铁维护费用外,不需要太多额外的支出就可以保证收益的可持续性。而产业园区在一个规模较大的区域范围内,涉及法律主体更多的是政府、社会资本方以及园区的企业。其利润来源仅依靠前期土地整理、工程建设的成本收成是微不足道的,如需获得可持续、稳定的利润来源,就必须依靠后期的产业运营、产业孵化、招商引资、配套管理服务等依靠特色产业升级带动产业链经济发展,企业效益提高、成本降低、增加居民就业、政府财政税收增加,区域经济竞争力整体提升。可见产业园区PPP项目和一般的PPP项目相比有合作周期更长,且对后期项目运营管理要求更高。因此,我们需要在其他市政公共服务类的PPP项目借鉴学习的同时,更需要建立独特差异化的产业园区PPP法律制度。

三、世界各国和地区产业园区开发管理相关的法律规定及分类

(一)我国产业园区开发管理相关的法律及分类

世界各国和地区的产业园区在开发管理体制等方面存在较大差异,例如,欧美发达国家政府对产业园区发展大多采用公司形式的管理,行政干预的程度相对较低。我国产业园区的开发管理过程中带有相对强烈的行政干预色彩,主要由政府机构开发管理,不仅设有专门的管理机构且具有较完备的管理职能特色,也可以说是政府主导型为主。在前人研究的基础上,下文按园区开发管理主体的思路,对我国产业园区管理大体分为3种基本类型。[①] 重点分析其表现形式及涉及的相关法律规定,同时对各种开发管理体制进行简单的优劣分析。

1. 政府主导型

政府主导型也被称作管委会直接运作的体制,管委会通常作为上级政府的派出机构,一方面充当管理者,另一方面又担任开发商的角色,全面负责园区内

① 参见潘大钦:《世界开发园区管理模式的探索与借鉴》,载《国际经济合作》2010年第10期。

的一切经济社会发展活动。从产业园区的规划、基础建设到土地开发乃至招商引资以及社会管理等方面,管委会代表一级政府行使相关职责和社会管理的职能。虽然经济管理权限较大但管理机构精简高效。一般此类产业园区都采用管委会开发管理体制,但一些少数发展较快的园区也逐步采用与行政区合一的开发管理体制。作为政府主导的典型法规,是 2000 年 12 月 8 日北京市第十一届人民代表大会常务委员会通过的《中关村科技园区条例》(2010 年颁布《中关村国家自主创新示范条例》后《中关村科技国区条例》废止),第 48 条土地一级开发"中关村科技园区的所有土地一级开发,应当服从中关村科技园区开发、建设的统一规划"明确了"政府垄断土地一级开发"的原则。2002 年《中关村科技园区土地一级开发暂行办法》第 2 条规定:"本办法所称的土地一级开发,是指政府对中关村科技园区内的所有国有土地,统一进行拆迁、规划、基础设施建设的行为。"该条例还提到了中关村科技园区要设立专门的管理机构;同时接受中关村科技园区的管理委员会的统一工作指导、安排。各园区专门管理机构在园区建设和发展方面的主要职责是:负责按照中关村科技园区的总体规划,组织实施园区的基本建设,负责园区的产业化、招商引资、知识产权保护、市场监管等一站式办公;按照市政府工作部门的授权负责园区企业的设立、登记、复核、统计等管理工作,按规定使用市财政拨付的专项建设资金等。①

优点:具有政府职能之行政权威性便利的同时,在协调各方关系方面相对比较顺畅;园区运作灵活机动的同时兼具行政审批的高效效率。不仅在整体规划产业园区的区位布局上能争取到更多的优惠政策,推动经济社会发展,又能有力地促进土地征用以及群众安置工作的进展;在基础建设、投资融资等方面更是具备一定的政府优势。

缺点:难以跳出原来政府自身所带有的条块官僚管理模式。一方面,可以说相对于独立的行政区域而言,权力职能不仅小而且较少,独立性不强;另一方面,上级职能部门的多重管理降低了管委会的管理效率,贪污腐败及推诿扯皮现象易出现,导致建设管理效能低下。②

2. 企业运作型

企业运作型又被称为无管委会管理体制,产业园区的开发管理主体是独立的经济组织如市开发公司等,其既不是一级行政组织,又并非政府派出机构;但

① 参见邢贝贝、陈晨:《土地一级开发及投融资法律实务》,中国法制出版社 2015 年版,第 8 页。

② 参见张志胜:《国内开发区管理体制:困顿及创新》,载《经济问题探索》2009 年第 4 期。

承担着园区区域内的规划、建设及管理职能,主要通过工业与商业用地的开发收入补偿成本投入,其他的社会管理事务以及工商税务等依然由政府相关职能部门行使。这类产业园区首创于蛇口工业区,是早期园区以及目前中小型园区常用的开发方式。相关的法律法规有 1979 年招商局制订的《招商局蛇口工业区投资暂行条例(草案)》。作为同客商洽谈的依据,条例包括总则、地价、企业年期、税收、股权比例、保障权、职工工资、劳工保险、外汇管制共 10 条。招商局在蛇口开发的工业区被条例正式定名为"招商局蛇口工业区"。之后,招商局和香港宏德机器铁工厂签订了对蛇口工业区共同合资经营中宏制氧有限公司的协议,这便是关于工业区招商局与外商签订的第一个合资经营协议,内容展现了招商局对外商最大保障与承诺。后来就蛇口工业区的名称、范围以及土地、税收等方面签订了《关于经营蛇口工业区的内部协议》。香港招商局成立 30 周年在香港举行盛大招待会,派发的《香港招商局深圳市蛇口工业区投资简介》在国内外引起了巨大反响。招商局和香港汉贸有限公司达成了在蛇口工业区合作开发建设别墅及公寓式住宅的协议,成了蛇口工业区的第一个商品类别的住宅项目。此后,招商局和香港益大金属厂有限公司签订了在蛇口工业区合资开办华益铝厂有限公司的总协议及公司章程。

优点:运用经济杠杆进行产业园区的开发建设与管理,通过市场化的方式不仅能够有效解决建设资金的短缺问题,提高建设速度及经济效益,也有利于产业园区从大量行政事务中脱离出来,专门从事土地开发、项目建设、招商引资等,促进和加速当地经济发展。

缺点:缺乏政府行政权力,与有关政府职能部门的关系不易协调、征地拆迁难、规划通过慢、项目审批繁等问题更是难以解决,影响了其开发建设速度,导致其发展偏离产业园区应有的定位和职能。①

3. 政企混合型

政企混合型可以将其称为管委会协调管理型,作为当地政府的派出机构园区管委会,行使政府的管理职权成立开发总公司或者专业公司,作为独立的经济法人。可以说实现了管委会行政权与经营权的分离,管委会重在监督与协调,开发公司重在基础开发和建设。② 这种模式是开发区成立一个开发总公司,负责土地开发建设以及企业服务管理。在国外以美国硅谷最具代表性;在国内,上海漕河泾高新技术开发区发展得比较好。早在 1990 年《上海市经济技

---

① 参见陈石:《产业园区企业化运营模式:基于贵州省的研究》,中国经济出版社 2012 年版。

② 参见付冰:《产业园区管理体制创新研究》,载《现代经济信息》2013 年第 3 期。

术开发区条例》《上海市漕河泾新兴技术开发区暂行条例》。该暂行条例第二章的管理体制就规定,上海市人民政府全权领导漕河泾开发区的建设、发展,建立科学技术委员会、经济委员会等;同时城市规划建设管理局、市财政局、市税务局、市环境保护局协助行使相关职权,出口商品检验局、海关以及其他有关部门应在区内设立工作机构;区人民政府全面负责区内的公安、商业网点管理、环境卫生、文化教育、计划生育以及工商行政管理等工作。第三章规定,开发区的企业事业单位"上海市漕河泾新兴技术开发区发展总公司"根据条例及规划,从事区内资金筹集及运用、土地开发、基础设施建设、产权经营转让以及企业、产品贸易相关的综合服务等工作。开发区总公司可根据经营业务的需要,建立有关专业公司,其享受一系列财政税收惠待遇,为区内企业事业单位服务并承担园区发展的重担,独立核算,自负盈亏。

优点:坚持政企分开,强调以企业为主、政府为辅而采用企业灵活管理运作模式。管委会与上级政府及主管部门具有良好的协调关系,容易加快积累雄厚的资金,集聚专业的管理人才,从而弥补园区自身的不足。

缺点:许多开发区由于发展还不够充分,而自身经济实力也不够,加之相关配套机制不完善和企业缺乏先进的管理理念,导致难以如愿吸引到很多高端管理人才,以致陷入原有旧体制的框框之中而导致政企不分、权力的过分集中或相对偏颇。①

上述关于产业园区的政府主导型、企业运作型、政企混合型的 3 种开发管理体制是当前采用的主要形式。政府主导型可能更适宜经济欠发达地区;企业运作型偏适宜经济发达地区;政企混合型则更适宜两者之间的中等发达地区。但从管理主体方面来看,还存在中外合作型模式,偏适宜规模较大或有很多国家政策扶持的园区,一般由我国当地政府与国外一级政府管理机构合作开发管理,如苏州工业园及无锡高新区,即由双方共同招商、共同管理、共获收益。

(二)域外产业园区开发管理相关的法律及分类

1. 政府直接管理型

由政府设立专门的管理机构直接开发管理开发园区。其中比较典型有日本的筑波科学城以及我国台湾地区新竹科学工业园等。日本筑波科学城整体可以说由首相办公室下设"科学城推进部"对产业园区进行开发管理。健全的园区立法及大量的园区优惠政策是保障和促进产业园区建设发展的重要条件,

① 参见何新武:《经济技术开发区管理体制研究——以小蓝经济技术开发区为例》,南昌大学 2013 年硕士学位论文,第 11 ~ 13 页。

并且许多国家和地区都重视这一点。正如前述,筑波科学城开发建设的法规相当健全。大体上存在两类,一是针对园区制定的专门法律;二是与园区科技经济、社会管理相关联的法律法规。

筑波科学城第一类法律更集中、具体,这也是建设发展的显著特征。[①]《筑波研究学园都市建设法》对"研究学园地区建设计划""周围的开发地区整备计划""建设规划与整备计划的事业实施"等都分不同章作了专门明确说明。[②] 同时《实施令》对"公共利用的设施""研究学园地区的区域"有详细规定。另外,对税收、信贷、房地产租赁转让、产权经营及外资引进等采取多种优惠政策规定和差异条款设计,有力推动了筑波科学城园区的发展。设立住宅及城市开发集团,负责土地开发及公用设施的建设;成立筑波研究机构担当管理研究业务;建设部则负责科研及教育机构的建设。[③]

我国台湾地区新竹科学工业园区管理机构的园区管理局,全面负责园区内的土地规划和开发、基础设施的建设、招商引资及其他社会管理等园区运转过程中的一切活动。园区管理局不但负责产业园区内所有的企业设立、吸引外资,还负责厂房或者住房兴建及销售等,并且还设置海关、邮电、税务、警察、土地乃至水电等分支机构对公共事业进行必要的指导和监督。不仅如此,为加大对园区的政策制定、规划设计以及产学研结合的力度,还专门设有所谓的非常设机构"园区指导委员会"由各管理机构的高层人员组成来推进该项工作,管理机构直接管理型模式其优势,能够充分发挥管理机构的协调作用为园区的发展提供比较宽松的物质环境和智力环境。不利因素是,产业园区内的土地开发、基础设施的建设、公共配套的建设等许多具体事务也被"当局"控制,导致行政干预较强,缺乏市场灵动性机制。[④]

2. 政府指导型

该类型系指该国政府虽然不直接对园区进行开发管理,但通过间接的手段和措施对产业园区的开发管理进行引导及指导。该类型一般主要出现在自发形成的产业园区,其中以硅谷为代表。硅谷可以说没有明确的固定范围,更没有一个统一所谓的政府管理机构,但为了避免盲目发展,《硅谷条例》中规定:设置旧金山湾区(硅谷所在地)政府协会,对湾区的建设发展进行总体规划、土

---

① 白頼恵夫:『中小工業団地の理論と政策』,白桃本屋、1979、頁61、頁70。

② 小宮隆太郎、『日本の産業政策』、東京大学出版会、1984、頁56~78。

③ 山崎郎、『日本の国土計画と地域開発』、東京経済的出版社、1988、頁161~170。

④ 参见董世龙:《国内外科技园区法规政策比较研究》,武汉理工大学2003年硕士学位论文,第45~52页。

地利用、住宅乃至生态环境质量及经济社会发展过程中的各种矛盾、问题进行协调和解决。并且还通过推动立法来解决住宅、交通、环境和教育等园内企业发展面临的共同问题。根据《硅谷条例》之规定,硅谷没有专门的园区管理机构,完全是由政府及非政府组织对园区实施共同的管治。活跃在硅谷中比较有影响的非政府组织,硅谷制造集团和西部电子制造商协会(Western Electronics Manufactures Association, WEMA)及半导体的材料协会(Semiconductor Equipment and Materials International, SEMI)等。可以说政府指导型是许多国家及地区的产业园区多采用的一种开发管理模式,这种模式的确有利于发挥政府和企业双方的积极性;但是,在园区的具体管理中也的确存在二者的关系不易协调的问题。①

3. 大学、科研机构管理型

其系指产业园区的开发管理和经营多以学校或科研机构为主,即由学校或科研院所来设立专门的机构对产业园区进行管理。该类型产业园区大多位于学校或科研机构附近。其中比较有代表性的是美国斯坦福研究园。其园区土地是学校的土地,学校的管理重点放在集中出租学校土地上。另外,园区专门还设立了土地管理局全面负责土地管理,斯坦福大学虽对园区的重大事项进行全面管理协调,但对园区内的企业几乎不进行干预。此外,《剑桥科学院管理法》规定英国剑桥科学园由剑桥大学圣三一学院领导,并设两组专职人员来进行专门管理。这种采取大学管理型模式,一方面,消除了来自政府的不必要行政干预,并且发展自由度较大。对中小型投资者有非常具有吸引力,有利于借助大学的人才、技术优势资源;同时也有助于学校及科研机构最大限度地把科技优势转化为经济优势。另一方面,我们也看到在该种模式下,如果缺乏有效的政府参与和支持,产业园区的发展也会出现很多困难。

4. 企业管理型

在园区的经营和管理中以企业为主,企业因此作为市场经济的主体,全面负责区内基础设施的开发建设,经营园区内的各项业务的同时还承担政府的一部分职能,即从政府的角度来管理区内的经济活动并提供区内企业需要的相关各种服务。企业管理型一般在发达国家和地区较常见,如苏格兰阿伯丁科技园区(英国)以及超级多媒体走廊(马来西亚)等。《苏格兰阿伯丁科技园法》中规定了"由三家理工大学和私商公司联合成立一个股份制公司负责产业园区招商引资、项目建设以及基础设施建设;该公司同时也是园区的管理协调者,为

---

① 参见陈俊:《高新科技园区立法研究》,北京大学出版社 2004 年版。

园区内企业提供创业服务、帮助吸引人才、培训企业员工、提供信息等”。企业管理型的确有利于利用市场机制管理经营园区,有效利用园区内的资源,但诸多问题也出现在企业管理园区中。①

5. 基金会管理型(协会管理型)

一般由政府、企业或银行、大学及其他机构、协会多方代表组成基金会负责园区的管理、协调。基金会或者协会管理模式通常以资金为媒介、后盾来带动行政管理和技术管理,将管理者的管理权与承担的利益及风险挂钩。北卡罗来纳三角研究园(美国)、法兰西岛科学城(法国)等即属于基金会管理模式。《法兰西岛科学城规范》“成立专门的协会对科学城进行管理,协会的日常工作主要由17人常设班子负责,其成员主要为研究机构及企业和大学成员,并下设行政理事会全面负责科技城重大的决策和管理”。此基金会或协会管理型有利于调动多方积极性,实现管理者权责的有机统一,并且这种体制间接体现政府的影响;但以资金为媒介的管理模式也同样易造成短期行为、各方关系不易协调。②

(三)我国产业园区现行开发管理共性问题

我国产业园区自开发建立以来不断进行改革创新实践,并逐步演化出政府主导、企业主导以及政企混合型3种类型开发管理模式。但近年来尤其是在2008年世界金融危机后,地方政府融资平台债务的负担加剧,再加上原有行政区体制之影响,园区的隐性矛盾也随着发展放缓逐步呈现,其开发管理面临着以下主要矛盾及问题。

1. 同质化现象严重

随着园区管辖区域的不断扩大和产业新城进程的不断加快,区域的经济人口总量上升;伴随产业园区新城的发展,其社会经济管理服务的职能需求也随之拓展。但产业园区并非一级政府,需要接受上级政府、部门各方面的考核,随着行政及社会事务增加,其开发功能、经济功能、创新功能相反地逐步弱化。再加上产业园区原来的特殊政策逐步取消、经济管理职能逐步削弱,演化成和一般行政区逐步趋同,相应产业园区功能定位也被扭曲。另外,园区的发展多与地方政府的业绩密切相关,为了业绩工程的壮大,很多地方对园区在定位不明

---

① 参见董世龙:《国内外科技园区法规政策比较研究》,武汉理工大学文法学院2003年硕士学位论文,第45~52页。

② 参见蒲晓晔:《国外典型经济园区融资模式的启示》,中国博士后科学基金项目(2012M521790),第121~124页。

确的情况下就仓促征土地、搞规划、建设园区、上项目。没有深刻认识到地方的地理区位优势。园区特色也不鲜明，地方政府往往热衷于综合性园区模式，不管什么研发技术还是生产加工，还是物流、贸易进出口，只要是“大而全”的“面子工程”就统统放入，导致千万家产业园区相似的产业、相似的政策“同质化”的现象严重。缺乏市场化的竞争和奖励，所谓的品牌建设也形同虚设，更多的是一种复制粘贴。

2. 政企职责不清

从我国当前法律现实情况来看，产业园区并不在明确的政府机构设置名单上。尽管我国绝大部分的园区管委会都在行使一级政府权力，但却没有专门具体的国家立法。园区管理目前多是靠商务条线流程的业务指导，仅仅凭借上一级的政府授权来行使相关管理职能。大部分地方将其直接当作市（县、区）的直属部门看待，因而不仅导致园区主体地位缺少权威，出台政策缺乏稳定性，管理行为欠缺合法性，而且园区的管委会在行使行政职权、推进行政执法等方面也通常需依靠上级相关主管部门的授权、配合来联合执法，特别是在违建处理、环境监管以及公共基础配套、文化执法和园区社会管理等方面，因为其管委会主体资格无明确的立法界定，导致其职权的行使、管理处罚实施的程序缺少相应的法律依据、保障，在行政复议、诉讼中也易出现被动局面。另外，我们的确也看到目前很多产业园区成立了所谓开发公司，有的甚至成立了好几个国有投融资平台进行相关投资融资和基础建设。但实质上，绝大多数开发公司与管委会是“一套人马、两块牌子”，很难独立自主经营，大多数借用公司名义推进了很多资本逐利行为，乃至出现了行业垄断现象，严重损害公平的竞争环境，反倒阻碍了园区发展。

3. 社会职能缺乏

大部分的园区成立以来，主要精力都用在经济管理方面，在社会管理职能配套方面（商场、娱乐、休闲、住宿、网络、饮食、健身、学校、医院、交通等），导向出现了很多园区企业只能在离园区很远的市区选择住宿，出现了所谓的“空城、鬼城”现象。从另一个角度来说，这也加重了企业“招人难”“留人难”，难以保障园区企业职工等正常的生产生活需求，出现了园区相关社会配套明显滞后于园区同步发展要求的现象。另外，依靠行政管制来管理社会经济事务的现象在我国产业园区发展中屡见不鲜，导致市场竞争机制不到位和中介服务机构不健全以及缺乏多元化开发管理手段等问题。“把本应采取法律手段或者中介市场机制来解决的问题，完全依赖政府某一部门或其派出机构，明显不利于建立宽松、公平的市场竞争机制。”因此，我国产业园区需要抛开旧体制的干扰建立新体制,并且依靠开发管理机制的创新,借鉴国际经验建立与全球化形势相适应开发管理体制以促进产业园区区域经济社会又好又快发展。目前我国产业园区的发展受制于开发管理体制的矛盾已逐步呈现并放大,故有必要借鉴吸纳先进国家或地区一些成功经验,在改革旧体制创新体制的基础上,通过积极的相应的法律体制保障为后盾,实现产业园区区域经济社会的健康可持续发展。①

四、产业园区 PPP 可行性案例分析

(一)固安产业园区的成功

固安产业园位坐落于北京天安门正南 50 公里的方向,10 年前是个典型的贫困农业县,钓具、塑料、滤芯、肠衣是其经济发展的顶梁柱。生产总值 21.03 亿元和财政收入 1.20 亿元使其发展水平位列廊坊市所有县城的后两名。《建设部关于加快市政公用行业市场化进程的意见》(2002 年)鼓励支持社会资本(包括外资)可以创新各种合作形式积极参与市政类基础设施建设。为摆脱贫困处境,在这一政策背景下,固安通过公开竞标,创新引进社会资本——华夏幸福公司,与其进行战略合作,规划开发建设并运营管理固安工业园。因此,也正式确立了 PPP 模式。在开发和建设固安园区之初,固安县政府就本着“政府主导、市场运作”的原则,将固安产业园区开发建设交由一家企业负责;作为政府派出机构的管委会,给园区建设发展提供全方引导与协助。在运用此 PPP 模式 13 年后,固安工业园区累计引进了 482 个签约项目,其中包括航天振邦(“神舟”“天宫”零部件研制与生产商)、安德建奇(国内顶尖的数字机床制造商)、正兴车轮(国内最大的车轮制造企业)等环保、高端项目的总投资额达 638.19 亿元。到 2014 年年底,固安完成地区生产总值及财政收入的 159.70 亿元、40.14 亿元,分别增长了 6.59 倍及 32.45 倍。根据 2015 年上半年统计数据,固安实现 96.68 亿元的经济生产总值,高出 2014 年 10 个百分点;34.96 亿元的财政收入,高出 2014 年 40 多个百分点。10 多年的政企合作,不仅人均 GDP 是最初的 4 倍,财政收入也翻了 24 番,居“中国十佳开发竞争力县”第 2 位。

国家部委层面也建立了 PPP 项目资料库。2015 年 7 月 27 日发展和改革委员会召开的新闻发布会上,共发布 1043 个项目,并从中选取 13 个 PPP 项目作为具有典型代表性的指导性案例。固安工业园区项目作为其中唯一包含硬

---

① 参见曾文革:《我国特殊经济功能区法律制度的现状、问题与创新》,司法部国家法制与法学理论研究(09SFB2049),第 133 ~ 136 页。

件（土地整理及基础设施建设等）和软件（招商引资、产业运营等）入选国家发展和改革委员会推出的 13 个典型 PPP 示范案例。7 月 28 日国务院办公厅也通报表扬了运用于产业园区 PPP 模式，并称其为第二次全国大督查中的代表性 PPP 案例，以供各省（自治区、直辖市）以及国务院各部门学习借鉴。国家发展和改革委员会秘书长冯奎接受《中国经营报》的记者采访时表示，华夏幸福主导的固安工业区之所以被列入 PPP 推广案例，受到各方面关注，其中有 3 个主要原因：一是代表性强。这个项目是产业园区新城类型，与其他新城如行政性新城相比，强调政府和企业合作的模式，特别注重发挥企业主导的作用。二是有实质性的合作内容与进展。华夏幸福在与固安县的不同建设项目中采用不同层面的 PPP 实质合作，不仅涉及工业地产、商业、办公地产、住宅等一般市场商品，还延伸到社区配套、学校医院、小区绿地等公共社区服务。三是合作周期已较为完整。PPP 的成熟案例需要从探索、起步到逐步取得成效并产生经验的较长时间积累。而华夏幸福与固安县政府所探索的园区 PPP 合作模式，从 2002 年至今已有 14 年的历程。

（二）固安产业园区的合作模式

三浦威特园区建设发展有限公司——固安县政府与华夏幸福合作设立的项目公司（Sepcial Purpose Vehicle，SPV）与固安工业园区的管委会签署《河北固安工业园区基础设施委托开发协议》《河北固安工业园区综合服务协议》等。

1. 两者职责方面

SPV 的注册资本及项目开发费用由华夏幸福投入。县政府通过特许协议将特许经营权授予项目公司（三浦威特），双方建立起长期稳定合作伙伴关系。三浦威特作为华夏幸福的全资公司，为拓宽融资渠道利用自身行业资源优势，同多家金融机构建立融资协调机制，致力于固安工业园区的规划设计、开发建设、管理运营化市场运作，倾力打造提升园区品牌；作为固安工业园区的管委会积极担当政府职能，为保证公共利益的最大化，负责制定规范标准、重大事项的决策；完善公共基础设施以及强化管理服务绩效、价格质量等方面的监管。

2. 利益分享方面

华夏幸福提供土地整理、工程建设、基础设施建设、产业孵化、招商引资以及管理运营服务六大类板块业务支持。在这个特许经营协议中，华夏幸福代政府职能作为一级开发和园区招商，换取的收入是基建费用、土地整理费用、园区服务费的 110%，即前期费用全部返还后提成 10%，另外还有新增落地投资额

的45%作为回报。①（见表1）

表1

项目	营利模式
土地整理:政府有关部门作为主体,华夏幸福予以配合协助,对集体土地进行征收、补贴转让等,从而完成建设用地整理的相关工作。2008~2013年,华夏幸福土地整理投资累计约104亿元,整理完成土地达29,050亩	园区的管委会每年一次与华夏幸福结算上一年度的委托土地开发整理费用,华夏幸福可获取土地整理成本+10%的利润。 支付方式:园区管委会可选择一次性支付;也可以分期支付(但采取分期的期限不得超过3年)
基础设施建设:实现"九通一平"如道路修建、供暖、网络、排水、供水、供气、供电等一些基础设施投资建设完成。2014年年底完成新城路网(210公里)、供水厂(4座)、变电站(7座)、热源厂(3座)、污水处理厂(2座)等	结算:不以年度为周期采取按项目竣工,园区的管委会每年与华夏幸福结算上一年度所有竣工完成的单个基建项目 委托费用:华夏幸福收取基建成本+10%的利润。 支付方式:园区管委会可选择一次性支付;也可以分期支付(但采取分期的期限不得超过3年)
招商引资、产业孵化:组建了800多人专业的招商团队,而且在美国、以色列、德国等国家建立了高科技孵化器,搭建了海外高科技项目进入固安产业园区的"绿色通道"	结算收益:华夏幸福上一年度给固安产业园区招商引资,新增实际落地投资标的金额的45%作为利润回报。 支付方式:园区管委会可选择一次性支付;也可以分期支付(但采取分期的期限不得超过5年)
商品住宅的开发	华夏幸福采取招拍挂的方式拿了园区内30%的住宅建设用地,开发白领公寓、集体宿舍以及家庭套房等,进行大规模市场化住宅建设

① 参见海通证券:《华夏幸福研究报告:"园区孵化+地产开发"模式》,载《华夏幸福(600340)上市公司调研简报》,第2~8页。

续表

项目	营利模式
综合配套	餐饮、娱乐、商场、酒店、学校、医院、社保；固安产业园与北京八中合作的固安分校目前已开校；园区还开放了甲类医院——固安人民医院和固安中医院。为促进公共资源配置均等化，园区规定外来人员同当地居民一样享有同等的教育、医疗机会。仅 2014 年在民生福利方面，固安财政支出约 26.1 亿元，在公共财政的预算支出占比高达 84.8%，率先在廊坊市规制《低保对象医前医疗救助制度》，率现实现县级社保“一卡通”出租、出售、外包、股权参与等市场化运作

3. 风险分担方面

园区增量财政收入是华夏幸福的利润回报点，政府方面不需要承担融资债务及园区产业经营风险。华夏幸福凭借前期的工程建设以及后期园区整体的产业经营成果，回收成本加利润获得利益。同时承担经营、债务、政策等风险。利润回报并非园区财政收入增量的全部，在规定的上限范围内，企业分享部分。但政府财政收入若无存量增长，则政府不形成债务，对企业而言便无利润回报空间，即使园区的综合运营发展未达预期的增量收入，企业难以获得预期的利润率，政府也不对投资回报利润率进行兜底。

4. 招商运营方面

华夏幸福为运作园区，组建了 800 余人的精英招商团队，并且分别在美国、德国、以色列等国建立了产业孵化器，先后引进中国航天科技集团——航天产业园、清华大学的重大科技项目试孵化基地、肽谷生物——医药产业园等高科技战略新兴产业项目，搭建了海外高科技项目进入固安产业园区的“绿色通道”。6 大战略体系环环相扣建立了成熟完整的招商引资产业链，涉及产业园区前期战略定位和产业规划升级、中期招商引资服务的开展、再到后期园区企业投资服务及产业集聚融合促进等。从 2014 年年底数据来看，华夏幸福为固安园区招商引入各类签约项目 483 家，园区实际落地投资金额约 640 亿元，并且形成高端装备制造、航空航天、生物医药以及汽车零部件和电子信息 5 大产业集群。①

① 参见郭京泉：《固安 ppp 模式引领五大产业集群发展》，载《经济新闻》2015 年第 9 期。

(三)固安PPP模式成功的原因

1. 充分发挥社会资本和政府的优势

若按照传统的模式,政府方面能够投入的财政资金有限。只能组建专门政府融资平台,但融资成本不仅没有企业低,而且融资渠道也有限。反而社会资本在招商引资方面具有更多的优势。并且华夏幸福本身就拥有大量的社会资源,因此在招商引资、产业研究、客户资源维护等方面非常专业。此外,由于企业依靠自身资源优势能够多渠道开展融资,更有利于迅速启动园区工程开发建设。

2. 平台化闭环生态系统介入PPP模式

华夏幸福在整体链条上主要经历了3个关键环节:一级开发和产业招商以及产业孵化。华夏幸福这种模式的盈利点主要集中于下半部分的一级开发、二级开发以及产业招商,这几点为公司的高成长性提供了重要的保证。当前不仅是一级开发,还有产业招商运营管理均是华夏幸福业务的显著盈利点,产业孵化的利润点也都逐渐浮现出来,可以说是华夏幸福在众多地产商经历地产"冰河时代"寻求差异化路线模式,依然业绩斐然、创新领先的保障。

3. 借鉴国际PPP合作案例的经验

华夏幸福借鉴英国的道克兰港口新城建设发展中参照的英国《地方政府规划与土地法》规定以及韩国的松岛新城等国际经典PPP合作案例经验,因此为固安工业园区的运作实践提供了合作模式、融资开发以及建设运营等一系列有益的借鉴和参考。在固安工业园区发展中,华夏幸福提供从设计到投资、建设以及运营的一体化服务,涉及领域包括土地整理、供水、网络、供暖、排水设施等基础工程设施服务,还延伸至公园、广场、教育、医疗、文体、健身娱乐等公益设施建设服务,规划建设咨询服务,招商引资、企业注册管理服务以及其他专项运营服务。政府的职责是制定规范标准,建立绩效考核,评估验收公共基础设施,完善质量价格服务的监管。

依照新型城镇化要求及产业园区规划建设的总体方针,合作双方采取"政府政策指导、企业市场化运作、创新合作共赢"的思想,造就产业凝聚集中、社会功能完善、生态运行良好的创新型产业园区。在这种创新独特合作模式下,在园区运作步入正轨的过程中,华夏幸福不仅仅获得土地开发整理的固定成本返还及加成利润收益,并获得招商引资落地投资额抽成收益,产业孵化升级以及伴随园区的发展,销售规模、毛利开始增长,物业等配套增值服务收入也水涨船高。正是华夏幸福与固安的这种PPP创新运作激励机制,固安县政府摆脱了多年社会经济停滞不前"一穷二白"的困境,双方迎来可持续稳健发展的共赢局面。这种靠园区建立产业新城—园区融合化思想,不仅在固安产业园获得了成功,在 2015 年(第三届)中国产业园区持续发展论坛上也得到了国内一些大型园区的认同和支持。①

(四)固安模式的扩展

自华夏幸福(固安工业园 PPP 模式)入选国家发展和改革委员会的项目库后,国家层面便一直推动此种园区 PPP 模式试点,希望各省、市能够积极学习固安工业园创新的 PPP 模式建设园区新城经济。目前国内首批园区 PPP 试点于湖北诞生。湖北发展和改革委员会表示,在 10 家开发区开展 PPP 的园区尝试,试点期限为 2 年,在 2018 年进行总结归纳。分别于潜江开发区、老河口开发区、荆州开发区、安陆开发区、建始开发区、十堰开发区、京山开发区等 10 家开发区进行试点。发展和改革委员会(湖北)认为:鼓励私营企业和民营资本与政府合作,有利于解决开发区基础设施的建设、公共服务以及相关配套设施建设资金不足的棘手问题。湖北省是从省级层面大胆尝试产业园区 PPP 试点的区域。②

不仅湖北省,辽宁省沈阳铁西区和吉林省长春高新区及湖南省怀化市鹤城区也在积极试点产业园区的 PPP 模式。中冶集团、华夏幸福都参与了沈阳铁西区试点实践,另一个值得关注的是铁西区尝试并鼓励德国资本通过园区 PPP 模式参与中德装备园开发发展,例如,德国的绿城能源环保有限公司计划在中德装备园建造一座环保产业园区。长春高新区主要通过其与中铁投资集团、建信信托、龙翔投资控股集团四方签约推进 PPP 项目合作打造东北亚的国际物流产业园区。③ 值得一提的是湖南省怀化市鹤城区试点的园区 PPP 项目,是当前不多的一家能够查到合作细节的 PPP 项目。该园区是由鹤城区政府的园区管理委员会下属的投资开发公司和聚荣投资开发有限公司(湖南)成立合作公司——湖南鹤新投资建设开发有限公司来推进项目实践的。合作的方式采取 PPP 模式,开发范围是阳塘科技物流产业区的规划,扩容区域约为 8.54 平方公里,也包括老园区部分授权的项目。鹤城区人民政府和湖南聚荣投资开发有限公司通过签订合作协议书进行全程开发合作,双方对 PPP 合作项目整个运作周期负责。鹤城区政府用园区总体规划范围内的政策允许土地出让收益和园

① 参见李佳秋:《华夏幸福——模式为王 上半年净利润强势增长》,载《中国建设报》2015 年 9 月 2 日,第 4 版。

② 参见石青:《PPP 不只是一种融资模式》,载《中国县域经济报》2015 年 8 月 6 日,第 12 版。

③ 参见郭加付:《新形势下的 PPP 投资模式》,载《管理实践》2015 年第 6 期。

区税收的留成部分以及区财政年度预算资金、财政专项的资金、其他非税收入乃至产业园区范围外城市开发配置地的提供等多种方式、渠道为保证归还合作公司总投资。鹤城区政府还给予项目公司税收优惠、贷款担保、沿线土地优先开发权等相应优惠政策作为支持补偿。

五、产业园区PPP法律建设的必要性

(一)园区PPP自身特性及现有法律环境的缺陷

产业园区PPP是国家PPP项目中的创新,该类产业的特点是法律规范要求高、资金投入大、合作周期长、投资风险大等。产业园区PPP往往是在传统现存园区的基础上,加以改革创新进行园区的二次开发管理。虽然有成功的先行者,但总体来说,这类产业园区的发展和成功的案例目前比较少,国家对此类园区PPP的扶持,主要集中在思想层面的支持上,真正深入、具体落实到产业园区PPP的具有确定性的法规仍然很少。虽然我国近两年也颁布了很多PPP的法律,如《财政部关于推广运用政府和社会资本合作模式有关问题的通知》《政府和社会资本合作模式操作指南(试行)》《国家发展和改革开放委员会关于开展政府和社会资本合作的指导意见》《财政部关于规范政府和社会资本合作合同管理工作的通知》《政府采购法实施条例》(2015年)等,还有单独关于产业园区的相关法规,如《国家经济技术开发区和边境经济合作区"十二五"规划》《国务院安委会办公室关于进一步加强化工园区安全管理的指导意见》《国家生态工业园区管理办法》《关于进一步加强与规范各类开发区规划建设管理的通知》等。但关于产业园区PPP两者结合的专门性、具体性的立法目前在我国一部也没有,即使有些关于产业园区引入社会资本的意见建议性的条例也散见于各个地方性的产业园区试点办法当中,如2015年7月发布的《内蒙古自治区工业开发区(园区)管理办法(实行)》中体制创新第14条"探索建立政府投资引导,社会资金广泛参与、市场化运作的工业园区基础设施建设投资模式,鼓励、支持和引导社会资本、民间资本以及境外资本投资工业园区的基础设施项目"这样比较抽象的概念规定。不但立法层级太低,而且没有实质性权威的规范效果。① 现实中,我国当前的产业园区又普遍存在开发管理混乱及发展后劲不足的窘境。国家及地方政府单纯运用政策的扶持很难完全解决未来园区PPP可能面临的一系列法律问题。目前我国产业园区的开发建设多以政府平

① 参见曹珊:《政府和社会资本合作(PPP)模式政策法规与示范文本集成》,法制出版社2015年版。

台融资、银行贷款为主,社会私人资本总体而言参与程度不高。缺乏资金支持以及后续管理配套服务的欠缺影响了园区产业持续发展。因而,产业园问题首先应解决开发融资的方式、资金投入问题以及后期配套管理运作问题。通过政府主导和引入社会资本,充分发挥市场经济活力,放活社会资本融资市场,给予产业园区充盈的发展建设资本。但产业园区 PPP 发展的建议在现行法律制度下却不易实现,当前法律制度难以满足此些特殊法律需求,并且现有的园区政策是为发挥在实践中进行推广的作用,因而会随时间的改变而改变,不具有稳定性,使其在诉讼中难以使用,因而当实践中出现纠纷时,难以保障社会资本和其他外来投资者的合法权益。针对产业园区的这些特点,对园区政策进行规范化和专业化将成为目前园区 PPP 发展的首要任务。

(二)著名产业园区的成功经验呼唤园区 PPP 立法的必然性

作为法治社会,法律深入于社会各个层面,尤其是经济生活。所有经济活动的存在、运行注定无法脱离法律,现代市场经济更是在法治的护航下才得健康发展。因此,世界各国和地区着力发展产业园区时,也都注重法制环境建设。尽管各国各地方产业园区发展模式不同,独特并适合其发展的法治环境成为成功园区的必需。例如,北京市中关村科技园区的快速发展离不开《中关村科技园区条例》的作用。这部条例于 2001 年 1 月开始实施,分别对市场主体、规划和环境建设、资金支持、竞争秩序风险投资、国际经济技术合作、人才引进、知识产权的保护、政府行为规范管理体制以及法律责任等各方面作出了明确规定。[①] 该条例的第 7 条,"无论是组织还是个人都可以在园区从事法律法规及规章并无明文禁止的行为,但扰乱社会经济秩序、对社会公共利益造成损害、违反公序良俗除外"明确"法无禁止即自由"的原则。条例的第 11 条规定高新技术成果可以"折价出资",该规定正是尊重了以高新技术成果覆盖高科技产业园区这一经济规律,方能使中关村取得今天的成就。产业园区起步于经济全球化浪潮下,开放的市场发展更成为每一个园区发展中不可缺乏的因素。各产业园区也积极通过制度对园区的开放性作出相应规定,尤其体现于园区的法律建设方面。"纵览当今世界获得成功的产业园区,都具有一个共同的特点,那就是它们注重制度构建,即建立与园区生存发展、运行需要相适应的法治环境。"[②]

---

① 参见孙玉荣、张蕾:《科技法学》,北京工业大学出版社 2006 年版。

② 纪德尚:《我国高新技术园区法制化建设系统思考》,载《黄河科技大学学报》2010 年第 4 期。

现今在各国和各地区实行的产业园区立法有两种具有代表性的模式:一种是以英美判例法为代表的美国"硅谷"模式;另一种是依靠"园区建设,法制先行"理念为基础的我国台湾地区"新竹园区"的模式。众所周知,"硅谷"是市场经济综合作用下的产物,现行的法律制度也是其在传统判例法及当地商业习惯基础上自然衍生出来的。美国政府尽管在"硅谷"发展过程中同时制定了多部促其发展的法律法规,但我国研究产业园区法制的大多数学者仍把"硅谷"的法律模式认为是内发型发展模式。北京大学的周旺生教授认为,"所谓硅谷模式是自然生长为主,并且综合其他形式所产生的法律制度环境"。"硅谷"的法律制度环境被认为是在经济全球化发展要求下应运而生,经济全球化的发展需通过开放市场将商品转化成资本。经济基础决定上层建筑,上层建筑又反作用于经济基础,促进经济基础的发展。经济基础需要与上层建筑相协调、相适应,制度环境作为上层建筑就要满足经济基础的要求。因此,我国产业园区 PPP 在建设审核自身创新型的园区法律制度环境时,必须以经济基础矛盾点作为基础并立足于中国特色社会主义市场体制的经济环境,进而实现创新实践探索。①

另一种模式是我国台湾地区的"新竹模式",可以说是典型的外发型园区法治环境建设模式。20 世纪 70 年代,世界工业经济涌动前进,台湾当局确立了在新竹建设高新技术园区的经济布局。20 世纪 80 年代末 90 年代初,台湾当局颁布"科学工业园区设置管理条例"和其具体实施方案"科学工业园区设置管理条例施行细则",对新竹高新技术园区的快速发展起到了很大的推进作用,这也便是"新竹"之所以能成为世界著名产业园区的重要因素之一。

六、产业园区 PPP 的法律问题

(一)社会资本的合作伙伴如何选择

传统的园区开发建设中,政府是产业园区开发、建设、运营、招商的主导者。而在 PPP 模式下,政府通过协议引入民间资本,即采取一种新型的市场化运作方式,实现公私合作、共享收益、共担风险。但不排除由于信息不对称、地方政府缺乏社会资本选择机制经验等各方面的原因,会导致对社会资本的资质、信用、实力、经验没有很好的掌握和了解;加上有的政府为了加快园区的建设而迫切急于引进社会资本,有意无意降低了对社会资本融资能力及建设管理能力、

① 参见张玉洁:《河北省高端医药产业园区立法问题探讨》,河北经贸大学法学理论专业 2012 年硕士学位论文,第 9 ~ 12 页。

资质牌照的审查力度,从而导致项目公司开发、建设时问题层出不穷。为了避免此类问题的出现,合作伙伴的选择是园区开发运作中至为重要的关键起步。①

(二)需要建立什么样的系统合同框架

产业园区 PPP 项目参与方包括政府、社会资本方、项目公司、承包分包商、原料供应商、入园企业、运营管理商、保险公司及相关中介服务专业机构等。产业园区 PPP 项目的各参与方需要一系列明确清晰合同体系的机制设计以确立、调整各方权利、义务。根据《财政部关于规范政府和社会资本合作合同管理工作的通知》的规定,产业园区 PPP 项目合同体系包括 PPP 项目合同、股东协议、履约合同、融资合同、保险合同等。其中履约合同又包括原料供应合同、工程承包合同、建设分包合同、运营管理服务合同、公共服务购买合同等。在园区开发建设运营过程中所涉及的一系列合同间是相互贯通、紧密衔接的,并非各自独立、互不关联的。

(三)政策融资收益风险如何解决

1. 法律风险

在我国谈到 PPP 也有 30 年的历史了,涉及 PPP 项目的法律法规很多,但具体到园区开发建设 PPP 上,相关的法律还属于起步阶段,目前还没有专门针对园区 PPP 模式设计的法律集成。由于相应的法律规定不完善,我们通常更多的是寻求在相关法规的指导下参照运用。但园区 PPP 项目参照的法律有可能因修改、重新诠释或者废除等因素而导致园区 PPP 项目相关的合法性、合同协议的有效性、服务收费都发生变动,从而给园区 PPP 项目的正常建设和运营带来很大影响,甚至导致了 PPP 项目终止、失败的风险。

2. 政府相关风险

园区 PPP 项目中涉及土地审批一级开发,还有 PPP 项目本身的审批,可能导致审批本身花费时间较大、成本过高以及程序的人为复杂化。即使项目批准后,园区项目公司对性质、商业规模的调整也都是很困难的。2000 年长春市政府下属单位长春市排水公司以 PPP 合作的形式与汇津公司签署《合作企业合同》,成立项目公司——长春汇津污水处理有限公司。市政府为推动项目的顺利进展还专门制定了《长春汇津污水处理专营管理办法》,但 2 年后,排水公司在相关费用方面一直处于拖欠状态,2003 年排水公司以该管理办法被市政府

① 参见孙学工、刘艳国:《我国 PPP 模式发展的现状、问题与对策》,载《宏观经济管理》2015 年第 2 期。

废止为由,停止支付任何费用。经过2年的法律纠纷调解,最终在2005年以市政府回购达成和解。由此我们可以看到在政府信用方面,即使不是园区PPP项目,在一些其他的政府PPP项目中由于政府不履行或者拒绝履行合同规定的义务,而给项目本身带来的巨大直接或间接风险,因此,我们在园区PPP项目中要引以为戒。另外,政府方面相关的腐败风险也不容忽视。腐败风险,主要指政府官员或代表索取不合法的财物或采用不合法的影响力要求,从而直接导致项目公司在政府公关关系中的成本大幅度增加。

3. 融资风险

我国大部分的产业园区融资以银行贷款为主,其他金融工具银行贷款较少。然而主要通过银行贷款这种融资方式是很难满足前期巨额资金投入、运营期限长、收益回报缓慢的园区PPP项目建设运营的资金需求的。银行为产业园区PPP项目建设提供贷款支持,但贷款资金主要集中于项目建设贷款。虽然理论上银行可以对产业园区PPP项目未来预期收益现金流进行贷款,但实际操作中银行层面对园区PPP项目未来收益现金流的贷款面临一系列困境。一方面,产业园区PPP项目的紧急资金需求很可能与银行各类资金配置存在某种程度上的期限错配,且需要提供产权明晰的标的物担保,对项目资本金有比较高的比例限制,因而导致融资成本大幅度上升;另一方面,如果银行对产业园区PPP项目未来预期收益现金流进行贷款,不仅对现金流收益来源、现金流的持续性有明确的要求,而且还需经过风险合规评估、银行内部一系列的贷款审批流程等。2008年以前,有的地方政府建设发展区域范围的产业园区通过下属的地方融资平台进行融资,还款来源多以地方政府信用及财政预算来兜底。传统PPP项目公司大多以公共产品或公共服务实际所得收益作为银行贷款的主要还款来源,然而,一旦产业园区PPP的融资主体由项目公司来担当,则对于产业园区这种类似准公益性(公益性)的PPP项目而言,产生现金流周期不仅缓慢,而且根据经营成果很有可能产生较少的现金流,极有可能难以覆盖贷款本息,传统的PPP的银行贷款融资形式似乎很难成为唯一支撑。

4. 收益风险

《政府和社会资本合作法(征求意见稿)》中明确了私人资本参与政府合作PPP项目时获得收益通常有3种途径:一是由政府付费;二是由公共服务或产品的使用对象来支付费用,即"使用者付费";三是同合作PPP项目相关联的配套产品或服务经营权收益,即常说的"可行性的缺口补助"。从一些现有与政府合作的PPP项目案例中我们不难发现,正是因为项目开发建设能够在短时间内收回成本回报以及现金流收益,很多社会资本方比较重视PPP项目的实物开发投资及前期工程建设,而轻视周期较长后期的管理运营和公共产品或服务的增值收益。[①] 例如,在财政部发布的 PPP 代表性示范项目(第二批次),我们可以看出社会资本(包括国有企业)对市政、水务类 PPP 项目具有很高的参与积极性,但感兴趣的多在前期的基础设施建设上,期望在短期实现成本投入的收益回报,对于后期维护运营的配套增值服务则明显不甚在意。产业园区 PPP 项目的盈利模式和一般的政府 PPP 项目也具有一定的相似性收益,可分成前期建设加上后期运营的模式,具体见表 2。

表 2

产业园区 PPP 项目营利模式	前期工程建设(地产增值)	后期运营管理(产业增值)
	工业厂房、物流仓库、办公楼宇、商务配套设施、其他设施	产业投资、产业孵化、中介服务、平台服务、政府补贴、税收奖励

然而,客观来讲,中国现阶段大部分园区包括积极向园区 PPP 模式探讨的园区的收入主要依靠地产增值,这种依附在土地溢价基础上的一种营利模式,仅仅通过工业厂房、物流仓库、办公楼宇等基础设施的出租或买卖的方式提供企业使用,与传统的地产商模式并无差别,收益也许能够维持前期的园区开发建设成本并有所盈利,但作为一种园区 PPP 模式下的合作共赢的 20 ~ 30 年伙伴关系的可持续发展,显然是无法补足后期收益资本的流动性的。

(四)独立有效监管的缺失及混乱问题

监管,是指市场经济运行下的监督及管理。基于特定公共政策的需要,法律授权政府或监管机构对经济活动或者特定的产业资质、进入、价格、退出或涉及生命健康、国民安全等可持续发展的一种规制和管理。园区 PPP 项目作为涉及区域产业、经济发展并与国民利益密切关联的公共服务项目,理应建立运行有效的市场监管机制。有效的市场监管机制由此调整公众或者入驻园区的企业与园区 PPP 项目产业之间的信息空白,弥补双方可能存在的信息不对称,确保园区 PPP 项目运行在实体上和程序上都合法且合乎公共利益。园区基础设施建设及运营管理引入社会资本,虽然地方政府减少了园区开发建设管理上的直接干预,但由于园区 PPP 项目的公共性,加强市场监管就成了地方政府维护公共利益的重要手段,必须要建立一个园区 PPP 项目的有效监管机构和完善的监管制度,才能真正保护园区 PPP 项目牵涉的公共利益。也只有这样,园

① 参见周兰萍:《新常态下 PPP 项目风险控制难点及对策》,载《建筑》2015 年第 20 期。

区才能在区域发展中发挥实实在在的社会、经济价值。现代监管理念是监管独立,独立监管已经成为监管改革和各国各地区普遍认同和遵循的法律原则。①

目前我国园区发展建设中,园区PPP项目相关的单独、独立、具体的监管还是缺失的,2010年《文化部国家级文化产业示范园区管理办法》提到省级文化行政的主管部门根据需要应强化对园区的管理工作等。环境保护部在2012年《关于加强化工园区环境保护工作的意见》中指出需要加强对化工园区的日常监督管理,强化环境监测,科学规划园区,严格环评制等指导思想。《关于促进国家高新技术产业开发区进一步发展增强自主创新能力的若干意见》要求各地方政府相关部门需强化对高新技术园区的标准规范性管理、指导。现行的与园区相关的监管管理立法规定虽然很多,却仍然是混乱的,没有明确的主体资格和主体权限,大多停留在原则性规定的层面而缺乏行之有效的操作规范。即使规定了园区管委会负有监管的职责,立法位阶太低,没有发挥预先的监督管理功能,即使有规章规定在实际工作中也形同虚设,再加上各方面复杂的利益牵连,监管措施没有真正落实的园区比比皆是。在上位法中遗憾的是,各级政府对PPP项目的决策制定、实施、监管还没有一个清楚的价值认识。根据《基础设施和公共事业特许经营管理办法》第7条、第8条规定可以清楚了解到在上位法的指导下各级政府依然在政策制定、项目实施运作以及市场监管等方面进行着一把抓的局势。更别说在专门园区PPP项目中有效独立监管机制的缺失。园区PPP项目中我们该如何建立一个完整、独立且有效独特的市场监管机制成为值得深思的课题。

(五)周期太长如何完善退出机制

2015年《财政部关于进一步做好政府和社会资本合作项目示范工作的通知》中明确地做出了社会资本方与政府层面进行PPP项目合作,其合作期限原则至少要求达到10年以上的规定。《政府和社会资本合作模式操作指南》在BOT、TOT、ROT模式的情况下,甚至要求合作项目期限为20~30年这样更严格的规范。国家发展和改革委员会出台的《基础设施和公用事业特许经营管理办法》第一章的相关规定就有"根据不同的行业区分特点以及公共产品或事业的个性需求、项目成长周期、成本收益权等各种因素考量,公用基础设施或服务的特许经营期限最长不超过30年"。由此我们知道园区PPP模式在上位法律的框架下的经营周期会很长。未来总是无法预测的,法律规定总是美好的顺利模式,产业园区PPP项目中也有出现一方或双方中途退出的可能。根据我

① 参见钱钢:《中国政府监管机制的现状与理论构建》,载《现代经济探讨》2006年第10期。

国目前政府运作的 PPP 项目经验,退出有如下几种分类:(1)正常退出:指的是 PPP 项目合作的特许经营合同期限到期后,项目按照原先的合同约定已移交新的经营者或政府方。此种结果的两种可能前提是,合作期限届满时未申请延期或延期申请;或依据相关法律、项目合同等约定发生了提前终止的情况。(2)非正常退出:项目公司或特许经营权人私自出租转让、抵押处置项目财产,或擅自歇业停业、出现了可能严重危害公共利益、公共的重大安全、工程质量的问题;另外是政府方无正当理收回特许经营权自己接管,或擅自转让给其他利害关系的经营方。即政府方违约在先在。所以如果不能建立合理的 PPP 项目退出机制,将会给社会公共利益或财产造成重大的损失。完善的退出机制也有利于遏制失信的行为。在园区开发建设中,部分民营项目企业可能以超低的价格参与公开竞标。中标后,却又以各类的理由附加条件提要求,如果招标方不能满足其条件就干脆罢工或拖延项目进程,牵涉社会公共利益,地方政府也无法承担园区项目中断所带来的不利影响,所以此时完善的 PPP 项目退出机制,对园区政府重新选择更为适宜的项目合作伙伴也是极为有利的。同时,由于各种自然等不可抗力的因素导致园区 PPP 项目中断而无法按照预先的进程开展的情况下,完善合理的退出机制也有利于增加园区政府和社会资本方相互的信任,尽量减少可能的损失。那么,在园区 PPP 模式下,我们该如何建立起一个完善的市场退出机制?①

(六)行政合同与民事合同的争歧

园区开发建设中,作为地方政府和社会资本利益博弈方面,作为政府的公共部门以完成公共职能、实现公共利益为其目标;而作为社会资本的民事主体,营利、收益最大化是其终极目标。利益的博弈必然会引起一定的矛盾纠纷的存在,当真的面临这种难以调和的利益博弈时,园区政府和社会资本方该如何解决?奥格斯说过这样一句话:“发现合同被严重违反时,该怎么办?”因此就需要在法律的惯性思维中去寻求解决机制。我们首先需要做的是给这个法律事件去定性,即其究竟属于民法合同领域管辖,还是需要从行政法法的领域去探索研究。

1.行政合同说

法国通过行政法判例的形式将政府执行经济计划的行为规定为“行政合同”,并据此发展了一套关于政府行为的专门行政合同,其中包括法律规则、法

---

① 参见万俊云:《PPP 模式中的退出机制理论研究综述》,载《公私合作制(PPP)的法制保障论文集》,第七届经济法律高峰论坛,上海,华东政法大学,2015 年 7 月。

律制度以及法律解决方式等。[①] 同样具有行政契约理念的德国也把政府与民间资本合伙的机制归入行政合同领域。在我国如刑鸿飞、王志飞等学者就认为,公共部门的政府代表是基于公众的授权通过 PPP 合作的形式将社会公众意识具体化,而与投资主体签订的合同,本质上行使的一种国家管理权,体现的是一种行政性、公益性。并认为从现有的制度层面,《民法通则》《合同法》并不能覆盖解决 PPP 项目的问题,所以理应属于行政合同范畴。[②]

2. 民事合同说

经济合同当然也属于民事合同。在英美法系的英国、美国更趋向于把政府和私人部门合作的形式理解成普通法上的私法范畴。我国台湾地区"促进民间参与公共建设法"中明确将经济合同定性为民事契约的一种形式。王泽鉴也认为,政府从事如购买物品、承租房屋等此类的私法行为时,并非是基于公权力,所以理当归属于私法行为范畴。彭涛、周兰萍等学者也认为,从合同法的角度来看,公共部门的政府和私人部门的社会资本具有法律意义上的平等地位,通过要约、投标、谈判来达成意思一致。虽然政府方面具有一定的强势地位,但在合同谈判领域都可以根据契约精神修改、终止合同相应条款,享有独立意思自治。

3. 混合说

其认为此类行为既有行政合同范畴的公法性质,兼具民法合同思维的私法性质。代表学者有李显冬、邓敏贞、王文英、湛中乐等。一方面,我们的确看过如果仅仅把政府与民间资本合作的形式归于行政领域,那么救济方式只能依靠行政复议或行政诉讼。园区政府依据自己对形势和公益的单方判断就可以随意修改、废除合同而不需要经过私人部门私人资本方的同意,这明显增加了合同的风险性和投资者的担忧。另外,行政赔偿不仅范围较窄,复杂缓慢的行政程序对投资者利益的保护也非常不利。而且行政复议和行政诉讼具有单向性,更多的是行政相对人社会资本的寻求救济的途径,如果私人部门的社会资本不履约,则政府部门的救济途径没有明确。如果仅仅归类为行政合同,那么园区建设中承包、建设、融资合同又该如何定性。另一方面,园区政府选择合作伙伴之后,通过合同明确双方权利、义务。产业园区政府方提供一定年限的特定基础设施和公共产品服务的收益权或特定的特许经营权,社会资本方反过来提供资金技术、管理运营成本和经验等。带有合作色彩的同时明显具有公共服务

---

① 参见李霞:《行政合同研究:以公私合作为背景》,社会科学文献出版社 2015 年版。

② 参见李霞:《论特许经营合同的法律性质》,载《行政法学》2015 年第 1 期。

型,仅仅归属于民法合同的私法,公共性将如何解释。①

七、产业园区 PPP 的法律建议

(一)流程法律化确立合作伙伴

1. 主体资格

所谓合作伙伴的社会资本,《政府和社会资本合作模式操作指南(试行)》第 2 条将从属本级政府的融资平台或其他控股公司排除在社会资本之外,所谓社会资本指的是建立现代企业制度的企业法人(包括境内外)。《PPP 项目合同指南(试行)》中也对社会资本进行了大同小异的界定,指的是按照法律设立并存续的民营企业、国有企业(本级政府控股的国有企业除外)、外国企业以及外商投资企业的法人主体,与政府签订 PPP 项目长期合作,当然下属的政府融资平台是被排除在外的。这样我们对项目伙伴的主体资格就有了明确的界定。汕头市在 2015 年 10 月 29 日的第十三届人大常委会上,由汕头市政府和中信集团合作的中信滨海新城 PPP 项目获得表决通过,从而成为国内首个获得区、市两级审议立法通过的产业园区新城 PPP 项目。同时,由于汕头特区享有立法权,这个总投资额将超过 500 亿元的综合运营项目也成为国内首个获得立法保障的 PPP 项目。中信虽为国有企业,但并非汕头市政府下属政府融资平台或控股公司,因此,中信集团参与到滨海产业园区新城建设中是具有完全的主体资格的。

2. 选择依据

PPP 模式下的引入社会资本合作,政府在选择社会资本时,如果可考虑范围的项目伙伴数量众多,就面临以什么样的方式来选择的问题,如是公开选择还是“一对一”谈判选择。政府是选择万达、绿地、万科这样产业地产商,还是选择带有外资背景的诸如新加坡腾飞集团、美国 AMB,抑或是具有产业链背景优势如丰田、海凭国际、海尔、中兴的产业商来开发建设、运营产业园区,这是个需要考量的问题。如果采取招标方式,就需要严格按照我国《招标投标法》。产业园区开发建设过程中所谓引入社会资本的 PPP 模式,其实质也是一个政府使用财政资金通过付费或者补贴等方式购买社会服务的一种形式。《政府采购法》中有如下规定:“政府采购采用以下方式:(一)公开招标;(二)邀请招标;(三)竞争性谈判;(四)单一来源采购;(五)询价;(六)其他采购形式等(相

---

① 参见徐琛:《PPP 协议的性质与合同法规制》,载《公私合作制(PPP)的法制保障论文集》,第七届经济法律高峰论坛,上海,华东政法大学,2015 年 7 月,第 70 ~ 79 页。

关的监督管理部门认可)。”因此,在政府与社会资本合作中,政府采购就需要按照以上方式,公开招标更应成为常态;但值得注意的是,PPP项目不采用询价方式。政府在选择采购方式的时候根据第26条至第32条的规定,不得任意选择公开招标、邀请招标、竞争性谈判或者单一来源采购的方式,也不能在采购过程中随意更换采购方式,对于某一种采购方式的前提条件,均需要依法执行。如果政府拟采取单一来源采购的方式选择合作伙伴,就需要考虑该PPP项目的具体特点是否符合《政府采购法》第31条规定的3项条件之一:“(一)只能从唯一供应商处采购的;(二)因不可抗力原因难以从其他供应商处采购;(三)必须保证原有的采购项目一致性或者服务配套的要求,需要继续从原供应商处添购,且添购资金总额不超过原合同采购金额百分之十的。”

3. 选择流程

在《政府和社会资本合作项目中政府采购管理办法》中提到,在项目伙伴的选择上可以建立资格预审、采购文件和评审、采购结果确认谈判工作组、项目合同文本和中标结果公示、项目合同的签署和公告的流程。具体来讲,如果适用到产业园区PPP项目中,我们需要以专门园区PPP法律规范的形式明确规定:PPP项目实施机构根据园区项目的不同种类准备资格预审条件,发布资格预审公告。预审公告中包括园区PPP项目授权主体、项目实施机构、项目名称、采购需求、对合作伙伴的资格要求、是否允许联合体参与采购活动(如地产联合或物流商联合)、是否限定数量以及限定的方法和标准等。建立包括法律和财务方面专家的评审小组,组成5人以上的单数。评审小组按照公告的评审方法标准出具评审报告。按照评审报告的推荐候选人名单与其进行合同签署前的谈判,待最终确定预中标合作伙伴。另外,还需要通过专门条款进行信息披露:在10日内与其签署确认谈判备忘录,并将项目合同在省级以上指定的媒体上公示。公告期满无异议后的2日内将结果公布在省级以上人民政府指定的政府采购信息媒体上,同时发出成交通知书。通知书发出30日内,应与确定的合作伙伴签署园区PPP合同。需要为产业园区PPP项目设立专门项目公司的,待项目公司成立后,由项目公司与产业园区实施机构的政府重新签署PPP项目合同。产业园区政府应该在产业园区PPP项目合同签署之日起2日内,将PPP项目合同发布在省级以上指定的政府采购信息媒体上。至此,产业园区PPP模式下合作伙伴的选择可以大致确立下来。①

---

① 参见何春丽:《基础设施公私合作(含跨国PPP)的法律保障》,法律出版社2015年版,第5期。

(二)全面建立合同体系

我们需要建立一个关于园区 PPP 合同类型及内容的系统专门的法律规定,其主要包括以下几个方面。

1. PPP 项目合同

在确定对产业园区 PPP 模式开发建设之前,首先需要建立一个指导、战略性的纲领性合同,那就是 PPP 项目合同。目的是在政府方和社会资本方之间建立资本协同、合作分工、财务平衡、收益分享、风险分担等框架明确双方权利义务,使合同双方能够依照约定主张权利、履行义务,实现合同目的。在整套园区合同框架中,园区的 PPP 项目合同居于核心地位,作为整套产业园区 PPP 项目的合同体系基础,PPP 项目合同不仅影响合作模式的选择,还牵连股东之间的法律协议,并且会对融资形式、种类、来源以及保险合同的具体条款设计起到决定性作用。此外,园区 PPP 项目合同不同条文的约定甚至能通过产品服务或者工程承包、分包,从而传导到工程承包建设合同、原料供应合同、运营服务合同及服务购买合同中。①

2. 股东协议

园区 PPP 项目的特点是投资巨大,风险系数高,经营周期长。为了分散风险,园区 PPP 项目多选择由两个以上社会资本组成投资联合体,共同投资,并共同组成项目公司。这样项目公司内部就形成了股东关系。所谓的股东协议,即由合作项目公司的所有股东签订的调整其权利、义务的契约。投资者的自然人或法人股东通过签订股东协议,设立园区 PPP 项目公司负责产业园区整体的开发建设、运营管理。这些自然人或法人股东作为利害关系人可能有更多的机会参与项目的建设、提供原料供应、担当融资运营方等,在某些情况下甚至能够更直接地参与、影响园区的重大决策,并且有机会全面详尽地掌握产业园区 PPP 项目的实施进展情况。当然,政府也有可能通过直接参股的方式成为园区项目公司的公司(PPP 模式下政府通常不控股或直接参与园区的经营管理)。在这种情况下,政府与其他股东相比,享有作为园区股东的权利,同时履行义务,并承担园区发展的相应风险。例如,上海紫竹院科技园(注册资本金 20 亿元)由闵行区人民政府、紫竹集团、交通大学、联合投资有限公司(上海)等 7 家股东单位共同组建。具体股权比例见表 3。

---

① 参见徐琛:《PPP 协议的性质与合同法规制》,载《公私合作制(PPP)的法制保障论文集》,第七届经济法律高峰论坛,上海,华东政法大学,2015 年 7 月,第 70～79 页。

表3

入股单位	股权比例(%)
紫竹(集团)有限公司	50.25
上海联和投资有限公司	20
紫江企业集团股份有限公司	4.75
交大产业投资管理有限公司	2.5
闵行资产投资经营有限公司	10
上海吴泾经济发展有限公司	10
教育发展基金会(上海交通大学)	2.5

2009年上海紫竹科学院被授予"国家科技兴贸创新基地"称号,并获得国家发展和改革委员会"上海国家生物产业基地"称号。2011年《国务院关于同意上海紫竹高新技术产业园区升级为国家高新技术产业开发区的批复》中即可知其成功。它的成功与妥善处理的股东之间的协作、共享支持发挥了很大的促进作用。① 再如成立于1994年,由新加坡外资入股的苏州工业园区,园区最初的开发主体为中新苏州工业园区开发有限公司(CSSD),注册资本中新方财团占比65%、中方财团(包括中粮、中化、中远等多家大型集团)累计持股35%,2005年CSSD进行增资扩股股东变成中方财团、新方财团、港化投资有限公司、高新技术产业股份有限公司及新工集团私人有限公司。② 虽然苏州工业园区没有宣称其是在采用PPP模式运营园区,但从成功引入外资及其他社会资本的股东结构共同合作、共担风险的机制下,参与产业园区的建设、管理虽然不能说是完全的PPP模式,但也在某种程度上显现了PPP项目的影子。③

3.建设合同

产业园区的开发运营最基础的框架是拆迁改造、整理土地、建设厂房、办公区、住宅小区、供水供电、网络通信、排水项目、消防项目、环卫项目、绿化广场项目、物流储备仓库以及基本的商业生活配套设施建立,是实现园区公共基础建设的前提。其中包含大量的原料供应、建设承包合同。有些产业园区的项目公

① 参见陈石:《产业园区企业化运营模式:基于贵州省的研究》,中国经济出版社2012年版。

② 参见阎立忠:《产业园区/产业地产规划、招商、运营实战》,中华工商联合出版社2015年版。

③ 参见刘啸:《中日产业园区发展模式比较》,吉林大学东北亚研究院2010年硕士学位论文,第21~40页。

司仅仅作为融资主体乃至项目运营管理而存在，本身不具备开发建设产业园区公共基础设施的条件。如 2011 年中汽中心试验场项目在大丰港经济开发区建设的大丰汽车 2.5 产业园、肽谷生命科学园、天津智慧山科技文化创意产业园以及正在规划建设聊城的“葫芦产业园”。产业园区 PPP 项目公司不仅可以选择一家承包商签订总承包合同，同样可以与两个以上资质不同的承包商签订合同。工程承包商的合同履行程度通常会牵涉产业园区 PPP 项目的前期基础设施建设进度，更会影响前期建设项目的贷款偿还和成本回收进程。因此，为了降低园区 PPP 项目建设期间的风险，建议倾向于产业园区 PPP 项目公司仅与单一承包商签订价格固定、工期固定的工程承包建设合同。将产业园区基础设施建设过程中可能发生的工程质量不合格、工期延误等风险全盘转移给承包商。此外，园区项目公司还可以设定履约担保或者违约金条款约束承包商，督促其履行合同义务。园区 PPP 项目的施工建设运营阶段都有大量的原材料需求，但由于上下游产业链以及市场经济波动的原因，很难保证在公平合理的市场经济中有稳定持续价格的原材料供应，因此，我们建议在与供应商谈判一致的基础上，以稳定的价格签订长期供应合同，从而降低因原料成本的波动而带来的不稳定性。①

4. 保险合同

可以说大部分的园区开发建设都是涉及几十亿元的投资，2012 年我国和马来西亚政府合作建设的第一个园区——广西中马钦州产业园区，园区规划面积 55 平方公里。长春汽车产业园区依托“一汽”实施联动招商，一汽丰越项目、日本电装项目、一汽自主乘用车研发基地等。在汽车产业园区短短的 5 年建设中，先后落后 289 个重点项目、130 个工业项目、30 个 5 亿元以上项目、10 个 10 亿元以上投资，实现 528 亿元的总投资。总投资 30 余亿元，落户滨海高新区的新华科技园，仅“园中园”开发规模就 300 多平方公里，武汉光谷、大连软件园的规模更不必说。巨大资金投入的同时面临着巨额的投资风险，建议项目公司对产业园区融资、建设、运营等根据不同阶段的风险级别进行差异投保，诸如工程一切险、区分货运险、第三人责任险、间接损失险以及其他专业保障险之类。另鉴于产业园区 PPP 项目所涉及的风险可能存在持续复杂性，为使投保更加及时且更具有针对性，建议在签署保险合同或制定保险方案涉及合同具体条款时，可以有选择性地咨询相关园区领域保险专业人员或机构。②

---

① 参见许瑞芳：《PPP 模式在园区基础设施建设实证研究》，载《工程经济》2015 年第 6 期。

② 参见何春丽：《基础设施公私合作（含跨国 PPP）的法律保障》，法律出版社 2015 年版。

(三)统一规范建立风险分担原则

1. 统一法律规范

根据我国30多年PPP发展经验,各部委应当制定一个联合统一的PPP法律,减少各法律制定主体的不统一性。尤其是不同领域的PPP模式应设定具体的规定,实现产业园区在建设时期也有对应的园区PPP法律进行规范。我们看到韩国通过1994年《促进私人资本参与社会投资(PPP)法案》,1986年日本颁布《利用民营资源加速建设公共设施法》,并在1991年制定《关于促进以民间资金或用进行公共建设之准备法》对应PFI模式,[①]我国台湾地区"促进民间参与公共建设条例"通过专门制定特别法的形式规范行政部门和社会资本的合作。在产业园区PPP模式探讨立法领域,应该明确产业园区PPP项目的适用范围、政府审批的权限、开发建设的流程和管理程序、园区企业的权利义务、合同框架、风险分担机制、政府监管与公众参与制度、退出机制、纠纷解决机制、财政规制及会计准则等一系列适用于园区PPP的法律。因此,需要大力发展针对产业园区PPP金融创新。一方面,应当积极拓展园区PPP金融融资渠道运用基金、股票、债权、信托保险、融资租赁和其他金融工具作为融资工具;另一方面,也要加速面向产业园区PPP项目创新型的资产证券化融资的探索。对预期能够产生持续稳定现金流的产业园区,鼓励资产证券化先行试点,并应加快完善培育完善针对产业园区PPP项目专项的信用评级等相关制度。[②]

2. 法律形式确立风险分担原则

针对园区PPP模式的复杂性,问题又总是层出不穷的。我们健全法规的同时,也没有办法去制定能够涵盖每一个地区不同区域特色产业园区PPP风险的对应策略。那么在园区PPP面对可能的风险时,我们需要建立一个风险分担的原则并将其纳入法律法规中以不变应万变。(1)利益共享和风险共担原则。园区PPP项目的特色在于政府引入社会资本,双方共同享受项目带来收益的同时共同承担园区发展过程中带来的风险,因此,我们需要建立政府与社会资本的契约精神、利益保障机制。双方在开始园区PPP项目合作前应建立风险评估机制,以合理降低风险。园区政府不能将风险全部嫁接给社会资本或园区项目公司,要发挥好适当的引导者作用,充分建立起一种可持续发展的合作伙伴意识。(2)风险与收益相匹配原则。园区PPP项目中需要建立一个

---

① 参见邹东升:《提案型公共服务——日本民营化运作模式》,载《经济研究》2015年第1期。

② 佐藤徹:「市場化テストにおける公共サービスの質の設定と評価に関する理論的枠組み」、『国際政策研究』、2008、3。

风险与收益均衡对应的高风险高回报、低风险低收益机制。社会资本在参与园区 PPP 项目建设中承担相应的风险，也应当有相应合理的回报。根据双方各自的优势，政府承担产业园区建设发展过程中可能存在的政治、法律、监管的风险；而参与园区假设法人社会资本方可以承担所擅长的建设、运营管理方面的风险，各司其职、各取所需。(3) 风险动态原则。园区 PPP 项目中产生的风险有些是在合同签订前就可以预测的，随着外部客观环境的变化和项目的合作推进而有些风险是难以预测的，那么对于新风险，需要约定合同的变更条款，以便合同及时更新以确立风险分担格局实现风险的及时调整和分担。因此，在园区 PPP 项目合同设计中应当留有必要的动态弹性机制。(4) 风险上限原则。园区 PPP 项目建设资金投入大、前期投入成本高、管理运营周期长，因此在投资运营阶段，地方政府和社会资本要根据自身的财务能力、技术能力、管理能力承担风险，要量力而行，建立一个风险上限条款。如果风险的分配失衡，会更容易导致园区 PPP 项目的腰斩。①

同济大学发展研究院任浩院长分析了"一带一路"中中国产业园区"走出去"可能产生的政治政策风险、税收财政变化风险、劳动保障法律风险、知识产权保护风险等。并指出，宏观方面，应制定并完善相关法律；健全应对机制，调整政府沟通机制以及境外风险投资机制。中观层面上，则应加强防范海外园区投资保险。微观层面，产业园区完善事前法律政策风险预测及评估；制定科学合理的应急方案，运用相关的公约维权等。所以不仅仅是产业园区"走出去"，在引入社会资本建设中更应加强相关的法律风险学习，建立应对机制。

(四) 政府及多方参与监管

以专门园区 PPP 立法的形式具体明确如何实现政府部门独立、第三方介入以及社会公众参与的监管制度。具体来说可以从以下几方面着手。

1. 政府部门独立监管

政府部门明确各自分工，建立独立专门的监管机构。在园区 PPP 项目中可以由签订合约的政府部门督促参与园区开发建设的社会资本积极及时履行合约；政府采购需要在信息公开的前提下，保证在园区招投标过程中程序公平、公正；政府的质量技术监督部门监督园区的基础设施、厂房等配套工程的安全质量；财政部门需监督资金使用的合法性、合理性以及投入方向、效能等，兼顾公平和效率。另外，借鉴国外经验建立独立的法定监管机构，人员构成尽量以

---

① 参见刘继虎、李华平：《PPP 模式中的风险分担机制》，载《公私合作制(PPP)的法制保障论文集》，第七届经济法律高峰论坛，上海，华东政法大学，2015 年 7 月。

法律、财务审计为主,加强执法队伍建设,建立具有独立、专业的监管团队。[①] 2015年10月习近平总书记在苏州视察时指出:江苏开放性经济发展平台,有与新加坡国外合作的苏州工业园区,还有一批保税区、高科产业区、物流区、经济技术开发区,要积极主动对接上海自由贸易区在改革创新、综合改革方面发挥实验示范作用。《苏州工业园区开展开放创新综合实验总体方案》中提到,园区经济发展的5大任务之一就是按照"小政府、大社会,小机构、大服务"和"精简、统一、效能"改革方向,探索构建大规划建设、大经济发展、大文化管理、大行政执法、大市场独立监管的工作格局,出台政府权力清单,优化、简化行政审批,推行电子化登记和营业执照管理,完善行政绩效体系和监督体系,健全社会信用体系建设和政务信息公开的大市场政府监管体制。[②]

2.引入第三方中介机构

引入第三方中介机构,强化专业监督的同时减少成本。第三方中介机构在技术信息领域方向更加专业,在专门的监管评估绩效考核方面也更加专业,市场化的竞争下第三方中介结构目前比政府相关部门更有利于建立一个比较完备的评价机制。可以有效地降低政府监管、评估预测成本。[③] 而且园区公私合作中持续时间长、内容复杂、涉及面广,由于信息不对称或者技术能力有限等各种原因,准备入驻园区的企业无法准确了解园区PPP项目建设的绩效,引入第三方中介机构可以更好地保证绩效评估的公正性和客观性。2015年12月10日,工业和信息化部印发的《关于促进化工园区规范发展的指导意见》中也指出,应在安全管理以及循环经济等方面建立项目评估制度。入园项目需按照《产业结构调整目录》《外商投资产业指导目录》中规定的行业标准、行业筛选标准,支持鼓励类项目进入园区,禁止新增限制类项目,落后工艺或落后产品应予淘汰,由此可见在产业园区项目推进过程中中介评估监测制度的重要性。

3.优化园区相关价格制度

优化园区价格管制制度,一方面,保证入驻园区的企业在合理的承受范围内,实行市场化的价格机制的同时注重公益性;另一方面,又要给参与园区开发建设运营的资本方留有一定的合理利润盈利空间,盈利的同时也要保证相应的

① 参见唐健飞:《中国(上海)自贸区政府管理模式的创新及法治对策》,载《国际贸易》2014年第9期。

② 参见陈婉玲:《基础设施产业公私合作政府监管再造》,载《公私合作制(PPP)的法制保障论文集》,第七届经济法律高峰论坛,上海,华东政法大学,2015年7月。

③ 参见韩永红:《国外主要自由贸易园区及其法律规制——评析与启示》,载《政法学刊》2015年第4期。

园区社会福利性制度。根据园区 PPP 项目不同的开发阶段制定适合不同阶段的价格反弹机制。前期为了吸引入驻园区的企业,可以适当降低园区企业的用地、住房成本,以保证基本覆盖参与园区建设的基本成本。后期园区开发进入成熟阶段,可以相应地提高各方面如水电、排污等配套设施的成本。

4. 扩大公众参与

听取消费者诉求,引入社会公众参与,坚持以人为本,完善相应配套设施,园区 PPP 项目是政府与社会资本风险共担、合作博弈的过程。权力和利益的协调必不可少,园区企业作为消费者的一部分应当积极加强组织建设,参与到园区 PPP 项目合作决策中。一方面,可以保证决策的科学化和民主化,另一方面,通过消费者的积极参与加强对园区项目建设规划、理念、发展方向的认同感,也能降低执行成本。应当健全区内企业的权益机制保障,拓展园内企业利益的保障平台建设。另外,园区 PPP 项目建设还可以通过扩大入园区企业代表的覆盖面,让不同行业的园区企业以及不同级别的园区企业充分反映自己的诉求,以便园区建设发展的项目公司切切实实地了解消费群体的需求,更好地将园区发展规划融入园区企业实实在在的经营中,共同发展园区产业。我国在园区的运营发展过程中过多关注招商引资的经济指标层面,而没有过多地考虑从业居民的需求,生活基础设施投入比例滞后,相关学校、餐饮、医疗、娱乐活动、休闲场所等基础设施水平和城区存在很大的差距,生活的便利性较差,导致从业居民居住区和工作地相分离,以致出现了"鬼城"。在《亦庄新城规划(2005～2020 年)》《北京经济技术开发区国家生态工业示范园区建设规划》《北京经济技术开发区创建国家水资源综合利用示范区实施方案》《北京市新建改建居住区公共服务设施配套建设指标及说明》的指导下,亦庄开发区积极坚持以人为本的高端产业园区新城理念,在保证产业有序发展的前提下大力发展幼儿教育、公共教育、职业教育;建立大型综合性文化娱乐设施、博物馆、图书馆、展览馆、青少年活动中心、亲子公园等;建立综合医疗中心和社区卫生服务中心的医疗分级服务体系;完善新城、社区两级养老服务网络和 100 张床位以上的老年护理院;充分考虑民众的诉求和需要,建立一个低碳、良性循环的生态产业园区。

(五)完善立法建立多样化退出渠道

1. 厘清立法权限

厘清与园区 PPP 退出机制相关法律的立法权限,解决中央与地方在特许经营立法规定层面位阶过低的问题。我国没有具体关于园区 PPP 项目退出的统一立法,关于公用事业接管的相关规定也只是散见于建设部的相关规章和地方性的条例、规章中,位阶太低,具体立法明显缺失。因此,应当建立和完善专门针对园区PPP项目的临时接管制度。尤其是在特许经营权人的项目公司在提前与园区政府终止PPP项目时,又没有新的适合社会资本方组建的项目公司接受经营,为了保证公众利益,应规定必须由政府暂时性的接手园区PPP项目。临时接管的同时,应进行必要的谈判,对接受处罚并承担违约责任、及时进行整改的项目公司,可以归还其特许经营权而使其进行继续经营;反之,对缺乏正常建设管理运营能力并拒绝整改的项目公司,园区政府可根据实际情况取消特许经营权,重新选择资质适合的合作伙伴。如果确实因为各种原因而致园区PPP项目不再适合民营企业继续经营或引入相应的社会资本,则可将其收归国有。另外,还需要加强完善特许经营期限的相关规定。

2. 退出方式多样化

以专门立法的形式建立专门针对园区PPP项目的产权交易市场和股份转让系统,社会资本的私人部门可以通过专门、合法的股转系统寻求合理的退出路径,同时具备条件的社会资本也可以有选择性地加入园区的开发建设运营过程中。如果是园区政府单方面变更或者解除合同,那么也需要建立一个合理的补偿机制,不仅需要补偿项目公司中社会资本方的直接损失,还应当赔偿其预期利益。当然,园区开发建设的预期利益常常是巨额的,全额赔偿不太现实,也会加重地方政府分担。一方面,我们建立的是合理赔偿机制;另一方面,也希望通过这样一种机制来约束园区建设运营过程中政府的非理性行为。[①]

(六)界定属性完善纠纷解决机制

笔者也更倾向于认为产业园区PPP项目兼具行政合同范畴的公法性和民事合同范围的私法性。园区PPP项目是建立在双方相互信任、风险共担、利益共享的基础上的,因此不存在根本上绝对对立的纠纷,寻求多元化的法律纠纷解决机制是园区PPP合作的必然趋势。涉及民事合同的主要是社会资本方与参与园区建设运营的其他利益者,如承包建设者、融资机构、股东协议、分包合同等常见的民事合同发生的纠纷早已被研究得很透彻,多采用调解、诉讼、仲裁等方式。这里我们是否可以通过民事合同下的行政诉讼制度完善来建立一种针对园区PPP模式下的民事性、行政性兼容适应的争端解决机制。

1. 规定行政调解制

以法律的形式规定和确立园区政府与社会资本的行政调解制度。我们知

---

① 参见万俊云:《PPP模式中的退出机制理论研究综述》,载《公私合作制(PPP)的法制保障论文集》,第七届经济法律高峰论坛,上海,华东政法大学,2015年7月。

道在传统的涉及公共服务的领域,很多政府行为是不允许调解的。园区开发建设的政府和社会资本本来就在合意一致基础上的达成了合作,以法律规定行政调解先行的前提也在情理之中。调解本身也有利于提高效率、降低成本、缓和矛盾,但因园区 PPP 项目的性质是带有私法契约的公共性,所以也不可滥用调解机制。

2. 完善诉讼判决形式

目前我国的行政判决形式主要有维持、变更、撤销、履行及确认。考虑到公私合作的民事性,是否可以依靠法律条文的形式在行政判决中增加确认契约有效、无效以及财产、非财产给付等民事性要素。①

3. 增加暂停履行合同

在不损害公共利益的前提下,原则上不终止合同履行,在一定条件下经过合理的考量可以暂停合同履行。可以借鉴国外英美法系的 PPP 项目经验,例如,1989 年英国针对 PPP 项目专门出台了《自来水法》,建置了"国家江河管理局""自来水服务监管办公室"等独立监管机构。另外,美国的公用事业监管委员会同时具有行政权、准立法权、准司法权(监管机构有权裁决公共事业运行中发生的纠纷)。中国园区 PPP 项目也可以据此尝试建立一些独立于行政机构的监管裁决机关,另外还可以建立不具有利害关系的专家委员会,委员具有相关领域的专业经验,思考的角度更具有针对性,以便纠纷得到更加高效、及时、合理的解决。

---

① 陈秧、刘笛:《PPP 模式的参与主体的利益博弈与法律规制》,载《公私合作制(PPP)的法制保障论文集》,第七届经济法律高峰论坛,上海,华东政法大学,2015 年 7 月。

中国互联网信托产生背景与模式创新

傅　瑜*

2015年7月14日互联网信托首见于我国政府文件,①互联网信托的合法地位和业务模式由此得到监管机构正式确认。作为互联网金融的新型业务,虽然在多方面存在继续探索完善的必要,但在2016年10月13日国务院办公厅发布的《互联网金融风险专项整治工作实施方案》(国办发〔2016〕21号)中,互联网信托是唯一未被作为专项整治正面对象的互联网金融类型。这就意味着在互联网金融家族中,相较而言,互联网信托是目前较规范、风控机制较健全、发展潜力较巨大的新业务类型。

一、互联网信托产生背景

一般认为,互联网信托是依托于支付、云计算、社交网络以及搜索引擎、APP等互联网工具,并结合信托金融和法律工具,实现资金融通、风险管理、财产管理

* 西北政法大学信托法研究中心主任、副教授。

① 参见中国人民银行、工业和信息化部、公安部、财政部、工商总局、法制办、银监会、证监会、保监会、国家互联网信息办公室发布的《关于促进互联网金融健康发展的指导意见》(银发〔2015〕221号)。

增值等业务功能的互联网金融服务模式。[①] 目前,我国互联网信托主要以O2O[②] 和 P2B[③] 模式运营。其法律关系涉及3个方面的当事人,即投入信用的委托人、受信于人的受托人以及受益于人的受益人。互联网信托业务是由委托人依照契约或网站条款的规定,为自己的利益,将自己财产上的权利通过受托人(互联网平台)转给收益人(中小微企业)作为资金周转,受益人按规定条件和范围通过受托人取得原有财产以及过程中所产生的收益。

互联网信托的服务的理念源于传统信托服务,即委托人基于对受托人的信任,将其财产权委托给受托人进行管理或者处置,获取固定投资收益回报,最终达到资产增值的目的。从互联网信托平台的操作原理上分析,其就与传统信托非常相似,即投资人基于对互联网金融平台线下征信服务的信任,对通过了平台审核的借款项目进行出资,在一定期限内获取收益回报。在安全性方面,互联网信托平台也和传统的信托服务非常相似,也是需要采取类似于信托项目风控的方式,在线下严格把关借款项目的质量及风险程度的,同时也需要根据借款企业信用度,要求其提供质抵押或担保资料,最后才能将企业的资料和借款需求发布在网络平台上进行竞标。

互联网信托平台为有资金需求的中小微企业和有投资理财需求的个人搭建了一个安全、稳健、透明、高效的线上出借撮合平台。互联网信托平台上所发布的借款项目需要参照金融行业风控体系进行严谨的发布前审核,对借款企业一般要求提供超额价值有效不动产质(抵)押物保证及股东无限责任连带担保等附加保证,并确保这些质(抵)押资产易于处置。资金出借人可根据个人理财收益目标差异,选择不同周期资金出借方式,并获得相应稳定的理财收益。

传统信托行业信托产品的营销主要依靠银行代理发行、第三方理财机构代销等方式。随着第三方代销渠道收紧,原有产品销售渠道逐渐萎缩,新的有效营销方式尚未明朗的情况下,如何有效突围成为摆在信托公司面前的当务之急。直接铺设营销网点非一日之功,相应的成本压力大,业务转型代价高的特

---

① 参见李爱君:《互联网金融法律与实务》,机械工业出版社2015年版,第273页。

② O2O(Online To Offline),线下的商务机会与互联网结合,让互联网成为线下业务交易的前台。

③ P2B(person-to-business),个人对企业的互联网投融资服务平台,投资人基于对P2B平台的信任,通过P2B平台进行投资,获取固定投资收益回报。P2B平台负责审核借款企业融资信息的真实性、抵质押物的有效性、评估借款风险、通过从借款资金中提取还款保证金的方式确保将还款风险降到最低。P2B平台作为一种纯粹的投融资中介,只收取一定平台服务费,本身既不融资也不放贷。

点也使近几年来信托公司逐渐谋划自建网络营销渠道,突破实体网点的时间、空间限制,为客户提供全新的基于互联网金融模式下的客户体验。

由于现有信托产品的客户群体主要为高净值人群,部分年龄偏大,且信托产品有面签要求,在一定程度上阻碍了信托行业对于互联网金融的积极性。从信托产品及信托业务的营销来看,搭建一个充分考虑客户体验度的网络直销平台与业务推广平台,利用微信、微博等定向推送并展示信托产品信息,对于资金提供方客户及融资方客户的定向理财或融资需求个性化设计产品等,将以产品为中心的设计理念调整为以客户为中心的服务营销理念已经刻不容缓。在互联网金融推崇的客户体验度第一的理念下,如果信托产品面对高起点的理财客户群体依然不能提供更高品质的服务,又何谈增强客户载性。结合互联网金融的发展优势及信托行业及产品的特点,信托行业对于互联网金融应有的态度不应是排斥或静观其变,而是应充分估计在互联网精神冲击下的金融变革为信托行业所带来的影响,在信托行业面临业务转型的大背景下,充分利用大数据理论,布局并打造信托产品营销、直销与综合服务平台。

在中国的高净值人群逐渐年轻化的背景下,互联网金融理念正逐渐深入至由低至高的各个层次的理财群体,那么信托行业亦应充分吸收并运用大数据理论,对于信托产品的营销、直销与综合服务平台不能仅仅停留在单纯的为客户提供产品交易与资金划转平台的阶段,同时应考虑网络营销、直销与综合服务平台不能仅提供电脑端的操作界面,而应同时提供基于手机等移动网络技术端的操作平台,将信托的功能与信托理念通过日常的微信、微博共享等方式予以定向推送,同时针对现有客户提供跟踪式的产品信息推送服务,让高端客户能够体验更全面的金融服务。同时移动支付端的普及也将充分提高客户信息浏览、业务办理、业务咨询与反馈的体验度,并通过网络技术的应用有效降低单位成本。通过将客户网络行为的数据化,运用大数据理论将基于此平台上的信息予以充分挖掘并利用,通过互联网的沟通方式充分了解客户的使用习惯及交易特点,让基于大数据理论下的强大信息量为信托公司的产品设计提供新的思维,开发出适应特定人群的产品,让产品及业务营销变得有的放矢。通过网络营销、直销与综合服务平台,全面提升客户对于产品综合营销与服务的体验度。针对原有客户群体及特定营销群体,将对于信托产品的资金投向、风险揭示、产品预约与款项支付、信息披露、产品兑付等一系列活动完全可以通过网络或移动客户端的方式予以简单、快捷的办理与跟踪推送,通过互联网金融的手段有效缩短信息传播路径,减少由于代理发行方或第三方销售所带来的信息被转述的风险。

互联网金融的创新与拓展在基于遵守信托行业的“一法两规”等相关规定的基础上,仍要坚持信托产品的客户群为合格投资者及合同面签的规定。然而,面签不代表对于客户的所有服务都单纯地放在面对面的层面,信托合同的签订只是对于客户提供各项综合服务中的一项而已。在互联网金融广义的概念范围内,信托行业应将对理财客户的营销与客户服务链条予以充分延长,将线下的营销与服务模式逐渐引导至线上,将单纯重视产品推介与兑付管理拓展至一种信托理财理念与全方面金融合作的营销。在互联网金融与大数据理念的冲击下,信托行业的转型不应仅局限于基于监管政策引导下的业务方向转型,同时也应考虑到信托服务理念及营销理念与手段的转型。从原有的以产品营销为驱动的盈利模式逐步过渡到以客户关系为导向的平台模式中来,才能真正实现信托财富管理的功能。①

信托的私募属性与互联网的开放特性本身就是一对矛盾体,这使信托公司从事互联网金融远远落后于其他金融机构。面对席卷而来的“互联网 +”浪潮,相比银行、证券、保险等金融机构积极尝试的态度,素以触觉灵敏、决策果断、行动迅速著称的信托业却只有少数几家公司勇于探索,大多数公司的表现显得过于持重。

但部分信托公司已对互联网信托业务进行了一定的尝试与布局,只不过多数局限于信托产品预约、财富活动的预热、产品流转等。也有部分公司进行互联网业务创新,例如,中信信托发行了消费信托。个别公司还有设立互联网金融部或打造互联网金融平台体系的规划,但更多公司考虑到成本问题,选择了从与互联网公司合作的方式开展互联网信托。

互联网信托的优势是显而易见的。主要表现在五个方面:(1)利用互联网技术对信托产品进行及时的信息揭示,以提升信托产品运行的透明度,更好地取得委托人的信任;(2)利用互联网平台,从客户的真实需求出发,提供更加完美、更加贴合用户需求的服务;(3)利用互联网技术对存量客户提供优质全方位服务,如净值管理与付息日提醒;(4)利用电子签名和远程开户技术进行新客户开拓,以及实现线上的大额支付,使用户更加安全可靠便利地进行交易;(5)根据不同客户偏好,有针对性地使用服务渠道,实现精准的营销信息推送,有效地推广信托公司整体品牌的宣传等。

---

① 参见王艳杰:《谈互联网金融与信托》,载《财政金融》2014 年第 17 期。

二、互联网信托的业务模式与创新

(一)传统信托业的互联网化(信托+互联网)

信托作为一个带有私募性质的金融行业,与互联网的结合并不容易。根据信托相关法律法规的要求,信托产品普遍具有私募性质,不可广告宣传,并且对投资门槛有较高要求,而且要求客户必须面签和本地销售等,所以直接简单地把信托产品搬到网上通过互联网寻找客户并成交,似乎并不可取,依然有很多根本性的法律障碍。因此,要在信托行业实现"互联网+",就必须进行创新:

1. 营销能力的"互联网+"

转型时期,信托公司纷纷加强营销能力建设,广泛搭建销售渠道,充分挖掘营销平台功能,对客户开展财富管理、家族信托等一系列服务。尤其是通过互联网手段,在一定程度上解决了传统营销渠道成本较高、效率较低、覆盖面有限、手段单一等问题。信托公司的互联网营销思维逐步清晰。

(1)借助互联网进行品牌传播

信托公司通过强化信息系统建设,可以在目前营销物理网点有限的情况下进行营销的延伸。根据《信托公司管理办法》第11条的规定,未经中国银行业监督管理委员会批准,信托公司不得设立或变相设立分支机构。这条规定限制了信托公司通过开设分支机构在注册地以外的地区直销信托产品,所以知道信托公司、了解信托业务、购买信托产品的主要是直辖市和省会城市等信托公司注册地的居民和企业。互联网的一大特征是能够极大地突破地域的限制,信托公司运用微信平台的推广功能,建立自己的微信订阅号,将行业新闻、公司新闻、业务内容、产品信息推送给订户,有助于让更多的人了解信托业和信托公司,借助于互联网大数据的积累进行信托知识普及和投资者教育,并在此基础上吸引合格的信托产品投资者,使其发现感兴趣的业务和产品,扩大信托公司的营销半径,快速提升信托公司的直销客户数量,促进信托公司直销能力的快速提升,增加客户黏性。比如,中航信托推出了包括中航财富、中航资管、中航研究等在内的多个微信公众号,构建了中航信托的线上品牌。但是,普遍而言,信托公司的微信订阅号存在庄重有余、活泼不足,缺乏策划和创新,内容千篇一律,转发他人文章较多等毛病,对受众的吸引力不强,阅读量也不够多。若要在浩如烟海的微信订阅号中脱颖而出,信托公司尚需下更大的功夫。

(2)信托信息维护的互联网化

目前国内已经有多家信托公司开展了此类业务,不管客户是通过信托公司直接渠道还是通过各种合法代理渠道买到信托,信托公司除了以往传统的客服电话外,一般都提供了网上信息搜索。其中,一些公司还是传统的大而散模式,把所有的需要公告的信息,如产品的成立、运行、兑付和信托管理报告等按时间顺序全部公布出来。有一些公司则更进一步成立了客户俱乐部,给每个购买信托的客户依据身份证号建立会员账号,客户可以通过自己的身份证号和密码进入客户俱乐部的页面里,直接查询到自己购买的信托产品的所有公开信息,这就不需要客户在繁多纷杂的信托主页信息中自行寻找。从后期的客户体验来看,这个创新还是非常合理的,既便利了客户,也方便了信托公司对客户进行事后跟踪和关系维护,可谓一举两得。

(3)客户需求的再挖掘和再满足

客户对于每一家金融机构来说都是最为宝贵的资源,尤其是已经购买过一次自家信托产品的熟客。维护好这部分客户资源是增长其核心客户群体最好、最重要的手段。对于信托公司来说,信托客户普遍信任但不一定忠诚。也就是说,对于已经认购过一次信托并成功兑付本息的客户,一般都会对信托产品有较为清晰的认识和成功的购买体验,而且一般来说,信托产品提供的收益要大于客户平时能接触到的银行理财产品,且稳定性极佳,风险远低于股票、基金等产品,因此,客户对于信托产品是信任的。但客户并不一定会忠诚于某一家信托公司的产品,而是会在多家信托公司的同类型产品中进行挑选,有时决定其购买的关键因素仅仅是因为某个产品的收益率略高。

那么,有没有办法让这些客户能够固定下来,成为一家信托公司的固定客户群体?这就涉及对客户需求的再挖掘和再满足,从而树立客户忠诚度。抛去产品的收益、风控等要素,信托公司应该更多地把精力放在解决很多客户都会遇到的深层次需求上,在信托流转和再融资方面做文章。

(4)营销模式的互联网化

传统的信托公司营销是以产品为核心,先有产品后进行资金募集,经常会出现资金和产品开发节奏不匹配的问题。而在互联网思维下,借助网上交易,进行数据采集和集中分析,挖掘客户的潜在需求和行为特点,及时进行市场的动态预测,不断调整产品开发以及营销战略,通过高效的沟通方式,了解用户的使用习惯,从而设计更多符合投资者需求的产品,打造个性化产品,满足客户需求,实现精准营销。而且监管机构要求信托公司发展自己的财富管理中心,了解呵护、积累客户数据正在成为各大信托公司的重要课题。过往有第三方代销产品,呵护数据都掌握在第三方手中,信托公司在客户数据的积累方面过于薄弱。在目前“刚性兑付”风波未平的背景下,信托与第三方营销机构也容易发生摩擦。信托直销在降低成本,减少与第三方摩擦,维护自身高净值客户方面显得更为必要。

(5)营销平台的互联网化

近年来,多家信托公司以移动互联网终端为工具,或通过现有的微信平台,或自主开发APP,实现了营销平台的互联网化。特别是一些公司凭借微信平台的客户优势,开发了订阅号和服务号,通过订阅号发布信息、吸引客户、宣传推广,定期推送理财知识、行业动态、市场趋势等内容;部分信托公司进一步深化应用,在符合监管政策的前提下,开通微信预约、微信网签等功能,通过服务号实现产品预约、认购、信息披露和网上支付服务等功能提升服务效率,有助于精准营销。通过移动互联网的手段,真正扩大了客户营销半径,改善了客户体验。

例如,信托公司可以为客户(可细分为不同等级的客户)提供信托产品预订服务,帮助他们预先锁定投资机会;可以为客户提供网上支付服务,使其能使用移动终端划付信托资金,省去现场刷卡之劳;可以为客户提供网上信息查询服务,使其能随时随地了解所购买产品的信息和信托项目的运行情况。此外,借助互联网,信托公司可以快捷地处理客户提出的意见、建议和投诉,迅速响应客户的诉求。这些高效的沟通方式和符合现代人使用习惯的业务办理方式,将给客户带来良好的体验,并显著增强客户的黏性,提高客户的忠诚度。

2. 风控能力的"互联网+"

随着中国经济增速回落和结构调整的深化,信托业面临越来越复杂的外部发展环境。以房地产和基础设施为主要领域的传统业务风险时有暴露,反映出一些公司风险控制能力的问题。金融机构经营的就是风险,风险控制是信托公司的核心能力之一。信托公司可以利用互联网的优势,着力提升公司的风险控制能力。

一是"云思维"。无论是开展房地产还是地方基础设施项目融资,信托公司在前期尽调时,通常面临的问题是项目本身质量、增信方的还款能力以及抵质押物的价值等,这些构成了传统非标融资项目的主要风控手段。在互联网时代,信托公司不能孤立、静止地看待一个项目的风控信息,不能只对其财务报表中的关键信息进行简单分析,就算是完成了尽调;而要对项目的真实进展情况、财务指标背后的数据逻辑、项目相关方的多种信息加以分析处理,抽丝剥茧后才能发现项目更真实的情况。更要具体地识别、分析项目风险和交易对手的真实情况,运用互联网的"云思维",通过互联网先进、便捷的信息渠道,尽可能多地获取相关信息,从多个角度论证项目的真实风险。

二是数据化。数据是互联网时代的信息基础。通过互联网思维,用数据描述项目风险控制的关键环节,有利于提高风险识别的客观性、准确性,有利于充分利用相关数据资源，提升风险识别的全面性，也有利于在项目存续期管理过程中强化风险跟踪的效果。

三是模型化。对于资本市场的投资业务而言，各种量化分析的模型已经成为必不可少的决策分析工具。但对于目前仍以非标业务为主的信托公司而言，之前很少用量化、模型化的手段去度量风险。在互联网时代，云思维、数据化为建立风险控制模型打下了基础。在一定风险偏好的基础上，根据不同项目的风控逻辑，通过互联网的大数据基础，可以对更多类型的项目实行量化风险管理。①

3. 管理体系的“互联网 +”

随着信托公司转型向纵深推进，管理体系的变革成为各家公司关心的重要问题。在互联网快速发展的时代下，信托公司必须利用互联网强大的信息获取、传输、存储和处理能力，将其运用到公司管理体系的各个环节，从根本上提升信托公司管理水平。

一是组织机构的互联网特点。在互联网时代，由于信息获取的便捷性和决策传导的高效性，组织机构趋向扁平，管理链条逐步缩短，这样才能满足互联网金融产品以产品为导向、以客户需求为根本的出发点，更加满足个性化的需求。与传统组织机构和管理架构相比，互联网金融时代要求信托公司建立更加科学的管理体系，充分发挥个人的力量，尤其是公司骨干的作用，组建小型的攻关团队，以解决固化的管理程序和不确定的市场要求之间的矛盾，提升反应速度，提高管理效率。

二是建立适应互联网要求的信息系统。由于经历历次整顿，信托业快速发展的时间较短，业务品种相对复杂，与银行、券商等金融机构相比，信托公司在信息系统建设上处于较为落后的地位，对互联网的技术应用相对缺乏。银行、券商利用互联网手段拓展业务已成为普遍现象，但信托公司在互联网基础设施建设方面还十分落后。随着互联网、大数据时代的到来，信托公司的信息系统价值更多体现在信息存储、查询和统计等方面，通过充分发挥数据结果分析、决策支持优化等作用，为公司业务结构调整、经营思路转变和管理模式提升打下基础。

三是内部流程的互联网化。在组织架构的调整、信息系统搭建的基础上，根据信托公司业务结构、风控决策、营销手段等方面的特点，与互联网相结合，对内部管理流程进行再造，使之更贴近互联网金融的发展要求，更贴近客户和

① 参见傅强：《“互联网 +”与信托公司竞争力》，载《当代金融家》2015 年第 9 期。

市场需求的迅速变化,更能够满足公司内部管理效率提升的迫切需求,突破原有的规章制度、业务规则、操作流程等限制,全面适应并支持信托公司的创新转型。

(二)互联网企业的信托金融服务(互联网+信托)

1. 受益权转让模式(信托受益权转让的互联网化)。部分信托产品的投资者在特定情况下会产生将受益权转让变现的需求,信托公司之前往往采用线下撮合的办法,实现投资者之间的信托受益权转让。目前部分信托公司利用互联网思维搭建收益权转让的信息平台,在线上发布收益权转让信息,线下完成转让,高效、便捷地满足投资者的需求。例如,51信托网站(砍价收购、收益权转让、拆分销售、收益分配)是为信托产品投资人提供交易信息服务的互联网平台,51信托网站为信托产品持有人发布产品转让信息,并通过交易结构设计,让更多的小额投资人有机会投资挂钩信托收益的产品,克服了传统信托门槛高的缺陷,也区分了收益权和受益权。

2. 信托网络借贷模式(投资+贷款)

其成为P2P(网络借贷)、众筹等互联网金融正规化的一大途径。从"一法两规"出台后信托业的发展历程来看,它在客观上起到了推动民间金融正规化的良好作用。社会上有很大部分原本打算参与民间金融活动中的资金转向投入信托,信托业的严格监管、信托公司的尽责履职,使人们不仅享受了较高的投资收益,还获得了很高的安全性,从而大大降低了我国金融市场的整体风险;而一些原本需要支付高额贷款利息的民营企业,取得了成本合理的信托融资,也大大减轻了经营负担,实体经济发展由此得到了有力支持。目前P2P、众筹等互联网金融,经过一段时期的自由生长后,陆续暴露出了一些风险,其原因是缺少监管约束和行业标准,信用体系尚不健全,特别是不少互联网金融的创业企业缺乏风险意识和风险管理的技术手段。

3. 金融资产增信模式(投资+借贷)

根据法律和合同规定,信托一般是不可以提前赎回的,但是客户可以进行协议转让、赠予、继承,信托公司协助办理相关手续和确认程序。这似乎是给客户解决了购买后的流动性问题,因为很多信托产品投资期都在2年左右,又是100万元以上的大笔资金,万一客户有急事想临时周转资金,就可以通过协议转让的方式获取流动性。在当前"互联网+"的趋势下,能否为此建立一个信托转让的撮合市场,哪怕只是一个很简单的挂单报价市场,只是进行信息披露和预约,即使实际交易不在网上进行而是在线下依规定进行,也会极大地方便信托存量客户的流动性需求。最好是可以实现小同信托公司之间的产品转让信息交流,而不仅仅是同一个信托公司的产品信息。

4. 消费信托模式(如“百发有戏”)

传统信托业销售层面直接拿来互联网化并不可能,至少在修改法律和监管制度之前是不可能的,那就只能在品种上进行创新。目前国内一些信托领头公司已开始尝试消费信托,这类产品门槛低、风险小,且主要是消费性质,这些产品的销售就可以与互联网结合以实现销售能力的最大化。例如,中信信托和百度合作开发的“百发有戏”主打“消费众筹 + 电影 + 信托”理念,最低起步门槛10 元,认购者不仅可以享受与影片有关的消费特权,还有望获得 8% 以上的权益回报。而最近中信信托又将和百度进一步合作成立消费众筹平台,用户可以提前购买消费券,在 1 年内可以提货,若不提货不消费,则未消费部分可以获得7% ~8% 的收益,投资门槛计划设为 1 元。

5. 借助互联网金融支付的灵活便利性,开发公益信托和现金管理类信托产品(投资)

随着社会的进步,人们参与公益事业的热情不断提高。但是,当前各类基金会运作的公益项目存在参与不够便捷、信息不够透明、可信度不足、运营成本高等弊端,而公益信托本身具有制度严明、监管严格、管理规范、信息透明、成本低廉(信托公司出于履行社会责任和提高自身形象的考虑,初期还可提供免费服务)等优点,配以互联网技术,一方面可以方便人们随时随地捐赠公益信托项目;另一方面可以方便捐赠者实时了解公益项目的实施进度和效果,并可与受益对象建立在线联系,使人们能够更好地全程参与公益项目,而不仅限于捐款的一刻,这将极大提高人们参与公益项目的兴趣和积极性。此外,现金管理类信托产品也非常契合互联网金融的特点,在互联网平台上大有用武之地。

6. 互联网小额信贷模式(“汇金”系列消费信贷信托、天津信托与捷信合作发行金融消费贷款信托)

这种模式中,一般具有信托投资人、信托公司、互联网金融服务平台、借款人 4 方主体,有些模式为了给产品增信,还提供了担保人(一般是互联网金融平台的关联公司、股东或者法定代表人)和保险公司信用保险。在这种情况下会出现五方主体或者更多的主体。

信托小额信贷中的法律关系如下:

第一类法律关系是信托投资人与信托公司之间的信托合同关系。它是由信托公司担任受托人,按照委托人(投资人)意愿,为受益人(一般是投资人)的利益,将两个以上(含两个)委托人交付的资金进行集中管理、运用或处分的资金信托业务活动的法律关系。在信托合同关系中,投资人是符合《信托法》《信托公司集合资金信托计划管理办法》的合格投资者,信托公司则是具有经批准从事信托投资业务资格的金融机构。

第二类法律关系是信托公司与借款人之间的资金借贷关系。信托公司将发行集合资金信托计划募集的资金向借款人发放小额贷款,获取贷款利息,并将部分利息按照信托计划的约定作为投资收益支付给信托投资人。借款人则应当按照借款合同的约定支付利息,并在借款到期后偿还借款本金。

第三类法律关系是居间合同关系。在互联网金融平台和借款人之间,互联网金融平台为借款人提供资金出借信息服务,审核借款人资质、信用,披露与借款相关的信息,在信托公司和借款人之间是信息的"桥梁"。互联网金融公司应当保证其发布的借款信息的真实、准确、完整。

第四类法律关系是为借款增信的法律关系。在信托小额贷款产品中,主要有担保方式增信和保险公司的信用保险增信。在担保方式增信的方式中,互联网金融平台本身及其股东、法定代表人等或者其关联公司作为担保人,为借款人向信托公司的借款提供连带责任担保。有些产品中,需要借款人提供房屋、车辆的抵押,为担保行为提供反担保。这样借款人与互联网金融平台、关联公司等担保人之间就成立担保合同关系。在保险公司保险增信模式中,互联网金融平台作为投保人,信托公司作为被保险人与保险公司建立信用保险合同关系。在借款人不能按照借款合同偿付而发生违约时,由保险公司按照信用保险合同的约定向信托公司偿付。

第五类法律关系是互联网金融平台、信托公司、保险公司之间的战略合作法律关系。在此类法律关系中,参与方应当明确合作内容、期限、风险分配和利益分割等事项。在有担保人参与的情况下,互联网金融平台需要与担保人订立合作协议,明确双方合作的法律关系,按照自主、平等的原则,约定双方的合作内容、期限、合作风险承担和合作收益分享的机制。总体而言,信托小额贷款法律产品的法律关系涉及多方主体参与,较复杂。①

① 参见李爱君:《互联网金融法律与实务》,机械工业出版社2015年版,第273页。

南非金融监管体制改革近况

——迈向"双峰型"模式

谢贵春*

南非于2011年开始启动其金融监管体制改革,拟建立"双峰型"监管体制,主要的改革措施包括制定《金融业监管法》,形成金融行业统一监管法律框架;明确南非储备银行作为中央银行在维护金融稳定方面的职责;成立金融稳定监管委员会,以促进各机构在维护金融稳定方面的合作和协调;组建审慎监管局和金融业行为局分别负责金融机构、市场基础设施的安全和稳定,改善提高金融体系的公平和效率,保护金融消费者;扩展金融消费者的申诉和救济渠道,建立较为全面的金融消费者申诉制度和金融服务法庭制度。南非此轮金融监管体制改革对我国具有以下方面的积极借鉴意义:应当定期评估金融市场的发展状况,根据市场状况决定宜应选取的改革措施;形成金融监管融合的基本路线,区分短期和中长期阶段性目标,在金融立法方面建立"分布式"立法结构;丰富金融消费者保护的有效措施,提振公众的信心,改善消费者福利。

一、南非金融监管体制改革背景与进程

金融业在南非的国民经济中占据了相当大的比

---

* 上海证券交易所资本市场研究所博士后研究员。

本文仅为个人研究,不代表所在单位观点。

重。按照2015年的数据,南非金融部门共吸纳了全国2.7%的总就业人口,贡献了14.4%的企业所得税,行业总产出在GDP中的占比达到了8.4%。在金融立法和监管方面,20世纪90年代,以1990年《银行法》和1990年《金融服务委员会法》的颁布为标志,南非逐步建立了分散立法、集中监管的金融业监管模式。分散立法表现在先后颁布实施了1956年《养老基金法》、1956年《互助组法》、1993年《交通事故基金金融监管法》、1993年《互助银行法》、1998年《长期保险法》、1998年《短期保险法》、2001年《金融机构保护基金法》、2002年《金融咨询和中介服务法》、2002年《集合投资计划控制法》、2007年《合作银行法》、2012年《金融市场法》和2012年《信用评级服务法》等10余部金融领域的单行立法。集中监管主要表现在由南非储备银行(South African Reserve Bank,SARB)负责对银行业的监管,由金融服务委员会(Financial Service Board,FSB)负责对非银行金融机构和证券市场的监管,由国家信贷管理局(National Credit Regulator,NCR)负责对消费信贷行业的监管。

南非金融监管体制改革首先是对2008年全球金融危机的一种回应。尽管南非金融体系成功抵御了金融危机的冲击,但由于全球经济的内在关联性和金融风险的传导效应,金融危机仍然在南非造成了数百万人口失业。特别是2014年8月南非第六大银行African Bank因大量未担保贷款出现巨额损失而被监管机构托管,给南非金融系统带来了强烈震荡。金融监管体制改革充分体现了后金融危机时代完善监管框架、维护金融稳定的政策导向。南非金融监管体制改革其次还基于金融部门服务实体经济的考虑,金融服务收费过高、金融产品信息披露不充分、低收入和弱势人群可获得的金融工具极其有限以及金融欺诈和犯罪层出不穷等问题以及低效率、低产出状况已经引起了公众的广泛关注,改善金融市场行为,增强和提高消费者保护、金融包容势在必行。

2011年2月南非国家财政部发布《为南非更好服务的更安全的金融机构》(A Safer Financial Sector to Serve South Africa Better)的政策文件,提出了新的金融政策框架包括四个目标:金融稳定、消费者保护和市场行为监管、扩大金融包容以及打击金融犯罪。为了实现这4个目标,首要的政策变化就是建立"双峰型"(Twin Peaks)模式,确立南非储备银行、金融服务委员会、财政部和司法机关等不同责任主体的职责。2011年7月这一提议被南非内阁采纳。2013年由南非储备银行、财政部和金融稳定委员会共同组成的金融监管改革筹备委员会(FRRSC)发布了南非金融监管改革的"路线图",即"Implementing a twin peaks model of financial regulation in South Africa"。"路线图"指出,为了达到有效应对系统性宏观审慎风险,将区分市场行为监管(Market conduct regulation)和审慎监管(Prudential regulation),前者着眼于经营者如何开展营业活动、进行产品的设计和定价以及对待客户,后者则针对金融机构的偿债能力和流动性。2013 年 12 月南非内阁公布了《金融业监管法案(草案)》(Financial Sector Regulation Bill,以下简称《法案草案》)并开始向公众征求意见。2014 年 12 月南非内阁公布《法案草案》第二稿并再次征求公众意见。2015 年 10 月《法案草案》正式提交南非议会审议。

二、南非金融监管体制改革的核心内容

南非本轮金融监管体制改革吸收了 2008 年金融危机后国际社会关于维护金融稳定、改善金融监管的新理念,如宏观审慎监管、系统性风险的监测、识别和应对以及强化对金融市场基础设施、系统性重要金融机构、影子银行、①金融集团的监管等,并在具体的改革措施上有所反映和体现。

(一)形成金融行业统一监管法律框架

《法案草案》开篇以概括加列举的形式,界定了"金融产品"和"金融服务"的概念和内容,以此实现了对各金融单行法中不同类型产品和服务的有机整合。同时系统性修订各金融单行法中与《法案草案》不一致或相冲突的条文,废除 1998 年《金融机构检查法》和 2004 年《金融服务申诉法》,将金融机构检查和金融服务申诉内容纳入金融业监管整体框架中。并且指明该法案作为特别法,具有优先于各单行法的法律效力。

(二)明确不同机构维护金融稳定职能

1. 南非储备银行

《法案草案》充分赋予了南非储备银行保护和维持金融稳定的职责。其基本职责包括以下几个方面:(1)日常监督。监测金融系统的运行状况以及有可能危及金融稳定的风险的性质和程度。根据国际标准定期对市场基础设施的运行情况进行评估。至少每 6 个月一次对金融系统的稳定性进行评估,并发布《金融稳定报告》。(2)应对系统性事件(Systemic Events)。储备银行行长经咨询财政部部长、金融稳定监督委员会意见后,有权将特定事件和情况确定为"系统性事件",并且采取预防措施降低其对金融稳定和经济活动的负面影响。在此过程中,金融业监管机构应当予以配合。其他政府机构也具有配合的责任。(3)认定系统性重要金融机构。储备银行行长在充分考虑金融机构的规

① 2014 年 11 月 G20 布里斯班峰会召开后,南非内阁在制定《法案草案》第二稿时,吸收了峰会提出的加强系统性重要机构、影子银行和场外金融衍生品的监管原则。

模、营业复杂程度、与其他金融机构的关联程度、是否提供市场基础设施等其他因素后,可将特定的金融机构认定为系统性重要金融机构。在此基础上,审慎监管局按照储备银行的指令确定系统性重要金融机构的审慎监管标准,包括资本要求和偿债能力、资本充足率、流动资产、组织结构、风险管理措施、恢复和重组计划等。同时,系统性重要金融机构的清算、和解、重整等重大事项应当经储备银行审批。

2. 金融稳定监管委员会

《法案草案》提议成立一个金融稳定监管委员会(Financial Stability Oversight Committee,FSOC),该机构的首要目的是支持储备银行开展与金融稳定有关的活动,促进储备银行和金融业监管机构在维护金融稳定方面的合作与协调。FSOC的主要成员包括储备银行行长和分管金融稳定事宜的副行长、审慎监管局、行为监管局、国家信贷管理局、财政部、金融情报中心负责人。其具体职责如下:就储备银行和金融业监管机构的活动进行讨论和交流,向储备银行行长推荐系统性重要金融机构的指定,就维护金融稳定活动向财政部部长和储备银行提出建议,推荐其他政府机构开展与金融稳定有关的活动。储备银行应当为委员会的活动提供必要的支持。委员会1年至少召集两次。《法案草案》同时提议成立金融业应急论坛(Financial Sector Contingency Forum),辅助委员会开展活动。论坛成员来自委员会各构成机构的代表,主要工作内容包括识别系统性事件可能导致的潜在风险,以及为了防控该风险可得采取的合作计划、措施和方法。金融稳定监管委员会和金融业应急论坛的日常活动由储备银行提供管理和经费上的支持。

(三)重组金融监管机构的权力与职责

《法案草案》改变了原有监管体制下按照银行和非银行业态来进行监管权力配置的模式,组建了审慎监管局(Prudential Authority)和金融业行为监管局(Financial Sector Conduct Authority)两个金融业监管机构分别负责微观审慎监管和行为监管,构成金融监管权力配置中的"双峰"。

1. 审慎监管局

审慎监管局作为独立实体,附属于南非储备银行。该机构的目标是改善和加强提供金融产品和证券服务的金融机构的安全和稳定,改善和加强市场基础设施的安全和稳定。审慎监管局局长由储备银行行长任命,由副行长兼任。

审慎监管局内设立由储备银行行长和副行长组成的审慎监管委员会(Prudential Committee),主要负责监督管理审慎监管局的管理活动,审议通过审慎监管局的监管策略,建立审慎监管标准,审议通过审慎监管局的行政行为和程序,委任专门小组(委员会)的成员等。

2. 金融业行为监管局

本轮监管改革将改组原有金融服务委员会,成立一个新设机构金融业行为监管局,负责维持和提高金融体系的公平和效率,保护金融消费者。该机构的具体工作职责包括:根据金融业单行法律监督和管理金融机构的行为,关注金融产品和金融服务的公平性和适当性及其满足消费者需求和合理期待的程度,制订和执行向公众开展金融教育的项目计划等。金融业行为监管局专员由财政部部长任命,财政部部长同时有权任命2~4名副专员。

金融业行为监管局内设执行委员会(Executive Committee),其内部职责与前述审慎监管委员会类似。

3. 监管工具

为了保障金融业监管机构能够充分履职,《法案草案》赋予了监管机构创设和使用监管工具(Regulatory instruments)的职能。审慎监管局可以对提供金融产品和证券服务的金融机构、市场基础设施、金融机构的股东和主要任职人员(Key Persons)等设立审慎监管标准,如财务稳健性指标(资本充足率、最低清偿力和最低资产等)、股东和主要任职人员的任职资格等。金融业行为监管局可以对金融机构、金融机构的代理机构、金融机构的股东和主要任职人员设立行为监管标准,诸如金融市场效率和完整性要件,打击市场滥用行为措施,公平对待消费者的要求(金融产品和金融服务的适当性、金融产品和服务的营销、销售、分发以及建议,金融争议解决),对消费者的信息披露,金融机构、金融机构代理、股东和主要任职人员的任职资格等方面。

金融业监管机构其他监管职权包括设立许可(Licence),进行信息收集、现场检查和委任调查,就金融业单行法律的适用发布指引及解释,发布命令,责令离职(Removal of key persons from position),市场禁入(Debarment of individuals),与当事人达成和解协议(Leniency agreements)等。

(四)优化行政监管机构的合作和协调

行政监管机构的合作和协调包括两个金融业监管机构和储备银行之间的合作、协调,以及在政府内阁层面各部委的合作协调。

1. 金融业监管机构和储备银行的合作

《法案草案》明确规定,金融业监管机构和储备银行在履行各自职责时应当加强合作和协调,具体包括以下几点:(1)相互协助和支持。(2)就共同利益问题进行信息共享。(3)尽量采取一致的监管策略。(4)必要时采取一致的行动,包括监管标准、监管手段的使用、许可、现场检查、采取强制措施、信息分析、恢复和处置以及金融机构报告(包括法定报告义务和日常信息收集)。(5)减少在公共或共享数据库或其他设施方面的重复开支。(6)参加关联性的国际论坛。

《法案草案》要求金融业监管机构和储备银行在法案正式生效后6个月内就上述内容签署备忘录。

2. 金融系统监管机构理事会

《法案草案》提议成立旨在便利成员组织合作和协调的金融系统监管机构理事会(Financial System Council of Regulators),由金融业行为监管局为理事会日常活动提供管理支持。该理事会的成员除了财政部、储备银行、审慎监管局、金融业行为监管局、国家信贷管理局、金融情报中心等直接负有金融监管职责的机构外,还包括贸易和工业部、卫生部、医疗计划委员会、国家消费者委员会、竞争委员会等机构的高级别官员以及财政部指定的其他政府机构首脑。

理事会以论坛的方式开展活动,每年至少召开两次。论坛由财政部总干事负责召集,亦可应其他成员要求召集。理事会下设专门的工作小组(委员会),各自对应的事项包括执法和金融犯罪、金融稳定与危机处置、政策和法制、标准设定、金融业产出、金融包容等。

3. 金融业部际委员会

《法案草案》同时还提议设立金融业部际委员会(Financial Sector Inter-Ministerial Council),成员包括财政部部长以及负责消费者保护和消费者信贷事务、卫生事务、经济发展事务的内阁成员,目的是促进负责金融监管相关政策制定的内阁成员间的合作。

(五)扩展金融消费者申诉和救济渠道

1. 金融服务申诉

南非较早建立了金融服务申诉制度(Financial Services Ombud),该制度作为一个非诉讼纠纷解决机制(Alternative Dispute Resolution,ADR),主要依靠由获得授权的申诉专员(Ombud)调解、解决金融消费者对金融机构的投诉和争议。此前,南非金融业的金融服务申诉主要由根据《养老基金法》设立的审裁员(Adjudicator)和根据《金融咨询和中介服务法》设立的金融服务申诉办公室(The Office of the Ombud for Financial Services Providers,FAIS Ombud)这两个具有官方背景的机构负责。《法案草案》确立了两种金融服务申诉类型,包括由金融机构接受并参与的行业申诉(Industry ombud scheme)以及由金融业单行法确立的法定申诉(Statutory ombud scheme)两种。

《法案草案》拟改组原来根据2004年《金融服务申诉方案法》成立的金融

服务申诉方案委员会(Financial Services Ombud Schemes Council),组建金融申诉监管委员会(Ombud Regulatory Council)。委员会是一个独立机构,成立宗旨是帮助金融消费者可以且能够使用便利、高效、独立和公平非诉讼解决机制以处理其对金融产品和金融服务的投诉。委员会有权肯认行业申诉工作方案和计划,制定申诉规则(如争议解决程序、申诉专员任职资格、投诉的范围类型等),促进申诉专员开展活动时的合作和协调,改善公众对申诉专员所提供服务的认知,便利金融消费者接受申诉服务。

为便利金融消费者获得合适的申诉服务,金融申诉委员会将在南非设立一个或多个服务中心(其中包括一个呼叫中心),向金融消费者提供场所、服务人员和其他便利进行投诉以及选用合适的申诉方式。

2. 金融服务法庭

《法案草案》倡议建立一个独立的金融服务法庭(Financial Services Tribunal),其功能是受理和审查申请人因金融业监管机构和金融申诉监管委员会不当作为而受害的案件。法庭的组成人员由财政部部长任命,包括至少两名退休法官或法律专业人士,至少 2 名具备丰富的金融产品、金融服务、金融工具、市场基础设施或金融系统方面经验和知识的专业人士。法庭成员每个任期为 3 年,可以连任。由财政部部长决定法庭主席和副主席的任命,同时建立由具备法律和金融专业知识的人士组成的陪审员名单。

申请人提出审查申请后,由金融服务法庭主席决定组建合议庭(Panel),其成员包括 1 名主持陪审员、两名或多名法庭成员或陪审员。金融服务法庭实行公开审理,主持陪审员有权要求特定人出庭作证、接受询问。金融服务法庭作出的裁决具有强制效力,当事人可以向管辖法院申请强制执行,相对人也可以提出上诉。

三、南非与其他市场“双峰型”监管体制的特征和差异

自从 1995 年迈克尔·泰勒提出“双峰型”金融监管结构模型以来,①澳大利亚、荷兰、比利时和英国等国家和地区先后进行了金融监管体制调整,建立了与之相似的金融监管权力配置结构。

(1)澳大利亚。由澳大利亚审慎监管局(Australian Prudential Regulation Authority,APRA)负责对金融机构的审慎监管,对象包括开展吸收存款业务的

① See Michael Taylor,“‘Twin Peaks’:A Regulatory Structure for the New Century”,Centre for the study of financial innovation,1995.

金融机构、财产保险公司、人寿保险公司以及养老金管理机构。由澳大利亚证券和投资委员会(Australian Securities and Investment Commission, ASIC)负责商业行为监管和投资者保护。澳大利亚储备银行(Reserve Bank of Australia, RBA)构成了监管的第三级,负责掌控国家货币政策、金融系统稳定性和支付体系。金融监管机构委员会(Council of Financial Regulators)立于整个监管体系的顶端,是上述金融监管机构与澳大利亚政府之间的协调者。

(2)荷兰。经过2002年和2004年两次金融监管体制改革,荷兰确立了较为鲜明的"双峰型"监管结构:由荷兰中央银行(De Nederlandsche Bank, DNB)负责对银行业、保险业金融机构进行审慎监管,由金融市场管理局(Netherlands Authority for the Financial Markets, AFM)对金融市场的各类主体进行行为监管。

(3)比利时。2011年3月比利时完成了其金融监管架构的重组,撤销了原银行金融和保险委员会(Banking, Finance and Insurance Commission, CBFA),成立新的金融服务和市场监管局(Financial Services and Markets Authority),负责对上市公司、金融中介、金融产品、金融服务提供者等市场主体进行行为监管,并进行金融教育。比利时国家银行(National Bank of Belgium, NBB)负责对银行、保险集团和证券经纪公司等金融机构的审慎监管。

(4)英国。近20年来,英国的金融监管架构经历了两次重大调整。2000年的改革将原来9个监管机构的监管职权统一归集到新设立的金融服务监管局(Financial Services Authority, FSA),实现了对银行业、保险业、证券投资业、房屋协会等金融行业的统一监管。英格兰银行将其金融监管职能分离出去后,专注于货币政策的制定执行、金融和货币体系的整体稳定。2012年的改革中,一是撤销了金融服务监管局,新设立了附属于英格兰银行的审慎监管局(Prudential Regulation Authority, PRA),负责对各类金融机构进行审慎监管;二是新设立了金融行为监管局(Financial Conduct Authority, FCA),负责监管各类金融机构的业务行为、促进金融市场竞争、保护消费者;三是在英格兰银行中设立金融政策委员会(Financial Policy Committee, FPC),负责监控和应对系统性风险。

尽管前述市场的金融监管体制都被冠以"双峰型"模式,甚至南非此轮改革直接以建立"双峰型"监管体制作为监管改革的目标,但正如有研究所指出的,"双峰型"体制并不存在原型模式(Archetypal Model)。与机构性监管、功能性监管和综合性监管等金融监管模式相比,[①]南非以及其他代表性市场所建立的“双峰型”模式有其特征和差异。

(一)共性特征

1. 渐进式改革而非“休克疗法”

虽然2008年金融危机揭示出很多国家或地区原有监管体制的弊端,监管改革成为一时之需,但从描绘改革动议到形成制度安排仍然需要相当长时间的前期准备和分步骤实施。

首先是改革需要充分评估利弊,保持与公众、业界的全面沟通,反复征求意见。由于金融体系总是处于不断变化之中,因此需要评估监管机构的设立、监管权力的配置情况以及监管的标准和弹性等,而且外在环境的变化往往导致评估结论变动不居。第二次世界大战后至新千年以前,澳大利亚曾对金融体系进行了4次评估,包括1979年的坎贝尔调查(Campbell Inquiry),1983年成立的澳大利亚金融体系评估小组(马丁小组),1991年成立的众议院金融与公共常务委员会(马丁委员会),1996~1997年由沃利斯委员会(Wallis Committee)主导的金融体系调查。在金融监管权力配置方面,坎贝尔委员会认为没有必要设立单独的审慎监管机构,建议由储备银行继续负责审慎监管,由储备银行和财政部共同制定审慎监管的一般原则,储备银行根据这些原则制定具体政策。马丁小组也支持了坎贝尔委员会的调查结论。而在马丁委员会的调查报告中则提出,就目前而言,储备银行应继续负责银行业审慎监管,未来则可重新考虑设立单独的、负责监管银行和其他金融机构的“大监管机构”。到了1997年,沃利斯委员会则认为,银行、保险、信用社等金融机构应该由同一个机构进行监管,而且这个机构应独立于负责制定货币政策的机构。为了便利监管合作,储备银行应该在新设立的审慎监督机构的理事会中有较大发言权,并且参与该机构的专门检查小组。沃利斯委员会的报告促成了1998年澳大利亚金融监管体制的“彻底变革”,形成了双峰型的监管架构。2013~2014年,澳大利亚组织的第五次金融体系调查结果认为,目前的金融监管结构没有必要进行大的变革。[②]

其次是“双峰型”监管体制改革本身是为了顺应金融业混业经营、集团化经营背景下跨细分行业、全面监管的需要,而全面监管并非一蹴而就,澳大利

---

① See Group of Thirty, *The structure of Financial Supervision: Approaches and Challenges in a Global Marketplace*, 2008.

② See The Australian Government the Treasury, Financial System Inquiry Final Report, p. 234.

亚、荷兰、英国、比利时以及南非均是在已经全部或部分实现银行、证券、保险的混业监管后,进一步推进"双峰型"监管体制改革。监管人员、机构的整合成本,[①]以及监管机构的监管能力储备是进行监管体制改革时应当充分考虑的因素。

2."双峰+多极"的监管权力配置结构

"双峰型"监管并不代表整个市场的金融监管权力被集中分配至两个监管机构手中,相反,整个金融市场的监管权力呈现出"双峰+多极"的结构。"双峰"自然宽泛地代表审慎监管和行为监管的分野,"多极"则代表金融市场存在多个享有大小不一监管职能的行政监管机构。以南非为例,在审慎监管局和金融业行为监管局之外,医疗计划委员会(Council for Medical Schemes)、国家信贷监管局、金融情报中心仍然部分地享有监管权力,南非储备银行发挥着支付体系和系统性重要金融机构的监管职能,而在这些机构之外,南非财政部享有任免金融业行为监管局、金融申诉监管委员会、金融服务法庭负责人的法定职责。英国的金融监管体制中,除审慎监管局、金融行为监管局和金融政策委员会3个有权机构外,英国财政部享有对金融政策委员会就理解和落实金融稳定目标、支持政府经济和就业增长政策等方面事务的建议权,对监管机构开展监管活动的经济学和效率的评估权,以及委任专门人员就危及金融体系稳定性或严重损害消费者权益的风险事件和对清算系统和银行同业支付系统的稳健性造成威胁事件进行独立调查等权力。

多极化的行政权力结构,其出发点:一是在相对统一监管的整体框架下,特定的领域由于其专业性和监管标准的差异性,仍有设立专门机构进行专门监管的必要;二是在权力制衡的理念下,不同行政机构相互制衡、相互约束。也正是因为在整个监管框架中有多个职责不同的行政监管机构,因此需要建立"双峰+多极"的权力配置结构。

3.多层次的监管协调合作机制

明确的职责分工和有效的协同合作机制是"双峰型"监管体制发挥作用的前提。南非的《法案草案》分别明确了审慎监管局和金融业行为监管局的目标和功能。为了加强不同监管机构之间的协调,《法案草案》一方面以刚性的法律条文要求各机构相互协调合作、信息共享,还建立了金融系统监管机构理事会、金融业部际委员会两个常设、非常设组织增进机构协调;另一方面则要求各

---

① 根据南非财政部的估算,"双峰型"改革后南非监管机构的成本支出将由9.62亿南非兰特(人民币4.52亿元)增加至10.33亿南非兰特(人民币4.85亿元)。

监管机构之间达成监管备忘录，施以软法约束。英国2012年《金融服务法》也明确了英国财政部、英格兰银行、审慎监管局和金融行为监管局的合作义务，就危机管理和参与国际组织达成备忘录，以及在对金融机构进行援助时的报告职责（英格兰银行）和指令下达（财政部）程序。

4. 多渠道的金融消费者保护措施

前述市场在推进其监管体制时，均将改善金融消费者福利作为主要动因。在增进金融消费者保护方面的主要措施：一是成立司职市场行为、金融消费者保护的机构；二是建立金融服务申诉制度和金融服务法庭制度。

（二）显著差异

1. 中央银行介入金融监管程度差异

中央银行是否应该介入以及在多大程度上介入金融监管，在金融监管理论和实践上还有很大争议。在前述已经采取"双峰型"监管体制的市场中，中央银行对审慎监管的干预存在程度差异，荷兰、比利时的"双峰型"体制体现出中央银行对金融市场（审慎）监管的深度介入，即由中央银行承担审慎监管职责。而英国、澳大利亚和南非的监管体制中，中央银行除了对系统性重要金融机构直接监管外，只是通过审慎监管机构间接发挥影响力。导致这种差异很重要的影响因素在于作为欧元区国家，荷兰、比利时已经将其货币政策职能的主要部分让渡给了欧洲央行，这使其有充分的资源实现对金融市场的审慎监管，而不需要另行设立监管机构。

2. 审慎监管机构的独立性差异

审慎监管机构的独立性重点在于审慎监管机构与中央银行之间的关系。在澳大利亚，审慎监管机构具有较大的独立性，作为独立的法人机构（Body Corporate）可以占有、使用、收益和处分自身财产，订立合同，参与诉讼活动等，其成员、主席和副主席人选由财政部任命。而在南非和英国，审慎监管机构附属于中央银行，其主要负责人由中央银行副行长兼任。中央银行同时还可以通过设立在审慎监管机构内部的决策机构审慎监管委员会（南非）发挥作用。

相较而言，澳大利亚在立法中明确限定了审慎监管机构享有的权力（利），对中央银行和审慎监管机构各自的职责、分工作出了较为明确的规定，有助于强化各自的责任约束，更加符合法治行政的要求。

四、借鉴与启示

我国的金融监管体制先后经历了计划经济时代的"大一统"监管格局，以及中国人民银行陆续将其证券、保险和银行监管职能剥离后由专门监管机构分行业进行监管的“一行三会”分业监管格局。国家《“十三五”规划纲要》提出,“加强金融宏观审慎管理制度建设,加强统筹协调,改革并完善适应现代金融市场发展的金融监管框架,明确监管职责和风险防范处置责任,构建货币政策与审慎管理相协调的金融管理体制”。2008年全球金融危机后,特别是2015年我国股市异常波动以来,相当多的讨论围绕着优化金融监管体制、提高金融监管效率展开,借鉴澳大利亚、英国的金融体制改革经验,在我国建立“双峰型”监管体制是诸多建言中较有代表性的一种。①

正如南非、澳大利亚和英国等国家和地区的经验所反映出来的,“双峰型”金融监管模式是从形式上在金融监管的诸多目标②之中提炼出审慎监管和行为监管作为概念构成要素,这一模式的实际落地仍有相当多需要考量的因素,如金融监管体制的历史演变,诸多监管目标的综合平衡,监管体制改革的成本,公众的态度、意愿,新的监管体制与既有行政体制、司法体制的衔接等。本轮南非金融监管体制改革的主要借鉴意义:一是丰富了“双峰型”金融监管模式的案例,提供了金融监管体制改革可供参考而非照搬的样本;二是凸显了在推进金融监管体制改革过程中应当特别重视的问题。有以下几个方面:

(一)定期评估金融市场的发展状况

建立对金融市场的定期评估机制,评估的实施主体为独立的第三方机构,评估的内容除了金融市场体量、行业结构等数量指标外,重点是金融体系的风险因素、金融市场对社会经济发展的回应性、金融市场的竞争和效率、金融消费者保护以及监管体制对市场发展的促进(束缚)状况等。

(二)形成金融监管融合的基本路线

境外发达市场的经验表明,金融监管回应混业经营、从分散走向融合是大势所趋,而金融监管的融合方式则各有千秋。无论是美国的“伞形”监管架构还是南非、英国的“双峰型”监管架构,其共同之处在于:(1)完善各监管机构的责任约束,明确各自职责划分;(2)优化监管机构自身的治理结构;(3)畅通监管合作和协调方式。我国金融监管融合的短期目标应当是改善各监管机构的

---

① 参见郭田勇:《关于中国金融监管框架构建的思考》,载《清华金融评论》2016年第1期。巴曙松:《从股市动荡看中国金融监管体制改革》,载财新网:http://opinion.caixin.com/2015-11-12/100873241_all.html,最后访问日期:2016年10月18日;adso see Andrew Godwin et al,“Is Australia's 'Twin Peaks' System of Financial Regulation a Model for China?” CIFR Paper No. 102, 2016。

② 包括金融体系稳定、危机管理、系统性重要机构的审慎监管、非系统性重要机构的审慎监管、行为监管和竞争政策。

治理结构,建立多层次的监管合作和协调机制,中长期目标是根据对市场的评估结果决定银行、证券、保险 3 个监管机构的有效整合。

在金融立法方面,为适应金融监管融合的需要,可以借鉴南非金融立法的模式,确立金融立法分布式结构,即制定一部金融监管基本法,就监管机构的设置、职权、合作协调、金融消费者保护等内容进行整体规范;系统性修订银行、证券、保险等单行法,针对不同金融细分行业的特色进行设置差异化的监管规则。

(三)丰富金融消费者保护有效措施

完善的金融消费者保护有助于增进公众信心,改善消费者福利。我国金融消费者权益维护的职能分散在"一行三会"、隶属于监管机构的行业协会、消费者权益保护协会以及各地方金融服务(工作)办公室。有权机构的职能分散,缺乏制度约束,保护措施零碎未成体系,以及非诉讼纠纷解决机制不畅通是目前金融消费者权益保护的主要难题。借鉴境外市场"双峰型"监管体制的经验,可得采取的措施包括以下几点:(1)在《消费者权益保护法》之外制定金融消费者权益保护的行政法规作为特别法,确立一个司职金融消费者权益保护的机构,明确该机构的职责、功能以及该机构与其他行政机构、社会团体之间的分工协作关系。(2)在人口密集地区设立金融消费者服务中心,主要受理金融消费者投诉,进行金融消费者教育等。(3)定期发布有关金融消费者保护报告,陈述金融消费者保护的总体状况,发布消费者权益受侵害的典型案例等。

市场化“债转股”中政府定位的反思

——游走于自治与管制之间

胡改蓉[*]　黄星宇[**]

“债转股”作为化解银行不良资产、降低企业杠杆率的重要措施，早在20世纪末即被决策层采用。2016年10月10日，国务院发布《关于市场化银行债权转股权的指导意见》（以下简称《指导意见》），标志着酝酿了半年之久的新一轮债转股方案正式落地。尽管此次债转股重启以“市场化”“法治化”为基本导向，但在具体推进过程中，政府应扮演怎样的角色以及对市场的介入程度如何，均需进一步推敲和细化。

一、“债转股”重启中政府对市场自治理念的强化

（一）强化市场自治之原因——基于上一轮“债转股”的启示

20世纪90年代末的政策性债转股在“盘活商业银行不良资产，加快不良资产的回收，增加资产流动性，防范和化解金融风险，加快实现债权转股权的国有大中型亏损企业转亏为盈、加快建立现代企业制度”的目标和原则下开展。当时，因市场经济建设尚处于起步阶段，法律调整亦未成熟，由于体制因素，上一轮“债转股”带有浓重的行政色彩。

---

* 华东政法大学副教授，法学博士。

** 华东政法大学2015级硕士研究生。

首先,限定债转股目标企业的选择。在上一轮债转股中,国家经济贸易委员会(以下简称经贸委)和中国人民银行(以下简称央行),将债转股企业限定在国家确定的521户重点企业中,同时需满足"是1995年及以前年度向商业银行贷款形成不良债务的工业企业""是直接负债方"等条件。在具体实施时,还需经贸委严格把关。在操作中,地方政府为保护地方国有企业,强制"拉郎配"的现象也屡有出现。虽然这种"拉郎配"式的债转股减轻了债务企业的亏损,化解了银行的不良资产,但实际上很可能把不良压力和转股后的风险强制性转嫁给金融资产管理公司。

其次,限定实施机构的权利行使。这主要体现在两个方面:其一,作为债转股实施机构的金融资产管理公司的独立性难以保障。实施债转股的金融资产管理公司的资金来源为国家注资,其"使命"便是收购、管理、处置银行剥离的不良资产,其成员大多数亦是从相应商业银行分离而来,且基本保留相应"行籍"。① 一旦金融资产管理公司的股权难以转让,无法顺畅退出,风险和损失的承担人便是金融资产管理公司(Asset Management Companies, AMC)。② 这意味着债转股的结果很可能是风险从银行转移到金融资产管理公司,而金融资产管理公司的资金又来源于国家财政,所以,政府成了最终真正的"埋单人"。因此,在一定程度上,这依然是政府用国有资产填平了国有企业债务。在这样的背景下,从金融资产管理公司的设立到运作再到退出,都带有浓厚的政策因素,它并非一个独立、自由参与商事活动的商法人,反而更像是政府化解银行和企业不良危机的"工具"。正是这种"工具"身份,使其没有选择债转股目标企业的自由,没有与银行、与债务企业交易时的议价自由。其二,实施机构不得参与债转股企业的日常经营。金融资产管理公司通过购买银行不良资产,与债务企业签订"债转股协议"成为企业股东,但经贸委和央行发布的《关于实施债权转股权若干问题的意见》(以下简称《意见》)却限制股东参与企业日常生产经营活动。③ 这显然背离了公司法的基本原理。因为股权当然地包含了利益分配

① 蒋大兴:《论债转股的法律困惑及其立法政策——兼谈国企改革的法观念》,载《法学》2000年第7期。

② 上一轮债转股的背景下,《意见》为金融资产管理公司设计了市场化的退出通道,希冀能够便于金融资产管理公司(Asset Management Companies, AMC)退出,例如,"证监会对实施债转股企业的上市申请加快审批"等。但这种要求与《公司法》的上市规则不一致,通常经营状况能够达到上市要求的债转股企业亦不多,因此,通过加快上市的方式来缓解退出风险实质上很难行得通。

③ 《意见》规定:"金融资产管理公司在债权转股权后,即成为企业的股东,对企业持股或控股,派员参加企业董事会、监事会,参与企业重大决策,但不参与企业的日常生产经营活动。"

请求权和对公司的经营决策权。虽然股东基于治理成本的考量,可以将经营决策权让渡给董事会,但这种让渡绝非强制要求,而应是基于股东的意思自治。[①]尽管《意见》也赋予了债转股股东重大事项决策权,但对于"日常"和"重大"的标准如何界定,实践中却很难区分。而这将直接影响到作为债转股股东的金融资产管理公司的权利范围。因此,《意见》对股东固有权所作出的这种强制性限制显然有失合理。

在实践中,上述这些行政性管制因素切实影响到了债转股的实施效果,因此,在市场经济逐渐完善和政府职能转变的背景下重启债转股时,"市场化"导向成为应然之义。

(二)尊重市场化之体现

新一轮债转股要求遵循"市场运作,政策引导;遵循法治,防范风险;重在改革,协同推进"的原则开展,充分尊重债权人、投资人和债务企业的自主意愿。总体而言,这种市场化的体现,可归纳为以下两个方面:

其一,重视各主体的经营自主权。此次债转股重启中,债转股适用的企业、转股的债权范围和质量类型均由相关主体自主协商,债权转让的价格和条件、转股的价格和条件等通过参考竞争性市场报价或其他公允价格来确定。同时,《指导意见》还丰富了债转股的类型,除普通股外,允许当事人通过协商和法定程序将债权转为优先股。因优先股具有类债券性质,优先于普通股支付固定股息率,在破产清偿顺序中也居于普通股之前,因此风险总体较小,对实施机构的利润冲击也较弱,因而得到了诸多认可。[②]

其二,强化实施机构的市场性。一方面,机构形式多样化,并促进其独立与竞争。本次债转股中,实施机构由上一轮单一的金融资产管理公司转变为金融资产管理公司、保险资产管理公司、国有资本投资运营公司以及银行设立的符合条件的新机构等多元模式。这从根本上改变了之前金融资产管理公司对应承接某一银行不良资产的弊端,防止其再次成为政府化解不良危机的"工具",保证了其参与商事活动的独立与自由,同时促进了各不同实施机构之间的市场竞争。另一方面,资金筹集社会化。此次债转股重启不再直接或间接用政府财政出资,而是鼓励引入社会资本。这有利于改变财政兜底的不合理现象,符合商事交易中"风险自担"的原则,同时也有利于改变债转股后,债务企业单一国有资产状况,改善一元化的产权主体带来的内部人控制、监管失效等问题,优化

① 参见刘连煜:《公司法制的新开展》,中国政法大学出版社2008年版,第93页。

② 参见邓舒仁:《债转股的实践经验、问题和对策研究》,载《浙江金融》2016年第4期。

公司治理。① 此外,《指导意见》也强调落实实施机构股权,保障实施机构能够享有《公司法》规定的各项股东权能。至于股东是否将自己的经营管理权让渡给董事及高管层以及让渡多少,政府不再干预,体现出了对股东和公司自治的尊重。

二、路径依赖下"债转股"重启中政府对市场的不当管制

尽管新一轮债转股以市场化为导向,并在制度设计方面取得了一定进展,但此次《指导意见》中仍"残留"着政府对市场的不当干预,政府在债转股中的定位依旧存在迷失。市场自治和政府管制的矛盾如何解决,两者的程度如何把握,仍是今后债转股制度不断发展和完善的关键。因为政府在对市场自由维护和市场管制的角色拿捏中,不当限制与不当支持必定会对债转股的实施造成负面效应。

(一)债转股中政府的不当限制——以债转股企业的正负面清单为例

不同于上一轮债转股,本次债转股重启中,政府并未对债转股目标企业的范围作出限定,甚至明确规定政府不得参与具体债转股企业的选择。但《指导意见》仍通过正面清单和负面清单的方式分别列举出鼓励和禁止作为债转股对象的企业。② 诚然,政府发挥"看得见的手"之作用,提出倡导,明确政策边界无可厚非,但是,这种限制本身是否合理,是否违背了市场化的要求,也给债转股的实施带来了困惑。

首先,这些清单的标准本身界定不明。正面清单中"发展前景较好""仍有逆转希望"及负面清单中的"僵尸企业""有恶意逃废债行为"等,均较主观且缺乏明确标准的用语。对于某一企业是否具有良好的发展前景以及是否有逆转希望,往往仁者见仁。政府并非商人,又如何对"发展前景较好""有逆转希望"等概念进行界定?而在负面清单中,关于"僵尸企业"的限制也引发了人们的质疑。近1年来,在去产能、去杠杆、去库存的供给侧改革下,"僵尸企业"的退出成为改革热点。正因如此,在此次债转股的《指导意见》中,明确将"僵尸企

① 参见黄速建:《中国国有企业混合所有制改革研究》,载《经济管理》2014年第7期。

② "三个鼓励":鼓励面向发展前景良好但遇到暂时性困难的优质企业开展市场化债转股,包括:因行业周期性波动导致困难但仍有望逆转的企业;因高负债而财务负担过重的成长型企业,特别是战略性新兴产业领域的成长型企业;高负债居于产能过剩行业前列的关键性企业以及关系国家安全的战略性企业。"四个禁止":禁止将下列企业作为市场化债转股的对象:扭亏无望、已失去生存发展前景的"僵尸企业";有恶意逃废债行为的企业;债权债务关系复杂且不明晰的企业;有可能助长过剩产能扩张和增加库存的企业。

业”排除在债转股企业范围外。但是,到底什么是“僵尸企业”,在法律上并无一个明确界定。其实“僵尸企业”本身就并非一个严格的法律术语,而仅是实务界的一种形象比喻。目前,各地关于“僵尸企业”的规定标准并不统一,无论是国家部委、地方政府、银行,还是公众都无法对其进行准确界定。《指导意见》将这一并非严谨的用语制度化,肯定会给实践带来困惑,且很容易被曲解和利用。

其次,这些清单所规定的标准本身会存在矛盾和冲突,造成对转股企业的判断无所适从。在实践中,一家企业很可能会同时满足正面清单与负面清单的条件,例如,既是“因行业周期性波动导致困难但仍有望逆转的企业”,但同时又是“债权债务关系复杂且不明晰”的企业。《指导意见》颁布后,东北特钢、渤钢集团以及中钢集团等企业引起实务界的广泛争议。一方面,这些企业属于过剩产能行业,属于《指导意见》限制进行债转股的企业类型,即“有可能助长过剩产能扩张和增加库存的企业”;但另一方面,其似乎又属于过剩产能行业中的龙头企业,是遭遇暂时困难的实力企业。这样一来,非但不能被限制,反而成了明确鼓励的对象,即“高负债居于产能过剩行业前列的关键性企业以及关系国家安全的战略性企业”。这些企业究竟是否应当被限制似乎就成了一种文字游戏。在实践中,有很多企业都会同时存在上述多种情况,因此,简单、固化的“清单”根本无法满足现实需要,更无法用以指导实践。

可见,政府虽然在《指导意见》中列出了企业的正负面清单,其初衷或许是为了防范地方政府“拉郎配”,防止行政力量的过度干预,但这种限定本身便违反了政府调节的适度性原则,①属于行政因素对市场的过度干预。由于清单中的鼓励标准、禁止标准界定不明,反而为地方政府的不当干预、权力“寻租”创造了空间。②

实际上,若此次债转股真正遵循市场化导向,则无须由政府通过行政指导来限定债转股企业的选择。首先,在市场经济体制中,对资源配置起决定性作用的应是市场,政府如要介入,需满足一定的条件,即市场失灵。然而,无论针对效率性市场失灵、公平性市场失灵还是不成熟性市场失灵,③在债转股的企业选择方面,均不存在社会总供给和总需求失衡、显失公平以及市场本身不成

---

① 参见李昌麒主编:《经济法》,中国政法大学出版社2009年版,第69页。

② 参见杨龙:《政府“失灵”的主要表现及其原因分析》,载《学术界》2004年第3期。

③ 参见鲍金红、胡璇:《我国现阶段的市场失灵及其与政府干预的关系研究》,载《学术界》2013年第7期。

熟等问题，若政府强行介入，则不仅无法对资源配置优化起作用，还需防范“寻租”等政府失灵风险。其次，市场化的债转股应尊重商主体的自由决策权。政府应当相信商主体是理性的经济人，其一定是自身利益的最好判断者和最好维护者。政府并非商人，不具备商人的思维、经营能力和商业经验，又如何代表商人进行转股企业选择？在现行规定下，债转股的实施机构既然可以与债权人银行、债务人企业进行债权转让价格与条件、转股价格与条件的谈判和博弈，加之政府不得兜底的红线规定，实施机构自然会基于自身的商业经验做出最有利于自己的商事判断，通过对产能、债权债务、资产负债、企业所处行业、发展前景等因素的考量进行理性选择，无须政府的介入。最后，政府的部分限定措施混淆了行政行为与商事行为的边界。典型体现就是《指导意见》将失信企业排除在市场化债转股的对象之外。这一规定的初衷在于对商业诚信的维护以及对失信企业的惩戒。但是，能够对失信企业实施惩戒措施的，应当是政府行政机关，是基于公权力的强制性，而对于私法范畴的商事交易活动，政府最多仅能倡导，但无权直接干预甚至禁止交易，因为商法保障商事主体的私法自治与经营自由。[①] 且企业被列入失信名单的原因很多，并非必然与经营前景高度相关，对于实施机构而言，其在选择债转股企业时，尽管通常会将“失信”作为一个考量因素，但却并非是唯一因素。政府以企业失信为理由干预债转股实施主体对转股企业的自由选择，确有过度管制之嫌。

（二）市场化债转股中政府的不当支持

除对市场化债转股的不当限制外，《指导意见》还明确对债转股企业予以一定的税收优惠和财政支持，同时，为保障债转股企业良好的产业与市场环境，政府还负责分流安置富余人员工作。这是政府对实施债转股企业提供的政策倾斜，鼓励更多债务企业通过“债转股”的方式化解债务危机，降低杠杆率。但这种财政优惠手段的实质是政府对市场化债转股的不当支持，容易引发诸多不良后果：

其一，企业逆向选择的道德风险。债转股的企业往往是一些不能还本付息、经营业绩较差的企业。用全体纳税人的钱，对这些本身经营不好的企业进行财政扶持，会对正常经营且按时还本付息的企业造成心理上的不平衡，刺激企业争相成为债转股的对象。而且这种做法也明显违背税收公平原则。所谓税收公平包括横向公平和纵向公平，包含征税人与纳税人之间权利义务分配、

① 参见王建文：《我国商法的核心价值：逻辑展开与实践应用》，载《法学杂志》2012 年第 1 期。

纳税人之间的权利义务分配和政府之间的权利义务分配。[①] 根据《指导意见》规定,实施债转股的企业可以按照企业重组相关规定享受税收优惠政策,还可得到适当财政支持。对债转股企业予以这种财税政策倾斜,实质上破坏了税收公平原则中纳税人之间的关系,违反了"受益程度相同,税收负担相同;受益程度不同,税收负担不同"的基本税收理念。[②] 实施债转股的企业既已享受税收优惠政策,税收负担轻于其他纳税人,还能享受适当财政支持,受益程度高于其他纳税人。这势必会产生奖懒罚勤的不公平结果。

其二,劣币驱逐良币的后果。对实施债转股的企业予以财政支持和税收优惠势必会对该企业所在行业的其他企业造成不公平。市场经济下,只有通过公平竞争,资源才能得以合理配置,经济也才能协调发展。[③] 通过公平竞争机制,经营者的公平竞争资格和地位不被排挤,并能以公平竞争的方式获取利润。而当政府给实施债转股的企业提供财政支持和税收优惠,使其获得不当竞争优势,进而取得发展时,则变相打压了同行业未实施债转股的其他企业。这在一定程度上也有违"政府调节中立性原则"。[④] 如此,本身经营良好的具有市场竞争优势的企业反而被这些处于经营泥潭中靠债转股获得国家财政支持的企业所挤压,甚至被迫退出市场,从而产生"劣币驱逐良币"的负面效果。

可见,虽然在此次债转股中,政府着力强调市场化导向,也多次声明债转股并非"优惠政策",但政府的过度介入和不当支持,却在实际上可能产生消极效应,甚至会产生企业高负债、转股、再借债、再转股的恶性循环,最终形成新的赖账机制。如此一来,按时还本付息的企业越来越少,赖账的企业越来越多,"劣币驱逐良币",对整个社会信用体系造成冲击。

三、政府管制"蚕食"市场自治的缘由剖析

市场化债转股,顾名思义主要是依靠市场进行资源配置,由银行、债务企业和实施机构本身自主协商进行。与政策性债转股不同,推行市场化债转股的最理想效果是实现"多方共赢",即企业摆脱负债,银行不良贷款得以化解,实施机构得到股权分红,若通过社会化方式(如上市)退出,还可为公众带来收益。

---

① 参见秦蕾:《税收公平内涵的解析与税收制度审视》,载《税务研究》2008 第 1 期。

② 参见李森、刘亚林:《税收公平新论》,载《税务研究》2016 年第 1 期。

③ 参见刘大洪、殷继国:《论公平竞争权——竞争法基石范畴研究》,载《西北大学学报》(哲学社会科学版)2008 年第 6 期。

④ 漆多俊:《经济法价值、理念与原则》,载漆多俊主编:《经济法论丛》(第 2 卷),中国方正出版社 1992 年版。

当然,政府一旦不对债务企业类型“把关”,定价和转股条件自主,去除财政兜底后,亦有可能发生企业经营继续恶化,最终走向破产,无法使投资者获得股利分红的后果。在这类情形下,银行不良危机转移给实施机构,而由于公众投资者在获取信息等方面的劣势,最终的风险可能会转嫁给社会投资者。

正是由于政府意识到一旦放松监管可能面临这样“喜忧参半”的局面,因此,虽然较上一轮债转股而言,政府管制因素已经明显弱化,“全能政府”逐步向“有限政府”转变,但政府依然对充分发挥市场调节作用存有隐忧,谨慎地将债转股操作交由市场。同时,囿于政策性债转股可能遗留的政府管控思维,政府过度干预债转股的情形时有发生,如前述的正负面清单以及给予债转股企业的财税优惠等。这在一定程度上可以说是政府对市场有效发挥调节作用、推动债转股顺利实施缺乏把握的表现。

此外,政府对债转股的干预也体现出了对宏观经济调控目标的强烈追求。《指导意见》作为54号文的附件,在企业杠杆率高,债务规模增长快,债务负担不断加重,商业银行不良贷款率不断攀升的背景下颁布。[①] 重启“债转股”成为政府力图推进改革、降低企业杠杆率、化解银行不良资产的重要手段。此时,市场化固然为政府所主张,但市场的运行结果却往往不受政府控制,甚至会产生背离政府预期的效果。债转股下的“多方共赢”固然是皆大欢喜,但纯粹的市场化博弈和运作也可能产生企业经营进一步恶化,不良危机转移给实施机构,公众投资者承担最终风险的情形。虽然这是市场经济运行的结果,但对实现政府降低企业杠杆率,化解银行不良资产的目标无益。因此,政府在“市场化”债转股中,基于政策目标考量,并不愿意完全抽身。

正是由于政府对于放松监管的这些潜在隐忧,才使其在重启债转股的过程中难以准确把握自身的定位和角色,在“自治”和“管制”之间举棋不定。

四、市场自治的回归与政府管制的边界

(一)市场自治的回归

在市场经济体制下,既然政府选择了市场,确定了市场对资源配置的决定性作用,就应当相信市场的力量。在无充分干预理由的情况下,应当首先让位

① 《中国银行业监督管理委员会2015年报》之资产质量中提及“截至2015年年底,银行业金融机构不良贷款余额1.96万亿元,比年初增加5290亿元;不良贷款率1.67%,比年初上升0.43个百分点。银行不良贷款持续增长,根据银监会统计,截至2015年年末,我国银行业金融机构不良贷款率为1.94%,其中商业银行的不良贷款率达1.67%,比年初上升0.43个百分点”。

于市场。因为真正的市场化债转股主体应当是银行、实施机构和企业3方。市场主体的商人本质、逐利特性,自然会使其对于什么企业适合债转股、什么企业有重建希望、如何实施债转股、如何定价、转股后如何对企业进行经营管理等具体事项进行理性安排。有丰富经验的商人会比政府更加懂得市场需求。"正负面清单"的理念固然不错,但模糊甚至相互矛盾的标准,不但无法准确指导实施机构,反而可能会影响或误导实施机构自身的经济理性。同理,实施债转股后的企业,如果不是依靠自身的治理机制改变,提升经营绩效,而是依靠国家的财政优惠政策获得不当竞争优势,那么其产生的也只是逆向选择的道德风险和劣币驱逐良币的负面效果。

(二)政府管制的边界

国家作为市场经济管理主体,在"全能政府"向"有限政府"的功能转变过程中,应当主要是为市场主体及其交易活动提供必要的制度、政策支持和信息服务,并确保其管理经济的公开性、透明性、服务性和规范性。① 政府对市场管制应当适度而明确。在管理经济时,政府应当把保障、促进和提高企业的经济效益和社会效益摆在首位。② 具体到债转股,最需要通过政府力量来管理的应当是对风险的防范和对违法违规行为的法律责任追究,主要包括如下几个方面:

1. 注重对公众投资者的利益保护

市场化债转股中,财政不再起兜底作用,各参与方将共同承担市场风险。尤其是债转股的筹集资金可以市场化,实施机构也可以通过上市、区域性股权市场交易等多元化渠道实现转让退出,债转股最终的风险很有可能会分散给社会公众。因而,注重对公众投资者利益的保护将成为政府防范风险的关键之一。

《指导意见》明确规定了建立投资者适当性管理制度。投资者适当性制度要求证券商向投资者推荐买入或者卖出特定证券时,应当有合理依据认定该推荐适合投资者,其评估的依据包括投资者的收入、净资产、投资目标、风险承受能力以及所持有的其他证券。③ 对于债转股企业的合格投资者,还应区分"机构投资者"和"个人投资者"。机构投资者往往拥有较丰富的企业管理和投资

---

① 参见杨建顺:《论政府职能转变的目标及其制度支撑》,载《中国法学》2006年第6期。

② 参见李昌麒主编:《经济法》,中国政法大学出版社2009年版,第165页。

③ 参见武汉大学课题组:《投资者保护法律制度完善研究》,载黄红元、徐明主编:《证券法苑》(第10卷),法律出版社2014年版,第393~436页。

经验，也有一定的风险承受能力，个人投资者则在风险识别、风险承受能力等方面普遍存在不足。对于债转股企业而言，因其大多杠杆率较高，经营前景也存在不确定性，投资者往往会面临较大风险，因此，政府应当建立合格个人投资者识别风险和自担风险承诺制度。除此之外，还应加强对企业信息披露的要求和监管，建立完善以反欺诈为核心的，向投资者保护倾斜并能差异化向不同投资者提供信息的私募信息披露制度，[①]以应对公众投资者的信息弱势地位。

此外，如果债转股涉及社会资本筹集问题，则应当对银行与实施机构之间的债权转让价格和条件、实施机构与转股企业间的转股价格和条件等进行监督。因为此时的债权转让、转股价格关乎的都不仅是银行、实施机构、转股企业三者间的利益，而是涉及社会公众的利益，因此需要特别监督。例如，对于银行转让的不良贷款，实施机构没有折价而是原价受让，然后实施机构再去募集社会资金投入，那么就要警惕银行和实施机构间是否有串通，是否是通过损害社会资本来化解银行的不良贷款，进而防止操作中的道德风险。

2. 确保银行与子公司间的真实交易

此次债转股重启过程中，关于银行是否可以直接进行债转股而无须通过实施机构进行操作的争议一直存在。最终基于风险防范的考量，《指导意见》仍然采取了以实施机构为桥梁的间接债转股模式。但同时，《指导意见》相较于原来的规定也有所放松，即允许银行设立附属机构（如子公司）来作为债转股的实施载体。从目前实践来看，该模式得到了认可。在近期中国建设银行的两个债转股项目中，均采用了该模式。[②] 今后，这或许会成为各银行债转股的示范模本，因为利用现有投资功能的子公司或者新设机构进行债转股，银行更容易占据主动权，一旦成功了，还可以把未来的超额收益留在体系之内。

基于商业利益考量，这一做法并无不妥。但从风险防范角度出发，则应从法律上健全审慎监管规则，确保银行债权人与子公司之间债权转让交易的真实性，否则，这极易成为银行掩盖不良的新手段，在名义上虽然是不良贷款债权转让，是风险处置，但实际上可能异化为“左手”倒“右手”的腾挪游戏。此外，银行子公司作为实施机构后，还应当建立完善的风险隔离机制。当银行子公司持

---

① 参见梁清华：《论我国私募信息披露制度的完善》，载《中国法学》2014 年第 5 期。

② 参见刘飞：《建行债转股探路　将申请设立一个新机构从事该业务》，载《华夏时报》2016 年 10 月 22 日，第 17 版。

股企业后,会基于股权投资介入所持股企业治理,尤其是在转股企业的董事会及其管理层换届后,银行子公司和企业的内部经营责任划分、外部股权管理的利益纠葛更为明显。因银行与其控制的子公司之间又存在密切的利益关系,这样,银行—银行子公司—转股企业之间的股权投资结构就非常明显,容易引发银行通过子公司介入转股企业经营所产生的银企风险。

3. 严格限定公司回购,防止"明股实债"

在债转股中,实施机构所持股权的退出机制一直为实务界所关心。此次《指导意见》也提出了"采取多种市场化方式实现股权退出",其中明确规定,实施机构可以与企业协商约定所持股权的退出方式。在实践中,这种约定主要体现为"股权回购"。需注意的是,以股权回购方式实现退出并无不可,但必须满足一定的条件,否则"债转股"就有可能异化为"明股实债",进而侵害企业其他债权人的利益。

在回购条件的设定上,应当是以企业的"盈余"资金作为回购资金的来源。若企业不是以合法的盈余资金进行股权回购,则有可能出现为支付回购款而使其财产降低到资不抵债的程度,或者减少其法定资本额的情形,也可能使公司自身出现持续经营危机,从而无法偿付到期债务。此时,债转股之股权就实质上异化为一种到期即可请求给付的债权;同时,公司可能出现的资不抵债或持续性经营危机也使公司其他债权人的利益面临挑战。在今后实践操作中,对"盈余"资金的界定标准,可借鉴美国特拉华州法院在SV Investment Partners, LLC v. Thought Works, Inc. 案中对"合法可用之资金"的认定。①

4. 加强对逃废债企业的责任追究

企业以改制、重组、合并、分离、增减注册资金、解散、破产以及抽逃、隐匿、转移资产等方式逃避银行债务的行为被界定为"逃废债"。② 债转股是债务重组的重要措施,企业可能会假借债转股名义重组债务,以欺诈等手段与实施机构签订"债转股协议",进而实行"恶意破产",目的是逃废银行债务,此时,银行的"不良债权"演变为"不良股权"。对此,应当严格惩戒恶意逃废债的

① 2010年11月特拉华州法院在SV Investment Partners, LLC v. Thought Works, Inc. 案中,再次审视了法定资本制与优先股之间的关系,用三个步骤判断"合法可用之资金"的范围与金额,首先是分析资产的真是经济价值而非会计报表数据,其次是着眼于当前的清偿能力,最后是公司自身对"合法可用之资金"的裁量收到商业判断原则保护。进而,此案将"合法可用之资金"的认定区分于传统资本维持原则下的"溢余"标准。

② 2013年中国银行业协会出台《"逃废银行债务机构"名单管理办法》,规定了逃废债的八种行为标准。

企业,维护实施机构及公众投资人的合法权益。例如,建立信息平台,公示恶意逃废债企业的黑名单;依据民法基本原理,要求恶意逃废债的企业及其相关责任人承担合同欺诈的民事赔偿责任;严重者可按《刑法》承担合同诈骗罪等刑事责任。

资本市场中金融创新的法律困局及其突围

李安安*

20世纪70年代以来,创新型金融工具层出不穷,创新型金融服务方式不断涌现,创新型的金融市场和金融制度不断推陈出新,金融创新成为金融改革与发展中的一道靓丽景观。金融创新意味着旧秩序的破坏和新秩序的建立,而法律作为一种“定分止争”的秩序规则不可避免地受到金融创新的影响,这一影响在货币政策、金融监管和金融私法3个领域体现得最明显。[①] 与此同时,法律作为一种“立章建制”的效力规则对金融创新既可能发挥积极作用,也可能发挥消极作用,因此追问法律的“实质合理性”与“社会妥当性”就显得极为必要。本文无意就“金融创新与法律”这一论题展开宏大叙事,而仅以资本市场为视角透视我国金融创新的法律困境并寻求可能的突围之路。

一、有法律无秩序:金融创新的法律环境之检视

美国著名学者埃里克森曾以牧民如何解决牲畜越界纠纷的实证考察为依据,构建了一套完整的非正式规范模型,即“无需法律的秩序”(order without law)。

---

* 武汉大学法学院讲师,法学博士,应用经济学博士后。

① 参见陆泽峰:《金融创新与法律变革》,法律出版社2000年版,第207~216页、第271~277页、第344~347页。

他深刻地指出:“法律制定者如果对那些促进非正式合作的社会条件缺乏眼力,他们就可能造就一个法律更多但秩序更少的世界。”①不幸的是,“法律更多但秩序更少”的悖论在我国成了一个事实。改革开放以来,我国制定了各式各样的法律,覆盖了社会生活的方方面面,形成了富有中国特色的社会主义法律体系。② 然而,从房屋拆迁到土地征用,从食品安全到未成年人权益保护,法律实施的效果并不理想,法律权威难以确立,社会生活的多个方面都面临着这样的困境。这种困境被社会学家称为“失范”,被政治学家称为“不稳定”,更中性的说法是“转型时期”。③ 近10年来,资本市场的法律规则供给达到了历史高峰,尤其是随着《公司法》《证券法》《企业破产法》《证券投资基金法》等法律的相继修订出台,资本市场法律体系在形式上已经基本完备。但这些法律规则的供给并没有缔造出一个和谐有序的市场秩序,资本市场依然呈现出“剪不断、理还乱”的乱象:内幕交易和操纵市场等不法行为,司空见惯,上市公司被掏空的现象不时见诸报端,创业板沦为“造富板”,中小投资者的法律保护有心无力……在金融创新方面,尽管金融监管机构陆续发布了《商业银行金融创新指引》《证券公司业务(产品)创新工作指引(试行)》等规范性文件,但其位阶的低微与权威性的缺失使实践中金融创新的效果大打折扣。从现行的资本市场规则体系来看,金融创新的法律环境不甚乐观,具体表现在以下几个方面:

第一,以危机防范为导向的资本市场法律规则体系压缩了金融创新的制度空间。资本市场的法律规则体系大致可以分为金融创新导向型和危机防范导向型两大类,前者侧重于金融效率,后者侧重于金融安全。基于对“金融是国民经济的命脉”的深刻认知以及对金融危机的戒备之心,我国的资本市场立法刻意强化了金融安全的价值理念,坚守“分业经营、分业管理”的原则立场,体现出鲜明的危机防范导向。2005年修订的《证券法》虽然在“证券业和银行业、信托业、保险业实行分业经营、分业管理,证券公司与银行、信托、保险业务机构分别设立”之后增加了“国家另有规定的除外”的但书条款,但时至今日,该但

---

① [美]罗伯特·C.埃里克森:《无需法律的秩序——邻人如何解决纠纷》,苏力译,中国政法大学出版社2003年版,第354页。

② 2011年3月10日,时任全国人大常委会委员长吴邦国宣布,一个立足中国国情和实际、适应改革开放和社会主义现代化建设需要、集中体现党和人民意志的,以宪法为统帅,以宪法相关法、民法商法等多个法律部门的法律为主干,由法律、行政法规、地方性法规等多个层次的法律规范构成的中国特色社会主义法律体系已经形成。关于中国特色社会主义法律体系的深入分析,可参见朱景文:《中国特色社会主义法律体系:结构、特色与趋势》,载《中国社会科学》2011年第3期。

③ 参见蒋立山:《为什么我们有法律却没有秩序》,载《社会观察》2005年第10期。

书规定依然是一纸空文。这种分业监管的制度逻辑是与金融创新格格不入的,这是因为现代金融创新的一个典型特点在于"混业依赖性",具体体现在金融创新机构的跨行业性、金融创新业务的跨品种性、金融创新工具的跨市场性等方面。金融创新的"混业依赖性"在客观上要求打破条块分割的机构监管体制,实行有机融合的功能监管体制,将实践中风生水起但又处于法律边缘的银保合作、银证合作、银信合作、证保合作、证信合作等金融创新产品拉回到合法性轨道上来,进而释放金融创新的制度空间。①

第二,以外生性机制为主导的金融创新模式难以为继。金融创新分为内生性的金融创新和外生性的金融创新,前者主要由市场力量推动,对应着"市场金融",属于市场主导型的制度变迁模式;后者则主要由政府力量推动,对应着"政府金融",属于政府主导型的制度变迁模式。② 我国资本市场上的金融创新是内生机制与外生机制交织进化的产物,但无疑以外生机制为主,呈现出"强外生性、弱内生性"的图景,这主要体现在金融创新的主导权掌握在金融监管部门手中而非市场主体手中,因为如果没有金融监管部门的批准或认可,金融机构的创新活动将举步维艰,一波三折的资产证券化、姗姗来迟的股指期货、欲拒还迎的信用交易等已经对此进行了生动揭示。强外生性的金融制度创新模式意味着资本市场面临着严重的行政干预和严苛的金融管制,也预示着资本市场存在严峻的金融抑制(financial repression)现象。与其他转型国家相比,我国资本市场中的金融抑制现象异常突出,例如,大量上市公司的股权结构以国有股为主,金融机构高管有"国家干部"的身份和行政级别,股票和债券发行的总量和节奏被政府严格控制,金融市场的稳定和风险控制成为各级政府"维稳工作"的一个重要组成部分等。③ 由于资本市场事关公共利益,对其进行行政干预和金融管制有着充分的理由,但干预过多和管制过严容易窒息市场活力,将金融创新消灭于襁褓之中。鉴于政府的"有限理性",其对金融创新的严密管制不仅会加剧市场失灵,也会诱发政府失灵,"两个失灵"事实上已经成为我国资本市场"有法律无秩序"的一个突出表征。

第三,金融创新的司法审查过于严格。金融创新是一把"双刃剑",既能够创造经济效益和社会福利,也会带来经济灾难和社会病痛,而司法作为"守护

① 参见朱崇实、刘志云:《混业经营趋势下的中国金融监管法:挑战与革新》,厦门大学出版社2013年版,第1~4页。

② 参见邹文英:《中美金融业"规避监管型创新"比较分析》,载《未来与发展》2012年第6期。

③ 参见黄韬:《"金融抑制"与中国金融法治的逻辑》,法律出版社2012年版,第6页。

社会正义的最后一道防线”,通过对金融创新的审查来遏制金融风险、矫正金融不公是其义不容辞的责任。事实上,在严格的金融监管下,金融创新的合法性是需要司法裁量的,尤其是在一些司法至上的国家,由金融市场的变革力量所推动的创新有时要面临严峻的司法审判,而这些司法审判在一定程度上保护了金融市场的创新行为,金融创新或规避管制免予起诉或败诉事实上形成了立法管制放松前的一种重要的推动金融市场管制变革的方式。① 我国对金融创新的司法审查虽然比较严格,但并没有起到推动金融管制变革的应有作用。例如,在一些与金融创新相关的案件中,法院与监管者之间互相推诿,致使纠纷陷入“消费者维权,监管者建议走司法程序,法院因看不懂产品说明书而不予受理”的怪圈,②甚至以滞后的成文法为依据轻易地否定金融创新成果。③ 司法与金融创新的疏离,使金融创新的服务方式与交易工具难以得到司法确认,金融创新造成的利益冲突难以得到司法平衡,金融创新的公平、效率与安全价值目标难以得到司法保障。

第四,金融创新成果的知识产权法保护滞后于实践。根据世界贸易组织(World Trade Organization,WTO)与贸易有关的知识产权公约,金融创新产品与金融创新服务作为智力活动的成果,人们对其依法享有知识产权。在金融创新推动下,知识产权担保、知识产权信托、知识产权保险、知识产权资产证券化、知识产权税等新型知识产权问题不断涌现,加强对金融创新成果的知识产权法保护势在必行。④ 将金融创新成果纳入知识产权法的保护范围,意味着“给天才之火浇上利益之油”,可以最大限度地激发市场主体的金融创新活力。金融创新的知识产权法保护,包括专利权保护、著作权保护、商标权保护、商业秘密保护以及反不正当竞争保护等。其中,对金融机构的商业方法予以专利权保护被视为一项重要的制度创新。例如,在 2008 年 6 月 10 日,美国加利福尼亚的

---

① 参见周子衡:《金融管制的确立及其变革》,上海三联书店、上海人民出版社 2005 年版,第 151 页。

② 参见刘燕、楼建波:《金融衍生交易的法律解释——以合同为中心》,载《法学研究》2012 年第 1 期。

③ 例如,在备受关注的海富投资与甘肃世恒投资纠纷案中,两审法院各自基于不同的理由宣布“对赌协议”无效,彰显出我国现行司法裁判思路的僵化与生硬。参见彭冰:《“对赌协议”第一案分析》,载《北京仲裁》2012 年第 3 期。

④ See “Securitization of Patents and Its Continued Viability in Light of the Current Economic Conditions”, *Albany Law Journal of Science & Technology*, Vol. 19, Issue 2 (2009), pp. 393 – 420; “Exploring the Intersection Between Tax and Intellectual Property”, *Taxes: The Tax Magazine*, Vol. 85, Issue 12 (December 2007), pp. 19 – 51.

LogicEase Solutions 公司被授予一项名为“使与贷款法规自动相符的系统和方法”的专利(专利号为第7386505号)。[①] 1998年美国巡回上诉法院在“State Street Bank & Trust Co. Vs. Singeture Financial Group. Inc”案中明确了“商业方法”具有可专利性。[②] 在1999年的“AT & T. Vs. Excel”案中再一次确认了对State Street Bank所确立的原则,美国学者对此评论道:“该案不仅具有开拓专利作为竞争武器先河的重大影响,而且为商业银行领域商业软件的可专利性确立了明确的法律佐证。”[③]在日本与欧盟,对金融创新成果的专利审查侧重于技术特征,只要金融创新成果表现出一定的技术性,就可以申请专利保护。[④] 在我国,花旗银行于2003年1月1日从国家知识产权局获得了“数据管理的计算机系统和操作该系统的方法”专利,引起了广泛关注。[⑤] 但按照我国《专利法》第25条的规定,智力活动的规则和方法不授予专利权。在专利申请实践中,金融创新成果往往被视为纯粹的智力活动规则或方法,其技术特征时常被忽略,因而总是被排斥在专利受理范围之外。可以说,我国在面对境外对金融创新成果知识产权保护的浪潮时,既缺乏立法上的努力,也缺乏实践上的行动,在国际资本市场的创新竞争中相对落后。

第五,金融创新产品的法律责任缺位使金融创新存在风险。在法律本质上,金融创新是一种相关主体之间的权利义务配置的新形式,用于分配或创造既有或者新的利益。[⑥] 但由于金融创新的路径非常长,权利和义务的边界不容易界定,时常出现权利和义务的“模糊地带”,同时由于金融创新本身在很大程度上属于逃避法律责任的产物,所以金融创新产品的法律责任往往是虚化的。次贷危机爆发后,美国率先进行了金融创新产品法律责任制度改革,在产品市场准入、高管薪酬机制、金融衍生品市场、信用评级监管等领域强化了金融创新产品法律责任,旨在恢复金融创新领域权利义务的对应关系,重构负责任的金

---

① See Joseph Straus, Simon Klopschinski:《当前金融市场危机下的商业方法保护和其他专利法问题》,载国家知识产权局条法司编:《专利法研究》,知识产权出版社2009年版,第125页。

② State Street Bank & Trust Co. v. Signature Financial Group, 149 F. 3d 1368(Fed. Cir. Jul. 23, 1998).

③ 参见侯雪梅:《论金融创新产品的知识产权保护》,载《金融与经济》2009年第6期。

④ 参见张俊岩、杨德平:《金融产品的知识产权属性及其保护——以保险产品为例》,载《保险研究》2011年第1期。

⑤ 参见葛宝成:《涉及商业方法发明的可专利性》,载《中国专利与商标》2003年第4期。

⑥ 参见于春敏:《论我国金融创新法律环境的优化——从建设上海国际金融中心战略谈起》,载《现代管理科学》2012年第8期。

融创新产品市场及监管制度。[①] 但这些制度建构的努力并没有得到我国金融监管机构的应有重视。例如,证监会2010年4月21日公布的《证券公司参与股指期货交易指引》中未涉及法律责任条款,2013年3月15日公布的《证券公司资产证券化业务管理规定》亦缺乏有针对性的金融创新产品责任规定。[②] 法律责任作为"社会为了维护自身的生存条件而强制性地分配给某些社会成员的一种负担",发挥着维持正义和社会秩序、实现责任人的再社会化、开通受阻的法律关系、恢复失衡的法律关系等作用。[③] 金融创新产品的法律责任缺位意味着金融领域蜕变为"投机者的天堂"和"冒险者的乐园",也意味着中小投资者或金融消费者的权益难以得到有效维护。

二、制度进化与路径依赖:金融创新的二律背反

置于"有法律无秩序"的资本市场法律规则体系下,我国的金融创新何去何从成为一个亟须回应的现实课题。对此,学术界存在制度进化理论与路径依赖理论两种完全不同的声音。制度进化理论认为,经济全球化尤其是资本市场的全球化会加剧各国法律之间的竞争,为了在竞争中立于不败之地,各国必然会在规制竞争(regulatory competition)的过程中"竞相降低水准"(race to the bottom),进而使各国法律趋同化。[④] 路径依赖理论认为,历史决策和此后形成的博弈结构以及规则自身的逻辑限制了法律的进化,特定规则体系的转轨均会遭到利益集团的抵制。[⑤] 按照制度进化理论的逻辑,我国的金融创新将在资本市场法制的竞争中进化到与发达资本市场相接轨的水平。而按照路径依赖理论的逻辑,我国的金融创新或者受制于结构驱动的路径依赖(structure-driven path

---

① 参见岳彩申、张晓东:《金融创新产品法律责任制度的完善——后金融危机时代的反思》,载《法学论坛》2010年第5期。

② 《证券公司资产证券化业务管理规定》唯一的法律责任条款是第42条,其规定:"为专项计划出具现金流预测报告、评级报告、法律意见书等文件的相关机构未勤勉尽责,所制作、出具的文件有虚假记载、误导性陈述或重大遗漏的,中国证监会依照《证券法》等有关法律、行政法规进行处罚;涉嫌犯罪的,依法移送司法机关,追究其刑事责任。"该条款是针对市场中介组织,而不属于资产证券化这一金融创新产品本身的责任范畴。

③ 参见张文显:《法理学》(第3版),高等教育出版社、北京大学出版社2007年版,第170页;周永坤:《法理学——全球视野》(第3版),法律出版社2010年版,第242页。

④ 参见李清池:《美国的公司法研究:传统、革命与展望》,载《中外法学》2008年第2期。

⑤ See Klaus Heine and Wolfgang Kerber, "European Corporate Laws, Regulatory Competition and Path Dependence", *European Journal of Law and Economics*, Vol. 13, 2002, pp. 47 – 71; Stephen E. Gargolis and S. J. Liebowitz, Path Dependence, in Peter Newman, ed., *The New Palgrave Dictionary of Economics and the Law*, Macmillan Reference Limited, 1998, Vol. P – Z, p. 17.

dependence),或者受制于规则驱动的路径依赖(rule-driven path dependence),会被锁定在特定的历史时空中,难以与国际资本市场接轨。本文认为,制度进化理论与路径依赖理论对于分析我国金融创新的演进趋势时均有一定解释力,但又都失之偏颇,金融创新在实践当中事实上面临着一种二律背反的处境:一方面,资本市场的国际化会促使我国资本市场的游戏规则、交易体制、会计制度与国际惯例接轨,遵循全球统一的技术标准和制度规则,①这种制度进化是不可逆转的历史潮流。然而,资本市场中的金融创新尽管面临着强烈的外部竞争压力,但对抗这种竞争压力的观念和制度力量同样强大,如上海证券交易所与深圳证券交易所之间不存在竞争关系,金融监管机构垄断着金融创新的主导权等,这些对抗性力量无疑会阻碍金融创新的进化,所谓的"与国际惯例接轨"并不能当然地构成金融创新制度进化的充分理由。② 另一方面,我国的金融创新是在"一穷二白"的基础上发展起来的,几乎不存在可资借鉴的本土资源,其变迁路径就是一个不断向外学习甚至模仿的过程,制度变迁的成本相对低廉,金融创新的路径依赖性大为削减。金融创新的这种二律背反可以从资本市场"新兴加转轨"的符号式特征中得到解释性说明。

"新兴加转轨"可以说是我国资本市场最典型的特征。所谓"新兴",说明它还是一个正处于发展初期、尚不成熟的市场,表现为市场层次和交易品种单一、基础性制度不完善、法治化程度不高、透明度不足、诚信文化缺失、违法行为普遍、监管规则的有效性有待提高等,这类问题要靠发展的办法去解决。所谓"转轨",说明资本市场尚未完全走出从计划经济体制到市场经济体制嬗变的历史进程,这种双轨制的存在构成了我国社会政治经济制度大转型的一部分,只能靠改革的办法去解决。"新兴加转轨"这一资本市场的本质特征衍生出颇多具有强烈本土性色彩的现象与问题,如政府主导型的资本市场制度变迁模式、政府过多介入导致的资本市场"柠檬化"现象、③严密的管制与普遍的欺诈并存、上市公司脱胎于国有企业的制度背景、以国有股和国有法人股为主的股权结构、盘根错节的关系网络、以"权力—关系"为架构的治理模式、股权分置

---

① 参见董安生:《中国资本市场改革法律问题研究》,载《甘肃社会科学》2008年第5期。

② 参见方流芳:《证券交易所的法律地位——反思"与国际惯例接轨"》,载《政法论坛》2007年第1期。

③ 资本市场"柠檬化"现象,是指政府非经济现象的过多介入,使外部投资者认为资本市场是为政府和融资方聚敛财富的场所,因而,无论何种公司以多大折扣招股,投资者都不会购买,从而导致资本市场的萎缩与消亡。参见鲁篱、黄亮、程乐明:《金融公会法律制度研究》,中国金融出版社2005年版,第10页。

改革中的“大小非”与“大小限”现象、既非会员制也非公司制的证券交易所、民众的“好赌性”与资本市场的调控悖论等。① 有学者将中国资本市场的本土性问题概括为政治结构所导致的四个“路径依赖”，即“股权双轨制”与国有企业本位和国有股权本位、政策市场、二级市场上的赶超战略与股市的“公有化”、中央政府和地方政府的财政分权体制导致的“地方政府公司主义”。② 必须清醒地认识到，由于转轨背景和新兴市场两个条件的制约，资本市场的路径依赖所导致的中国特色不会很快消退。

在“新兴加转轨”的历史背景下，我国资本市场走上了一条以法律移植为中心的模仿创新之路。③ 对金融创新的模仿，主要包括对技术的模仿和对制度的模仿，前者简便易行，后者则时常遭遇水土不服的困境。我国资本市场在20余年时间内之所以能够创造不俗的业绩，很大程度上归因于对境外资本市场金融创新的技术性模仿。对于新兴资本市场而言，健康的竞争性市场、宽松的法律环境、知识积累与人才储备等金融创新的关键性条件往往并不齐备，过于追求金融创新往往事与愿违，甚至适得其反。而技术规则具有普适性，对境外发达资本市场的技术规则进行引进、消化、吸收和再创新可以减少制度探索的成本，实现新兴市场的追赶战略。以证券交易为例，我国资本市场在起步之初就大胆模仿了美国、英国、日本以及我国香港特别行政区等国家和地区的证券交易规则，并将其升级改造为“直接持有、中央托管、二级清算、一级交收”的现代证券交易模式。目前，世界上只有中国百分之百地实现了股票电子化、股票中央托管、中心市场集中竞价成交和转账过户，这种证券交易模式就技术层面而言在亚洲乃至全球都处于领先地位。④ 然而，经济学的研究表明，落后国家通过技术模仿虽然可以在短期内取得很好的发展，但长期发展却可能失败，这就是所谓的“后发劣势”或者是“对后来者的诅咒”(curse to the late comer)。⑤ 技术哲学的研究同样表明，在一个技术社会(technical society)格局中，技术把整

---

① 参见蒋大兴：《国民性、资本市场与法律的深层结构——民众的“好赌性”与市场的调控法则》，载《北方法学》2009年第1期。

② 张建伟：《转型、变法与比较法律经济学——本土化语境中法律经济学理论思维空间的拓展》，北京大学出版社2004年版，第193～200页。

③ 参见高鸿钧：《法律移植：隐喻、范式与全球化时代的新趋向》，载《中国社会科学》2007年第4期。

④ 参见方流芳：《证券交易所的法律地位——反思“与国际惯例接轨”》，载《政法论坛》2007年第1期。

⑤ 参见杨小凯：《后发劣势》，载《新财经》2004年第8期；林毅夫：《后发优势与后发劣势——与杨小凯教授商榷》，载《经济学》(季刊)2003年第4期。

个社会都置于钢筋混凝土的基础之上,遮蔽了人们对自然界的视线,并使人们的生存有赖于最大胆的和看来最不可能的智力规划。[①] 走出"后发劣势"的悖论,需要在制度创新上有所作为和突破。

如果说我国资本市场对金融创新的技术性模仿尚属差强人意,那么对金融创新的制度性模仿则可谓毁誉参半。作为一个与金融工具创新、金融机构创新、金融服务创新相并列的概念,金融制度创新是指金融法制的变革所引起的金融经营环境的改变与金融经营内容上的创新,主要包括金融组织制度的创新与金融监管制度的创新。在金融组织制度创新方面,我国确立了双重四元金融创新模式,即国有商业金融、国有政策性金融、合作金融和民间金融四种主体形式,银行、证券、保险和各种金融中介四种客体形式。在金融监管制度创新方面,我国亦步亦趋地模仿了美国的金融监管制度,经历了一个从金融混业经营到金融分业经营,再重新回归金融混业经营的历史嬗变过程。为了"与国际惯例接轨",我国的金融法律频频进行修订,上演了一幕幕"制度模仿秀"。然而,对境外资本市场的制度性模仿似乎刻意回避了一些基本问题:我们是否知晓自身面临的真正问题所在?我们是否确信打算引进的制度与本国面临的问题存在合理联系?我们是否明确所欲引进的制度可以脱离特定的社会环境而被单独移植?我们引进境外的制度是否会重演制度的演进过程?有学者对此无不忧虑地说:"与其说我国金融法律的创新或演进是基于自下而起的金融创新为缘由的,倒不如说是在国际背景下法律知识模仿的结果;与其说这种规则创新是恪守了金融法律原则的底线,还不说说金融法律规则的更迭是以一味地姑息金融创新得以实现的;与其说这种法律价值的流变是出于效益与争夺国际金融市场,还不说是反映了一些以委曲求全的方式并以放弃国家金融安全为代价吸引外来资金所引发的金融法律规则的异变之事实。"[②]由此观之,我国的金融创新并不是一个轻松的话题,其遭遇的制度进化困境与路径依赖难题或多或少地困扰着"言必称欧美"的资本市场话语体系,或隐或现地拷问着"与国际惯例接轨"的资本市场制度变迁模式与规则来源系统。

三、观念更新与范式转型:金融创新的应然基调

金融创新欲破解"有法律无秩序"的难题,走出制度进化与路径依赖的二

---

① 参见[德]阿诺德·盖伦:《技术时代的人类心灵——工业社会的社会心理问题》,何兆武、何冰译,上海世纪出版集团2008年版,第26页。

② 黎四奇:《金融监管法律问题研究——以银行法为中心的分析》,法律出版社2007年版,第32页。

律背反迷局，需要一场深刻的思想观念调整和制度范式转型。所谓“理论是实践的先导，思想是行动的指南”，如果对金融创新存在认识观念的误区或指导思想的偏差，则会贻误金融创新实践；相反，如果没有合理的金融创新制度范式，则再好的金融创新思想观念也无济于事。因此，与时俱进的观念调适和革故鼎新的范式转型相结合才是金融创新的应然基调。

（一）金融创新应有观念之确立

2008 年金融危机发生后，批判与反思金融创新的言论颇多，普遍性地将金融创新视为金融危机的罪魁祸首，甚至有不少人认为这场资本主义的危机标志着美国新自由主义时代的终结。然而，回到我国的现实语境，我们面临的现状不是创新过度而是创新不足，如在公司融资方面，直接融资与间接融资的比例严重失衡，债权融资远远滞后于股权融资，市场型间接融资体系形似而神不至，①资本市场难以为成千上万家的中小公司提供融资服务。② 尽管《公司法》与《证券法》在 2005 年的修订为资本市场的金融创新打开了空间，但金融创新所依赖的法制权威性、法制整合力、法制公信力、法制执行力、法制创新力等因素尚未齐备，金融创新与法制变革的良性互动关系尚未形成。③ 因此，我们需要的是在加强金融监管的前提下鼓励、培育和引导金融创新，而不是因噎废食地抑制、阻却甚至扼杀金融创新，正如有学者所言，我国未来经济的发展如果要得到金融资本全面的支撑，那么政府就必须因时制宜地对金融市场松绑，就必须学会在监管与创新中寻求均衡，就必须勇于接受金融创新的挑战并探究我国金融法律制度的创新之路。④ 从某种意义上来说，鼓励、培育和引导金融创新是资本市场法制的基本价值追求，理应成为资本市场法制的固有观念。

理性看待和正确处理金融创新与金融效率、金融安全、金融公平的关系同样需要一场观念的洗礼。学界对金融创新与金融效率的关系已经达成基本共

① 市场型间接融资是有别于传统的银行间接融资和资本市场直接融资外的一种融资方式，被称为“第三金融”，它是以金融中介机构为资本市场的主要参与主体，通过开展金融创新业务，向全社会提供依托市场的专业化投融资服务。参见杨东：《市场型间接金融：集合投资计划统合规制论》，载《中国法学》2013 年第 2 期；孙立行：《“市场型间接融资”体系与中国融资体制改革取向》，载《金融论坛》2009 年第 1 期。

② 参见蒋大兴：《公司组织形态与证券（融资）权利——摒弃有限公司“改制上市”的法律习规》，载《现代法学》2013 年第 1 期。

③ 参见蔡奕：《法制变革与金融创新——兼评〈证券法〉〈公司法〉修订实施后的金融创新法制环境》，载《中国金融》2006 年第 1 期。

④ 参见黎四奇：《〈多德—弗兰克华尔街改革和消费者保护法〉之透析及对中国的启示》，载《暨南学报》（哲学社会科学版）2012 年第 10 期。

识,普遍认为金融创新是提高金融效率的有效手段,金融效率的状况对金融创新的产生与发展起着制约或推动作用。但这一共识对于深入理解金融创新与金融效率的关系尚显不足,笔者认为金融创新应当重点关注制度适应性效率(institutional adaptive efficiency),立足于对资本市场体制效率的推动与促进。所谓制度适应性效率,就是制度依据经济社会环境的发展变化而应时而动,不断提高制度适应经济社会发展的要求,减少经济社会发展过程中的不确定性,提高制度竞争力。① 所谓体制效率,是指承担了激励、配置、保险和约束四种分类功能的一组经济制度安排,是对一国经济组织形式的整体概括。② 将制度适应性效率和体制效率纳入金融创新的功能视野,赋予了金融创新全新的时代内涵,也有望开启资本市场法治建设新的视窗。金融创新与金融安全的关系无论是在学术界还是实务界均存在较大的观念误区,人们已经习惯于将二者视为一对矛盾范畴,它们之间似乎有一种难以调和的紧张关系。但其实,金融安全与金融创新并不矛盾,这是因为金融创新是金融业持续发展的基础,是金融发展的原动力,有效的金融创新提供了一种基于市场的风险化解和防范机制,因此,鼓励金融创新才是实现金融安全最根本的措施。③ 与其固守金融安全的单向思维,不如放开金融创新的盲目管制,资本市场法律规则面向金融创新理应采取"疏胜于堵"的宽容态度。金融创新与金融公平的关系很少被提及,作为金融法新理念的金融公平也只是近年来才受到学界关注。所谓金融公平,是指在金融活动中,各类主体不因自身经济实力、所有权性质、地域和行业等因素而受到差别对待,能够公平地参与金融活动,机会均等地分享金融资源,形成合理有序的金融秩序,并通过金融市场实现社会整体利益的最大化。④ 作为金融效率与金融安全价值冲突的调和者,金融公平可以成为金融创新正当性的判断标准,即如果一项金融创新有助于市场主体公平参与金融活动,公平进行金融交易,公平享受金融福利,则该金融创新本身的正当性毋庸置疑;反之,如果一项金融创新剥夺了部分人的权利和机会,扭曲了财富分配机理,伤及了社会福利,则该金融创新本身须接受合法性审查。

① 参见黄信:《经济转型、制度环境与制度适应性效率》,载《社会科学战线》2011年第9期。Also See Ahrens, Joachim, Jünemann, Patrick, "Adaptive efficiency and Pragmatic Flexibility: Characteristics of Institutional Change in Capitalism, Chinese-style", *Forschungspapiere Research Papers*, 2009/3.

② 参见吕忠梅、陈虹:《经济法原论》,法律出版社2007年版,第124页。

③ 参见张忠军:《论金融法的安全观》,载《中国法学》2003年第4期。

④ 参见冯果:《金融法的三足定理与中国金融法制的变革》,载《法学》2011年第9期。

此外,金融创新的知识产权保护理念、司法审查理念与责任规制理念同样需要更新。随着知识经济的加速到来,资本市场的竞争演变为知识的获取、占有和利用的竞争,获取引领金融潮流的新技术和新产品意味着占据了资本市场的主动权。在国家知识产权战略实施的大背景下,金融机构应树立和强化知识产权的法律观念,综合利用著作权、专利、商标和商业秘密等多种模式保护金融创新成果,如对浮动利率债券上的艺术创作、认股权证明书申请著作权保护,对二板市场的自动化交易系统、股指期货的现金管理系统申请专利权保护等。金融创新的司法审查,应慎重解释和把握自治与强迫的界限,尊重公司自治和市场逻辑,坚持裁判宽容,采取更为宽缓和灵敏的审理方式,回归司法者而非立法者的立场。[①] 尤其是在金融创新大众化的背景下,金融司法必须正确处理司法能动与司法克制、司法感性与司法理性、法律适用与民意影响 3 方面的辩证关系,公正、安全和最大化地保护社会民众的金融权益。[②] 金融创新的责任规制理念,一方面要针对金融创新的复杂性进行权利倾斜性配置,加重金融机构的法律责任,强化对中小投资者的特别保护;另一方面要置于公共利益的立场强化金融监管机构的监管责任,重申市场纪律,使金融创新不偏离社会正义的价值轨道。

(二)金融创新范式的结构性转型

当前,我国正经历着一场深刻的政治、经济和社会转型。唐德刚先生将这场转型形象地称为“历史三峡”,认为通过“历史三峡”是历史的必然,到那时“晴川历历汉阳树,芳草萋萋鹦鹉洲”,人们在喝彩声中,就可扬帆直下,随大江东去,进入海阔天空的太平洋了。[③] 政府主导的资本市场制度变迁模式和外生性主导的金融创新范式构成了“历史三峡”的一部分,其结构性转型前景可期,但过程曲折。鉴于外生性主导的金融创新范式难以为继以及资本市场国际化的方向不可逆转,我国必须坚定不移地坚持市场化的改革方向,从外生性金融创新走向内生性金融创新,通过政府引导、市场跟进的制度变迁模式推动资本市场的制度创新。这场结构性转型需要重点处理好两个关系:一是行政管制与市场机制的关系;二是金融创新与金融监管的关系。行政管制与市场机制的关系是资本市场法制的核心问题,构成了资本市场其他问题的源头,例如,证券法

---

① 参见蒋大兴:《公司自治与裁判宽容——新〈公司法〉视野下的裁判思维》,载《法学家》2006 年第 6 期。

② 参见潘云波、周荃:《金融创新大众化对金融司法的新需求与回应》,载《金融教学与研究》2012 年第 4 期。

③ 参见唐德刚:《晚清七十年》,岳麓出版社 1999 年版,第 7 页。

范畴中形式意义的证券市场小于实质意义的证券市场,证券发行审核部门二元并存等,实质是现行资本市场行政管理体制职权划分的结果;证券交易所公法人化,证监会对上市公司和证券公司的深度控制,实质是行政监管全面管控证券市场的具体反映;证券业协会功能不昌并缺乏独立发展空间,司法机制在维持和恢复证券市场秩序上功效不显,实质是证券市场行政监管机制运行产生排他效应的自然结果。[①] 过严的行政管制抑制了资本市场的创新活力,削弱了资本市场的竞争力,也导致资本市场的一些本土性问题演化为外在的行为扭曲、利益失衡和秩序混乱,正如有学者所言,政府是公有产权管理者,同时又是市场制度供给者和市场秩序维护者,由于自身特殊利益偏好,政府行为演化为市场内在要素,形成一种权力选择市场,以公共利益理论为基础的单向度资本市场制度体系无法有效制约政府行为,更难以实现公私产权的市场制衡。[②] 放松对资本市场的行政管制,首先需要行政监管机构向证券交易所、证券业协会等资本市场自律团体转移权力和释放权力,如将金融创新产品的认定权授予证券交易所,把对上市证券的选择权还给证券交易所,依此激发市场主体的创新动力,助推外生性金融创新向内生性金融创新转变。其次,进一步拓宽金融创新的规则空间与监管空间。对属于自律职能范围的事情应尽量避免由于法律上的刚性规定影响资本市场的发展,对一些暂不具备在法律中规定的金融创新事项,也可先考虑由业务规则作出规定,待条件成熟再上升到法律层面予以规制。[③] 因此,资本市场的监管方式应实现从准入监管到行为监管的转变,将产品、业务、机构和人员的行政许可改为备案制,由交易所对各自交易场所公司上市、新产品发行、信息披露等进行监管。

放松行政管制后的资本市场必然会出现金融创新蓬勃发展的景象,但金融创新不能成为脱缰之马,而必须置于金融监管的有效射程之内。从某种意义上来讲,对金融创新的金融监管是一种"必要的恶",监管者应当是理性的保守者,而非狂热的激进者和不负责任的纵容者。在一个管制宽松的制度环境中,如果没有有效的金融监管,则金融创新的发展极易偏离实体经济的需要,异化为少数人剥削多数人的工具,伤及社会福利,危害市场秩序。有学者将这种现象称为"金融主义"(financialism),并认为金融主义导致当代人劫掠后代人财

---

① 参见陈甦、陈洁:《证券法的功效分析与重构思路》,载《环球法律评论》2012年第5期。

② 参见伍文辉:《资本市场秩序的宪法选择》,载《法制与社会发展》2012年第5期。

③ 参见上证所－山东证监局联合课题组:《证券法功能定位的国际比较与我国证券法的完善》,载《上证联合研究计划课题报告》2011年第22期。

富并危害国家安全,其本质是不道德的,因此,必须摧毁金融主义,回归资本主义。[①] 为了避免重踏美国式“金融主义”覆辙,我国对金融创新的监管必须特别强调审慎监管的理念,以实体经济为依归,鼓励面向普通投资者和普通消费者的金融创新。对于股权互换、股份出借、资产证券化、信用衍生品等金融创新工具而言,则应通过权利配置、风险控制、责任设定等予以限制,推动虚拟经济向实体经济的适时回归。良好的金融监管,应该是既能极大地促进金融创新的发展,又能有效地控制金融创新的风险。金融创新与金融监管之间既存在互动关系,也是一个动态的博弈过程。金融市场的发展一方面需要金融创新作为动力;另一方面又需要加强金融监管以维护金融安全,以利于金融业持续和健康稳定的发展。但在资本市场实践中,金融创新与金融监管的竞争性平衡极难实现,这是因为金融创新以金融效率为价值目标,金融监管以金融安全为价值目标,而金融效率与金融安全的关系历来处于“剪不断、理还乱”的纠结状态,金融危机的治乱循环亦难以走出“自由放任→金融危机→金融管制”的周期性怪圈。本文建议,在对金融创新进行金融监管的过程中引入金融公平的价值坐标,以金融公平来整合金融效率与金融安全的价值冲突,消解金融创新与金融监管之间的内在张力,实现资本市场法制经济效果、社会效果和法律效果的统一。同时,金融监管需要跳出金融机构和监管部门相互博弈而造成的“监管→放松监管→重新监管”的轮回,塑造针对金融创新的逆周期金融监管体制。此外,还需要特别强调的是,对金融创新的金融监管必须打破对欧美资本市场法制的盲目崇拜,走出唯“美”主义或唯“欧”主义的法律迷恋,打破其在国际金融规则创新中的话语霸权,树立民族自信,走向国家理性。

---

① 参见[美]劳伦斯·E.米切尔:《反思金融主义:一个历史的视角》,施天涛、袁田译,载《清华法学》2012年第4期。

“活的自律”

——两岸信托业行业协会自律职能实证研究

席月民[*]　刘志远[**]

行业协会作为自律组织,学理上认为可以发挥纠正市场失灵和政府失灵的“润滑剂”作用。行业协会自律职能有效、充分地实现对信托业的稳步发展具有重要的实践意义,对处于转型期、回归“受人之托、代人理财”信托本源的我国信托业则更是如此。信托业行业协会内部运行机制的健全和外部生存环境的改善有利于促进其自律职能的实现。

一、“活的自律”:作为制度、过程与事业的自律职能及其实现

市场机制“无形之手”神话的破灭和政府监管“有形之手”效用的质疑共同促成“第三只手”——自律组织的力量引入。行业协会作为自律组织的重要组成部分,是“联结金融机构与负责金融监管的政府部门之间

---

[*] 中国社会科学院法学研究所经济法室主任,法学系副主任兼法硕办主任。

[**] 中国社会科学院研究生院法学系2016级法律硕士(法学)研究生。

的纽带和桥梁”,[①]被视为“市场经济的润滑剂、协调器和保险阀”。[②] 学理上对行业协会的职能给予了相当的理论关怀,一般认为最重要的职能即是自律。[③] 如果说行业协会自律职能的概念可以在理论体系中完善,那么自律职能的实现则是在应对各种复杂局面中丰富发展起来的。“活的自律”借鉴埃利希“活的法”思想。“活的法”认为法扎根于社会之中,本质上是一种社会秩序;真正的和主要的法律是社会立法中的秩序;法律作为一个过程和一种事业,在这种过程和事业中,规则只有在制度、程序、价值和思想方式的具体关系中才有意义。[④] 本文认为,作为制度、过程与事业的自律职能及其实现,该三者有机统一共同构成“活的自律”的实质内涵。

(一)作为制度的自律

作为制度的自律关注行业协会对其成员的行为标准予以规范的一系列制度安排。英国学者安索尼·奥格斯认为,自律包括许多制度安排,既有无须借助法律规则的私序,也有经授权具有政府执行性质的规则。[⑤] 私序与公序相对,是当事人私下自发形成的自我约束和惩罚的制度安排所形成的秩序,典型的如自律规则。[⑥] 中国信托业协会自律管理权的权源来源较单一。目前作为我国信托业监管法核心构成单元的《信托公司管理办法》第 57 条规定:“信托公司可以加入中国信托业协会,实行行业自律。中国信托业协会开展活动,应当接受中国银行业监督管理委员会的指导和监督。”该办法并未明确给予中国信托业协会行政授权,中国信托业协会更多依据自律规则进行自律管理。我国台湾地区在步入 21 世纪之初即颁布了“信托业法”,其中设专章“公会”,即“信托业商业同业公会”,于第 45 条规定:信托业非加入“商业同业公会”,不得营业。第 46 条规定:“信托业商业同业公会业务管理规则”,由主管机关定之。另于第 22 条、第 32－1 条分别给予我国台湾地区“信托业商业同业公会”对“信托业应负之义务及相关行为规范”和

---

① 席月民:《我国金融监管方式的法定化及其合理匹配》,载王晓晔、邱本主编:《经济法学的新发展》,中国社会科学出版社 2008 年版,第 375 页。

② 刘凤军、庞晓鹏:《美日德行业协会的职能、网络与自身建设》,载《首都经济贸易大学学报》2004 年第 1 期。

③ 参见郭薇、秦浩:《中国行业协会自律职能缺失的原因分析——基于角色冲突的分析框架》,载《浙江社会科学》2012 年第 5 期。

④ 参见严存生、郭军明:《自然法・规则法・活的法——西方法观念变迁的三个里程碑》,载《法律科学》1997 年第 5 期。

⑤ See Anthoy Ogus, “Rethinking Self-Regulation”, 15 *Oxford J. Legal Stud*. 97 (1995).

⑥ 参见李艳东、郑江淮:《私序的功能与转型:一个述评》,载《产业经济研究》2007 年第 1 期。

“信托契约中之受益人会议应遵行事项范本”的拟定权,与此同时,信托业主管机关“金融监督管理委员会”依据台湾地区“信托业法”的授权制定了“信托业商业同业公会业务管理规则”。自律及其实现的制度安排体现在内部运行机制与外部生存环境两个方面。前者包括信托业行业协会内部治理结构的规范运作、重要自律规则的审慎制定等;后者主要是指行政监管与行业自律之间的关系。

(二)作为过程的自律

作为过程的自律重视自律的实现过程及其结果的研究。自律不能停留在宗旨和理念的层次,学理认同的自律组织的“润滑剂”作用必须在实践中方能彰显其价值。与此同时,信托业行业协会自律监管可能存在的缺点也不容忽视,因为这些缺点的存在将对自律的实现和结果产生促退效应。

首先,信托业行业协会的自律监管缺乏直接的强制执行力。有力的自律监管措施以强有力的执行措施为后盾。但是,行业协会作为民事主体,而非公权力的享有者,与作为主管机关的中国银行业监督管理委员会(以下简称中国银监会)和金融监督管理委员会判然有别。因此,行业协会在行使自律监管权时往往缺乏强制手段。无奈之际,行业协会只有报告主管机关请求启动行政监管程序。这无形之中助长了成员的违规投机心理。

其次,信托业行业协会可能放松对会员的自律制裁。制裁机制是行为规范的强制力之所在,自律心理中的“家丑不可外扬”“舐犊之情”在信托业行业协会自律过程中有可能发生。《中国信托业协会章程》第5条规定,信托业协会履行行业自律职责,其中包括自律惩罚权和会员违法违规报告义务两项。但通过检索中国信托业协会官网,尚未发现一起协会主动行使自律惩罚权或者对会员违法违规事项上报中国银监会的信息。《信托业商业同业公会会员自律公约》第16条等详细设置了自律案件的惩罚主体、惩罚流程、惩罚措施与惩罚救济规范。检索信托业商业同业公会官网以及近3年年报,同样未发现公会处理自律案件的信息。未公示并不意味着协会所有成员无任何违反法律法规、自律规则的情形,未公示则意味着即使有该类自律案件协会作出了惩罚措施其效果也会大打折扣。中国信托业协会专职副会长王丽娟①在2010年表示协会下一步的重点是“建立自律情况监督制度,对自律公约执行情况进行跟踪检查,适

① 中国信托业协会第三届会员大会第十一次会议通报中国对外经济贸易信托有限公司伊力扎提同志接任协会副会长、王丽娟同志卸任协会专职副会长事项。载中国信托业协会:http://www.xtxh.net/xtxh/topnews/42562.htm,最后访问日期:2016年10月20日。

时组织会员单位自查、检查,在行业内开展评选'自律标兵'、'违约案例警示'等活动,并将结果上报监管部门,作为监管评级和业务准入的参考,以鼓励自觉自律,抵制和谴责恶意竞争和损害行业利益行为"。[①] 但未见后续报道。这在一定程度上表明行业协会尚未拿出"挥泪斩马谡"的魄力,可能对违反自律规范的成员姑息纵容,心慈手软,从而出现"向最低点竞争"的现象。这无法回应"行业协会的作用往往仅限于培训、咨询、调查、统计、会议交流等浅层次"[②]的批评,更为严重的后果是,惩罚性协调功能的缺陷或丧失可能会动摇一个自治性行业协会的生存基础。[③]

(三)作为事业的自律

作为事业的自律强调行业自律应在政府监管、行业自律、内部控制、审计监督以及社会监督"五位一体"的结构中发挥更大作用。政府监管、行业自律、内部控制、审计监督以及社会监督分属他律和自律两个层次。从实施监管的主体来看,上述任何一种监管方式都有其局限性,合理匹配政府监管、行业自律、内部控制、审计监督和社会监督等法定监管方式十分重要。行业自律是对政府监管的有益补充,它是联结金融机构与负责金融监管的政府部门之间的纽带和桥梁,因此,必须注意发挥行业自律组织和中介机构的作用,形成政府监管、行业自律、内部控制、审计监管以及其他社会监督力量之间的合理分工和协作,明确各类监管权力的行使边界,相较于他律机制而言,自律机制更具有内生力,而且其实施成本最低,充分发挥自律机制的作用,可以有效弥补政府监管方式的局限性。

具体到我国信托业发展和监管历程,可谓坎坷曲折。自 1979 年 10 月 4 日中国国际信托投资公司由前国家副主席荣毅仁创办成立,标志着信托业正式复业。信托业至今经历了其他金融行业都未曾有过的 6 次行业性清理整顿,信托公司从鼎盛时的上千家到如今的 68 家,走过了一条跌宕起伏的发展之路。信托业整顿之后,仍面临严峻的业务规范、管理和发展问题。作为事业的自律不仅关注信托业微观个体的自律,还重视提高整个信托业的自律性。行业协会在"五位一体"的监督体系中应有更大的作为,应当健全信托业经营,保障委托人及受益人权益,协调同业关系,增进行业共同利益。

---

① 王丽娟:《中国信托业的自律与发展》,载《中国金融》2010 年第 11 期。

② 宫保芝、赵倩:《我国行业协会自律功能的缺失与拓展》,载《江苏大学学报》(社会科学版)2008 年第 5 期。

③ 参见余晖:《行业协会组织的制度动力学原理》,载《经济管理》2001 年第 4 期。

二、两岸信托业行业协会自律职能实证研究

余凌云教授将中国安全防范产品行业协会构建的自律制度总结为“行为规则是核心、准入协调是两翼、信用制度是载体、教育培训是保障的基本模式”。结合信托业行业协会本身的特点,可以总结为自律规则是核心,信息公开、经费会费、教育培训分别发挥诚信保障、自省保障和业务保障功能的模式,“一核心、三保障”从维护行业整体形象、形成良性自省机制、提升专业服务水平三个方面着眼于信托行业自律职能的实现。下文将对两岸信托业行业协会自律职能展开实证研究。

实证研究强调可靠性、可重复性与可验证性。本文研究的素材来源于中国信托业协会网、我国台湾地区“信托业商业同业公会”网,下文数据如无特殊说明均来自此网站。①

(一)两岸信托业行业协会的基本情况

1. 中国信托业协会

中国信托业协会成立于2005年5月,是全国性信托业自律组织,是经中国银行业监督管理委员会同意并在中华人民共和国民政部登记注册的非营利性社会团体法人,现任会长陈一松。

中国信托业协会重视组织机构和组织制度建设。协会最高权力机构是会员大会,由全体会员组成。协会设理事会和监事会。理事会是会员大会的执行机构并对会员大会负责。协会设常务理事会,在理事会闭会期间,常务理事会行使理事会部分职权。协会设秘书处,为协会日常办事机构。协会秘书处下设5个部门,分别为办公室(党委、纪委办公室)、会员维权与服务部、自律与监管协调部、媒体与研究部和培训部。

2. 我国台湾地区“信托业商业同业公会”

我国台湾地区“信托业商业同业公会”的前身为“银行公会一般业务委员会信托业务小组”,原负责信托业务的研究发展及协调同业间信托事务的处理,后因主管机关颁布“信托业商业同业公会业务管理规则”而于2000年10月25日由“银行公会”召开信托业商业同业公会发起人预备会议,征询各会员银

---

① 参见席月民:《我国金融监管方式的法定化及其合理匹配》,载王晓晔、邱本主编:《经济法学的新发展》,中国社会科学出版社2008年版,第376页;余凌云:《行业协会的自律机制——以中国安全防范产品行业协会为个案研究对象》,载《清华法律评论》2007年第00期。中国信托业协会网:http://www.xtxh.net/xtxh/;我国台湾地区“信托业商业同业公会”网:http://www.trust.org.tw/home/index.asp。

行担任发起人意愿,成立公会预备筹设工作小组,负责申请筹设许可,展开各项筹设的前置作业。该公会筹设案于2001年1月31日经我国台湾地区内政管理机构函告准予设立,同年2月12日召开发起人会议暨第一次筹备会,会中摊派筹备员,组成筹备会,并推选王荣周先生为召集人,全力积极进行筹设后续事宜。同年2月21日召开第二次筹备会,审核通过本该会会员及会员代表资格及研议通过公会章程、工作计划、收支预算草案等事宜。最后于同年3月7日举行成立大会,正式成立该公会。

该公会组织化程度很高,有比较完善的组织机构设置和分工。内部组织机构包括会员大会、理事会、监事会、理事长、秘书长和副秘书长。其中理事长下辖5个委员会,分别是业务发展委员会、法规纪律委员会、查核辅导委员会、财务税务委员会和管理训练委员会;秘书长辖下设行政管理组、训练推广组、业务发展组及审查辅导组等4组。

《中华人民共和国信托公司管理办法》规定,“信托公司可以加入中国信托业协会”,这意味着信托公司加入协会并非强制性。我国台湾地区“信托业法”规定,“信托业非加入商业同业公会,不得营业”,这体现了加入公会的强制性。但尽管如此,实践中我国大陆现有68家信托公司全部作为会员加入了中国信托业协会,另有2家非信托公司会员单位,分别是北京市中盛律师事务所和德勤华永会计师事务所。截至2015年年底,我国台湾地区“信托业商业同业公会”会员机构计有56家,银行兼营者有45家,证券商兼营者有11家。

(二)两岸信托业行业协会自律规则比较

信托业行业自律是信托业自我管理、自我规范、自我约束的一种民间管理形式,协会监管权力来源于成员机构对自律组织的章程以及决策等自律规则的普遍认可。①

信托业行业协会自律规则囊括了协会章程(见表1)、自律公约、业务规范、任职资格规范、内部控制规范等一系列自治文件。这些自律规则一方面为信托业行业协会的自律监管提供法律上的正当依据;另一方面又限制、框定和拘束信托业行业协会自律监管的范围、内容、方式和程序。

---

① 参见席月民:《我国金融监管方式的法定化及其合理匹配》,载王晓晔、邱本主编:《经济法学的新发展》,中国社会科学出版社2008年版,第376页。

表1　两岸信托业行业协会章程比较

行业协会	中国信托业协会	我国台湾地区“信托业商业同业公会”
主管机关	中国银行业监督管理委员会	我国台湾地区行政管理机构“金融监督管理委员会”
协会章程	《中国信托业协会章程》	“会员自律公约”
设立依据	《中华人民共和国信托法》《中华人民共和国银行业监督管理法》	我国台湾地区“信托业法”; 我国台湾地区“信托业商业同业公会业务管理规则”
设立目的	认真履行自律、维权、协调、服务职能,发挥相关管理部门与信托业间的桥梁和纽带作用,维护信托业合法权益,维护信托业市场秩序,提高信托业从业人员素质,提高为会员服务的水平,促进信托业的健康发展	督促其所属会员发扬自律精神,恪遵法令规定,维护客户权益并确保公平竞争
条文数目	60条	20条
主要内容	总则;职责;会员;组织机构;资产管理、使用原则;章程的修改程序;终止程序及终止后的财产处理;附则	会员业务经营原则;会员经营或执行信托相关业务禁止之行为;信托监察人;财产评审委员会;从业人员任用资格;保密义务;业务促销活动禁止行为;自律案件处理规范;奖励;管辖等

我国台湾地区“信托业商业同业公会”制定的自律规则有以下三个特点。

首先,我国台湾地区“信托业商业同业公会”制定的自律规则内容丰富,覆盖面广(见图1)。中国信托业协会除制定《协会章程》,2009年至今共计制定6个自律规则,按发布时间先后顺序分别是《经营性信托业行业公约》《中国信托万里行上海共识》《中国信托业行业宣言》《信托公司证券投资信托业务自律公约》《关于进一步规范和促进银信合作业务的自律公约》和《信托公司开展资产证券化业务自律公约》,自律公约数量较少,覆盖面较窄。值得注意的是,这并不能说明信托公司的行为“无法可依”,实践中主要是由中国银监会出台监管文件,如《信托公司管理办法》《信托公司集合资金信托计划管理办法》《信托公司净资本管理办法》《关于加强信托公司结构化信托业务监管有关问题的通知》《关于加强信托公司房地产信托业务监管有关问题的通知》等。我国台湾地区"信托业商业同业公会"截至2016年8月8日制定了涵盖11个方面,共计87个自律性文件,涵盖了信托业关涉法律问题的方方面面,可以说自律规则覆盖到"法律""法规""行政规章"无法涉及的信托业死角。

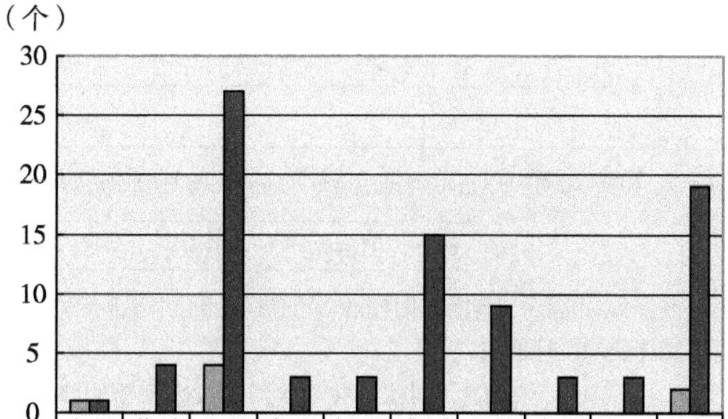

	会员自律	营销规范	业务规范	审查规范	任职资格	合同范本	查核规范	内控规范	资产规范	其他规范
■中国信托业协会	1	0	4	0	0	0	0	0	0	2
■"信托业商业同业公会"	1	4	27	3	3	15	9	3	3	19

注:(1)中国信托业协会自律规则数量统计截至2016年10月16日;

(2)信托业商业同业公会自律规则数量统计截至2016年8月8日;

(3)"资产规范"指"资产价值计算规范";

(4)中国信托业协会2015年年度制定并正式发布了《信托公司行业评级指引(试行)》及配套文件。因其并未被置于官网发布自律规则的"会员管理"一栏,故未纳入统计。

图1 两岸信托业行业协会自律规则数量对比

其次,我国台湾地区"信托业商业同业公会"制定的自律规则及时回应了监管需求(见图2)。经验表明金融法律规则和制度的变化往往落后于市场的发展,信托业自不例外。随着信托业国际化步伐加快,信托产品不断转型升级,监管步伐必须跟进。问题在于由谁以何种方式跟进。从新兴的信托市场法律现象萌芽、浮出水面再到法律法规出台,再到监管部门采取具体监管措施,往往旷日持久,甚至错失监管良机。而"信托业商业同业公会"则及时回应了新兴法律问题,及时创新监管思路,及时出台自律规章,及时更新监管措施,及时规范新型信托业法律关系。

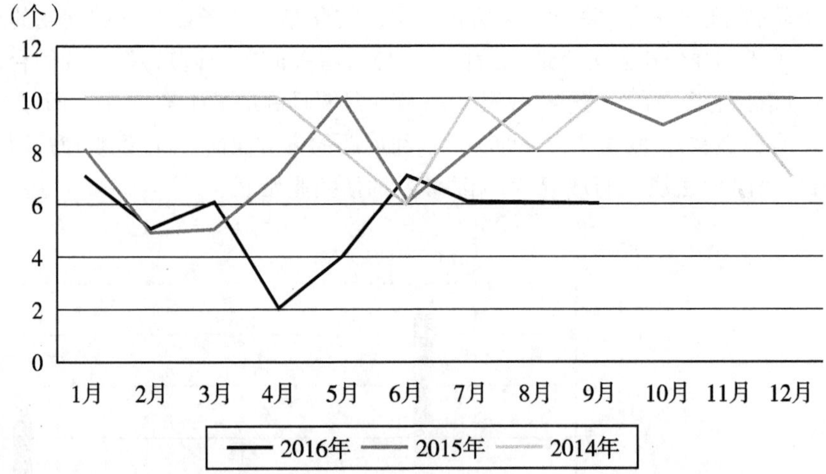

注释a:我国台湾地区“信托业商业同业公会”近3年月度自律规则修订数量统计截至2016年10月16日。

图2 同业公会近3年月度自律规则修订数量

最后,我国台湾地区“信托业商业同业公会”制定的自律规则质量较高。举例而言,“信托业商业同业公会会员自律公约”作为实体法规范了公会与会员之间的权利/权力与义务关系,由“信托业商业同业公会审议会员自律案件作业要点”和“信托业商业同业公会会员业务纷争调处办法”作为程序法保障实体法的具体实现,践行程序正义,而后紧接着配套设置了一系列业务规范、业务审查规范用以判断会员行为是否违反自律规则,可以说不同自治性文件之间形成了一套严密而又行之有效的规范体系维护信托业的整体利益和促进会员对共同的游戏规则的遵守。再如,“信托业商业同业公会”的自律规则对自律组织成员设定了更加严格的行为准则,细化了“信托业法”中语焉不详的条款;①填补“立法空白”,例如,公会制定了“信托业防制洗钱及打击资助恐怖主义注意事项范本”;使原则性较强的条款更具可操作性,且深入法律鞭长莫及的商业伦理层面对信托业主体提出了相应的行为准则,例如,公会制定了“信托业薪酬制度之订定及考核原则”。形成这种局面的原因是多方面的,概括起来主要有三个:一是信托业商业同业公会自律监管的实质是银行兼营信托业者与证券商兼营信托业者和其他市场相关主体共同参与的自律监管,在公会的自

① 例如,我国台湾地区“信托业法”第23条规定:“信托业经营信托业务,不得对委托人或受益人有虚伪、诈欺或其他足致他人误信之行为。”公会制定了“信托业办理共同信托基金业务之营销订约信息揭露及风险管理应行注意事项”,细化了“虚伪、诈欺”等行为的判断标准。

律机构框架中,监管者也是被监管者,被自律规则规范者也是自律规则的制定者,他们有意愿也有动力制定共同遵守的良好的自律规则以维护其正当利益;二是自律规则质量本身可借由谙熟信托实务的人士获得合理而有力的专业保障,避免了"外行立法"的弊端;三是自律规则制定程序严谨、审慎。"每一提案均由各委员会或项目小组提供意见,经理监事讨论后,作成决议,或由本会建请上级机关核办,或答复相关单位酌参,或通函各会员付诸实施。"①

(三)两岸信托业行业协会其他自律机制比较

1. 信息公开:诚信保障功能

两岸信托业行业协会均非常重视行业信息公开机制建设。但中国信托业协会和我国台湾地区"信托业商业同业公会"二者的侧重点和方式有所不同。

中国信托业协会信息公开及时完整,较好地体现了持续信息公开,尽管其并不负有法定信息公开义务。信息公开主要体现在行业数据统计与分析和信托业行业研究两方面。中国信托业协会每季度末公开信托公司主要业务数据(详见表3)并发布中国信托业发展评析。信息公开的目的是使信托投资人(委托人和受益人)对信托公司和信托产品的资产、负债、财务状况、利润与权益、前景与风险等方面的情况作出有信息依据的评估,从而在信息充分、均等的条件下作出决策。中国信托业协会发布行业研究报告,主要包括《中国信托业发展报告》《中国信托业年度社会责任报告》《中国信托业年鉴》《见证中国信托》《信托业专题研究报告》《中国信托产业发展战略研究课题总报告》《信托法律法规手册》等。值得注意的是,在互联网时代,信息公开的主要载体之一是官方网站,其已成为公开信托业行业信息的重要窗口,对于满足信托投资人的信息需求具有重要作用。客观来说,中国信托业协会的官网建设还存在有待提高之处,例如,官网中"财经要闻""行业聚焦""社会责任""会员动态"四个子栏目内容分类不明,更像是资讯繁杂的信托业信息门户;官网中未见协会经费来源、协会专职工作人员数量等具体信息;比较具有特色的"信托维权与法律咨询"栏目最近提问与回答是在2015年8月25日,之后未见更新。

我国台湾地区"信托业商业同业公会"注重整合,便利各项资讯查询。一是公会官网公开最近3年的信托业年报,主要内容为信托业承办信托业务概况、信托业主要业务、信托业附属信托业务的统计分析。二是公会官网针对一般信托业务与特种信托业务作研究报告。三是公会官网提供信托业行业研究报告(见表2),截至2016年10月20日,共计47件。除此之外,官网还提供业

① 参见我国台湾地区"信托业商业同业公会"2015年年报,第24页。

务统计、集合账户与共同基金业务统计、信托业各会员单位经营与管理人员统计表的开放下载。

表2 我国台湾地区信托业商业同业公会部分典型研究报告

发布时间	研究报告名称
2016年8月	入住养护机构预付入住款项或保证金交付信托可行性之研究
2015年11月	"保险金信托业务相关议题之研究"报告及可行性流程图
2014年12月	民法监护人、辅助人及信托监察人于信托关系之研究
2014年6月	"信托各类所得涉及美国税法相关法制、实务作法及应注意事项"研究报告
2014年5月	信托业以信托方式办理都市更新之研究
2011年1月	逆向抵押(反向抵押)制度——以房养老可行性探讨
2009年7月	"信托业以受托人角色担任起造人应负之责任及建议"研究报告
2009年12月	台湾信托业进入中国大陆市场之发展与机会

这些行业数据统计与分析、行业研究、自律规则的整合充分体现了信托业行业协会作为信托业的信息中心地位,其掌握着一般信托公司或兼营信托业务的银行、证券公司等无法或者较难了解的全行业现状及动态,视野更宽、更深远,信息公开机制建设的直接结果是降低了单个成员收集信息的成本。

表3 中国信托业协会2016年第2季度末信托公司主要业务数据指标

序号	项目	内容
1	固有资产、权益与利润	固有资产;所有者权益;经营收入;利润总额;人均利润
2	信托资产	按来源划分;按功能分类
3	资金信托	按运用方式划分;按投向划分
4	特色业务	银信合作;信政合作;私募基金合作;PE;基金化房地产信托;QDII

续表

序号	项目	内容
5	证券投资信托	一级市场;二级市场;基金;组合投资;私募基金合作;银信合作等
6	上月内信托项目清算	向投资者支付收益;年化综合实际收益率等
7	资金信托行业投向	农、林、牧、渔业;制造业;房地产等
8	未来一年到期情况	2016年11月;2016年12月;2017年1月等
9	风险项目情况	个数;规模;集合;单一;财产权
10	新增信托项目	上月新增项目;本年累计新增项目等

2. 经费会费:自省保障功能

经费之于协会有如血液之于人体,协会如果没有稳定可靠的资金来源,其自省能力将失去保障,自律职能将无法实现。中国信托业协会的经费来源包括会员缴纳的会费、接受的捐赠或资助、在核准的业务范围内开展活动和服务的收入、利息收入和其他合法收入。协会每个会员初次入会需缴纳初始会员费,每年会员应缴纳会员年费。但各会员之间确定缴纳会费的标准并未在协会官网公开。协会章程针对经费使用也作出了明确规定:"协会经费应用于协会履行本章程规定的职责和进行协会自身建设,不得在会员中分配。协会开展表彰奖励活动,不收取任何费用。"章程还规定,资产来源属于国家拨款或者社会捐赠、资助的,必须接受审计机关的监督,并将有关情况以适当方式向社会公布。但在协会官网上并未能发现该类信息。我国台湾地区"信托业商业同业公会"的经费主要来源于入会费和常年会费,公会以成员资本额为标准确定入会费,入会费入会时依等级一次缴清,资本额新台币20亿元以上,缴纳新台币50万元;资本额新台币10~20亿元,缴纳新台币14万元;资本额未达新台币10亿元,缴纳新台币7万元。常年会费就每年预算之经费由会员按比率分摊。

3. 教育培训:业务保障功能

信托是"基于信任而托付"的一项制度安排,信托计划的开展作为一种决策或规划,具体内容包括了融资、投资、套利、风险管理等多个方面。[①] 首先,信托业的综合性与复杂性要求信托从业者掌握全方位的信托、法律与金融方面的知识与技能。其次,我国台湾地区“信托业商业同业公会”成立的宗旨之一即是推广信托观念、促进信托业务发展,因“信托制度起源甚早,由于其运作极富弹性,且深具社会及经济功能”。[②] 我国信托业也正处于回归“受人之托、代人理财”信托本源的转型中,二者均强调社会经济体形成或致力于去培育一种“基于信任而托付”的观念文化,这在客观上给微观的信托从业者和宏观的信托业提出了更高的要求。鉴于此,行业协会加强对信托从业人员的法律、金融专业知识和技术的培训,既具有一般行业协会培训意义上的授益性质,更具有保证和强化信托业服务质量的意义。

为此,我国台湾地区“信托业商业同业公会”组织信托业业务人员在职训练课程。我国《信托业协会章程》规定协会应当履行“组织信托从业人员资格考试和相关培训,提高从业人员素质”的行业自律职责。为此,中国信托业协会组织编写了《信托业从业人员培训教材》丛书,包括《信托基础》《信托法务》《信托公司经营实务》《信托监管与自律》4本,是体系完整的一套行业入门书籍,也是了解信托行业的一套权威性的参考书,可作为信托业从业人员的学习和培训用书。协会另行组织信托业全员培训考试,信托公司学员参加培训并通过四门考试(含补考通过)者,可获得协会颁发的《信托业全员培训合格证书》。中国信托业协会在官网专门设置“培训认证”一栏,发布每期培训考试工作动态。

三、信托业行业协会自律制度的完善

行业协会自律职能有效、充分地实现对信托业的稳步发展具有重要的实践意义,对处于转型期、回归“受人之托、代人理财”信托本源的我国信托业则更是如此。完善信托业行业协会自律制度可从以下两个方面着手。

(一)健全信托业行业协会内部运行机制

如前所述,信托业行业协会自律的本质来源于市场参与者通过协议对权利的让渡,信托业行业协会应当构建完善的决策、执行和监督机制,夯实重要的自律规则的正当性和合理性基础,使内部运行机制步入法治化轨道。

首先,加强“法定”治理结构的规范化运作。行业协会作为社会团体是由

---

① 参见席月民:《我国信托业监管改革的重要问题》,载《上海财经大学学报》2011年第1期。

② 参见我国台湾地区“信托业商业同业公会”官网“公会简介”一栏。

权力机构、执行及经营决策机构、监督机构等构成,每一个机构或专业委员会分掌不同权力,在合作与制衡之间实现自治与自律。例如,按期按程序召开会员大会、理监事会。会员大会作为信托业行业协会的最高权力机构,原则上可以对任何重大事件进行决策部署,尽管会员大会部分权力授权给理事会,但这并不意味着会员大会形同虚设,按期按程序召开会员大会。理事会是会员大会的执行机构,监事会是监督机构,要充分发挥理监事会在执行决议、业务规则制定和修改、纪律处分、监督会员履行义务等方面的重要作用,要增强重大事项决策的科学性和民主性。

其次,补充制定部分重要的自律规则。针对中国信托业协会制定的自律公约数量较少、覆盖面较窄的问题,可以适当借鉴我国台湾地区"信托业商业同业公会"的经验予以完善。第一,健全自律规则制定程序。自律规则的制定程序直接涉及其合法性问题,应当予以高度重视,要增强自律规则制定的民主性。自律规则涉及信托公司、兼营信托业务的银行和证券公司的利益,该制定程序必须为协会成员提供更加畅通的意见表达渠道,并在及时汇总相关意见的基础上,向社会公众披露意见汇总及采纳情况,发挥行业协会内外的法律、金融专业人士的力量,对自律规则严格把关,提高质量,有效回应自律监管需求。第二,健全自律案件处理机制。行业协会的惩戒理论上具有"执法"成本低、更具有针对性等优势,又因为其缺少强制力、惩处力度不够,所以必须由国家正式的行政处罚来担保与补足,形成政府监管、行业自律、内部控制、审计监管以及其他社会监督力量之间的合理分工和协作,这样最终才能在政府监管和市场化约束之间实现平衡,达到公平竞争和有效监管的目的。完整的自律案件处理机制包括制裁主体、违规行为、制裁方式、制裁程序与救济措施等结构,并且受到比例原则、正当程序、法治和合法预期保护等原则的限制。① 针对行业协会对违反自律规则的成员姑息纵容的可能弊端,两岸信托业行业协会必须拿出"挥泪斩马谡"的魄力,敢于"亮剑",严格按照自律规则制裁违规会员,只有这样才能打造行业协会的核心竞争力和自身魅力,避免那些只顾及短期利益的行为造成信托业整体利益的损失。

(二)改善信托业行业协会外部生存环境

信托业行业协会外部生存环境主要是指行政监管与行业自律之间的关系。我国信托业发展牢牢依靠政府主导和推动,存在"强政府、弱协会;强行政权、

---

① 参见余凌云:《行业协会的自律机制——以中国安全防范产品行业协会为个案研究对象》,载《清华法律评论》2007 年第 00 期。

弱自治权"的现象。从中国信托业协会自律管理权的权源来源较为单一,实践中主要是由中国银行业监督管理委员会出台监管文件等可见一斑。与我国台湾地区相比,祖国大陆信托业市场监管权配置现状更多体现的是强制性制度变迁的结果。尽管该种配置模式是信托业市场历史长期形成的结果,并可能在今后的发展中长期存在,但这并不意味着未来一定且事实应当如此。处理好行政监管与行业自律之间的权限配置,仍然是保障自律及其实现的关键性外部因素。

互联网金融控股公司不正当关联交易的法律规制

袁　康*

金融控股公司的治理问题向来是金融法学研究的重点，存在资本关联的金融机构之间极易发生的不正当关联交易更是法律规制的难题。随着金融市场规模的不断扩大以及互联网对金融体系的影响日益深化，以蚂蚁金服为代表的建立在数据关联基础之上的新型金融控股公司开始出现。这类互联网金融控股公司所控制的机构之间的关联与互动更频繁且更隐蔽，对其不正当关联交易实施规制更具难度。因此，在把握互联网金融控股公司不正当关联交易形成根源的基础上，探寻其规制逻辑与路径，在当下互联网金融控股公司野蛮生长的背景下殊为必要。

一、从资本到数据：互联网金融控股公司的兴起

金融控股公司，是指以直接或间接的方式以持有一定比例的股份控制其他金融企业，通过对银行、证券、保险等子公司的控制实现集团的混业经营，以多元化的金融服务分散经营风险的企业法人。① 这类金融控股公司建立在资本的控制与联合的基础之上，以实

* 武汉大学法学院讲师，法学博士。

① 参见田静婷：《我国金融控股公司法律机制的构建和完善——以台湾金融控股公司法为视角》，载《河北法学》2013 年第 4 期。

现协同效应为目标,规避分业经营限制进行组织创新的产物。我国金融控股公司主要表现为纯粹控股型、金融机构控股型以及产业资本控股型3大类。纯粹控股型金融控股公司,是指以中信集团、光大集团等本身并不经营具体业务,而是控股多个金融机构作为其子公司的法人实体;金融机构控股型金融控股公司是由银行或其他金融机构通过独资或合资成立的金融控股公司,如中国银行在海外成立中银国际控股公司,控股证券、保险等行业的金融机构;产业资本控股型金融控股公司则是在产融结合的背景下,由从事实业的工商企业参股或控股证券、保险、银行等金融机构,如海尔集团、山东电力等。① 以上3类金融控股公司具有以下共同特征:首先,金融控股公司及其子公司都具有独立法人地位,各自独立承担相应的民事责任;其次,金融控股公司基于股权资本对子公司进行控制,根据其控股地位而对作为子公司的金融机构实施有效的控制和影响;最后,金融控股公司的子公司各自独立从事金融业务,在证券、银行、保险、信托等行业形成协同效应。

然而,随着金融市场的不断发展以及互联网企业,尤其是互联网金融模式的崛起,给传统的金融市场以及金融控股公司的运行模式带来了新变化。第一,互联网金融模式的勃兴,极大地拓展了金融行业的业态与机构类型。以股权众筹、P2P、网上第三方支付、网络银行、在线理财等为代表的互联网金融模式在近年来取得了快速的发展,在传统银行、证券、保险等金融业务之外开辟出了新的业务蓝海,成了金融控股公司寻求控制的新目标。以蚂蚁金服为例,除了入股邮储银行、控股国泰产险、收购德邦证券等传统金融控股公司的模式之外,还控制了网商银行、支付宝、蚂蚁达客、蚂蚁花呗等属于典型互联网金融样态的子公司,形成了有别于传统金融控股公司的行业布局,囊括了网上融资、第三方支付、小额贷款、股权众筹、网上征信等众多领域。② 第二,大数据的发展与应用,使数据的获取途径与分析技术更受重视。在当前信息爆炸的时代,数据是建立和分析金融市场主体的联系、判断市场主体资信、预测市场主体行为的基础。在"数据为王"的大数据时代,资本已不再是最主要的生产力,数据将在金融行业发挥至关重要的作用。蚂蚁金服依托于阿里巴巴在O2C和O2O领域获取的海量数据,以及通过支付宝和余额宝挖掘的数据,为其在网商银行、蚂蚁花呗、蚂蚁借呗等业务提供了坚实的数据基础。而蚂蚁金服各分支业务之

① 参见常健:《我国金融控股公司立法:一个分析框架》,载《上海财经大学学报》2004年第4期。

② 参见吴晓求:《中国金融的深度变革与互联网金融》,载《财贸经济》2014年第1期。

间的海量数据共享，也构成了各子公司之间业务协同发展的支撑。第三，互联网企业的高速发展与转型需求为其进军金融行业提供了充足的资金和动力。信息革命和互联网技术的发展给互联网企业的高速成长提供了有利的时代环境，也孕育了大量互联网企业的巨大成功。互联网企业在发展过程中也与金融机构充分互动，在金融机构纷纷"触网"的同时，互联网企业也积极地进军金融行业。例如，蚂蚁金服即是阿里巴巴在发展到一定阶段后裂变出来的金融分支，而京东、小米等也纷纷涉足金融行业。这些已经取得巨大商业成功的互联网企业具有雄厚的资金实力，在开展自身转型的过程中也果断地抓住了互联网金融的机遇，利用其资金和技术优势往互联网金融控股公司方向发展。

在上述背景下，基于资本的控制与协同已经开始被数据的控制与协同所取代，以资本为基础的传统金融控股公司模式也正在面临以数据为基础的互联网金融控股公司的挑战。所谓互联网金融控股公司，是指由互联网公司设立的控股多个覆盖传统金融模式和互联网金融模式的金融机构或从事类似金融业务的实体，并且通过数据的关联共享实现协同效应的金融控股公司。互联网金融控股公司与传统金融控股公司在法律结构上并无二致，但两者的区别在于：(1)相比于传统金融控股公司以资本为导向，互联网金融控股公司更以数据为导向。传统金融控股公司主要是建立在资本层面的控制，即通过控股实现对子公司的掌握，并且在各具体金融业别的子公司之间进行资金流动和业务协作，而互联网金融控股公司除了本身建立于资本控制的关系之外，更重要的是利用平台优势进行数据的整合，即对各子公司经营活动中的数据进行挖掘和分析，通过数据的共享实现协同发展。(2)相比于传统金融控股公司以传统金融业务为主体，互联网金融控股公司除涉足传统金融业务，更主要的是开拓互联网金融等新金融领域。传统金融控股公司主要是控股银行、证券公司、保险公司、信托公司、融资租赁公司等，例如，平安集团旗下囊括了银行、保险、证券、投资、融资租赁、信托等业务板块。而互联网金融控股公司，如蚂蚁金服既控股传统金融领域，而且在布局传统金融业务之外，也主要是在第三方支付、网络银行、网上保险、股权众筹、网上理财等依托互联网的新金融领域进行探索。(3)相比于传统金融控股公司严格的业务隔离要求，互联网金融控股公司目前受到的监管相对较少，业务隔离不充分。受到分业经营的监管要求限制，传统金融控股公司旗下的证券、保险、银行等业务需要设置"防火墙"以进行严格的隔离。①

① 参见宋耀：《中国金融控股公司防火墙制度的理论分析与构建》，载《兰州商学院学报》2007年第1期。

而互联网金融控股公司所控股的主要从事互联网金融业务的实体,由于监管制度的不健全以及法律定性的不清晰,相关的分业经营监管要求难以落实,因而业务和信息的混同难以规制,尚游走在法律边缘。例如,蚂蚁金服旗下的支付宝、蚂蚁花呗、蚂蚁达客、余额宝以及芝麻信用等分属不同子公司的业务都整合在一个平台,这是传统金融控股公司所难以实现的。显然我们不能断言互联网金融控股公司的出现是对传统金融控股公司的颠覆,但互联网金融控股公司毕竟有着区别于传统金融控股公司的特征,也由此会对传统金融控股公司监管制度形成新的挑战。

二、互联网金融控股公司不正当关联交易的形成原因

根据巴塞尔委员会、国际证监会组织和国际保险协会联合发布的《集团内部交易与披露准则》,金融控股公司内部关联交易形式包括了交叉持股、集团内部一个公司代表另一个子公司进行交易、在多元化金融集团内部短期流动性的集中化管理、向集团内部其他子公司提供或者从其他子公司获得担保、贷款或承诺、管理和其他服务安排、主要股东的风险(包括贷款和承诺、担保等表外风险)、在集团内部配置客户资产的风险、子公司之间资产的买卖、通过再保险的风险传递、引起与第二方有关的风险在集团不同子公司之间进行传递的交易等。[①] 金融控股公司旗下的金融机构由于同属一个公司集团,发生内部关联交易难以避免。然而,当金融控股集团内部出现不正当关联交易时,就有可能造成风险的传递以及发生道德风险。因此,不正当关联交易是各国及地区对金融控股公司监管的重点。相比于传统金融控股公司因人员、业务、资金的往来而产生不正当关联交易不同,互联网金融控股公司因为以下几方面的原因更容易形成不正当关联交易。

首先,数据的共享化容易给互联网金融控股公司的不正当关联交易提供基础。以数据的采集、挖掘和分析见长的互联网金融控股公司能够依托其网络交易平台收集海量数据信息,并且在各子公司之间进行共享。由于缺乏相关的信息隔离机制,互联网金融控股公司的数据共享并未受到严格限制,而是在相应的业务条线普遍、全面地进行共享。蚂蚁金服用于对个人信用状况进行评估的芝麻信用,正是建立于对用户淘宝交易数据、支付宝的支付数据、余额宝理财数据等进行分析的基础之上完成的,而“蚂蚁花呗”平台上的消费信贷以及“蚂蚁

① 参见侯雅丽:《金融控股公司的内部交易及其风险防范》,载《金融理论与实践》2008年第4期。

借呗"平台上小额借贷额度的确定又使用了芝麻信用中的信用评分。尽管数据的共享是互联网时代的必然趋势,但这种共享也是一柄"双刃剑",在降低交易成本和提升效率之外,也容易造成数据信息的滥用,损害金融消费者的利益。一方面,用户数据信息在互联网金融控股公司各子公司之间不加限制地共享,是对金融消费者隐私权的侵犯;另一方面,数据信息作为有价值的财产,若既未向公众开放亦不向监管部门提供,只为互联网金融控股公司及其子公司独享,则既与互联网的共享精神相悖,又会因数据信息在互联网金融控股公司体内循环而滋生不正当关联交易。

其次,机构的虚拟化容易给互联网金融控股公司的不正当关联交易创造空间。所谓机构的虚拟化,是指互联网金融控股公司所控制的金融机构或者从事互联网金融服务的实体,除传统意义上的有物理网点的金融机构之外,更多的是在互联网上提供金融服务的虚拟平台。这些机构既无独立的实体网点,又无专门的直接面向金融消费者的从业人员,只是在网页或系统上按照自动化、网络化的方式向客户提供服务,在机构形式上具有典型的虚拟化特征。机构的虚拟化使互联网金融控股公司能够将各业务分支整合在一个系统或界面,造成各子机构之间界限的模糊化,业务之间容易形成混同。例如,蚂蚁金服在支付宝的应用中整合了余额宝、招财宝、芝麻信用、蚂蚁花呗、蚂蚁聚宝、蚂蚁借呗、网商银行和保险服务等业务板块。但事实上,支付宝是支付宝(中国)网络技术有限公司运作的以第三方支付为主的综合理财平台,余额宝则是由支付宝与天弘基金合作的代销货币市场基金的工具,招财宝是蚂蚁金服全资子公司上海招财宝金融信息服务有限公司运营的为个人投资者与资金需求方提供金融信息居间服务的平台,芝麻信用则是由芝麻信用管理有限公司这一信用评估及信用管理机构面向社会的信用服务体系,依据方方面面的信息,运用大数据及云计算技术客观呈现个人的信用状况,网商银行则是基于蚂蚁小贷而由蚂蚁金服发起设立的民营银行,连接了蚂蚁花呗和蚂蚁借呗等小额信贷产品。从蚂蚁金服的产品线和机构线来看,由于机构的虚拟化和在支付宝平台的高度整合,各业务条线对于一般的金融消费者而言处于混同而难以区分的状态,这就使互联网金融控股公司各子公司之间的不正当关联交易能够在不被充分认知和发现的情况下完成成为可能。

最后,账户的统一化为互联网金融控股公司的不正当关联交易提供了便利。账户是识别持有人身份、记载持有人的金融资产和其他信息并开展金融交易的依据。互联网金融控股公司旗下的各机构的账户一般都能实现互通。例如,蚂蚁金服的所有业务都能够通过支付宝账户获取。例如,客户通过余额宝购买天弘基金的货币市场基金,以及通过蚂蚁花呗和蚂蚁借呗获得小额信贷等,都可以在支付宝平台上利用支付宝账号完成。账号的互通实际上导致了互联网金融控股公司各业务的混同,各机构和业务之间能够在统一账户的基础上完成内部交易,而且不易被金融消费者所察觉。事实上,互联网金融控股公司所运作的金融服务平台为客户提供的统一账户或者平台账户,实际上是一种虚拟账户,只是数据的汇总反映,而客户所实际持有的资金、证券、基金以及其他金融账户才是真正体现金融资产变动的权利依据。当互联网金融控股公司只是以统一的虚拟账户对接客户,而实际的资金和金融资产的变动都处在一种缺乏足够披露和监管的"黑箱"之中时,客户的金融资产是否为互联网金融控股公司擅自挪用,或者在各子公司之间任意流动都将成为大概率事件。因此,账户的统一化使各子公司之间的交易更为隐蔽和便捷,从而为不正当关联交易提供了便利。

概言之,由于互联网金融控股公司所控制的提供包括传统金融服务以及互联网金融服务的经营实体之间存在数据共享化、机构虚拟化和账户统一化等特征,使各子公司之间在机构、业务、信息等方面难以实现严格的区隔,从而容易滋生不正当关联交易。

三、隔离还是披露？互联网金融控股公司不正当关联交易的规制逻辑

对于传统金融控股公司的不正当关联交易,主要是通过设立业务隔离、信息隔离、资金隔离、人员隔离的"防火墙",从而消除金融控股公司的利益冲突,防范和规制不正当关联交易。[①] 易言之,传统金融控股公司不正当关联交易的规制逻辑主要是隔离。而对于具有其自身特殊性的互联网金融控股公司而言,是否能沿用传统金融控股公司规制逻辑则需要审慎斟酌。

就互联网金融控股公司而言,其产生的背景正是互联网时代所带来的技术和观念的革命。互联网金融控股公司也正是基于大数据时代互联网金融模式的发展,其本身就是建立在信息共享的基础之上的,没有信息共享,当前互联网金融控股公司的创新优势则不复存在。而信息共享也是大数据时代的必然要求,也是互联网精神的内在特征。还是以蚂蚁金服为例,其支付宝客户黏性主要来源于淘宝和天猫两大 O2C 交易平台,芝麻信用借以对个人信用等级进行评分的数据来源也是基于阿里巴巴和蚂蚁金服的关联方所获取和分享的数据,

---

① 参见李晴芳:《金融控股公司的利益冲突与防火墙制度》,载《福建金融管理干部学院学报》2006 年第 3 期。

而网商银行以及蚂蚁借呗、花呗之类的小额信贷产品又依托于芝麻信用的数据进行快速的资信评估和信贷审批。在某种程度上,互联网金融控股公司体系的运行,不再只是资金的流转以及相互担保,而是更多地表现为数据的互通与共享。相应地,互联网金融控股公司的不正当关联交易,也不只限于关联机构间的转移定价或者违规担保,而是数据的不恰当获取与不合理分享。因此,按照传统的以防火墙制度为主要方法的隔离逻辑难以有效应用于互联网金融控股公司不正当关联交易的规制,其核心逻辑应当从隔离转向披露,即向社会公众和监管部门充分披露数据信息在互联网金融控股公司内部间的流通机制,充分披露互联网金融控股公司内部各业务、账户、机构之间的关联,以透明度要求来约束不正当关联交易的发生。

就数据的披露而言,互联网金融控股公司应当向客户和监管部门披露数据的来源和用途。由于数据具有非常复杂的法律属性,一方面,数据关系客户的隐私,不加限制地采集、使用或者公开会损害金融消费者的利益;另一方面,互联网金融控股公司利用自身平台搜集和处理的数据又具有财产属性,在大数据时代是其竞争优势的来源。因此,互联网金融控股公司在进行数据披露时需要妥善把握尺度,既要保持相应的透明度,又不宜向公众公开数据的具体内容。同时,披露的范围应当限于金融消费者和监管部门,而不是社会公众。向金融消费者披露是出于保护知情权的需要,向监管部门披露则是为确保对其进行有效监管。笔者认为,对于数据的披露应当集中于以下几个方面:(1)数据的来源,即互联网金融控股公司应当披露其是通过何种方法、何种渠道采集金融消费者的信息,以及采集信息的范围包括哪些。(2)数据的用途,即采集金融消费者的相关信息是用于何种目的,充分阐明采集信息的必要性。(3)数据是否共享,即互联网金融控股公司是如何使用数据信息,是否在各分支机构间共享,以及共享的范围和权限安排。(4)数据的采集与使用是否经过用户同意,即互联网金融控股公司及其分支机构在采集和使用数据信息时,应当充分、明确地告知客户,并且应当获得客户的明示许可。(5)数据信息是否可以删除,即当客户不想继续让互联网金融控股公司占有和使用与其个人信息有关的数据时,是否可以有畅通的途径和方法从其数据库中将相关数据信息删除,即通常所谓的“被遗忘的权利”(right to be forgotten)。

就机构的披露而言,互联网金融控股公司应当向公众充分、明确地披露其控制的子公司以及相互之间的关系。一方面,互联网金融控股公司的子公司或者分支机构呈现出虚拟化的特征;另一方面,各子公司或分支机构又具有后台化的特点,即互联网金融控股公司往往是通过统一化的集成平台直接与金融消费者进行交互,从而淡化了分支机构的角色。但事实上,相关民事责任的承担以及权利义务的分配都是在金融消费者与分支机构之间。因此,为了避免混乱与误解,向公众尤其是金融消费者披露各分支机构之间的关系尤为必要。具体而言,对机构的披露主要应在以下几个方面:(1)互联网金融控股公司的组织结构,即应披露互联网金融控股公司所控制的子公司或分支机构的名称,是否具有独立法人地位,充分释明各分支在整个金融控股集团中的角色和地位;(2)各子公司或分支机构的业务类型,即在互联网金融控股公司集成化的业务平台上,哪些业务是由对应的子公司或分支机构提供,以消除金融消费者的混淆和误解。

就账户的披露而言,互联网金融控股公司应当向金融消费者充分披露其统一账户或者虚拟账户的性质以及其与具体金融账户之间的关联。互联网金融控股公司是通过统一的互联网综合金融服务平台向金融消费者提供服务,其统一化的账户实际上是对应了多个实际金融账户的虚拟账户。尽管在一定程度上而言,统一化的虚拟账户能够便利金融消费者,但却可能因为间接持有账户的问题而滋生道德风险。因此,应当要求互联网金融控股公司向金融消费者和监管部门充分披露虚拟账户与实际账户之间的关联以及各账户的相关信息。具体而言,包括以下几个方面:(1)虚拟账户与实际账户之间的对应关系,即互联网金融控股公司提供的虚拟账户是否直接对应实际账户,即实际账户是以金融控股公司名义开立,还是以客户名义开立,这也是所谓的直接持有与间接持有的问题。(2)资金账户是否托管,即客户的资金账户是否委托了独立的第三方进行托管以确保资金运用的安全,是资金账户全部托管,还是只托管备付金。蚂蚁金服的支付宝,即是只托管了备付金,并未实现所有资金的全部托管,未被托管的资金是否被挪用不得而知。(3)各子公司或分支机构接入虚拟账户的权限,即在各子公司或分支机构的账户在统一虚拟账户下实现互联互通的情况下,各机构能够在何种情况下多大限度地访问账户,并提取或修改相关信息。

就业务的披露而言,互联网金融控股公司应当披露各业务的归属和业务之间的关联关系。由于互联网金融控股公司往往会将各类业务集成在统一平台上,如何让客户了解平台上各项业务之间的关联对于保障金融消费者知情权、避免金融控股公司利用业务的混同实施不正当关联交易则显得尤为重要。因此,互联网金融控股公司应当向其客户以及监管部门披露以下内容:(1)各项业务的内容及实际经营主体,即互联网金融控股公司需要将其子公司以及各自经营的具体业务基本情况向客户充分告知并清楚解释,同时应向监管部门进行备案,从而厘清各项业务的具体内容和模式以及各项业务之间的关联。(2)各项业务间是否存在关联交易,即互联网金融控股公司应当对其各项业务之间的关联交易状况进行评估并披露评估结论,如果存在关联交易,则应当向客户和监管部门告知实施上述关联交易的正当理由。

按照披露的逻辑对互联网金融控股公司的不正当关联交易进行规制,是建立在互联网金融控股公司与传统金融控股公司在关联关系以及运作模式的区别的基础之上的。通过对互联网金融控股公司在数据、机构、账户以及业务等方面课以披露要求,使具有数据共享化、机构虚拟化和账户统一化等特征的互联网金融控股公司能够实现相当程度的透明,从而约束其关联交易行为,避免不正当关联交易的产生。同时,按照披露的规制逻辑,对互联网金融控股公司不正当关联交易建立内部控制和外部规制相结合的监管制度,从而能够有效地规制其不正当关联交易。

四、内部控制与外部规制并重——互联网金融控股公司不正当关联交易的规制路径

鉴于互联网金融控股公司与传统金融控股公司的同质性以及在具体运作模式上的差异性,对于互联网金融控股公司不正当关联交易的规制路径既需要沿革对于金融控股公司内部风险和外部风险的防范手段,[①]又需要有针对性地按照披露的规制逻辑设置符合互联网金融控股公司特点的具体制度。本文认为,对于互联网金融控股公司不正当关联交易应当遵循内部控制与外部规制并重的规制路径。

内部控制,是指互联网金融控股公司在公司治理和业务活动的过程中设置相应的机制,以确认、评估、监控集团内部所有的关联交易,限制和防范不正当关联交易的发生。[②] 内部控制机制的设置,一方面来源于法律制度对互联网金融控股公司的强制性的监管要求;另一方面则是表现为互联网金融控股公司自发自主地设置的相应的内部组织机制和行为规范的自律规则。建立互联网金融控股公司不正当关联交易的内部控制机制,主要应当从以下几个方面着手:(1)建立关联交易的透明度规则。关联交易并非绝对禁止,正当的关联交易也正是金融控股公司发挥规模优势和联动效应的基础所在。为了避免不正当关联交易的发生,将所有的关联交易全面、真实、及时地进行披露,使关联交易高

① 参见雷兴虎:《论我国金融控股公司的风险防范法律机制》,载《中国法学》2009 年第 5 期。
② 同上。

度透明公开,从而能够形成对不正当关联交易的约束。因此,对于互联网金融控股公司应当建立关联交易的透明度规则,即要求其充分披露其在资金流转、数据共享、互为客户等方面关联交易的相关信息,从而将各子公司之间的关联交易从虚拟化的网络系统这一"黑箱"中转移到阳光下,使公众和监管部门了解其关联关系,从而对其实施不正当关联交易形成有效的制约。(2)建立关联交易正当性评估制度。互联网金融控股公司可以设置专门的独立内部机构,在关联交易作出之前对内部关联交易进行正当性评估,以确定该项交易建立在正常的商业基础之上,符合公平交易的规则。该独立内部机构应当在人员构成、经费来源和组织机构上符合独立性、专业性的要求,使其超脱于机构内部利益,对互联网金融控股公司内部关联交易的正当性进行中立、专业的评估。通过关联交易正当性评估制度,对互联网金融控股公司的不正当关联交易进行事前的审核,从而防止不正当关联交易的发生。[①] (3)建立机构间的独立运行规则。互联网金融控股公司及其子公司不可避免地会有协同行为和内部交易,但是这些行为和交易应当符合正常的商业逻辑,而机构间的股权关联则是各机构遵照正常商业逻辑进行内部交易最大的障碍。为了防止互联网金融控股公司不正当关联交易的发生,应当明确和强调各子公司的独立法人地位和独立责任,并以此为基础开展独立的经营活动。这就要求互联网金融控股公司及各子公司之间按照独立的治理结构,形成独立的法人意思,遵照各自独立的利益开展业务的合作和关联交易,避免因为相互之间的控制而产生业务和利益的混同。

外部规制,是指为避免互联网金融控股公司不正当关联交易的发生,监管部门对其制定相应的监管规则以形成对互联网金融控股公司的外部约束,从而减少其实施不正当关联交易的动机和利益。对于互联网金融控股公司不正当关联交易的外部规制,除了包括客户群体在内的市场约束以及媒体舆论的监督之外,更为主要的是监管部门所制定的监管规则。通过严格的外部规制,减少互联网金融控股公司实施不正当关联交易的制度空间,增加其实施不正当关联交易的难度与成本,减少其实施不正当关联交易的动机,从而对互联网金融控股公司不正当关联交易实现有效规制。具体而言,可以从以下几方面完善外部规制:(1)信息披露的监管要求。按照披露的规制逻辑,互联网金融控股公司应当对数据、机构、账户、业务进行充分全面的披露,以使其关联交易能够公开

① 参见蒋海、叶康为:《我国金融控股公司激励相容的监管机制设计》,载《暨南学报》(哲学社会科学版)2014年第7期。

透明地呈现给客户与监管机构。尽管内部控制机制中的关联交易正当性评估能够对互联网金融控股公司的不正当关联交易进行审查,但依然要防范内部控制机制失灵对规制效果的不良影响,而通过信息披露形成的外部规制能够进行有效的补充,由客户和监管部门依据互联网金融控股公司披露的信息对其关联交易进行评估和判断。(2)股权结构与公司治理要求。不正当关联交易的产生,很大程度上是来源于内部人控制导致的利益输送和公司治理的失灵。① 因此,对互联网金融控股公司不正当关联交易的规制,需要注意互联网金融控股公司的内部人控制现象,使互联网金融控股公司及其子公司都能够按照科学的治理结构运行,在进行关联交易时符合公平、正当的商业基础。为了避免内部人控制,尤其是控股公司及其选任的高级管理人员违背作为独立法人的子公司利益实施不正当关联交易,需要对互联网金融控股公司的股权结构进行规制,限定单一股东的最高持股比例,通过股权分散化实现利益多元化和各股东之间的相互制约,从而使各子公司管理层独立自主地按照子公司利益公平正当地实施关联交易。(3)加重责任制度。加重责任是指要求金融控股公司完全或部分地保证其所管理的子公司的清偿能力,向其不能清偿债务的子公司重新注入资金,或向政府机构赔偿因子公司经营失败而给公众债权人造成的损失。② 该制度的意义在于对金融控股公司在法人独立责任的基础上提出更高的责任要求,使其作为母公司对子公司的损失承担责任。就互联网金融控股公司的不正当关联交易而言,按照加重责任的原理,应当在出于集团整体利益的需要而为不公平的关联交易时,要求从不公平交易中获取不正当利益的公司对利益受到损害的公司承担适当的补偿义务,而相关的董事对此应承担连带责任。③ 而对于因不正当关联交易而受到损害的第三方,实施不正当关联交易的主体应当承担连带责任。

五、结语

互联网金融控股公司作为互联网金融蓬勃发展以及互联网企业积极介入金融行业的背景下的新型金融控股公司,与传统金融控股公司具有一定的差异。由于互联网金融控股公司内部数据共享化、机构虚拟化和账户统一化等特

---

① 参见王瑞英、谢清喜:《上市公司内部人控制与关联交易研究》,载《经济论坛》2007 年第 12 期。

② 参见姜立文:《美国金融控股公司加重责任制度研究与启示》,载《环球法律评论》2006 年第 6 期。

③ 参见雷兴虎:《论我国金融控股公司的风险防范法律机制》,载《中国法学》2009 年第 5 期。

征,使各子公司之间在机构、业务、信息等方面难以实现严格的区隔,从而容易滋生不正当关联交易。因此,不能机械地沿用传统金融控股公司不正当关联交易的规制逻辑,而应当根据互联网金融控股公司之间“资本加数据”的关联模式,按照披露的逻辑运用内部控制和外部规制并重的规制方法建立和完善相关制度,从而对互联网金融控股公司的不正当关联交易进行有效的规制。

海峡两岸信托法治与信贷资产证券化特殊目的信托

刘胜题*

2001年4月28日全国人大常委会发布了《信托法》并于同年10月1日施行，从此开始，特别是国际金融危机发生之后，我国信托业迎来快速发展时期。根据网上新近数据资料，我国自2010年至今信托行业人员人均年度净利润水平从未低于过200万元，2013年之后维持在300万元以上，均高居各类金融机构榜首，信托行业的人均薪酬也傲视其他金融机构。[①] 2016年7月18日中共中央、国务院印发的《关于深化投融资体制改革的意见》中明确了投资项目可通过产业（股权）投资基金、资产证券化等融资方式。笔者接受企业经营的外部成本之法律经济学观点，认为市场化、法治化的信托架构是信托行业盈利和资产证券化特殊目的信托发展的基本保障之一，其彻底落实则是管理和控制各环节风险的有效措施之一，有不少在实践中显现的热点课题值得学术探究。

笔者从世界上信托制度的源流与分布出发，结合海峡两岸的信托法律制度与解释，引申探讨以信贷资产证券化的特殊目的信托为中心的主要法律问题并力

---

* 上海理工大学管理学院副教授，法学博士。

① http://www.yanglee.com/news/newsdetail.aspx? NodeCode=105022017002&id=100057482679824, visited on 23 September 2016.

图做发散性思考,为我国经济新常态下海峡两岸同胞交流对接金融服务创新寻找熹微亮点。

一、信托的源起与现世信托法的分布

(一)英国是信托制度的母国

信托曾经是英美法中的特有制度。信托起源于中世纪的英国,信托制度为英国衡平法所首创。① 在资本主义时期,作为英国财产法中独具特色的信托制度得到很大发展,这种制度起源于中世纪的用益权。英国法的用益权不同于大陆法系的含义,是指一人为另一人的用益而占有土地的权利。公元13世纪,由于贵族的捐赠和"十字军东征"的结果,英国宗教团体的土地不断增加,国王便颁布关于"死手土地转让"的法令,禁止将土地转让给任何教会团体。教会团体为了规避这一规定,便把土地转给俗人经营,而由教会团体享受收益。除此之外,土地按照普通法原则只允许长子继承,禁止遗赠他人,于是有些人也采用同样方法,将土地托给他人管理,而使长子以外的其他子女受益;同时,一些土地租佃人也采用这种方法逃避赋税义务。1634年英国衡平法院确认了用益权人的财产所有权,用益权制度最终被确定。后到近代,用益权制度主要通过衡平法院的判例演变成信托制度。19世纪以后,英国国会陆续颁布了有关信托的法令,包括制定许多信托特别法。在英国信托法上,自然人和法人均可以充当受托人。受托人原则上应像管理自己的财产那样妥善地管理和经营受托财产。受托人有权处分受托财产,但受益人必须是第三人而不是他自己。受托人如因管理不善损害了受益人利益则应赔偿损失,如侵吞信托财产则应负刑事责任。② 法律的保障促进了信托在英国的普及,至20世纪初,全英国财产的1/20已成为信托财产。③

(二)信托法在当今世界的大致分布

正如前文所述,英国在世界上率先产生和形成了信托法律体系。在美国独立战争后,英国衡平法中关于信托的各种规范被美国认可,成为美国法律的一

① 参见张淳:《信托法原论》,南京大学出版社1994年版,第2页、第19页。

② 参见林榕年主编:《外国法制史新编》,群众出版社1994年版,第293~294页。

③ 参见[日]川崎诚一:《信托》(中译本),中国金融出版社1989年版,第9页。转引自张淳:《信托法原论》,南京大学出版社1994年版,第8页。

部分。[①] 美国继受英国的信托制度适用于商业领域。[②] 20世纪初以来，美国有相当多的州，如纽约州、密歇根州、明尼苏达州、威斯康星州、加利福尼亚州、蒙大拿州、南达科他州、北达科他州、佐治亚州、印第安纳州、宾夕法尼亚州等都制定了信托法典，这些州的信托法逐渐形成了以制定法为主、判例法为辅的格局；没有制定信托法典的少数州，其信托法仍然以法院判例为表现形式。[③] 特别值得一提的是，美国法学会1935年出版后又经修订再版的《美国信托法重述》（Restatement of the American Law of Trusts），对信托法的权威性阐述及其对司法实践的指导作用，一向得到各州法院的一致认可。其他英美法系的国家和地区，诸如澳大利亚、新西兰、加拿大、南非、爱尔兰、菲律宾、新加坡、印度等与之类似，也是由判例法和制定法共同组成的。

大陆法系起初没有信托概念和制度，当今仅仅在一部分大陆法系国家和地区存在信托立法。大陆法系国家制定较完整的信托法的，只有日本和韩国。日本早在1922年就颁布了《信托法》与《信托业法》。韩国于1961年颁布了《信托法》与《信托业法》。日韩信托法存在惊人的相似之处，几乎仅为制定前后之区别。其他一些大陆法系国家或地区，如巴拿马、墨西哥、瑞士等，或制定信托法典，或制定了信托的特别法。[④]

我国全国人大常委会2001年颁布的《信托法》，从建立社会主义市场经济体制的实际出发，借鉴和移植了英美法系和大陆法系的信托法律制度。

我国台湾地区自20世纪80年代后期，逐步解除金融管制，开放金融市场。1996年我国台湾地区公布了“信托法”，2000年公布了“信托业法”（2004年、2005年修正），这些从非严格意义上说应属于大陆法系。

在民事信托、商事信托和公益信托中，商事信托法成为现代金融法的重要组成部分。从美国的实践来看，信贷资产证券化特殊目的信托主要牵涉商事信托法律问题。

二、中国信托立法与资产证券化实践规制

（一）中国信托分别立法之观察

在我国，信托法一向被视为民法的一部分。现实经济生活与社会生活的呼

---

① 参见张淳：《信托法原论》，南京大学出版社1994年版，第8页。

② 参见孙笑：《我国资产证券化中特殊目的信托制度研究——以设立及内部治理为视角》，中国政法大学中欧法学院2013年硕士学位论文。

③ 参见张淳：《信托法原论》，南京大学出版社1994年版，第21页。

④ 同上书，第24~28页。

唤,铸就了信托独立立法的价值。

我国于20世纪初曾引进信托制度,但中华人民共和国成立后不久即被废止。1978年我国实行经济体制改革后,信托制度得以恢复和发展。改革开放30多年来,中国的经济生活和社会生活发生了翻天覆地的变化,中华人民共和国已经成为世界第二大经济体。与银行、证券、保险等并列的信托业飞速发展,业绩喜人。2001年4月28日,全国人大常委会发布了《信托法》,总共七章74条。其第2条规定:"本法所称信托,是指委托人基于对受托人的信任,将其财产权委托给受托人,由受托人按委托人的意愿以自己的名义,为受益人的利益或者特定目的,进行管理或者处分的行为。"我国《信托法》并未明确信托财产转移的性质,实践中也只是采用委托人与受托人订立信托契约的方式来转移信托财产。

台湾地区在1949年以后政治体制基本上沿用孙中山先生的"五权体制"。[①] 同样,我国台湾地区制度一袭其旧并逐步发展完善。对信托投资公司的法律调整最早见于1931年《银行法》。[②] 1996年1月26日,我国台湾地区公布并施行了"信托法",总共九章86条。其中第1条规定:"称信托者,谓委托人将财产权移转或为其他处分,使受托人依信托本旨,为受益人之利益或为特定之目的,管理或处分信托财产之关系。"

按照我国台湾地区的规定,转移信托财产仅需要办理信托手续即可。[③]

(二)海峡两岸资产证券化实践与规制之变迁

资产证券化和项目融资,一般总称为结构融资或结构性融资,是区别于传统的直接融资和间接融资的第三种融资模式。[④] 作为20世纪六七十年代开始的新生事物,资产证券化被人们形象地说成"间接的直接融资"。在肇始地美国,资产证券化甚至直接等同于结构融资。[⑤] 简言之,界定资产证券化可以这样表述:资产证券化就是把能够产生稳定收入流的资产,出售给一个独立的特殊目的机构(Special Purpose Vehicle, SPV),由该机构以这些资产为支撑发行证券,并用发行证券所筹集的资金来支付购买资产的价格。

① 参见高民政:《台湾政治纵览》,华文出版社2000年版,第139页。

② 参见张淳:《信托法原论》,南京大学出版社1994年版,第31页。

③ 参见强力、王志诚:《中国金融法》,中国政法大学出版社2010年版,第506页。

④ 参见张晓凌:《美国资产证券化法律问题研究》,中国商务出版社2012年版,第1页。

⑤ 参见[美]塔玛·弗兰科:《证券化:美国结构融资的法律制度》(第2版),潘攀译,法律出版社2009年版,第1页。

1. 我国资产证券化实践与规制

我国从20世纪90年代初就在实践中探索资产证券化。代表性的项目有1992年三亚地产证券化、1996年广深珠高速公路证券化等基础设施证券化、1997中国远洋运输公司(COSCO)北美航运应收款支撑票据、2000年中国国际海运集装箱集团8000万美元应收账款证券化等。2003年华融资产管理公司对不良资产证券化进行了探索。2004年中国工商银行对宁波分行账面价值26亿元的不良资产进行了证券化,标志着国内商业银行在证券化方面已经取得实质性进展。继国家开发银行之后,中国工商银行又推出了新的间接银团贷款产品,将基础设施贷款分割转让,并融入了相应的结构设计和信用增强措施,已初步具备基础设施贷款证券化雏形。① 我国理论界则自20世纪90年代中期开展了对资产证券化的探讨,但由于在法律制度方面一直存在障碍而未能取得突破性进展。2005年春节后,国内银行业启动信贷资产证券化试点。中国建设银行在2005年成为首家获批住房贷款证券化的试点银行,相关产品以债券形式在银行间债券市场发行并流通。同时,国家开发银行担纲基础设施贷款证券化试点,国家开发银行收购并持有中小银行相关贷款,并发行相对应的债券,这些债券初期考虑面对机构投资者,之后再扩大至散户。资产证券化产品,由中国建设银行、国家开发银行通过信托模式分别推出,中国建设银行将本行一定规模的个人房贷资产筛选集合信托于受托机构,由受托机构以上述资产所产生的现金流为基础(支撑)发行债券。2005年4月20日中国人民银行、银监会联合发布《信贷资产证券化试点管理办法》,总共61条;2005年5月16日财政部发布《信贷资产证券化试点会计处理规定》;同年11月7日银监会发布《金融机构信贷资产证券化试点监督管理办法》。金融业界习惯上将2005年称作我国资产证券化的元年。②

2005年12月15日由中国建设银行作为发起机构的国内第一单个人住房抵押贷款证券化产品——“建元2005-1个人住房抵押贷款支持证券”(MBS)正式进入全国银行间债券市场。该证券发行总量为30.17亿元,公开发行规模为29.26亿元。中国建设银行选择以上海市、江苏省和福建省3家一级分行作为本次项目的试点分行,从上述3家试点分行筛选出了15,000余笔、金额总计约30亿元的个人住房抵押贷款组成资产池,这些进入资产池的个人住房抵押

① 参见姜建清、李勇:《关于商业银行资产证券化》,载《金融时报》2004年11月9日,第9版。

② 参见张晓凌:《美国资产证券化法律问题研究》,中国商务出版社2012年版,第174页。

贷款均为建设银行的优质资产。同日,国家开发银行作为发起机构的2005年第1期41.7727亿元开元信贷资产支持证券(ABS),通过中央国债登记结算有限责任公司的招标系统发行。① 中信信托投资有限责任公司接受中国建设银行的委托获准发行中期证券,中诚信托投资有限责任公司接受国家开发银行的委托获准发行短期证券。②

2006年财政部、国家税务总局联合发布了《关于信贷资产证券化有关税收政策问题的通知》,明确了信贷资产证券化各参与主体的税收和免税待遇。

2007年中国人民银行扩大了资产证券化试点范围。继上海浦东发展银行成功发行43.8亿元的ABS(信贷资产证券化)产品后,中国工商银行也发行了40.21亿元的ABS产品。"工元一期"是央行和证监会批复的第二批证券化试点项目之一,于2007年6月开始的新一批证券化试点总额达到600亿元,试点机构包括中国建设银行、国家开发银行、中国工商银行、中国农业银行、中国民生银行和上海浦东发展银行,被视为中国资产证券化的一次大规模"扩容"。此次试点还增加了资产池的资产品种,银行个人住房、汽车贷款、助学贷款等都有可能作为证券化的基础产品。此举有望进一步改善试点银行的资本充足率,缓解"短存长贷"信贷期限结构错配局面,提高资金流动性,降低融资成本。2007年11月27日中国银行业监督管理委员会批准同意上汽通用汽车金融有限责任公司和华宝信托有限责任公司开办第1期汽车抵押贷款证券化项目。这是国内首款汽车金融公司发行的车贷证券化产品,预示我国信贷资产证券化改革的深度和广度进一步增强。2007年12月14日中国建设银行发行第二单MBS"建元2007-1个人住房抵押贷款支持证券",总规模41.6亿元,其中优先级资产约40.2亿元,次级资产约1.4亿元。第二单MBS产品结构设计与第一单MBS相似。

2008年国际金融危机爆发,我国资产证券化缓行。后危机时代国内银行业流动性普遍吃紧,加快推进资产证券化的呼声高涨。2012年5月中国人民银行、银监会和财政部联合印发《关于进一步扩大信贷资产证券化试点有关事项的通知》。自此至2015年5月的3年内,我国总计发行96单信贷资产证券化产品,发起机构包括银行、汽车金融公司、金融租赁公司等,其中银行作为发

① 《新闻晨报》记者 马伟伟:《国开行将发行41亿元信贷资产支持证券》,载腾讯财经网:http://finance.qq.com/a/20051212/000005.htm,最后访问日期:2005年12月12日。

② 同上。

起机构的共78单,占比81.25%。[①]

2004年10月21日中国证监会发出《关于证券公司开展资产证券化业务试点的有关问题通知》。2013年3月15日,中国证监会公布《证券公司资产证券化业务管理规定》。

2. 我国台湾地区资产证券化实践与规制略述

2002年7月24日我国台湾地区立法机构制定并公布了"金融资产证券化条例"。嗣后,金融机构及企业陆续将其企业贷款债权、房屋贷款债权、现金卡债权、汽车贷款债权及应收账款债权等金融资产,以募集或私募的方式,在台湾地区境内外成功发行受益证券或资产基础证券,显然可见"金融资产证券化条例"已发挥创造市场的应有功能。[②] 2003年8月28日,我国台湾地区公布了"金融资产证券化条例施行细则"。

三、我国信贷资产证券化特殊目的信托法治特点与存疑

(一)信贷资产证券化特殊目的信托的交易结构

资产证券化是以资产所产生的现金流为支撑,在资本市场上发行证券工具,从而对资产的收益和风险进行分离与重组的一种技术或过程。它不仅是一种经济现象,而且是一个法律过程。在资产证券化融资结构中,特殊目的机构(SPV)是核心。资产证券化的优势——破产风险隔离(bankruptcy remote)、表外融资等通过SPV才得以实现。[③] 特别成立SPV的目的是把信贷资产的风险与银行发起人本身的风险相隔离,这种把信贷资产转移给SPV——在法律和会计上都被认定为真实出售(true sale),也是资产证券化区别于项目融资、适用范围广于项目融资范围的特征。[④] SPV可以是信托、公司或合伙等法律形式。根据美国财务会计准则委员会(Financial Accounting Standards Board,FASB)的表述精神,采取特殊目的的信托形态叫SPV,采取特殊目的的公司形态叫SPC(Special Purpose Companies),两者可统称为SPE(Special Purpose Entity)。但

---

① 参见赵程锦、潘小军:《我国银行业信贷资产证券化的定价问题研究》,载《上海金融》2016年第5期。

② 参见王志诚:《金融资产证券化——立法原理与比较法制》,北京大学出版社2005年版,"第二版序"。

③ 参见李曜:《资产证券化——基本理论与案例分析》,上海财经大学出版社2001年版,第26页。

④ 参见彭冰:《资产证券化的法律解释》,北京大学出版社2001年版,第22~23页。

在经济学和法学的意义上,常用SPV来统称资产证券化的特设机构。①

信贷资产证券化特殊目的信托的交易结构如图1所示。

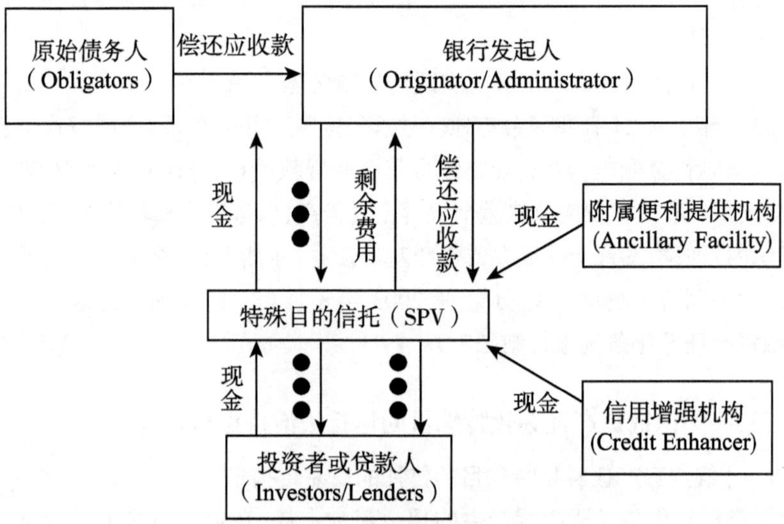

图1 信贷资产证券化特殊目的信托交易结构

(二)中国大陆信贷资产证券化特殊目的信托的法律特点

从中国大陆资产证券化元年以后的试点情况来看,资产证券化采用了两种结构:一是在中国人民银行、银监会体系下,采用信托结构的信贷资产证券化;二是在中国证监会体系下,采用客户资产管理计划结构的企业资产证券化。我国目前选择了"信托"作为信贷资产化唯一的特殊目的载体形式。但信托作为普通法的遗产,其财产转移方式的特点与证券化的破产隔离要求之间存在一定冲突,我国作为大陆法系国家对信托制度短暂的移植历史使该问题更加突出。② 在以信托公司作为SPV(资产支持证券的发行人)的架构下,信贷资产证券化产品的基础资产为金融机构的信贷资产(包括不良资产),发起人为信贷金融机构(包括商业银行、政策性银行、财务公司等),并可在银行间市场交易。③

根据《信贷资产证券化试点管理办法》规定,资产证券化特殊目的信托可

---

① 参见许凌艳:《论金融资产证券化风险防范法律机制》,载《法学》2004年第9期。

② 参见楼建波、刘燕:《论信托型资产证券化的基本法律逻辑》,载《北京大学学报》(哲学社会科学版)2006年第4期。

③ 张晓凌:《美国资产证券化法律问题研究》,中国商务出版社2012年版,第175页。

适用我国《信托法》。至于银行发起人与受托人之间的法律关系,则语焉不详。除了《信托法》《信贷资产证券化试点管理办法》外,资产证券化特殊目的信托法律脉络尚涉及《金融机构信贷资产证券化试点监督管理办法》《关于个人住房抵押贷款证券化涉及的抵押权变更登记的有关问题的试行通知》《物权法》《合同法》等。我国法律明确信托设立采登记生效主义。

(三)我国台湾地区信贷资产证券化特殊目的信托的法律特点

我国台湾地区金融资产证券化(含信贷资产证券化),除了"金融资产证券化条例"及其"金融资产证券化条例施行细则"调整之外,尚牵涉"信托法""公司法""民法""证券交易法""银行法""保险法""土地法""土地登记规则"及"信托业法"等相关法令,乃至于涉及"证券交易税条例""契税条例""加值型及非加值型营业税法""印花税法""土地法税法""所得税法"等相关税法。[①]

我国台湾地区信贷资产证券化常常采用特殊目的信托,这是因为信托财产具有独立性质,可以使投资人获得更充分的保障。根据台湾地区"金融资产证券化条例"规定,"特殊目的信托:指依本条例之规定,以资产证券化为目的而成立之信托关系"。如果在信贷资产证券化中设立特殊目的信托,那么银行发起人即应将特定金融资产设定信托给受托机构,唯受托机构则以"信托业法"所称之信托业,并经主管机关认可之信用评等机构评等达一定等级以上者为限。[②] 我国台湾地区对资产证券化中的财产转移采登记对抗主义,这一特色制度较好地平衡了相关当事人的利益,值得借鉴。

(四)我国信贷资产证券化特殊目的信托法治存在的问题

1. 信托财产转移问题

信贷资产证券化特殊目的信托的魅力在于其风险隔离机制:一方面,资产转移行为必须构成真实出售(true sale),财产所有权必须从银行发起人转移到特殊目的信托(SPV);另一方面,还要防止信托机构本身破产或受到银行发起人破产的连累。例如,在我国,企业破产宣告前成立的"有财产担保的债权"被称为别除权,是一种不依破产程序就破产企业的特定财产优先受偿的权利。然而,我国《信托法》和台湾地区"信托法"似乎都没有明确信托财产的所有权一定要转移到受托人手中。在美国的信托资产证券化实务中,破产法院十分关注

① 参见王志诚:《金融资产证券化——立法原理与比较法制》,北京大学出版社2005年版,"自序"。

② 同上书,第10页。

资产的所有权是否确已有效地转移到了特殊目的实体。[①] 如果财产所有权不转移,则委托人与受托人之间的关系在法律性质上通常为委托代理关系。

2. 受托人的信义责任问题

信义责任(fiduciary duty)最初产生于信托法,并在此后的适用中得到扩展,主要是通过衡平法发展起来的。[②] 信义责任必须产生于受托关系,在受托关系中,善意和公平是交易的基础,负有信义责任的受托人必须保证不发生利益冲突。在中国境内,银行业金融机构作为发起机构,将信贷资产信托给受托机构,由受托机构以资产支持证券的形式向投资机构发行受益证券,以该财产所产生的现金支付资产支持证券收益的结构性融资活动,适用《信贷资产证券化试点管理办法》。《信贷资产证券化试点管理办法》同时规定:"受托机构应当依照本办法和信托合同约定,分别委托贷款服务机构、资金保管机构、证券登记托管机构及其他为证券化交易提供服务的机构履行相应职责。""受托机构以信托财产为限向投资机构承担支付资产支持证券收益的义务。"而这些规定里所谓的"职责"和"义务"又是不明确的。

3. 银团贷款证券化问题

作为一种复合模式的信贷资产,银团贷款的证券化并非无例可循。据《华尔街日报》2009 年 7 月报道,以台湾银行(Bank of Taiwan)为牵头行的、参与台湾高铁(Taiwan High Speed Rail Co. ,2633. OT)新台币 3900 亿元银团贷款的各银行可能会将部分贷款证券化。

有一种观点认为,银团贷款的证券化是指银团的牵头行将其持有的全部或部分贷款转化为"类似于证券发行与流通的过程"。通过现象看本质,这是一种以银团贷款为担保品的带有抵押性质的间接参与方式。与信贷资产证券化的一般概念比较,至少有两点存疑:第一,缺乏一个必需的特殊目的信托(SPV)。这是因为牵头行在所谓的"类似于证券发行与流通的过程"中的角色充其量仅仅相当于信贷资产证券化中的银行发起人,与一般项目融资中的项目公司作为借款人无异。第二,银团贷款证券化中的证券是否必须为各国和地区证券法调整范围内的"证券"? 逻辑意义上的银团贷款证券化内涵和外延应当符合资产证券化的一般界定。[③] 这种严格意义上的银团贷款证券化,貌似只有

---

① See Steven L. Schwarcz, Bruce A. Markell and Lissa L. Broome, Securitization, *Structured Finance and Capital Markets*, LexisNexis 2004, p. 69.

② 彭冰:《资产证券化的法律解释》,北京大学出版社 2001 年版,第 147 页。

③ 参见刘胜题:《国际银团贷款法律风险分析》,中国财政经济出版社 2013 年版,第 181 ~ 184 页。

在间接银团贷款模式下才能较好地实现。

在现代金融市场越来越流行的间接银团贷款模式下，牵头行是唯一的直接提供贷款给借款人的银行，其他银行或金融机构不直接提供贷款给借款人而是给牵头行（见图2）。

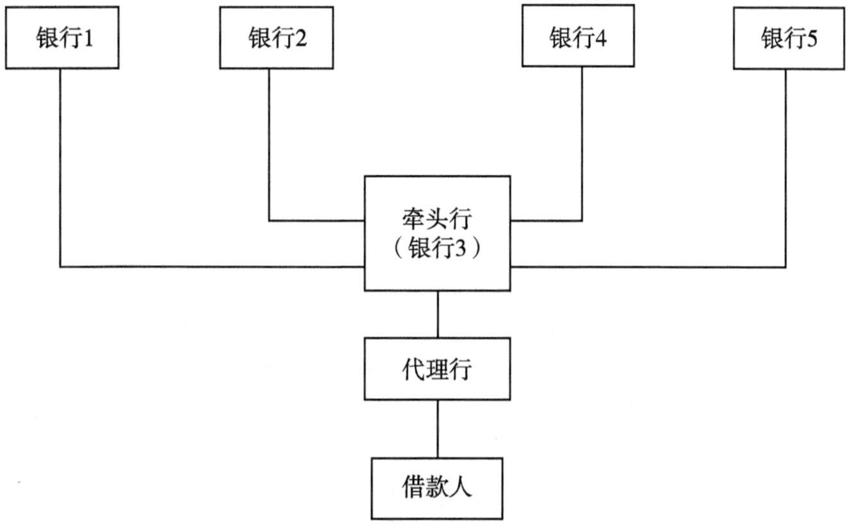

图2　间接银团贷款结构

图2中的银行1、银行2、银行4、银行5是笔者假设的参与间接银团贷款的几家参与行（participating bank）。又假设银行3作为牵头行，在间接银团贷款结构中，它既可以承担贷款份额，又可以不承诺任何贷款份额。通常做法是由牵头行（或其代理行）首先单独同借款人签订银团贷款协议，直接发放贷款。借款人一般不知道也不直接与银行1、银行2、银行4、银行5发生法律关系。在这样的结构融资模式下，牵头行设立特殊目的信托将其信贷资产证券化大有可为，参与行亦可将信贷资产再次证券化乃至多次证券化。

四、结论

信托法制成为我国金融法治的重要组成部分。然而，从信托法观察信贷资产证券化特殊目的信托，其法律地位和交易性质尚未具体明确，至今悬而未决。作为介于间接融资和直接融资之间的第三种融资创新模式，经历了国际金融危机洗礼后，信贷资产证券化包括银团贷款证券化在我国海峡两岸的资产管理和风险化解实践中引发了诸多理论问题，积极质疑的同时更要务实研究应对之策。

基于诉讼财产保全责任保险的担保函研究

张　冰*

近几年,财产保险公司业务创新不断,推动着保险事业之发展。其中诉讼财产保全责任保险这一险种,由于为法院诉讼程序中的当事人提供财产保全担保,从而引起基于诉讼财产保全责任保险的担保函担保能力的争议。

财产保全责任保险,是财产保全申请人作为投保人与保险公司签订保险合同,投保人按照合同约定支付保险费,保险公司按照财产保全责任保险合同约定承担赔偿责任。具体来说,当财产保全申请人通过签订财产保全责任保险合同购买了该保险产品,在发生保全错误时,财产保全申请人依据财产保全责任险约定,有权要求保险公司在保险限额内对保全被申请人所遭受到的损失予以补偿,实现诉讼财产保全担保的目的。在这一系列活动中,就保险公司而言,其设计该款保险产品的初衷是为了满足财产保全申请人向法院提供合法、有效的担保,从而通过收取保险费获得收益;该款产品适用于向法院申请财产保全但不愿或者没有能力达到法院要求的担保形式的当事人。就法院而言,要求申请人提供保全担保,其目的在于出现保全错误时,被申请人的利益得以保障。因此,保险公司设

* 西安交通大学法学院副教授。

计的诉讼财产保全责任保险能否实现保全担保的目的，符合保全担保的要求，则是制约诉讼财产保全责任保险业务能否顺利开展的关键所在。

一、诉讼财产保全责任保险可以带来良好的社会效益

经过近年的实践，诉讼财产保全责任保险在全国各地的法院得以接受，在于其所具有如下明显的优势：第一，有利于诉讼保全申请人。在司法实践中，申请人能否提供法律和法院所要求的担保是诉讼保全程序启动的前提条件。法院一般要求申请人提供实质性财产担保，包括合格的担保物、现金或者信用担保，结果造成部分经济困难的申请人无法启动财产保全司法程序，诉讼权利难以得到有效保障，申请人的诉讼目的落空。而在诉讼保全担保中引入诉讼财产保全责任保险，为无力提供担保的申请人可以借助保险公司的力量来满足严格的担保条件及时获得法院诉讼保全救济提供了便利。诉讼财产保全申请人只需要通过在保险公司购买财产保全责任险，申请人办理诉讼财产保全担保的方式与购买普通保险的程序一样简单、便捷，保险公司通过审核之后即可为申请人开具保单及担保书（函）。对于因无法提供担保的申请人而言，法院认可诉讼财产保全责任保险担保形式，具有极大的诉讼便利性。第二，有利于诉讼保全担保中的被申请人。保险公司属于非银行金融机构，纳入国家金融监管体系，其公司治理、风险控制、资金实力等方面远远优于普通担保公司。由保险公司为申请人提供担保，对被申请人的保障力度明显强于一般的担保公司。当申请人因申请错误给被申请人造成损失时，由保险人直接承担赔偿责任，有利于降低诉讼双方当事人及法院的保全风险，有利于保护被申请人的合法权益。第三，有利于促进保险业的发展。诉讼财产保全责任保险是保险公司业务的创新，可以为保险业发展提供新的增长点。随着诉讼保全担保业务数量呈逐渐上升趋势，保险公司可以获得稳定收益。第四，有利于法院工作效率的提高。保险公司依据诉讼财产保全责任保险合同向法院出具的担保函，是一种标准化的保全担保方式，极大地方便了各级法院，有利于提高法院工作效率。第五，有利于司法环境改善。在诉讼阶段进行有效保全的案件，在执行程序中遇到的障碍相对较小，生效判决确认的权利义务能够及时得到实现。因此，法院认可诉讼财产保全责任保险为预防和解决“执行难”奠定了良好基础。①

以往全国各级法院能够接受的诉讼保全担保方式主要有以下3种：申请人

① 参见彭霞：《融资性担保公司参与诉讼保全担保问题研究》，载《人民法院报》2013年2月20日，第8版。

个人或第三人的财产担保、第三人的信用担保(主要是银行、保险公司等金融机构的担保以及担保公司担保)。但是,上述担保方式均存在缺陷和不足:首先,法院接受申请人或第三人提供担保的财产标的种类较为严苛,一般只能为现金、银行存款或者不动产,在申请人无法提供法院要求的与诉讼标的物等值或价值相当的动产或不动产担保物的情况下,法院往往拒绝启动财产保全程序。其次,银行出具的保函虽然解决了申请人自有资金、不动产等资产不足的难题,但银行为申请人出具保函的门槛和收费标准很高,实践中申请人得到银行保函担保的难度很大;按照行业监管的要求,保险公司仅限于自己或者分支机构作为财产保全申请人时可以出具担保函,不能为保险业务的客户提供担保函。最后,担保公司提供的诉讼保全担保一般只能被认可该担保公司的法院接受,不具有全国范围内的普遍接受性,法院接受哪些担保公司提供的保全担保并没有明确、具体的标准。同时,担保公司的资质状况良莠不齐,倒闭、跑路情况时有发生。因此,诉讼财产保全责任保险的出现是对我国《民事诉讼法》规定的诉讼财产保全担保制度的创新和突破。但是,诉讼财产保全责任保险和《民事诉讼法》规定的保全担保存在一定的差异。

二、基于诉讼财产保全责任保险的担保函担保能力的分析

财产保全是我国民事诉讼程序的一项重要法律制度,对保障当事人的合法诉讼权益、保证判决的顺利执行、维护宪法和法律的尊严具有重要意义。司法实践中,财产保全一般由当事人申请,由人民法院审查决定是否采取财产保全措施。在这一程序中,为防止申请人错误申请给被申请人造成的损失得不到赔偿,以体现对诉讼各方当事人合法权益的平等保护,立法者设计了财产保全担保制度。尽管我国民事诉讼立法和司法解释都未将担保作为诉讼中保全的必备要件,然而,在实践中担保成了法院决定是否受理保全申请的一个重要条件,甚至是必要条件。2015年《最高人民法院关于适用〈中华人民共和国民事诉讼法〉的解释》第152条对担保的数额要求作出的软化处理,也间接认可了将担保作为保全的必要条件。人民法院之所以强化担保的重要性,是因为担保不仅可以解决保全错误时的责任承担问题,更重要的是,也能够使财产保全制度在发挥功能的同时,不影响原告、被告以及法院的利益。①

在责任险中,投保人与保险公司签订保险合同,购买保险产品,支付保险费,保险公司向投保人出具保单。投保人和被保险人通常为一人,即财产保全

① 参见刘哲玮:《论财产保全制度的结构矛盾与消解途径》,载《法学论坛》2015年第5期。

申请人。被申请人,是指保险合同保险单中载明的其所持有的财产因被保险人申请而被人民法院保全的民事诉讼当事人或利害关系人,即为责任保险合同的第三者。按照保险关系的逻辑,诉讼财产保全责任险几乎完美地实现了当事人对保险的要求。但这一保险产品功能的实现,在司法实践中的关键却在于能否得到法院的接受。现行立法将财产保全作为人民法院的一项权利内容加以规范,即如何审查保全请求,如何作出裁定,如何采取保全措施,如何撤销保全措施等,均体现出财产保全的法院化,而非当事人化。① 法院在财产保全制度中的角色,使诉讼财产保全责任险产品功能的实现增加了一个环节,即法院的审查环节。法院首先要审查诉讼财产保全责任保险是否具有担保功能?仅就诉讼财产保全责任保险而言,唯一能实现担保的方式就是保单质押。

从保单质押的角度来看,首先,由于诉讼财产保全责任保险的保单属于财产保险的保单,财产保险保单能否作为质押权的标的,现行法律没有明确禁止性规定,但也没有在相关立法中予以明确列举。其次,如果用保单质押,则必须将保单交由法院保管。再次,财产保险的保单上不产生现金价值,只是设定赔偿的最高限额,用赔偿的最高限额来进行担保,这和一般质押权的标的不同。最后,由于保险行业习惯,保单的免责条款和保险期间的规定,使其无法达到法院提供保全担保的要求。简言之,若是认定保单作为担保形式,担保最终能否实现依据的是保险合约本身,法院由此要承担审查保险合同的风险,而诉讼财产保全责任保险合同中往往设置了大量免责条款,这些免责条款有可能使保险公司免于承担保险责任,法院通常认为诉讼财产保全责任险产品本身达不到财产保全担保的要求。② 另外,在现行法律规范中并无保险产品可以作为财产保全担保的明确规定。因此,诉讼财产保全责任保险的保单质押的实现存在多重障碍。

在此情形下,保险公司和法院寻求到另一条道路,即保险公司基于诉讼财产保全责任保险提供担保函。目前从现有的各级法院出台的相关文件中,均以此为操作模式。这样一来,基于诉讼财产保全责任险,保险公司还需要向法院增加一份文件即担保书(函)。担保书(函)通常是一种信用保证,那么基于诉讼财产保全责任保险的担保书(函)是否属于保证担保?首先,如果属于保险公司的信用担保,显然保险公司属于超业务范围经营,不符合保险行业监管要

① 参见刘哲玮:《论财产保全制度的结构矛盾与消解途径》,载《法学论坛》2015年第5期。

② 参见李鹤贤:《浅析保单保函在诉讼保全中的担保能力》,载《人民法院报》2015年11月4日,第7版。

求。其次,保证担保赔付应属于保证人支付,但基于诉讼财产保全责任保险的担保函赔付费用,其支出属于保险业务赔付。所以,从保险公司及其保险监督管理机构的立场来看,基于诉讼财产保全责任保险的担保书(函)不能成为保险公司的信用保证。但法院又不接受诉讼财产保全责任保险合同作为担保形式,双方在不断的磋商交流中,最终达成如下共识,即以保险公司向法院出具无条件承担赔偿责任承诺的担保书(函),从形式上满足法院审查财产保全担保的要求。

如上所述,法院要求保险公司出具基于诉讼财产保全责任保险的担保函是认为诉讼财产保全责任保险的担保功能有所欠缺。那么,保险产品是否可以具有担保作用?在我国财产保险业务中,和银行担保业务相类似的业务是保证保险,但相关的法律法规都没有对保证保险进行界定。学理上通常认为保证保险是由保险人提供保证保险单,负责赔偿权利人因被保证人的不履行合同义务或不忠实行为而遭受的损失。保证保险合同与保证合同在功能上具有一致性。[①]但由此产生的问题是,为什么保险公司不将此类产品设计成保证保险产品,而是设计成责任保险产品,使其无法满足法院对保全担保的要求。促使保险公司选取责任保险的关键性原因是险种的风险控制手段和成本不同。通常,保证保险合同承保的危险是一种信用风险,即债务人出于主观过错而不履行债务的行为,所以保险人在承保前一般会对被保险人进行严格的资信审查,只有投保人资信相当可靠,保险人才予以承保,有些情况下,为了降低保险人的风险,甚至会要求投保人提交抵押物。[②] 而对于投保人资信调查和审查花费较长时间则明显无法适应投保人的要求,投保人申请财产保全通常都具有时间上的紧迫性;对投保人资信调查和审查的费用在合同订立前花费巨大,对保险人而言也是不经济的。此外,设计成保证保险还存在其他方面的障碍,所以保险公司没有选择这种思路。

基于诉讼财产保全责任保险的担保函在实践运用中所表现出来的特性,如何来认识?保全担保不同于民事担保,保全担保由民事诉讼法调整,由法院对担保能力进行重点审查,以此保障赔偿能力,实现保护被申请人的合法权益。[③]《最高人民法院关于适用〈中华人民共和国民事诉讼法〉的解释》没有就担保的

---

① 参见黎建飞、王卫国:《保险法教程》,北京大学出版社2009年版,第241~243页。

② 参见皮立波:《责任保险和保证保险的辨析》,载《中国保险》2016年第2期。

③ 参见李鹤贤:《浅析保单保函在诉讼保全中的担保能力》,载《人民法院报》2015年11月4日,第7版。

合法形式进行明确列举,仅对财产担保可以采取的措施进行列举,通常法院也要求保全申请人提供财产担保。但在实际运作过程中,法院就财产担保所采取的措施,对于司法资源本已非常紧张的基层法院而言,无疑又增加了审理案件的工作量;对于财产保全申请人而言,也增加了相应的诉讼成本。尽管《民事诉讼法》及其相关规定中,没有明确法院是否可以接受信用担保,但在实践中,法院逐渐接受银行、担保公司等金融机构出具的担保函,一是可以提高法院审查的工作效率;二是顺应了社会经济金融的发展变化。但在这一过程中,法院对信用担保形式审查的依据发生了变化,除了依据《民事诉讼法》就该担保是否具有实际的担保能力进行审查外,还依照《担保法》规定的形式进行审查。《担保法》规定的担保形式有两大类:一类是人的担保;另一类是物的担保。基于诉讼财产保全责任保险的担保函属于《担保法》规定的人的担保还是物的担保?具体来说,是保险公司的信用保证还是保单的质押属于物的担保?

法院要求保险公司出具担保函,从形式上来看,要求保险公司以自己的信用提供担保,即保险公司作为保证人,而且有些法院还进一步明确保函中保险公司承担的是连带保证责任,从而进一步将财产保全风险限定在保险公司。认定担保函为担保形式,不存在保单免责条款带来风险的问题、保单中保险期间和法院审理期间不一致带来的法律风险问题。同时,《民事诉讼法》中没有禁止财产保全中申请人提供信用担保。从保险公司的保证角度来看,担保函能够实现保证的功能。保证责任的形式有代为履行和赔偿损失两种。保函的责任形式是赔偿损失责任,即保证人以赔偿的形式承担保证责任,这一点和责任险的保单功能是一致的。也就是说,对保险公司而言,形式上承担保证责任,实质上仍承担保险责任,是保单权利质押。

综上,基于诉讼财产保全责任险而建立的保全担保涉及3方面的法律关系:保险公司与诉讼财产保全申请人之间的保险合同关系;诉讼财产保全错误时申请人与被申请人的侵权关系;保险公司向法院出具担保函作为担保,在侵权之债的债权人和保险公司之间形成形式上的担保关系。为了满足法院对财产保全担保的要求,保险公司面临着两份不同的法律文件的约束,一是和投保人的责任保险合同,二是向法院出具的担保函。依据责任保险合同,保险公司应直接向被保险人支付赔偿金,财产保全关系中的被申请人是责任保险合同的第三人,若保险公司直接向第三人支付赔偿金,属于代为清偿,①按照《保险法》第65条之规定,需要经过合同的特别约定或者符合法律特别规定。依据担保

① 参见陈飞:《论我国责任保险立法的完善》,载《法律科学》2011年第5期。

函,保险公司向法院承诺,对申请人由于申请错误给被申请人所造成的损失承担保证责任。显然,在这两种不同的法律关系中,保险公司由于身份不同,法律对其要求是有差异的,其所承担的责任也是不同的。但保险公司此项业务能否开展,取决于担保函是否得到法院的接受,因此,保险公司选择忽略两者之间的差异换取保险业务的推广。

三、法院选择担保函作为保全担保形式的实践

自2012年中国保监会批准云南省保监局同意诚泰保险公司在云南试点诉讼财产保全责任保险,到2016年10月17日通过,并于12月1日实施的《最高人民法院关于人民法院办理财产保全案件若干问题的规定》(法释〔2016〕22号)出台,确认财产保全责任险合同可以作为财产保全担保方式止,历经5年的时间,诉讼财产保全责任保险作为财产保全担保方式的合法性在我国各级法院得到承认。

在这5年的时间里,从全国基层法院、中级人民法院、高级人民法院到最高人民法院都出台过相关意见,下面以我国各省高级人民法院出台的规定为样本分类分析。各省高级人民法院出台规定具有明显的不一致性,可以按照不同标准划分成若干类型进行分析。

目前,有的省高级人民法院专门针对诉讼财产保全责任保险担保出台单独文件,如江西、浙江、陕西、江苏等省份的高级人民法院;有的是将其作为保全担保的一种方式加以规定,如辽宁、天津、山西、四川、湖南等省份的高级人民法院。

实践中,出台的相关文件按照保监部门是否介入而形成两种类型:一是由高级人民法院独自出台规定,如江苏、江西、辽宁、天津、山西、四川、湖南等;二是由法院和保监部门联合出台规定,如广西壮族自治区高级人民法院和广西保监局、陕西省高级人民法院和陕西保监局、广东高级人民法院和广东保监局及深圳保监局、贵州高级人民法院和贵州保监局等。法院选择和保险监管部门联合发文,主要原因在于保险公司属于非银行金融机构,其业务开展要受到保险监管机构的监管,保险监管部门负有对于诉讼财产保全责任保险这一保险创新业务的监管职责。

实践中,按照是否限定保险公司可以分为两种类型:一是试行诉讼财产保全责任保险担保,如浙江省高级人民法院、江西省高级人民法院。《浙江省高级人民法院办公室关于同意中国人民财产保险股份有限公司浙江省分公司、中国平安财产保险股份有限公司浙江省分公司试行诉讼财产保全责任保险担保

的通知》(浙高法办〔2015〕50号)对两家保险公司提供的诉讼财产保全责任保险担保予以认可,试行期6个月。江西省高级人民法院2016年3月发布《关于同意太平财产保险有限公司江西分公司、中国人民财产保险股份有限公司江西省分公司试行诉讼财产保全责任保险担保的通知》(赣高法〔2016〕37号),认可太平洋财险、人保财险2家保险公司进行此项业务的试点,6月试点扩大到11家保险公司。法院在试点中指定符合资质的保险公司,主要是考虑到担保的安全性。二是禁止限定保险公司。例如,《江苏省高级人民法院关于规范保险公司提供财产保全担保的通知》(苏高法〔2015〕256号)规定只要是在保监会备案,且具有诉讼财产保全责任保险承保资质的保险公司都可以从事这项业务,各级法院不得指定承保的保险公司。江苏高级人民法院的这一规定考虑的是公平问题,因为法院指定哪些保险公司可以从事这一业务,有违保险业的公平竞争。

无论采取何种形式出台文件,各级法院在财产保全的实践中,都要求保险公司基于诉讼财产保全责任保险出具担保函,但对担保函提出的要求却各不相同,如下:

(1)四川省高级人民法院要求:①保险公司为特定债务人出具保证担保函依据是否营利分为两类:保险公司可以为具有合作关系的申请人出具担保函属于非营利性的,为保险客户依据保险合同出具担保函属于商业性的。②明确担保函的性质为信用担保、属于连带责任保证担保函。①

(2)广东省高级人民法院和广东保监局联合发文要求:为被保险人提供信用担保限于保险机构在赔偿保险金后可以取得代位求偿权的情形。②

(3)广西壮族自治区高级人民法院和广西保监局以备忘录的形式,认可和接受经中国保监会备案开展诉讼财产保全责任保险业务的保险公司出具的当诉讼财产保全申请错误,由保险公司承担不可撤销连带赔偿责任的保函。其特

① 《四川省高级人民法院关于做好企业财产保全工作服务经济发展新常态的意见(试行)》(川高法〔2015〕391号)第15条规定:“保险公司基于其与申请人之间的财产保全责任保险合同关系,为申请人财产保全提供信用担保并出具连带责任保证担保函的,人民法院可予以准许。”第16条规定:“保险公司基于其与申请人的合作关系为申请人提供非营利性信用担保并出具连带责任保证担保函的,经审查符合法律、法规和其经营范围规定的,人民法院可予以准许。”

② 广东省高级人民法院、广东保监局、深圳保监局联合发布的《关于保险机构诉讼担保若干问题的意见》(粤高法〔2013〕284号)第1条规定:保险机构可以通过出具担保函的方式提供诉讼担保。第2条规定:信用担保适用于诉前、诉中及诉后需要向法院提供担保的情形。第7条规定:保险机构只能为本机构或下属分支机构或被保险人提供信用担保,为被保险人提供信用担保限于保险机构在赔偿保险金后可以取得代位求偿权的情形。

点表现为:①限定为不可撤销连带赔偿责任的保函;②限定为保险客户。

(4)湖南省高级人民法院以办案规程的方式予以认可保险公司的保函。其特点表现为:①保险公司为诉讼财产保全申请人提供担保的,应向法院出具保险合同、保单和保单保函。②特别要求保险金额与财产保全的价值额相当。①

(5)陕西省高级人民法院和陕西保监局联合发文要求:①保险合同条款需在保监会备案,保险公司依据保险合同向法院出具保证保函。②保证保函属于无条件、不可撤销、连带保证责任。② ③保险公司以人民法院生效裁判文书确定的赔偿数额承担连带赔偿责任。

(6)贵州省高级人民法院和贵州保监局联合会议纪要确认:①保险机构可以通过出具诉讼财产保全责任保险保险条款、保单、保单保函的方式提供诉讼保全财产担保。②诉讼财产保全责任保险与财产保全申请人、银行类金融机构、担保公司等其他法人、组织或者自然人提供的财产、现金、权利凭证担保等均属于诉讼保全财产担保的方式。

司法实践中具有明显的趋势性,即将担保函明确建立在诉讼财产保全责任保险的基础上,虽然对保险公司责任保险产品具有担保功能予以认可,同时为了满足担保法对信用担保的要求,又要求保险公司出具担保函,并且对担保函的要求越来越高,已经不仅仅要求它在形式上是担保函,而且还规范其在实质上必须具备保证担保函的内容,或者说担保函在形式上完全可以脱离保险合同而存在。

各地法院经过不断实践,法院对保险公司基于诉讼财产保全责任保险的担保函的要求最终在《最高人民法院关于人民法院办理财产保全案件若干问题的规定》(法释〔2016〕22 号)中得以确认。其第 7 条明确规定,保险人以其与申请保全人签订财产保全责任险合同的方式为财产保全提供担保的,应当向人

① 《湖南省高级人民法院关于财产保全案件的办案规程》(湘高法办发〔2015〕3 号)第 7 条规定:保险公司的分支机构出具或者其上级机构出具保函进行财产保全担保的,人民法院应当准许。保险公司为申请人提供财产保全责任保险,符合《保险法》的规定的,人民法院应当准许,保险公司提供财产保全责任保险的,保险金额应当与财产保全的价值额相当。第 8 条规定:保险公司提供财产保全责任保险的,应当出具保险合同、保单和保单保函。

② 陕西省高级人民法院、陕西保监局《关于规范保险公司在民商事案件财产保全程序中提供担保的意见(试行)》(陕高法〔2016〕186 号)第 3 条规定:保险公司向人民法院出具保证保函,其保证方式为无条件、不可撤销的连带责任保证。

民法院出具担保书。[①] 这一规定在某种意义上是法院和保险公司达成双赢之后的相互妥协。法院通过担保书(函)保证了其对保全担保司法审查的责任;保险公司通过担保书(函)实现了诉讼财产保全责任保险的广泛应用。

四、法院对担保函风险防范的实践

(一)法院与保险公司对基于诉讼财产保全责任保险的担保函的认识存在差异

法院与保险公司之间在对基于诉讼财产保全责任保险的担保函的认识上存在分歧,或者说双方都希望按照自己的认识来设计担保函。

保险公司认为,诉讼财产保全责任保险是指投保人与保险公司(保险人)签订保险产品合约,保险公司以保险产品作为担保物,对诉讼当事人(被保险人)的财产保全行为进行担保,当被保险人申请错误依法应承担经济赔偿责任时,由保险人根据约定的赔偿限额负责赔偿或先行垫付,继而实现诉讼财产保全担保的目的。担保函是以保单的权利向法院提供担保。通常在出具担保函时,附有保单或保险合同。

法院认为,使用诉讼财产保全责任保险作为担保,存在诸多风险,如保险合同中的免责条款可能带来的风险。以保险公司保险条款为例,保险责任的含义如下:在保险期间内,被保险人向法院提出诉讼财产保全申请,如被保险人诉讼财产保全申请错误致使被申请人遭受损失的,经法院判决由被保险人承担损害赔偿责任而被保险人没有予以赔偿的,保险人按照保单和保险条款的约定负责赔偿。常见的免责条款约定如下:因被保险人和被申请人恶意串通造成的损失;因被申请人故意或重大过失造成或扩大的损失;被保险人由于财产保全错误遭到被申请人诉讼时,未及时通知保险人而造成或扩大的损失;被保险人由于财产保全错误遭到被申请人起诉时,未经保险人同意,与被申请人和解、调解结案而承担的赔偿责任;被保险人撤诉(不包括和解后撤诉)、诉前保全后不起诉或使用虚假证据而给被申请人造成的损失,但保险人可在赔偿限额内先行垫付后向被保险人追偿;被保险人未依法行使诉讼权利或履行诉讼义务而造成或扩大的损失。[②] 由于保险合同中存在免责条款,因保全错误导致赔偿时,保全申请人申请保险公司赔偿的,保险公司可能基于此项约定进行抗辩,导致保单

---

① 《最高人民法院关于人民法院办理财产保全案件若干问题的规定》(法释〔2016〕22号)第7条明确规定,保险人以其与申请保全人签订财产保全责任险合同的方式为财产保全提供担保的,应当向人民法院出具担保书。担保书应当载明,因申请财产保全错误,由保险人赔偿被保全人因保全所遭受的损失等内容,并附相关证据材料。

② 参考平安保险公司、中国人民财产保险公司等公司的保险条款。

的担保目的不能实现。但基于责任保险条款,其免责性规定是各国及地区保险之惯例,是测算保险出险概率的依据,也是为了防止道德风险之发生,有其存在之合理性和必要性。所以,双方妥协之后的方法就是让保险公司出具基于诉讼财产保全责任保险的担保函。法院倾向于让基于诉讼财产保全责任保险的担保函具有独立性,认为担保函就是保险公司的信用保证,其要完全符合保全担保的要求,符合《担保法》对信用担保的要求,才能实现诉讼保全担保的功能。

(二)法院对担保函审查的重点

担保函在权利保障能力、赔付实效、赔付便利程度等方面与保证担保存在差距,与质押担保亦有不同,可能造成法院审查中面临较多风险,因此,法院通过特别制度设计或操作规则加以完善,具体而言,法院为了避免诉讼财产保全责任保险给保全担保带来的风险,对担保函的内容进行了明确规定。例如,北京市第四中级人民法院要求保险人出具的担保函,应写明担保人名称、被担保人名称、担保的案件、担保方式、担保范围、担保期限、公章等内容。法院应当审查其担保函表述承担担保责任的内容、期限、方式等。① 以贵州省高级人民法院的规定②为例,人民法院在审查诉讼保全申请人以诉讼财产保全责任保险方式提供的财产担保时,重点审查保险期间是否"自被保险人向人民法院提出诉讼财产保全申请之日起至保全损害之债诉讼时效届满时终止",保险机构理赔依据是否是经"人民法院裁判、调解或决定",保险人是否是"向被申请人先行赔付,但有权向被保险人追偿"。即重点审查担保函上保险公司的3个承诺:

(1)保险合同约定期间与保函期限不一致带来的风险。由于保险公司在保监会备案的保险合同条款规定的保险期限为2年,到期需要重新缴纳保费续保,重新生成一个保险合同。而司法实践中,一个案件从保全到起诉(一审、二审)再到保全错误引发的侵权诉讼(一审、二审)往往超过2年时间,故保险合同对于有效期的约定不能覆盖保全错误损害的全程风险,而且如果保全申请人在2年到期后不再续交保费,则可能导致出现保单有效性风险。③ 所以,诉讼保全信用担保期限受法院案件审理期限的影响和制约,只要案件未审理完毕,

① 参见《北京市第四中级人民法院关于在民商事审判财产保全中引入责任保险担保方式的规定》第5条、第10条、第11条、第12条。

② 参见贵州省高级人民法和中国保险监督管理委员会贵州监管局《关于诉讼财产保全责任保险担保的会议纪要》(2015年10月9日贵州省高级人民法院审判委员会第28次会议讨论通过)第5条之规定。

③ 参见李鹤贤:《浅析保单保函在诉讼保全中的担保能力》,载《人民法院报》2015年11月4日,第7版。

保险公司的担保责任就不能解除。因此,必须在保函中作出符合法院要求的承诺。保险公司向法院出具保函时,通过承诺的方式解决期限不一致的问题,目前担保函承诺期限改为解除财产保全之日截止,或至保全损害之债诉讼时效届满时终止。

(2)在保全错误损害赔偿案件中,无法将保险公司列为共同被告,在判决主文中也无法直接表述由保全申请人与保险公司共同承担连带赔偿责任。[①]对这一问题的解决,法院要求保险公司通过保函承诺,因财产保全侵权责任纠纷,财产保全被申请人向申请人提起诉讼,一旦由法院确定了申请人的侵权赔偿责任,保险人应不可抗辩地向被申请人承担赔付责任,即依据担保函保险公司对被申请人承担连带赔偿责任。

(3)只要财产保全的被申请人因保全错误受到损害应该由申请人赔偿,无论在保险合同中保险公司是否免责都应先行赔付,然后再向申请人进行追偿。保险公司作出这样的承诺,可以避免法院因担保审查问题而应承担的责任。

(三)法院出现双重审查的趋势

通常保险公司出具的担保函是以保单为依据开立的,在保险公司内部保单赔偿是有专门设定的责任准备金来保证的,其风险已经通过内部风险控制机制、外部监管机制得以约束。但转化为保险公司的信用担保之后,法院需要审查保险人的偿付能力。这也是法院在实践中出现的一种趋势。

诉讼保全担保是诉讼活动的组成部分,与人民法院审判权行使密切相关,商业担保中允许和可以出现的商业风险,绝不允许在诉讼保全中出现。否则,不仅会使申请人和被保全人利益受损,更将影响诉讼活动严肃性,损害审判机关形象和司法公信力。保函责任依据的是保险公司赔付能力,因此,法院在这个问题上要审查的是保险公司的代偿能力。为化解保险公司资质能力不足带来的风险,应确立准入资格,设定准入门槛。具体来说要求出具保函的保险公司是具有代偿能力的保险公司。[②] 我国各级法院出台的关于法院审查基于诉

---

① 参见李鹤贤:《浅析保单保函在诉讼保全中的担保能力》,载《人民法院报》2015 年 11 月 4 日,第 7 版。

② 例如,《北京市第四中级人民法院关于在民商事审判财产保全中引入责任保险担保方式的规定》第 19 条规定,法院在发现保险人存在下列情形时,有权拒绝其提供责任保险担保:(1)经营状况严重恶化,有丧失或者可能丧失履行承担保险责任能力的情形;(2)公司的偿付能力严重不足;(3)违反法律规定,损害社会公共利益,可能严重危及或者已经严重危及公司的偿付能力;(4)有拒不承担责任保险担保责任的行为,且不能证明其合法性;(5)在保险过程中存在恶意串通,损害国家、集体或者第三人利益的行为;(6)保险人不按照法院要求出具担保书(函)及相关材料证明的;(7)有其他经法院认定足以影响承担保险责任的行为。

讼财产保全责任保险的担保的典型规定,应属《北京市第四中级人民法院关于在民商事审判财产保全中引入责任保险担保方式的规定》。依据该规定,法院审查内容包括保险人资质的审查和担保函形式和内容审查两部分,既审查保险人的担保资格,又审查担保函的内容,按照信用保证的要求进行审查。

但正如前文所述,目前没有法律法规明确规定保险公司可以为保险客户直接信用担保,或者说其不在保险公司的业务许可中。所以,法院尽管要求保险公司以担保函的方式来提供信用保证,避免审查责任,但也知道保险公司在现行法律法规体系中,只能依据诉讼财产保全责任保险作为担保函合法的基础。法院采用双重审查原则,对保险人保险资质和担保能力进行双重审查。例如,《北京市第四中级人民法院关于在民商事审判财产保全中引入责任保险担保方式的规定》中明确法院审查:提供责任保险担保的,保险人是否具有相应担保资格以及中国保监会的批文。中国保监会的批文(中国保监会财产保险公司保险条款和保险费率备案表,加盖保险费率管理专用印章)审查,是审查保险人诉讼财产保全责任保险业务的合法性;要求保险人提交营业执照副本、经营许可证、注册资本证明;法定代表人或者负责人身份证明;无违法犯罪记录且无拒不承担为财产保全申请人履行担保义务记录的书面保证等材料,是审查保险人担保能力。

五、结论

保险公司欲通过在保全担保形式中引入保险而开拓保险业务,但经过保险公司和法院不断合作博弈,甚至保监会也在这一过程中积极推动、协调,最终呈现出诉讼财产保全责任保险和担保函组合而成的担保,这既是双赢,又是相互妥协的结果。保险公司金融创新的初衷实现了,诉讼保全申请人也有了选择便利经济的担保方式的可能性,法院也没有因此增加审查风险;但这种担保方式使法律关系更加复杂化,因此,有学者评价其为特殊背景下的畸形产物。[①] 但是,司法实践中的许多问题只是特殊阶段的特殊问题,这种财产保全担保中的特殊组合方式只能是当下解决现实问题的一种暂时性手段,具有过渡性。

---

① 华东政法大学方乐华教授对诉讼财产保全责任保险的评价是借责任保险之名,行保证保险之实。参见方乐华教授在2016年中国保险法年会上的报告。

榆林市煤炭行业去产能现状研究

王孟男*

随着各项煤炭行业去产能政策的出台,2016 年进入了煤炭行业去产能攻坚之年,以煤炭行业为经济支撑的榆林市将面临更大冲击。虽然从长远来看,煤炭行业去产能会带来并购、行业集中度提升等新型发展机遇,但短期内榆林市急需面对就业率下滑、经济增长减速、金融风险加大等挑战。笔者将综合分析榆林市煤炭行业产能过剩现状及原因,探索化解产能过剩的有效做法,为榆林市经济转型建言献策。

一、榆林市煤炭行业产能过剩行业现状

榆林市能源行业主要以煤炭、石油为主,水泥、钢铁占比极低。其中煤炭行业现有产能约为 5 亿吨,近两年实际产量分别为 2014 年 3.63 亿吨,2015 年为 3.6 亿吨,产能利用率分别为 2014 年 73%,2015 年 72%,煤炭行业目前明显产能过剩,产能利用率有逐年下降趋势。①现有煤矿共计 264 家,其中大型 86 家,中型 133 家,小型 45 家。截至 2015 年年末,榆林市煤炭企业融资总额 357.27 亿元,同比增加 9.14%,较上年末下降 2.35 个

---

* 中国人民银行榆林市中心支行,经济法学硕士。

① 参见康晓琴:《榆林市产能过剩现状、原因及化解对策》,载《中国人民银行榆林市中心支行信息专报》2016 年第 18 期。煤矿类型划分标准:120 万吨以上为大型,45 万吨 < 产能 <120 万吨为中型,小于 45 万吨为小型。

百分点。

(一)融资方式

2015 年年末,榆林市煤炭行业贷款余额 305.32 亿元,占其融资总额的比重为 85.46%,银行承兑汇票余额 46.31 亿元,占比为 12.96%,委托贷款、信用证、保函等其他表外融资余额 5.64 亿元,占比为 1.58%。

(二)贷款集中情况

截至 2015 年年末,榆林市榆阳区、神木县、府谷县 3 个县区的采矿业贷款余额 264.41 亿元,占全部采矿业贷款 92.92%,因此此 3 地的金融机构采矿业贷款较集中。以府谷农商行为例,截至 2015 年年末,该行各项贷款 74.43 亿元,其中煤炭开采和洗选业贷款 7.04 亿元,占比 9.45%,不良贷款 20.62 亿元,其中煤炭开采和洗选业不良贷款 2.24 亿元,占比 10.86%。仅从报表数字来看,煤炭行业贷款的占比不大。但根据实地调查,由于煤炭行业是府谷县的主要经济支柱,其他行业投向的贷款直接或间接地流向了煤炭行业,2015 年年末该行投放到涉煤行业的相关贷款总额达 42.43 亿元,占各项贷款总额的 57%。

(三)煤炭企业资金需求情况

对榆林市 10 家银行调查显示,煤炭行业贷款需求依然较强,尤其是中小微煤炭企业,加之榆林地区民间融资崩盘,煤炭企业向社会融资变得异常艰难,从中期来看,落后产能淘汰、过剩产能退出的过程中,煤炭行业转型升级、行业兼并重组步伐将加快,在此过程中并购贷款及技术改造贷款的需求将有所增加。(见表 1)①

表 1　榆林市煤炭企业授信情况统计

所属行业	地市	年份	授信企业(户)	授信银行名称及类型	融资总额(亿元)	贷款余额(亿元)	占各项贷款比重(%)	不良贷款率(%)	贷款集中度(%)	承兑余额(亿元)	其他融资类型及余额(亿元)
煤炭	榆林	2015	264	全金融机构	357.27	305.32	15.02	6.2	15.2	46.31	5.64
		2014	239	全金融机构	327.34	270.69	13.98	2.29	17.4	50.62	6.03

① 参见高娟:《榆林市去产能背景下煤炭行业信贷风险显现亟待关注》,载《中国人民银行榆林市中心支行信息专报》2016 年第 9 期。

二、煤炭行业产能过剩带来的不利影响

（一）价格下跌，企业个体经营受挫

对企业而言，产能过剩对企业最直接的影响是价格下跌，利润下降甚至转为亏损，最终导致退出市场。煤炭企业前期投资非常大，而目前榆林市很多企业开采时间较短，还未进入收益期，因产能过剩，开工不足，成本回收期延长，去产能过程中甚至要被迫退出市场，对企业影响极大。

（二）收益下降，行业整体发展受阻

虽然去产能过程中可以促进企业兼并重组，提高行业集中度，淘汰落后产能，促进企业创新和提高生产技术等，但从目前发展来看，产能过剩导致煤炭行业整体收益下降，行业发展停滞受阻。

同时，产能过剩导致劳动力过剩。2015 年榆林市煤炭行业的产能利用率仅为 72%，这就意味着约有 28% 的劳动力闲置，需要被裁员。失业人员中部分年龄较小的员工还可以通过培训其他技能进行再就业，但那些年龄较大的员工再就业的能力就很低，而拥有高级技能的员工失业再就业是对人力资源极大的浪费。

（三）发展滞缓，辖区经济金融受挫

经济增长方面，近年来，煤炭产业成为榆林市的第一支柱产业，煤炭工业的产值和实现的税利均占地区国内生产总值和财政收入的半壁江山。煤炭行业的投资与产出、供给与需求和产能的均衡与过剩，都会对金融产生很大的影响。无论是民间借贷还是银行信贷资金，过度集中投向煤炭产业，都易形成极大的投资风险，例如，神木县农村合作银行 95% 的新增贷款集中于煤炭行业，在煤矿炒作热潮中，潜在风险极大。煤炭产能过剩直接影响煤炭企业收入的增加和银行存款的增加，进而影响银行支持地方经济发展的信贷力度。

（四）产能过剩，严重影响地方财政税收

榆林是资源型城市，主要以煤炭、石油、天然气为支柱产业，煤炭行业产能过剩后，榆林市财政税收直线下降，2012 年增速为 29.32%，2013 年直线下降为 0.44%，2015 年进入负增长为 -5.49%。煤炭产能过剩会导致价格下跌，进而导致销售数量和销售收入减少，税费收入就会随之减少，直接影响地方财政收入的增加，更会直接影响相关的交通运输业、饮食、服务等行业的发展，进而影响整体经济的可持续发展和人民群众收入的提高，引起资源的消耗和环境的污染。

三、产能过剩的形成原因

(一)地方政府调控失误,煤炭行业过度投资

从前文分析可以看出,榆林市煤炭行业产能过剩约28%,264家煤炭企业中120家为亏损,在经济形势好的时候,榆林市政府对煤炭开采没有严格把控,市场准入并没有按照实际产能需求批准,而是带有一些盲目性,最终导致了产能严重过剩。

(二)国内国际市场需求下降

2008年金融危机后,随着国家经济增速放缓以及环境保护力度的加大,煤炭需求上升空间有限,煤炭需求的增长将长期趋于平缓,同时国际市场需求大幅下降,导致供应远大于需求,出现产能严重过剩。

(三)金融信贷资源集中率高

金融行业对能源行业发展评估欠缺,对煤炭市场总体评判能力不足,导致对煤炭行业盲目进行资金支持,同时榆林市银行业资金支持又集中于煤炭等能源行业,形成了煤炭行业蕴含交叉性担保圈风险和银行易受煤炭行业信贷冲击风险。①

(四)产业集中度过低

20世纪80年代之前,我国煤炭产业市场集中度比较高。但80年代之后,随着市场化改革的不断深入,煤炭行业逐渐向民营企业开放,为满足经济快速增长的需要,解决长期以来我国煤炭市场供不应求的局面,煤炭产业的进入壁垒不断降低,不同产业、不同规模的资本不断涌入煤炭产业,整个20世纪90年代,各采矿区兴建煤矿,导致煤炭产业集中度不断下降。

四、榆林市化解产能过剩的做法及存在问题

(一)榆林去产能基本做法

1.引导退出

榆林60万吨/年以下非机械化开采的煤矿共43处,产能1304万吨/年,符合国家引导退出政策。按照陕西省去产能方案修改意见要求,榆林已上报了化解煤炭过剩产能年度计划24处煤矿,产能930万吨。《陕西省发展和改革委员会关于核实上报引导退出煤矿退出计划的紧急通知》(陕发改运行〔2016〕538

---

① 袁映奇:《榆林市煤炭行业现状及运行趋势分析》,载《中国人民银行榆林市中心支行信息专报》2016年第7期。

号)希望引导退出榆林25处煤矿,产能764万吨/年。但经与各县区和矿方协商,均表示因矿井剩余可采储量较大、前期投资大且未进入收益期、股权涉及村民多、社会维稳等因素,暂不同意退出。

2. 落实276个工作日制度

国家和省能源局按照276个工作日生产制度要求,依原产能84%核算新的产能,确定榆林106处生产矿井新的产能,由25,277万吨/年减少到21,233万吨/年,合计减量4044万吨/年。

3. 停工、停建矿井

根据《国务院关于煤炭行业化解过剩产能实现脱困发展的意见》(国发〔2016〕7号)文件精神,榆林已对手续不全、试运转过期和超工期建设矿井50处下达了停建、停产指令,产能12,180万吨/年。其中,手续不全的煤矿有17处,设计产能9720万吨/年;试运转超期矿井21处,产能1545万吨/年;超工期建设矿井12处,产能915万吨/年。

(二)去产能过程中存在的困难

1. 利益空间可观

目前,榆林市矿井剩余可开采储量较大。而且虽然煤炭价格呈断崖式下跌,由最高每吨600多元降为每吨275元,但仍高于每吨的开采成本,还存在利润空间。

2. 企业去产能内在动力不足

榆林市煤炭行业很多企业在发展前期对现有煤矿产业投资很大,这些企业现在还未进入收益期,企业自身没有足够的去产能动力。同时,煤矿股权涉及村民,利益主体众多,纠纷复杂,间接降低了企业的去产能动力。企业负债问题难以解决。在建矿井面临严重资金短缺、断裂问题,停产即亏损。

3. 政府去产能内在动力不足

制约榆林市地方政府开展去产能的因素包括财政收入下降;大批员工失业,就业率下降,人员安置困难;股权涉及当地村民,关停会引起社会不稳定等;去产能会导致不良贷款急速上升,引发金融风险。

五、对策建议

(一)发挥政府引导作用,促进煤炭产业升级发展

建议榆林市政府根据当前煤炭行业现状,各级政府应采取包括调整资源税征收方式、限制进口,鼓励出口,税费减免等在内的一些系列政策措施,帮助煤炭企业调整产业结构,延伸产业链条,全面推行煤基多联产综合利用技术,打通循环经济产业链。

同时,榆林市政府部门应积极发展和引进煤炭深加工和煤转化项目,积极探索和考察煤炭深加工和煤转化项目,引进技术和资金,发展煤炭深加工和煤转化项目,加快煤电化一体化建设,促进煤炭的就地转化和综合利用,创造优质、宽松的环境。

(二)促进金融支持供给侧结构性改革效力,推动地方产业结构优化升级

榆林市各金融机构要抓住煤炭行业产销两旺的有利时机,适时对煤炭企业给予信贷支持,发挥金融支持供给侧结构性改革的效力。一方面要提高信贷支持力度,支持企业运用高新技术和先进技术改造煤炭产业,增加科技含量,提高原煤回采率,增加资源利用效率。另一方面要抓准信贷支持切入点,以配合煤炭"3个转化"战略,发展煤炭综合利用和延长产业链为重点,形成煤炭生产、煤焦化、煤转电3大产业集群,从而提高煤炭综合经济效益,加快煤炭产业的优化升级,为煤炭企业的可持续发展创造良好的条件。

(三)以监测分析为重点密切关注各类金融风险,防范金融风险

中国人民银行等监管机构应在加大对工业景气调查、物价调查、贷款投向、民间融资等各项监测分析工作的基础上,密切关注房地产、产能过剩行业、民间借贷等重点领域的突出问题和潜在风险,严防不稳定因素引发系统性、区域性金融风险,竭力维护辖区金融稳定。

同时,辖区各金融机构应及时监测客户生产、经营及财务状况,特别是信贷资金用途等信用情况,落实审批内容。按季度归纳整理客户的有关信息,形成监管报告,以便及时了解客户风险,有效缓释、化解风险。在风险监测上,一方面,应加强对地方政府、金融机构及集团财务公司的联系,建立重点行业监测制度,要求金融机构对贷款违约等风险事件主动报告。另一方面,也要指导金融机构加强风险监督,定期对煤企的融资风险隐患进行排查和研判。盘活存量贷款,提供信贷支持,防范资金链断裂的风险。

P2P 网贷平台民事法律责任研究

朱时敏*

P2P 英文为“peer-to-peer”,中文表述是个人对个人的直接借贷,也就是我们通常所说的民间借贷。① 人们没有直接使用中文“民间借贷”而是使用英文“P2P”表述,首要原因是业界为了突出该种借贷是一种“新型的投资模式”,②除此之外,该新型模式的确有其不同于普通民间借贷的特征:一是这种民间借贷是通过互联网媒介;二是这种民间借贷多是小额借贷。③ 民间借贷这种古老的资金融通方式一旦披上 P2P 这种含糊不清的外衣后,在金融业界的实际操作中也与单纯的民间借贷有天壤之别,其中关键角色就是 P2P 网络平台。在 P2P 平台频繁爆发资金安全问题的背景下,对平台在 P2P 关系中法律地位及其民事责任的讨论无疑是一项重要任务。

一、P2P 平台居间地位的认定

民间借贷作为一种古老的金融模式长期以来局限

---

* 西北政法大学讲师,法学博士。

① 参见谢平、邹传伟、刘海二:《互联网金融模式研究》,载《新金融评论》2012 年第 1 期。

② 刘权:《P2P 网络借贷犯罪及其刑事治理研究》,载《中国人民公安大学学报》(社会科学版)2014 年第 6 期。

③ P2P 最早可以追溯到 20 世纪 70 年代末孟加拉银行家穆罕默德·尤努斯(Muhammad Yunus 开创的微额贷款服务。这种小额贷款分为线下和线上借贷,由于线上借贷发展迅猛而被特定化。

于熟人社会。传统民间借贷的媒介是熟人关系,以熟人关系中包含的血亲、姻亲或友谊等作为信用基础。自古以来,中国社会熟人之间以互帮互助为目的的小额借贷一直比较繁荣。当代中国随着人口流动和城市化进程的发展,熟人之间的信用在逐渐减弱,由此导致多为免息的互助目的的民间借贷逐步萎缩。P2P的最大特色是将民间借贷的主体双方由小范围的熟人社会扩大到全球范围。① 互联网替代熟人关系成为P2P的媒介。这种替代通常被简单地理解为线下和线上的关系。作为线上交易的互联网途径相比线下途径有以下优势:② (1)突破地域限制和时间限制。生活在世界任何一个角落的网民都可以通过互联网实现零距离沟通,并且交流的时间不受限制,理论上可以实现24小时在线交流。(2)互联网用户数量的庞大可以使每笔借贷做到短期、小额,这种低门槛的投资模式足以吸引大量的民间零碎闲散资金。(3)谈判成本为零。线下的民间借贷,最大的成本在于借贷的谈判。线上的P2P借贷谈判成本几乎为零。基于网络平台大量的用户群,借方和贷方通过电脑自动配对形成,借贷双方无须进行磋商式的谈判及签约过程,一律使用网络平台提供的标准化借贷合同。

如果P2P相对于传统民间借贷仅仅是线上线下的区分,仅仅是在便捷性和数量上对传统借贷模式的突破,那么《合同法》中的借款合同一章即可解决P2P引发的纠纷。法律人对P2P感兴趣的很重要一点是P2P平台的居间人地位。传统的民间借贷在多数情况下是不需要居间人的,部分民间借贷的所谓中间人,中国古代叫作中见人或者知见人,我们在法律上称为见证人。其主要作用是证明借贷双方借贷关系的真实存在。③ 民间借贷不需要居间人是因为借贷多发生在熟人之间无须引见撮合,但P2P借贷的双方相互不认识,居间人则是必需的。绝大多数P2P平台将自己定位为居间人,④这一点也为政府主管部

---

① 湖北省武汉市中级人民法院ZhengYuwang与胡琳民间借贷纠纷案中,ZhengYuwang是美籍华人。在互联网时代,由P2P网络平台媒介的民间借贷从技术上已经突破了地域和国别的限制。

② 参见卢馨、李慧敏:《P2P网络借贷的运行模式与风险管控》,载《改革》2015年第2期。

③ 见证人在中国古代被称作中见人或知见人,其主要作用是证明合同的真实性,其中包括双方意思表示的真实性。参见杨淑红:《元代民间契约关系研究》,河北师范大学历史文化学院2012年博士学位论文,第38页;冯卓慧:《唐代民事经济法律制度研究》,商务印书馆2014年版,第57页。

④ 奇子成新(上海)金融信息服务有限公司诉潘某某民间借贷纠纷案中,原告奇子成新公司声称自己是"居间人"。

门、法官[①]和学者们所认同。[②]

二、P2P 平台的居间报告责任

我国《合同法》对居间人的主要义务定位在促成合同的成立和为委托人提供合同相关信息。[③] 对于借贷合同的居间人来说，促成合同的订立和提供与合同相关的真实信息在很多情况下是冲突的。借贷合同的相关信息主要是借款人的信用和履约能力问题，P2P 借贷中的借款人通常难以通过银行的风控审核，否则在银行利率基于民间借贷数倍的情况下，借款人是不会选择高息的民间借贷而放弃银行借贷的，如果 P2P 平台像银行一样去调查借款人的相关信息并如实向出借人提供该信息，则很可能导致借款合同不能成立，从而导致 P2P 平台不能收取居间费用。为了收取居间费用，P2P 平台可能会倾向于隐瞒或者消极披露借款人的真实信息。

在三恒财富投资管理有限公司与杨某某借款合同纠纷案中，杨某某于 2013 年与出借人秦某某签订借款协议，实际借款 4 万元，为期 2 年，居间费用高达 18,835.2 元，该费用是实际借款数额的 47%，相当于年利率 23.5%。此外，杨某某还须支付秦某某利息 26,688.08 相当于实际借款数额的 33.36% 的年利率。杨某某为 4 万元借款两年合计支出 45,523.28 元。相当于年利率 56.89%。在居间费用高达借款金额 47%，并且居间费用一次性由 P2P 平台从借款中代扣的情况下，P2P 平台会愿意冒任何风险去促成合同的签订。本案中出借人实际收到的利率是 6.67%，属于合理范围，但居间人却会因为高额的服

① 联动优势科技有限公司与郑某某等民间借贷纠纷案中，北京市西城区人民法院法官将 P2P 公司收取的中介服务费称为“居间费用”，明确表明法官对 P2P 平台居间地位的认可。夏某、刘某民间借贷纠纷二审民事案的判决书中，山东省济宁市中级人民法院法官写道：“被上诉人与三家某公司签订的《信用资讯及管理服务协议》……可以认定上诉人实际上与上诉三家公司已经签订了居间合同，存在居间服务法律关系。”

② 有学者认为 P2P 平台首要地位是居间地位，但同时兼任出借方的代理人，其理由是 P2P 借贷合同条款的形成、资金的流向、借款人资讯的调查、借款本息的收取等都由借贷平台代为行使。笔者认为，调查资讯、草拟合同、催款和收款等行为不能构成具有民事法律效果的法律行为，对这些不产生法律效果的行为的代为处理，并非我国民法上的代理关系。参见赖丽华：《P2P 网络借贷平台的复合民事法律地位》，载《法学论坛》2016 年第 3 期。

③ 依据《合同法》第 424 条规定，居间合同是居间人向委托人报告订立合同的机会或者提供订立合同的媒介服务，委托人支付报酬的合同。《合同法》第 425 条规定，居间人应当就有关订立合同的事项向委托人如实报告。居间人故意隐瞒与订立合同有关的重要事实或者提供虚假情况，损害委托人利益的，不得要求支付报酬并应当承担损害赔偿责任。第 427 条规定，如果居间人没有促成合同的，不得要求支付报酬。

务费而隐瞒有关借款人违约风险的信息。

我国《合同法》并没有详细规定居间人应当履行哪些有关订立合同事项的报告义务,[①]这给实际操作中,委托人在起草居间合同时提出了非常专业的要求,委托人要么自己亲自调查合同相对方的相关信息,要么委托律师起草专业的居间委托合同。对于P2P网络借贷的出借人而言,前述两个条件都无法满足。出借人不会为了小额的贷款去现场考察借款人的相关信息,同时居间合同一律都是由P2P平台起草,平台公司在居间合同中几乎不对自己的信息调查义务作出任何承诺。[②] 实际上,法官在审理居间合同案件时会对法律条款做扩大解释以加重居间人的信息提供义务。当居间关系发生在商业居间人和消费者之间时,法官尤其应当强调居间人信息调查义务。[③]

唐某与上海拍拍贷借贷纠纷案中,出借人唐某与借款人李某某签订借款合同,合同约定借款用途用于经营宾馆。实际上,李某某经营的宾馆因未进行年检而在借款当日停止营业。拍拍贷没有向出借人提供借款人材料,亦未调查借款人宾馆经营状况。当借款人违约时,出借人唐某将李某某与拍拍贷公司作为连带责任人诉诸法院。原告诉称,因拍拍贷未尽到审核职责且没有直接向出借人提供借款人材料,出借人甚至不知道借款人的真实姓名,由此造成出借人作出错误的选择,应当承担出借人损失赔偿责任。被告拍拍贷公司辩称,居间合同中没有约定拍拍贷公司审核义务,不披露借款人真实身份是为了保护借款人隐私,拍拍贷不应当承担赔偿责任。上海浦东新区人民法院法官认为,P2P平台是借款合同的居间人,而不是借款人也不是保证人,因此无须与借款人承担连带责任。出借人在签订合同时已经明知借款人真实信息因隐私权保护而不被提供,因此,居间人也没有故意隐瞒真实情况。

---

① 参见曾庆俊:《居间合同研究》,山东大学民商法学2007年硕士学位论文,第40~41页。

② 以人人贷商务顾问有限公司推出的《薪计划170816期服务协议书》为例,该协议书仅在第8条服务计划保障中规定:“为降低甲方因投资标的过于集中而所带来的信用违约风险,乙方将对甲方加入本次服务计划金额根据网站有关规则安排分散化的优先自动投标。”此条算是考虑了出借方的风险,除此之外人人贷公司没有承诺任何有关调查借入方相关信息的义务。参见人人贷官方网站www.renrendai.com,最后访问日期:2017年8月2日。

③ 陈某与梁某某居间合同纠纷案中,梁某某作为居间人撮合陈某与南宁丰卓房地产公司签订《合作建房协议书》,该协议书约定标的楼盘实际开发商为中房集团南宁公司。合同签订后,因政府政策调整,合同履行出现纠纷。陈某以梁某某没有提供真实信息为由要求退还居间费用,梁某认为丰卓房地产公司提供的信息不实并非居间人的注意义务。南宁市两审法官认为,居间人没有充分调查合同相对人相关信息,即便合同最终不能履行与居间人无关,居间人也无权收取居间费用。

拍拍贷不告知出借人借款人真实姓名的模式无独有偶，阿里旗下的蚂蚁金服居间行为中也存在隐瞒借款人真实姓名的做法。法官的判决明显属于适用法律错误。《合同法》第 425 条明确规定，居间人应当就有关订立合同事项向委托人如实报告，故意隐瞒者要承担由此导致的损失。如果法官允许居间人就会为了所谓的借款人隐私或者合同自由约定而免去居间人信息报告责任，那么居间人为了促成合同的签订并获取佣金，而丝毫不顾及出借人的资金安全。

2016 年 8 月 17 日，中国银监会、工信部、公安部、国家互联网信息办公室等 4 个部门联合发布《网络贷款信息中介机构业务活动管理暂行办法》（以下简称《网贷机构管理办法》）。该管理办法补充了《合同法》对居间人义务规定不足的缺陷。《网贷机构管理办法》第 9 条规定了 P2P 平台的 10 项义务，其中最重要的是前 3 条，它要求 P2P 平台应当依据法律和约定履行下列义务：(1)为出借人与借款人提供直接借贷信息的采集整理、甄别筛选、网上发布，以及资信评估、借贷撮合、融资咨询、在线争议解决等相关服务；(2)对出借人与借款人的资格条件、信息的真实性、融资项目的真实性、合法性进行必要审核；(3)采取措施防范欺诈行为，发现欺诈行为或其他损害出借人利益的情形时，及时公告并终止相关网络借贷活动。

作为部门规章的《网贷机构管理办法》可以作为《合同法》关于居间人报告与订立合同有关事项义务的细化补充。按此规定，P2P 居间人应当负有以下义务：主动采集和整理并甄别筛选交易信息，主动审核借贷双方资格条件及信息的真实性、融资项目的真实性、合法性，积极采取措施防范欺诈。如居间人违反上述义务，则可认定居间人属于故意隐瞒与订立合同有关的重要信息。按照《合同法》第 52 条的规定，如借贷双方在合同中明确约定排除上述居间人义务，该义务可因约定而被免除，除非一方当事人依《合同法》第 39 条、第 40 条、第 41 条以及第 53 条规定主张该约定无效。[①] 按照《网贷机构管理办法》规定，拍拍贷、蚂蚁金服等 P2P 平台如果继续向出借人隐瞒借入人的真实信息，则将被认定为故意隐瞒，需承担因信息报告过错而导致的损害赔偿责任。

三、P2P 平台的信用评估责任

《网贷机构管理办法》还规定了 P2P 平台的资信评估义务。资信评估属于

---

① 我国《合同法》第 425 条规定居间人应当就有关订立合同事项向委托人如实汇报，根据契约自由的原则，这种非强制性规定可以被当事人通过约定排除。参见孙鹏：《论违反强制性规定行为之效力》，载《法商研究》2006 年第 5 期。

行为人决策过程的主观意志活动,是对负债率、债权、破产作出预测。凡预测皆存在错误可能,依据错误预测作出决策可能导致损失。[①] 信用评估区别于单纯的信息收集与审核,如果没有合同明确的约定,信用评估不应当被认定为居间人应当报告的事项范围。

无论居间合同中是否约定了信用评估服务,一旦P2P平台提供了信用评估服务,其就应当承担由过错评估导致的法律责任。有合同约定该责任是违约责任,无合同约定也可依据侵权责任法追究P2P平台的侵权责任。请求权人可以是出借人也可以是借入方。有过错的信用评估会导致借入方信用评估级别过低,从而增加借入方的融资成本,由此导致的损失,借入方可追究P2P平台的违约责任或者侵权责任。对借出人而言,错误的信用评估可能会导致其错误的借出决策,从而导致借款人违约风险的增高,由此导致的损失,出借人可以追究P2P平台的违约责任或者侵权责任。

信用评估通过事后的验证无论是正确的还是错误的,信用评估本身的正确与否都不应当直接导致评估人法律责任的承担。评估本质上是对未来事件的预测,预测的错误不应当招致责任。信用评估责任来自评估人在评估过程中的过错行为,且要求该过错行为是导致评估错误的原因。[②] 评估行为的过错包括没有将评估建立在合理依据上的过错,没有使用合理完整数据来源的过错以及没有使用正确的评估方法的过错等。由于评估过错的不透明性,评估机构的相对人很难举证评估人的过错行为,这就要求法官在审判过程中应当依职权合理分配举证责任。[③]

四、P2P平台的担保责任

《网贷机构管理办法》第10条规定将P2P平台的地位严格限定为单纯的

---

① 参见劳洛克、张世明、刘亚丛:《信用评估机构的规制与责任》,载《经济法论丛》2009年第1期。

② 同上。

③ 劳洛克教授认为由于评估行为的不透明性应当由法官裁定举证责任的倒置,这一点在中国也可以由最高院的某些司法解释得到印证。《最高人民法院关于审理证券市场因虚假陈述引发的民事赔偿案件的若干规定》第24条规定,专业中介服务机构及其直接责任人违反《证券法》第161条和第202条的规定虚假陈述,给投资人造成损失的,就其负有责任的部分承担赔偿责任。但有证据证明无过错的,应予免责。这里就是对中介机构的举证责任倒置的规定。但也有学者认为举证责任倒置必须有法律明确的规定。例如,举证责任的分割必须有法律或者司法解释的明文规定,否则任何将举证责任加以分割的动机或行为都是不能允许的。参见叶自强:《举证责任的倒置与分割》,载《中国法学》2004年第5期。

居间人地位。平台不得为自身融资，不得接受和归集资金，不得发放贷款，总之不得从事除居间业务之外的其他任何业务。尤其值得注意的是，P2P 平台直接或者变相向出借人提供担保或者承诺保本保息都被禁止。《网贷机构管理办法》的法律层级是部门规章，依据《合同法》第 52 条规定，即便 P2P 平台违反银监会的上述规定，也不影响平台与借贷双方合同的效力。① P2P 平台可能会因此受到监管部门的相关处罚。首先应当厘清的是，如果 P2P 平台在居间合同中仅仅是约定由第三方为出借人提供担保，则应该不属于禁止范围。但如果该第三方担保机构与居间人有股权上的关联关系，则居间人行为涉嫌"变相向出借人提供担保"。笔者认为，认定这种变相担保的合法性应当依据《网贷机构管理办法》的立法目的来解释。银监会禁止 P2P 平台向出借人提供担保，其目的是防止平台利用担保和保本来诱骗出借人，继而引发大面积违约事件的发生。担保本身应该能更好地保证出借人的资金安全，只有在居间人缺乏担保能力时才会损害出借人资金安全。近年来大范围的 P2P 平台倒闭，大部分是因为居间人不具有担保能力，资金链断裂所导致。②

P2P 的担保属于融资性担保，而该种类型的担保依法应当受政府监管。③笔者认为如果与 P2P 平台有关联关系的第三方符合《融资性担保公司管理暂行办法》的规定，则不属违反《网贷机构管理办法》规定的行为。只要 P2P 平台自身也具备法定担保机构的条件，并受政府监管部门的监管，则 P2P 平台自身也能为出借人提供担保。在这种混业经营的模式下，必须要求 P2P 平台严格执行自由资金与客户资金分离的原则。

常见的 P2P 平台间接担保的模式是，平台公司在居间合同中约定，一旦借入方出现违约情形，则 P2P 平台有义务购买出借方的债权。这种债权转让合同可以合并在居间合同之中，也可以独立签订。值得注意的是，如果债权转让合同签订在借款合同之后，则应当认为这种债权转让行为并不违反银监会的规

---

① 参见许中缘：《禁止性规范对民事法律行为效力的影响》，载《法学》2010 年第 5 期。

② 据研究 2013 年至 2015 年全国共有 1247 家 P2P 平台跑路，案发原因均为资金链断裂导致。参见张佩如：《P2P 平台网络借贷犯罪现象实证分析：以 41 份裁判文书为样本》，载《人民检察》2017 年第 1 期。

③ 2010 年银监会、发改委等部门联合发布《融资性担保公司管理暂行办法》，该办法规定设定担保机构至少要 500 万元注册资本且须实缴资本。而且其规定了担保机构的责任准备金制度，担保责任余额与净资产的安全比例。例如，担保公司全部担保责任余额不得超过净资产的 10 倍。

定。前提是平台不得在签订借款合同之前向出借方承诺该债权转让协议。[①]

五、P2P平台的委托责任

如果P2P平台仅仅是在借贷中充当居间角色,甚至兼任担保角色,则只要其符合担保机构监管部门的规定,P2P就始终保持其民间借贷的本质,无非是从传统线下的借贷转变的线上借贷。实际上,无论是P2P平台自身还是投资者都在不同程度上认为P2P平台在居间人与金融机构之间模糊不清。据艾媒咨询发布的行业调查报告显示,55.3%的投资者希望P2P平台能刚性兑付,80%的投资者并不关注借款人的信息是否真实,64.8%的用户关注平台自身的安全性,52%的用户关注平台的知名度。[②] 另一家研究机构壹零研究院的调查报告显示,2016年我国P2P交易额为19,544亿元。截至2016年年底,我国累计上线P2P平台4826家,其中3201家属于问题平台,正常运营平台仅1625家。67%的P2P平台已经发生风险事件,其中35.7%的平台因各种原因处于歇业状态。[③] 上述数据在很大程度上表明,无论是P2P平台自身还是用户并不认为P2P平台在网贷关系中仅仅是居间人的角色,P2P平台更倾向于充当金融机构的角色。

尽管P2P平台为了混淆居间人与金融机构的身份识别,使用了各种复杂的设计,但基本工具相同。首先,P2P平台利用投资服务合同从借贷双方同时获得授权代理,通过该方式平台可以获得对众多投资者小额资金的集中控制权。其次,利用债权转让、借款标的拆分与期限错配实现名义上是出借方与借入方的个体之间的借贷,实际上是在P2P平台统一控制下的机构贷款。

以人人贷《薪计划170816期服务协议书》为例,[④]该合同约定投资者每月定期将约定的资金存入其在人人贷平台开立的账户,并无条件、不可撤销的授权人人贷平台在不经投资者知晓并同意的情况下,以投资者名义与借款人签订借贷合同。任何一宗P2P借贷合同到期后,投资者获得的本息都将按照《薪计划170816期服务协议书》继续保留在人人贷公司,人人贷公司有权使用该资金用于其他放贷。人人贷公司同时建立投资者之间的债权转让市场,该市场目的

① 在三恒财富投资管理公司与杨艳芳借款合同纠纷案中,出借人与借入方借款合同签订在2013年8月,当借入方违约后,2015年3月出借方与平台公司签订债权转让协议。法院认为无论是借款协议还是债权转让协议都是双方当事人的真实意思表示均具有法律效力。

② 资料来源:艾媒咨询(I iMedia Research)发布的《2016中国P2P网贷市场研究报告》。

③ 资料来源:壹零研究院:《2016年中国P2P网贷年度报告》。

④ 资料来源:人人贷公司官方网站,最后访问日期:2017年8月16日。

是实现 P2P 借贷合同的期限错配。平台公司拥有全部投资者转让债权的不可撤销的代理权，所谓的债权转让是为了实现资金的统一调度。相对于正规银行机构的贷款业务，这种名为 P2P 实为机构贷款的模式存在更大流动性风险，这一风险正是复杂的错配关系和标的拆分所导致的。①

虽然 P2P 平台上述行为违反了银监会以及《银行法》的相关规定，依据我国《合同法》第 52 条的规定，其与投资人之间的合同仍然具有民法上的效力。此时法官不能仅仅认定平台只是居间人的地位，同时还应当认定 P2P 平台的委托代理地位。按照我国《合同法》第 406 条的规定，有偿的委托合同，因受托人的过错给委托人造成损失的，委托人可以要求赔偿损失。相对于只是提供信息的居间人，接受委托的代理人因为不仅要收集和处理信息，还要对借贷合同作出决策，其责任承担远大于居间人的范围。

六、结论

法律限定 P2P 平台只能从事居间业务，在不违反法律行政法规强制性规定的情况下，P2P 平台的担保行为以及代理行为应当具有法律效力。作为居间人 P2P 平台应当履行积极的信息报告义务，因信息报告过错导致当事人损失的应当承担赔偿责任；作为信用评估人，P2P 平台应当为其评估行为的过错导致出借人损失承担评估责任，该责任既可以是违约责任，也可以是侵权责任，评估结果本身的对错则不应导致评估人的法律责任；作为担保人，P2P 平台应当符合融资担保机构的条件，并接受政府部门的监管。在 P2P 平台获得投资者的代理权时，平台还应当承担因过错代理行为而导致委托人损失的委托责任。

① 参见刘绘：《我国 P2P 网络借贷的风险与监管研究》，天津财经大学经济学院 2015 年博士学位论文，第 8 页。

税法要素视角下金融业“营改增”法律制度完善

席晓娟*

我国自2016年5月1日起全面推开的“营改增”试点，终于将金融业纳入其中。从国家经济战略高度出发的营改增致力于供给侧改革，实现涵养税源，调整产业结构，规范企业经营，减轻企业税负的目标。

一、金融业“营改增”的立法演进

流转税作为间接税的主税种，是以纳税人的商品流转额和非商品流转额为征税对象的一类税。商品流转额是指因销售或购进商品而发生的货币金额；非商品流转额是指各种劳务收入或服务性业务收入金额。据此，我国流转税包括增值税、营业税、消费税及关税。因消费税针对特定范围消费品、关税针对进出口商品，其征税范围有限，因此，增值税与营业税成为流转税的主税种。增值税以销售货物，提供加工、修理修配劳务及进口货物为征税范围；营业税以提供应税劳务、转让无形资产、销售不动产为征税范围，两税的征税范围呈互补关系，涵盖所有的商品与劳务。

---

* 西北政法大学经济法学院副教授，法学博士。

本文是2014年国家社科基金项目《新型城镇化进程中财税利益协调法律问题研究》(项目编号14XFX022)的阶段性成果。

(一)金融业流转税法规梳理[①]

金融业以金融服务为主,2016 年“营改增”前征收营业税,“营改增”后征收增值税。鉴于金融业流转税立法主要集中在“营改增”前,因此,对“营改增”前法规的立法时间按照税目进行详尽梳理,对“营改增”后法规进行概括梳理。1993 年 12 月 13 日,国务院发布的《营业税暂行条例》将金融保险业纳入营业税征税范围,《营业税税目注释(试行稿)》规定金融包括贷款、融资租赁、金融商品转让、金融经纪业和其他金融业务。[②] 据此梳理金融业营业税立法时间。[③]

一是“营改增”前的营业税法规梳理。

1. 贷款

表 1

专门立法			
时间	名称	发布部门	文号
1994.4.30	《关于人民银行贷款业务不征收营业税的具体范围的通知》	国税总局	国税发〔1994〕88 号
1996.11.6	《关于邮政汇兑资金利息收入征收营业税问题的批复》	国税总局	国税函〔1996〕635 号
1999.7.22	《关于国债转贷利息收入免征营业税的通知》	财政部、国税总局	财税字〔1999〕220 号
1999.12.31	《关于对农村合作基金会专项贷款利息收入免征营业税的通知》	财政部、国税总局	财税字〔1999〕303 号
2000.2.1	《关于非金融机构统借统还业务征收营业税问题的通知》	财政部、国税总局	财税字〔2000〕7 号
2000.9.19	《关于对外汇管理部门委托贷款利息收入免征营业税的通知》	财政部、国税总局	财税〔2000〕78 号

① 作为本文研究对象的金融业取其广义,包括保险业。

② 1994 年《营业税法》取狭义金融的范围,未将保险纳入金融范围。

③ 法规梳理是以除《营业税暂行条例》及《营业税暂行条例实施细则》外的实体法为主。

续表

时间	名称	发布部门	文号
2002.2.10	《关于贷款业务征收营业税问题的通知》	国税总局	国税发〔2002〕13号
20016.1.18	《关于中国农业发展银行涉农贷款营业税优惠政策的通知》	财政部、国税总局	财税〔2016〕3号
相关立法			
1993.12.27	《关于印发〈营业税税目注释〉(试行稿)的通知》	国税总局	国税发〔1993〕149号
1995.4.17	《关于印发〈营业税问题解答(之一)〉的通知》	国税总局	国税函发〔1995〕156号
2000.6.16	《关于金融业若干征税问题的通知》	财政部、国税总局	财税字〔2000〕191号
2002.1.30	《关于印发〈金融保险业营业税申报管理办法〉的通知》	国税总局	国税发〔2002〕9号
2010.5.13	《关于农村金融有关税收政策的通知》	财政部、国税总局	财税〔2010〕4号

2.融资租赁

表2

专门立法			
时间	名称	发布部门	文号
1999.6.24	《关于融资租赁业营业税计税营业额问题的通知》	财政部、国税总局	财税字〔1999〕183号
2000.7.7	《关于融资租赁业务征收流转税问题的通知》	国税总局	国税函〔2000〕514号
2010.9.8	《关于融资性售后回租业务中承租方出售资产行为有关税收问题的公告》	国税总局	国税总局公告〔2010〕13号
2011.6.10	《关于跨境设备租赁合同继续实行过渡性营业税免税政策的通知》	财政部、国税总局	财税〔2011〕48号

续表

时间	名称	发布部门	文号
相关立法			
1993.12.27	《关于印发〈营业税税目注释(试行稿)〉的通知》	国税总局	国税发〔1993〕149 号
1997.3.14	《关于转发国务院〈关于调整金融保险业税收政策有关问题的通知〉的通知》	财政部、国税总局	财税字〔1997〕45 号
2002.1.30	《关于印发〈金融保险业营业税申报管理办法〉的通知》	国税总局	国税发〔2002〕9 号

3. 金融商品转让

表 3

专门立法			
时间	名称	发布部门	文号
2001.2.20	《关于中国信达等 4 家金融资产管理公司税收政策问题的通知》	财政部、国税总局	财税〔2001〕10 号
2002.8.22	《关于开放式证券投资基金有关税收问题的通知》	财政部、国税总局	财税〔2002〕128 号
2003.2.21	《关于 4 家资产管理公司接收资本金项下的资产在办理过户时有关税收政策问题的通知》	财政部、国税总局	财税〔2003〕21 号
2004.4.30	《关于证券投资基金税收政策的通知》	财政部、国税总局	财税〔2004〕78 号
2005.12.1	《关于合格境外机构投资者营业税政策的通知》	财政部、国税总局	财税〔2005〕155 号
2009.9.27	《关于个人金融商品买卖等营业税若干免税政策的通知》	财政部、国税总局	财税〔2009〕111 号
2013.11.6	《关于金融商品转让业务有关营业税问题的公告》	国税总局	国税总局公告 2013 年第 63 号

续表

时间	名称	发布部门	文号
相关立法			
2002.1.30	《关于印发〈金融保险业营业税申报管理办法〉的通知》	国税总局	国税发〔2002〕9号
2003.1.15	《关于营业税若干政策问题的通知》	财政部、国税总局	财税〔2003〕16号

4. 金融经纪业与其他金融业务

表4

专门立法			
时间	名称	发布部门	文号
2001.3.16	《关于代扣代缴储蓄存款利息所得个人所得税手续费收入征免税问题的通知》	国税总局	国税发〔2001〕31号
2001.4.5	《关于中小企业信用担保、再担保机构免征营业税的通知》	国税总局	国税发〔2001〕37号
2002.4.4	《关于调整证券交易佣金收取标准的通知》	财政部、国税总局	财税〔2003〕21号
2004.2.23	《关于继续做好中小企业信用担保机构免征营业税有关问题的通知》	发改委、国税总局	发改企业〔2004〕303号
2006.2.20	《关于信贷资产证券化有关税收政策问题的通知》	财政部、国税总局	财税〔2006〕5号
2006.4.3	《关于中小企业信用担保机构免征营业税有关问题的通知》	发改委、国税总局	发改企业〔2006〕563号
2007.8.24	《关于代理业营业税计税依据确定问题的批复》	国税总局	国税函〔2007〕908号
2009.3.19	《关于中小企业信用担保机构免征营业税有关问题的通知》	工信部、国税总局	工信部联企业〔2009〕114号

续表

时间	名称	发布部门	文号
2011.2.16	《关于公布免征营业税中小企业信用担保机构名单有关问题的通知》	工信部、国税总局	工信部联企业〔2011〕68号
2013.10.28	《关于期货投资者保障基金有关税收政策继续执行的通知》	财政部、国税总局	财税〔2013〕80号
2015.1.26	《关于公布中小企业信用担保机构免征营业税和取消免税资格名单的通知》	工信部、国税总局	工信部联企业〔2015〕40号
相关立法			
1997.3.14	《关于转发国务院〈关于调整金融保险业税收政策有关问题的通知〉的通知》	财政部、国税总局	财税字〔1997〕45号
2000.6.16	《关于金融业若干征税问题的通知》	财政部、国税总局	财税字〔2000〕191号
2002.1.30	《关于印发〈金融保险业营业税申报管理办法〉的通知》	国税总局	国税发〔2002〕9号
2003.1.15	《关于营业税若干政策问题的通知》	财政部、国税总局	财税〔2003〕16号
2004.4.30	《关于证券投资基金税收政策的通知》	财政部、国税总局	财税〔2004〕78号
2004.12.21	《关于资本市场有关营业税政策的通知》	财政部、国税总局	财税〔2004〕203号

5. 保险业

表5

时间	名称	发布部门	文号
专门立法			
1999.12.24	《关于对保险公司开办个人投资分红保险业务取得的保费收入免征营业税的通知》	财政部、国税总局	财税字〔1996〕102号
2000.8.2 2002.6.12 2004.3.31 2005.2.2 2005.3.1 2005.4.30 2005.9.27 2005.12.26 2006.2.22 2015.9.18	《关于保险公司开办的一年期以上返还性人身保险险种免征营业税的通知》	财政部、国税总局	财税〔2000〕59号 财税〔2002〕94号 财税〔2004〕71号 财税〔2005〕21号 财税〔2005〕37号 财税〔2005〕76号 财税〔2005〕145号 财税〔2005〕190号 财税〔2006〕19号 财税〔2015〕86号
2011.8.18	《关于人寿保险业务免征营业税若干问题的通知》	财政部、国税总局	财税〔2001〕118号
相关立法			
1994.3.29	《关于对若干项目免征营业税的通知》	财政部、国税总局	财税〔1994〕2号
1995.4.17	《关于印发〈营业税问题解答(之一)〉的通知》	国税总局	国税函〔1995〕156号
1997.3.14	《关于转发国务院〈关于调整金融保险业税收政策有关问题的通知〉的通知》	财政部、国税总局	财税字〔1997〕45号
2002.1.30	《关于印发〈金融保险业营业税申报管理办法〉的通知》	国税总局	国税发〔2002〕9号

二是“营改增”后的增值税法规梳理。

表 6

“营改增”法规			
时间	名称	发布部门	文号
2016.3.24	《关于全面推开营业税改征增值税试点的通知》①	财政部、国税总局	财税〔2016〕36 号
金融业“营改增”法规			
2016.4.29	《关于进一步明确全面推开营改增试点金融业有关政策的通知》	财政部、国税总局	财税〔2016〕46 号
2016.6.30	《关于金融机构同业往来等增值税政策的补充通知》	财政部、国税总局	财税〔2016〕70 号
2016.12.21	《关于明确金融房地产开发教育辅助服务等增值税政策的通知》	财政部、国税总局	财税〔2016〕140 号
2017.6.9	《关于小额贷款公司有关税收政策的通知》	财政部、国税总局	财税〔2017〕48 号
2017.6.30	《关于资管产品增值税有关问题的通知》	财政部、国税总局	财税〔2017〕56 号
2017.7.11	《关于建筑服务等营改增试点政策的通知》	财政部、国税总局	财税〔2017〕58 号

(二)金融业流转税的立法分析

通过梳理金融业流转税法规,可知其立法具有以下特征:

一是立法层级比较低。除《营业税暂行条例》为国务院发布的行政法规外,其余多为国务院相关部委的部门规章或批复。立法层级低决定了其法律效力弱,与税收法定原则相背离。二是发布部门不统一。规章发布部门不限于财政部与国家税务总局,还包括发改委与工信部,可见金融业税收问题涉及面广,需要财税部门与相关部门联合立法加以规范。三是发布时间差异性。不同金

① 《财政部、国家税务总局关于全面推开营业税改征增值税试点的通知》包括 4 个附件,即《营业税改征增值税试点实施办法》《营业税改征增值税试点有关事项的规定》《营业税改征增值税试点过渡政策的规定》《跨境应税行为适用增值税零税率和免税政策的规定》。

融业务的税收规章发布时间与其发展程度密切相关。[①] 银行业发展早且较成熟,因此其规章集中在2002年以前。融资租赁业各规章间距跨度10年,其原因在于2000年前的快速发展期与2008年起的跨越式发展期催生税法调整。金融商品转让、金融经纪业与其他金融业务的税收规章发布均在2001年后,充分体现21世纪新型金融业务快速发展对税法规制的急切需要。保险业针对1年期以上返还性人身保险险种的税收规章发布时间具有连续性,说明该业务作为人身保险业主业务的地位。四是规章内容分散化。税法规范因征税客观情况变化性强而具有发布及时的特点,因此造成法律体系完备性欠缺,法规内容较为分散,难免出现规章间衔接不够与前后冲突的问题,造成税收执法依据不足现象的产生。

二、金融业"营改增"的税法要素比较

"营改增"是继1994年分税制改革后最为重要的财税体制改革。作为深化财税体制改革的先导,实施"营改增"是以结构性减税促进稳增长、调结构的关键之举。1994年起实施的增值税制度,因经济体制转轨的需要,其征收范围并未一步到位,征税对象仅限于货物和加工修理修配劳务,对其他劳务、不动产及无形资产则征收营业税。增值税与营业税并存的混合流转税制,不仅造成金融服务业重复征税,而且导致增值税企业所发生的服务支出因征收营业税而得不到抵扣,而营业税企业所购买的货物发生的增值税由于全额征税亦不能抵扣。因此,金融业实施了"营改增"以解决金融服务业重复征税问题,减轻纳税人税收负担。

梳理金融业流转税法规,其目的是通过对比"营改增"前后法律规范的差异性,明确法律调整方向,服务于结构性减税的国家宏观经济调控目标。税法要素又称税收要素,是指各种单行税种法具有的共同的基本构成要素的总称。[②] 税法要素以其区分税种属性的作用,可分为核心要素与非核心要素,对比核心税法要素以厘清金融业"营改增"的变化所在。[③] 税法核心要素包括纳税人、征税对象、税率与税收优惠。[④]

---

① 此处只分析不同金融行业的专门立法。

② 参见刘剑文:《财税法原理、案例与材料》(第2版),北京大学出版社2015年版,第184页。

③ 税法要素包括纳税人,征税对象,税率,纳税环节、期限、地点,减免税,税收争议及税收法律责任等。以纳税人、征税对象、税率、税收优惠为核心要素。

④ 金融业营改增涉及的纳税环节期限地点、税收争议、税收法律责任等税法要素变化不大,因此不做专门研究。

（一）纳税人

国家税务总局2002年1月30日发布的《金融保险业营业税申报管理办法》第3条规定，金融保险业纳税人是指：（1）银行，包括人民银行、商业银行、政策性银行；（2）信用合作社；（3）证券公司；（4）金融租赁公司、证券基金管理公司、财务公司、信托投资公司、证券投资基金；（5）保险公司；（6）其他经中国人民银行、中国证监会、中国保监会批准成立且经营金融保险业务的机构等。

财政部、国家税务总局2016年3月23日发布《关于全面推开营业税改征增值税试点的通知》的附件《营业税改征增值税试点过渡政策的规定》第23条规定，金融机构是指：（1）银行，包括人民银行、商业银行、政策性银行；（2）信用合作社；（3）证券公司；（4）金融租赁公司、证券基金管理公司、财务公司、信托投资公司、证券投资基金；（5）保险公司；（6）其他经人民银行、银监会、证监会、保监会批准成立且经营金融保险业务的机构等。

两个法律文件发布时间跨度为14年，但并未改变金融业纳税人的范围，其不同之处在于对纳税人称谓的改变。《金融保险业营业税申报管理办法》依据《营业税暂行条例》规定，取狭义金融业范围而将保险业与金融业并列，因此纳税人称谓为金融保险业纳税人。《营业税改征增值税试点过渡政策的规定》依据《营业税改征增值税试点实施办法》规定，取广义金融业范围而将保险服务作为金融服务项目，因此将纳税人统一为金融机构。

（二）征税对象

国税总局1993年12月27日发布的《关于印发〈营业税税目注释〉（试行稿）的通知》第3条规定，金融业营业税的征税对象为金融、保险。金融是指经营货币资金融通活动的业务，包括贷款、融资租赁、金融商品转让、金融经纪业和其他金融业务。① 其中，“贷款”是指将资金贷与他人使用的业务，包括自有资金贷款和转贷。② “融资租赁”是指具有融资性质和所有权转移特点的设备租赁业务。③ “金融商品转让”是指转让外汇、有价证券或非货物期货的所有权的行为。④ “金融经纪业”是指受托代他人经营金融活动的业务。“其他金融业务”是指上列业务以外的各项金融业务，如银行结算、票据贴现等。“保险”是指将通过契约形式集中起来的资金，用以补偿被保险人的经济利益的业务。

---

① 《营业税暂行条例》及其实施细则中并未明确金融业征税对象。

② 自有资金贷款是指将自有资本金或吸收的单位、个人的存款贷与他人使用。转贷是指将借来的资金贷与他人使用。

③ 无论出租人是否将设备残值销售给承租人，均征收营业税。

④ 非货物期货是指商品期货、贵金属期货以外的期货，如外汇期货等。

财政部、国家税务总局2016年3月23日发布的《关于全面推开营业税改征增值税试点的通知》附件中所规定的金融业增值税征税对象为金融服务。金融服务是指经营金融保险的业务活动,包括贷款服务、直接收费金融服务、保险服务和金融商品转让。其中,"贷款服务"是指将资金贷与他人使用而取得利息收入的业务活动。"直接收费金融服务"是指为货币资金融通及其他金融业务提供相关服务并收取费用的业务活动。"保险服务"是指投保人根据合同约定,向保险人支付保险费,保险人对于合同约定的可能发生的事故因其发生所造成的财产损失承担赔偿保险金责任,或者当被保险人死亡、伤残、疾病或者达到合同约定的年龄、期限等条件时承担给付保险金责任的商业保险行为。"金融商品转让"是指转让外汇、有价证券、非货物期货和其他金融商品所有权的业务活动。

征税对象作为金融业"营改增"变化最大的税法要素,其变化表现为3方面:一是确立征税对象的划分标准。"营改增"前金融业营业税的征税对象依据纳税人所从事的行业性质划分为贷款、融资租赁、金融商品转让、金融经纪业、其他金融业务及保险等税目。"营改增"后金融业增值税的征税对象依据纳税人发生的应税服务划分为贷款服务、直接收费金融服务、保险服务和金融商品转让4个税目。二是税目类别的调整。"融资租赁"被归入现代服务业的租赁服务,仅将融资性售后回租的利息收入放到贷款利息中。①"金融经纪业"被归入现代服务业的商务辅助服务项下的经纪代理服务。"其他金融业务"从原有除贷款、融资租赁、金融商品转让及金融经纪业外的各项金融业务,修改为"直接收费金融服务",包括提供货币兑换、账户管理、电子银行、信用卡、信用证、财务担保、资产管理、信托管理、基金管理、金融交易场所(平台)管理、资金结算、资金清算、金融支付等为货币资金融通及其他金融业务提供相关服务并收取费用的业务活动。三是税目内容的修改。"贷款"修改为"贷款服务"。通过对比定义可知,作为金融业增值税征税对象的"贷款",明确取得利息收入是提供贷款服务的本质所在。与此同时,扩大利息收入的范围,不局限于资金贷款利息,还包括各种占用、拆借资金取得的收入,②融资性售后回租、③

① 融资租赁服务是指具有融资性质和所有权转移特点的租赁活动。不论出租人是否将租赁物销售给承租人,均属于融资租赁。

② 各种占用、拆借资金取得的收入,包括金融商品持有期间(含到期)利息(保本收益、报酬、资金占用费、补偿金等)收入、信用卡透支利息收入、买入返售金融商品利息收入、融资融券收取的利息收入。

③ 融资性售后回租是指承租方以融资为目的,将资产出售给从事融资性售后回租业务的企业后,从事融资性售后回租业务的企业将该资产出租给承租方的业务活动。

押汇、罚息、票据贴现、转贷等业务取得的利息及利息性质的收入。以货币资金投资收取的固定利润或者保底利润的行为被视为贷款而征收增值税。“金融商品转让”在原有转让外汇、有价证券或非货物期货所有权的基础上,增加包括基金、信托、理财产品等各类资产管理产品和各种金融衍生品的转让。“保险服务”细化为人身保险服务与财产保险服务。

(三)税率

税率决定征税深度,是衡量纳税人税负最为重要的税法要素。金融业“营改增”前营业税的税率为5%,“营改增”后一般纳税人的增值税税率为6%且可以进行抵扣。小规模纳税人提供金融服务,以及特定金融机构中的一般纳税人提供的可选择简易计税方法的金融服务,征收率为3%。据推算,金融企业实际税负只增加了0.66%,如果企业能取得0.66%的进项税票,则总体上税负不会增加。[①] 但如果存在进项不足、不能获得足额发票、人工成本不能抵扣等情况,则金融业增值税的税负高于征收营业税时的税负。

(四)税收优惠

税收优惠是以减轻纳税人负担为目的的引导与激励措施。“营改增”前金融业营业税的不征税项目主要包括金融机构往来利息收入;保险公司的摊回分保费用;人民银行的贷款业务;存款或购入金融商品行为;非金融机构和个人买卖外汇、有价证券或期货等。免税项目主要包括境内保险机构为出口货物提供的保险产品;符合免税条件的利息收入;跨境融资租赁合同;资产公司符合条件的收购、承接、处置不良资产行为;符合条件的中小企业信用担保、再担保机构;证券投资基金管理人运用基金买卖股票、债券的差价收入;符合条件的信贷资产证券化业务及个人金融商品买卖、保险公司开办的1年期以上返还性人身保险险种等。

“营改增”后金融业增值税在沿用原营业税税收优惠的基础上扩大了范围,并对具体内容加以细化,以达到确保金融业税负只减不增,稳定市场预期的目的。《营业税改征增值税试点有关事项的规定》中不征收增值税的金融业项目:存款利息与被保险人获得的保险赔付。

《营业税改征增值税试点过渡政策的规定》中免征增值税的项目:一是符

① 参见周哲:《金融业营改增效应初显》,载《财经》2016年6月6日。

合条件的利息收入。[①] 二是被撤销金融机构以货物、不动产、无形资产有价证券、票据等财产清偿债务。三是保险公司开办的1年期以上人身保险产品取得的保费收入。四是符合条件的金融商品转让收入。[②] 五是金融同业往来利息收入。[③] 六是符合条件的担保机构从事中小企业信用担保或者再担保业务取得的收入(不含信用评级、咨询、培训等收入)3年内免征。七是国家商品储备管理单位及其直属企业承担商品储备任务,从中央或者地方财政取得的利息补贴收入和价差补贴收入。《跨境应税行为适用增值税零税率和免税政策的规定》中规定:境内的单位和个人为出口货物提供的保险服务,包括出口货物保险和出口信用保险免征增值税。为境外单位之间的货币资金融通及其他金融业务提供的直接收费金融服务,且该服务与境内的货物、无形资产和不动产无关,免征增值税。

三、金融业增值税的税法要素完善[④]

金融业"营改增"的税法要素虽有不同程度的调整,但改革尚未实现一步到位,应通过税法要素再构金融业增值税,真正发挥增值税不重征的功能,减轻

---

① 符合条件的利息收入包括2016年12月31日前金融机构农户小额贷款;国家助学贷款;国债、地方政府债;人民银行对金融机构的贷款;住房公积金管理中心用住房公积金在指定的委托银行发放的个人住房贷款;外汇管理部门在从事国家外汇储备经营过程中,委托金融机构发放的外汇贷款;统借统还业务中企业集团或企业集团中的核心企业以及集团所属财务公司按不高于支付给金融机构的借款利率水平或者支付的债券票面利率水平,向企业集团或者集团内下属单位收取的利息。

② 符合条件的金融商品转让收入包括合格境外投资者(QFII)委托境内公司在我国从事证券买卖业务、香港市场投资者(包括单位和个人)通过沪港通买卖上海证券交易所上市A股,对香港市场投资者(包括单位和个人)通过基金互认买卖内地基金份额,证券投资基金(封闭式证券投资基金,开放式证券投资基金)管理人运用基金买卖股票、债券,个人从事金融商品转让业务。

③ 金融同业往来利息收入包括金融机构与人民银行所发生的资金往来业务、银行联行往来业务、金融机构间的资金往来业务及金融机构之间开展的转贴现业务。《财政部、国家税务总局关于金融机构同业往来等增值税政策的补充通知》第1条规定,金融同业往来利息收入包括同业存款、同业借款、同业代付、买断式买入返售金融商品、持有金融债券、同业存单。第2条规定,商业银行购买央行票据、与央行开展货币掉期和货币互存等业务金融机构与人民银行所发生的资金往来业务。第3条规定,境内银行与其境外的总机构、母公司之间,以及境内银行与其境外的分支机构、全资子公司之间的资金往来业务属于银行联行往来业务。第4条规定,人民币合格境外投资者(RQFII)委托境内公司在我国从事证券买卖业务以及经人民银行认可的境外机构投资银行间本币市场取得的收入属于金融商品转让收入。银行间本币市场包括货币市场、债券市场以及衍生品市场。

④ "营改增"前后并未改变金融业纳税人的范围,其不同之处在于对纳税人称谓的改变,因此不作为完善对象。

金融业税收负担，实现“营改增”减税的制度目标。

（一）金融业增值税征税对象的完善

金融业增值税的征税对象采取列举式，包括贷款服务、直接收费金融服务、保险服务和金融商品转让4类金融服务业务。此外，还列举出可享受免税待遇的金融产品或金融服务的具体目录并对其含义作出界定。由于金融业具有业务范围广、创新性强的自身特点，加之互联网金融对实体金融的冲击，快速扩张的数字支付服务对传统支付服务的挤压，因此，列举式的征税对象必然不能满足金融服务创新的需求，势必造成现行增值税法无法调整的税收空白领域，从而制约金融业增值税的发展。基于此，宜采取列举式与概括式相结合的方法确定金融业增值税的征税对象，为未来金融业的新型业务或服务预留法律调整空间。

（二）金融业增值税税率的完善

金融业一般纳税人的增值税税率为6%且可以进行抵扣，小规模纳税人提供金融服务以及特定金融机构中的一般纳税人提供的可选择简易计税方法的金融服务，征收率为3%。金融业增值税的税率问题所在并不是税率高低，而是“一刀切”的税率不适应金融业涵盖行业较多且各行业间业务性质差距较大的特点。银行业是我国金融业中最重要的行业，以银行业为例，其业务板块资产业务、负债业务及中间业务。相较而言，中间业务的增值额明显少于资产业务与负债业务，如果不加以区分而统一按照6%的税率征收增值税，则收益较低的中间业务的负税程度会明显高于其他两类业务，这显然不利于发挥增值税税收中性的优势。① 因此，应针对不同金融行业的业务性质对税率加以区分，从而充分发挥增值税的税收中性。

（三）金融业增值税税收优惠的完善

虽然“营改增”后金融业增值税的税收优惠有所增加，但仍然存在加大税收优惠力度的空间。现行已征收增值税的行业中，出口服务免征增值税。“营改增”后的交通运输业、邮电通信业以及部分现代服务业等后都可以享受跨境服务的零税率政策优惠，但营改增后的金融业增值税的出口金融服务免税范围有限。《跨境应税行为适用增值税零税率和免税政策的规定》只有为境外单位之间的货币资金融通及其他金融业务提供的直接收费金融服务，且该服务与境内的货物、无形资产和不动产无关，才免征增值税。这一规定会造成我国金融

① 参见董毅、马灵杰：《当前我国金融业推行“营改增”的难点及对策》，载《财会研究》2014年第6期。

企业出口金融服务时,如果不属于符合条件的直接收费金融服务,则可能会被双重征税。税收是金融服务价格的组成部分,高税负必然不利于我国金融企业的国际竞争力。

四、结语

"营改增"试点的性质决定各项"营改增"政策必然面对市场的考验。金融业"营改增"政策对金融行业与金融机构税负的影响,从长远来看,应以实现减负目标,但短期内呈现出的政策设计缺陷,应在营业税改征增值税试点期内通过税法要素设计加以修正,以最大限度地实现增值税税不重征的制度优势。

美国证券法经典案例评析二则

——兼论虚假陈述中的因果关系与集团诉讼

凤建军*

美国证券法以丰富的判例构建了证券法律制度的规则,其中证券违法行为中因果关系的认定是证券法律制度的焦点与难点。美国证券法上的判例确立了证券违法行为应当同时具备交易的因果关系与损失的因果关系,方可成为实施证券违法行为的主体承担有关赔偿法律责任的基础。同时,集团诉讼制度亦成为美国证券法中防止证券违法行为的有效工具,亦应成为完善我国证券诉讼制度借鉴的对象。

一、罗宾斯诉科格房地产公司案①评析——虚假陈述中的因果关系认定

(一)案情概要和主要争议点

本案是一起针对证券虚假陈述中因果关系认定这一核心要素而引发的集团诉讼的上诉案件。该上诉案件基于以下法律事实引起:科格房地产公司是一家纽交所上市公司,德勤会计师事务所负责科格公司1988年、1989年和1990年会计报告的审计。在审计中,德勤发现科格公司存在将某些费用资本化,从而增加公

* 西北政法大学副教授、硕士研究生导师,清华大学商法学博士。

① Robbins v. Koger Properties, Inc. 116 F. 3d 1441 (11th Cir. 1997).

司账面现金流等违反会计准则的行为,尽管德勤向科格公司指出了这些不妥之处,但却最终认可了科格公司的做法。科格公司较高的现金流维持了其较高的股息,但是德勤从来没有声明科格公司可以持续支付股息。在此期间,科格公司的股票价格有所下跌。1990年9月28日,标准普尔基于"房地产市场恶化以及公司债务增加和股票价格下跌等因素",下调了科格公司信用评级。同年10月1日,科格公司董事会基于"未来房地产融资的减少以及在股票价格下跌的情况下没有必要维持高股息"的原因,正式对外宣布削减股息的信息。随后,科格公司股票价格由9月11日到17日平均股价18.25美元下跌至10月1日至5日平均股价8.2美元,下跌10.05美元。于是罗宾斯作为科格公司股票持有人于同年10月以美国《证券交易法》及10b-5规则提起集团诉讼,被告为科格公司、德勤及其他个人。但实际上,审计财务报告的错误是在1992年才发现的。

一审地区法院确认该案为集团诉讼,原告集团由1989年7月5日到1990年10月1日科格公司普通股的购买者组成。在一审中,被告方德勤提出依据美国《联邦民事诉讼规则》第50条第(a)款,即"作为法律事项的判决"(judgment as a matter of law),或称"直接判决"(a directed verdict)而排除陪审团在该案中的参与,因为"原告无法证明10b-5规则所要求的损失因果关系",这是一个明确的,任何理性人都可得出的唯一结论。但一审法院驳回了这一申请。最终一审陪审团认定"原告遭受的损失与德勤的重大错误陈述和/或遗漏的重大信息之间具有因果关系",并以每股损失10.05美元确定了原告集团的总损失额。一审法院据此作出了判决。德勤对该判决提出上诉。二审法院认为,原告的证据只能证明被告的行为与原告的损失具有"交易上的因果关系",但是无法证明被告的行为与原告的损失之间具有"损失上的因果关系",即"没有证据证明被告的行为是导致原告最终结果上遭受损失的原因"。并且,地区法院驳回德勤依据美国《联邦民事诉讼规则》第50条第(a)款所提出的"直接判决"的申请是错误的。

本案中原被告双方争议的焦点以及一审、二审所形成的截然不同的判决结果的主要原因,均在于德勤于1990年10月1日之前所进行的审计报告中,对科格公司一些不符合会计准则的行为并未纠正,并最终予以确认——这一虚假陈述行为与原告诉讼集团成员所遭受之损失之间是否具有适用10b-5规则所要求的因果关系。

(二)本案评析

关于本案的评析可以从两个角度展开:一是程序问题,即《联邦民事诉讼规则》第50条第(a)款的适用;二是实体问题,即10b-5规则中因果关系的认定在本案中的适用。当然,本案的焦点法律问题在于后者。

第一,《联邦民事诉讼规则》第50条第(a)款所确立之“作为法律事项的判决”。

在美国民事诉讼法律制度中,对于那些“事实清楚、证据充分”的案件是可以由法官直接进行判决而排出陪审团的参与的,即“庭审中提出的证据显示,实际上没有重大事实问题上的纠纷——理性的人只会得出一个结论。如果情况是这样,就没有必要让陪审团考虑,法院完全可以作为法律事项作出判决”。[①] 此判决的法律依据正是源自美国《联邦民事诉讼规则》第50条第(a)款,而此判决被称为“作为法律事项的判决”或者“直接判决”。而且这样的申请还可能发生在“法院已经将案件交给陪审团,但陪审团却得出了理性的人完全不可能得出的结论”的情形,法院可以不顾陪审团的选择而判决另一方胜诉,该判决的法律依据源自美国《联邦民事诉讼规则》第50条第(b)款,其被称为“重新申请作为法律事项的判决”(the renewed motion for judgment as a matter of law)。上述两判决及其所依据的法律规则之正当性基础源自在美国联邦法院审理的民事诉讼中,并没有绝对的获得陪审团审理的权利。[②] 当然,无论是法院排除了陪审团的参与,或者改变了陪审团的裁决结果,皆因为“理性的人只会得出唯一的结论”或者“陪审团得出了理性的人不可能得出的结论”。而从本案二审法院最终改判的结果来看,被告德勤依据美国《联邦民事诉讼规则》第50条第(a)款提出“直接判决”的申请,就是因为在被告看来,本案原告没有充分的证据能够证明被告的行为与原告的损失之间存在符合适用10b-5规则所要求的“因果关系”,这是任何一个理性的人都可以得出的唯一结论。但在本案中,一审的陪审团恰恰得出了“理性的人不可能得出的结果”,对被告而言,更为可悲的是,一审法院采纳了陪审团这一“理性的人不可能得出的结论”,并据此进行了判决。由此可见,“人非圣贤,孰能无过”,陪审团和法官也有“非理性”的时候。

第二,10b-5规则中因果关系的认定在本案中的适用问题。

10b-5规则的内容分为3款,其中第1款和第3款的内容主要涉及“欺诈”,而第2款的内容主要涉及“虚假陈述”,其具体内容为:任何人利用任何方

---

① [美]理查德·D.弗里尔:《美国民事诉讼法》(上),张利民等译,商务印书馆2013年版,第551页。

② 在刑事诉讼中,被告则拥有将案件交由陪审团审理的绝对权利。

式或洲际商业媒介，或者通信，或者任何全国性证券交易所的任何设施，直接或间接地对任何人，实施下列与购买或出售任何证券有关的行为时，都是非法的：（1）利用任何诡计、计划或伎俩进行欺诈；（2）对某重要事实做任何虚假的陈述，或不对某重要事实做必要的说明，以使其所做出的陈述在当时的情况下具有误导性；（3）从事任何带有或将会导致欺诈或欺骗因素的行为、操作或业务活动。根据美国司法判例，要成功适用10b－5规则，原告方须证明：（1）存在重大事实的不实陈述或隐瞒；（2）具有主观恶意；（3）原告对该虚假陈述行为存在合理信赖；（4）虚假陈述行为直接导致原告的损失。① 而在因果关系的认定上，美国司法实践早在1974年Schlick v. Penn-Dixie Cement Corp. 一案②中，就明确了"因果关系"认定的两个要素：第一，"信赖要件"的考察。该要件主要考察原告的欺诈行为是否构成被告交易活动的事实原因。此时的判断标准是，如果事先知道存在重大隐瞒或者虚假陈述，原告是否会受到影响而采取不同的投资行为，通常原告当然会采取不同的投资行为。这一规则的英文表述为"nothing more than 'but for' causation"。③ 这一层面上的因果关系被称为"交易因果关系"（transaction causation）。第二，"损害因果要件"的考察。一旦符合了信赖要件，法院就必须通过"损害因果要件"进一步考察被告的损失是否直接由原告的欺诈行为引起，这一层面上的因果关系被称为"损失因果关系"（loss causation），只有当两个层面上的因果关系均得到充分证实或者推定成立以后，原告才能完全符合10b－5规则中因果关系的适用条件。因此，10b－5规则在因果关系的认定上可被分解为下图所示：

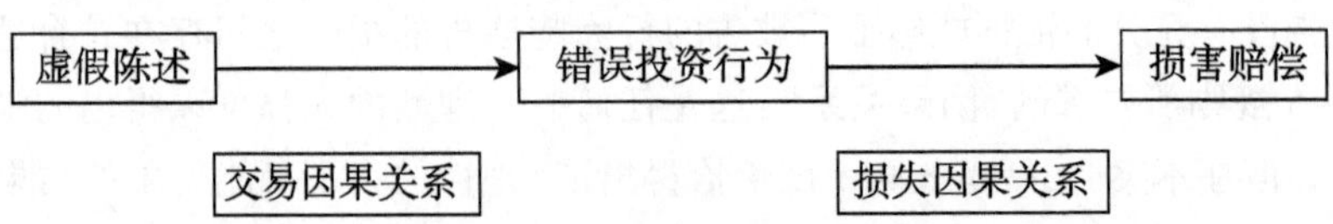

图1

正如COX法官在本案的法院意见中所言，"交易因果关系实际是对信赖的另一种表述"，支持信赖要件考察的基本理论是"市场欺诈理论"，④依据该理

---

① Bruschi v. Brown, 876 F. 2d 1526, 1528 (11th Cir. 1989).

② Schlick v. Penn-Dixie Cement Corp., 507 F. 2d 374, 380 (2d Cir. 1974).

③ Thomas Lee Hazen, *Principles of Securities Regulation*, Second Edition, THOMSOM/WEST, 2006, p. 273.

④ 关于"市场欺诈理论"与"信赖"要件认定的关系，参见笔者关于Blackie v. Barrack一案的案例评析。

论,原告只要证明当时的市场价格为受到虚假信息影响的不真实价格,而他按照这种价格进行了证券买卖交易,即可构成证券欺诈行为"信赖"之要件。但必须明确的是,这一理论只适用于"交易因果关系"的认定,而不能作为"损失因果关系"认定的理论基础。[①] COX 法官明确指出:"没有先例用这个理论来作为损失因果关系要素的认定标准,同样,在本案中我们也拒绝这样做。"因此,在本案中,原告以该理论作为损失赔偿的基础是站不住脚的。

那么回到案件事实,科格公司 1990 年 10 月 1 日发布削减股息的信息,在效果上确实导致了随后股价的下跌,但必须明确的是,科格公司作出削减股息的原因并不是因为发现了过去(1988 年、1989 年)会计记录中的错误,而是董事会基于对未来房地产市场融资难度加大判断后作出的合理经营决策。更何况,对公众而言,是在 1992 年才得知经过德勤审计的财务报告中存在错误。因此,并没有证据表明导致科格公司股价下跌是由德勤的虚假陈述行为所致,也就是说,原告的损失并非直接由德勤的虚假陈述所引起。只有在虚假陈述行为被揭露以后,股票价格下跌所导致的投资者的损失才是由虚假陈述行为所引起的。[②]

最终,还是二审法院认为,"一个理性的陪审团是不会得出这样的结论的,即德勤的虚假陈述在某种程度上是直接导致原告损失或需要对原告损失负责的近因"。故推翻一审地区法院的判决,并作出对被告有利的判决,案件的最终结果重新回到了"理性"的轨道上。

(三)结论

本案焦点在于 10b-5 规则中"因果关系"的认定如何准确地在虚假陈述案件中予以适用。10b-5 规则中的"因果关系"存在两个层面:一是交易因果关系,该因果关系通常也被认为是"信赖推定"的另一种表述,而在此层面上,可以运用"市场欺诈理论"来证明"信赖"的存在,或者说是交易因果关系的成立。二是损失因果关系,该因果关系要求原告必须充分证明被告的虚假陈述行为直接导致了原告的损失,即虚假陈述行为构成原告损失的近因,只有当两个

---

① Basic Inc. v. Levinson, 485 U. S. 224, 241-2, 108 S. Ct. 978, 992, 99 L. Ed. 2d 194(1998).

② 我国《最高人民法院关于审理证券市场因虚假陈述引发的民事赔偿案件的若干规定》第 18 条规定:"投资人具有以下情形的,人民法院应当认定虚假陈述与损害结果之间存在因果关系:(一)投资人所投资的是与虚假陈述直接关联的证券;(二)投资人在虚假陈述实施日及以后,至揭露日或者更正日之前买入该证券;(三)投资人在虚假陈述揭露日或者更正日及以后,因卖出该证券发生亏损,或者因持续持有该证券而产生亏损。"我国这一司法解释的规定,实际上与 COX 法官在本案法院意见中的观点是一致的。

层面上的因果关系均得到充分证明时,才符合 10b－5 规则中的“因果关系”要件。

二、布莱克诉巴拉克案[①]评析——美国证券法上集团诉讼制度的焦点

(一)案情概要和主要争议点

本案是一起针对证券虚假陈述而引发的集团诉讼上诉案件。该上诉案件是基于以下的法律事实而引起的:Ampex 公司 1970 年至 1972 年的财务报告及相关信息披露文件中涉嫌存在虚假陈述,于是巴拉克等作为在此期间购买 Ampex 公司证券的证券持有人将 Ampex 公司、公司负责人以及公司独立审计师以虚假陈述为由诉诸地区法院。起诉后,原告们即请求法院进行集团诉讼的确认,后法院附条件地确认从 1970 年 5 月至 1972 年 8 月共 27 个月间 Ampex 公司证券的所有购买者构成诉讼集团,即该案构成证券集团诉讼。作为被告的布莱克等公司高管对该确认命令提起了独立的上诉请求。在随后的诉讼中,地区法院法官拒绝了被告布莱克等关于重新确认集团诉讼的请求,但允许被告就此确认命令提起诉讼中间上诉(interlocutory appeal),而原告则提出要求驳回被告的独立上诉以及诉讼中间上诉。

一审中,该案的焦点主要集中在此案是否构成集团诉讼。尽管被告们从诸多角度辩称,在法定期间,Ampex 公司证券的购买者之间并不存在构成集团诉讼所要求的共同的法律或事实问题。例如,被告辩称:证券购买者提出虚假陈述所基于的法律文件是不同的;在对披露信息的信赖以及由此所导致的损害赔偿上,证券购买者之间也存在不同的情况;证券购买者内部还可能存在不同的利益诉求,甚至存在利益冲突。但一审法院认为被告的上述辩称均是对集团诉讼构成要件的错误理解,因此,基于该案的法律事实,一审法院确认其构成集团诉讼是具有明确法律依据的。二审法院驳回了被告们提出的确认集团诉讼的单独上诉请求,认为此确认并不是关于案件的“最终裁决”,故不得进行上诉,但二审法院支持了被告在原审诉讼中可以提出诉讼中间上诉这一程序上的合理诉求,并通过审理,认为被告辩称的理由是对集团诉讼确认条件的误解,最终维持了原审法院的判决。

该案主要争议点:本案的争议点并非在于证券虚假陈述本身,实际上作为该案上诉法院审理法官之一的凯尔奇法官在其撰写的法院意见中已经明确提出该案的 3 个争议点:第一,对集团诉讼确认之法律裁判是否为终局性,是否可

① Blackie v. Barrack,524 F. 2d 891(9th Cir. 1975).

对此裁决进行上诉？第二，对当事人在原审中提出的诉讼中间上诉，二审法院应当采取何种态度？第三，集团诉讼确认的标准应当如何准确理解和运用？

（二）本案评析

本案的主要意义和价值并不在于证券市场内幕交易抑或虚假陈述本身的法律适用问题，而在于与证券市场违法行为诉讼活动密切相关的一个程序上的关键性问题——集团诉讼。在绝大多数的证券违法行为诉讼中，作为利益受损方的证券持有者往往人数众多，据美国的一项研究报告表明，在美国4个巡回审判区联邦上诉法院审理的集团诉讼中，集团成员的平均人数为45,055人，而集团成员获得赔偿的金额为315～528美元。[①] 因此，证券集团诉讼具有集团成员人数多，而单个成员索赔金额小的特点。在法院从实体上审理证券违法行为之前，法院是否确认该案为集团诉讼对于原被告双方而言，无疑具有至关重要的意义和作用，因为无论法院进行怎样的确认，对诉讼的某一方当事人而言都可能意味着"丧钟"（death knell）的敲响，尤其是对于原告方而言，一旦法院拒绝进行集团诉讼的认定，则单个的小标的额的诉讼可能很难再继续开展下去。实际上，法院早在1966年的艾森案[②]中就已经提出了"丧钟说"理论。所以，证券集团诉讼的确认——这一程序上的问题就成了证券违法行为实体问题审理之前的关键性问题。

在本案中，上诉法院的法官结合案件事实，主要围绕着由集团诉讼所引起的3个有争议的问题进行了观点和理由的阐述，因此，关于本案的评析也主要围绕这3个问题展开。

第一，对确认集团诉讼的裁判是否可以提起上诉？

这是本案争议的第一个焦点问题，依据《美国法典》第28卷第1291条之规定，上诉法院对美国所有联邦地区法院终局裁决之上诉享有上诉管辖权。因此，法定上诉权的适用对象限定于"终局裁决"，而所谓"终局裁决"是"在实体方面终结了诉讼，让审案法院除了执行判决以外无他事可做"的判决。与"终局裁决"向对应的概念是"中间裁决"。因此，初审法院作出的裁决要么被视为"终局裁决"，要么被视为"中间裁决"，而只有"终局裁决"才是可上诉的，其他"中间裁决"都是不可上诉的。"终局裁决"规则的政策基础在于避免对初审法

---

① See Thomas E. Willging et al., *Empirical Study of Class Actions in Four Federal District Courts: Final Report to the Advisory Committee on Civil Rules*, Federal Judicial Center, p. 14(1996).

② Eisen v. Carlisle & Jacquelin, 370 F. 2d 119(2d Cir. 1966), cert. denied, 386 U. S. 1035, 18 L. Ed. 2d 598, 87 S. Ct. 1487(1967)(Eisen I).

院审理中出现的问题进行零碎审查。如果司法制度允许不满意的当事人对诉讼中的每个问题在其出现时就提起上诉,则初审法院的诉讼程序将明显被耽搁,这将打断初审法院诉讼的正常开展。[①] 因此,确认诉讼集团的裁决是否可以上诉这一问题也可以理解为该确认裁决是否为“终局裁决”。尽管在美国的司法判例当中对此问题有不同的认识,例如,在1974年Herbst案[②]中,第二巡回法院即认为对集团诉讼的确认在一定条件下亦可进行上诉;而且纽约州拒绝采用“终局裁判”规则,其允许对任何命令提起上述,包括“涉及案件部分实体问题的”中间裁决在内。[③] 但在本案二审中,凯尔奇法官明确指出,根据美国《联邦民事诉讼规则》第23条第(c)款第(1)项之规定,确认诉讼集团之裁判并不必然是最终裁决,该裁决在案件最后判决作出之前可能被修改,甚至予以撤销,因此,确认集团诉讼之裁决并非“终局裁决”,该裁决不可上诉。

凯尔奇法官在本案中的观点是明确的,即集团诉讼确认之裁决不可上诉。但关于集团诉讼确认裁决的可上诉性问题并未因该案而尘埃落定,上诉法院一直在寻求“终局裁判”规则适用的例外。尽管关于证券集团诉讼确认的裁决确实不是关于案件实体问题的最终裁决,但这一裁决在实践中与原被告双方的利益密切相关,并且构成了案件审理中的分水岭事件,所以在1998年美国《联邦民事诉讼规则》的修订中,增加了第23条第(f)款的内容,该款赋予了上诉法院对确认或拒绝确认集团诉讼申请的自由裁量权。该款规定,请求上诉审查的当事人——审查确认集团之命令或拒绝确认集团之命令,必须在该命令作出后10日内向上诉法院提出申请。上诉并不中止地区法院的诉讼程序,除非地区法院或上诉法院发布中止诉讼令。该条款生效以后,也便成了关于集团诉讼确认命令上诉审查的唯一途径,美国第七巡回法院在理查森电子有限公司诉宾夕法尼亚帕纳奇广播案(Richardson Electronics, Ltd. V. Panache Broadcasting of Pennsylvania, Inc.)中就明确指出:“当可以依据《联邦民事诉讼规则》第23条(f)款上诉时,地区法官和我们都不应该依据《美国法典》第28卷第1292条

① 参见[美]理查德·D.弗里尔:《美国民事诉讼法》(下),张利民等译,商务印书馆2013年版,第961~962页。

② Herbst v. International Telephone and Telegraph Corp., 495 F.2d 1308, 1312(2d Cir. 1974).

③ 参见《纽约州民事法律与规则》(N.Y. CPLR)第5701条第(a)款第(2)项第(iv)目。转引自[美]理查德·D.弗里尔:《美国民事诉讼法》(下),张利民等译,商务印书馆2013年版,第963页。

(b)款之规定同意上诉。"[①]在随后的司法判例中,上诉法院在一般情形下,对地区法院作出的集团诉讼之确认或拒绝确认之命令都不允许上诉,除非明显存在下列情形:(1)对原告或被告而言,集团诉讼确认的命令意味着诉讼的结束;(2)集团诉讼确认之裁定在实体法上存在缺陷,或者是滥用自由裁量权的结果;(3)中间上诉能够解决未决之法律问题,而这对案件是至关重要的,对其他案件亦非常重要。[②]

第二,对当事人在原审中提出的诉讼中间上诉,二审法院应当持何种态度?

实际上对这一问题的回答,在上一问题的评析中亦可找到相关内容进行呼应。在1998年美国《联邦民事诉讼规则》第23条第(f)款生效以前,对集团诉讼确认裁决的上诉主要依赖《美国法典》第28卷第1292条第(b)款,该款是对"终局裁判"规则例外适用情形的规定。依据该款的规定,只有当原审法院与上诉法院都一致认为以下3个要件均得到满足时,对一项诉讼中间的裁决可以提出上诉,而不受"终局裁判"规则的约束:(1)该裁判必须"包含一个主导性的法律问题";(2)该主导性法律问题必须是一个"有重大理由持不同意见的问题";(3)"对此裁判之直接上诉可能极大地提前终止诉讼"。从立法功能来看,这一条款实际上是在"终局裁判"规则与对一些至关重要的诉讼中间裁判进行审查之间进行平衡,其弥补了"终局裁判"规则在司法实践运用中的僵化性。因此,当原审法院法官认为一项中间裁判符合上述要件时,对该裁判上诉是否成立的决定权便掌握在上诉法院法官的手中,从这个角度来讲,其依然体现了上诉法院法官对诉讼中间裁判可否上诉的自由裁量权。但是,其与1998年《联邦民事诉讼规则》第23条第(f)款的不同之处在于后者并不要求上诉必须提出一个主导性法律问题,并且存在不同意见之重大理由。在本案中,无论是地区法院法官,还是上诉法院的法官均认为,该案关于集团诉讼确认之裁判是可以提出诉讼中间上诉的,这也就意味着两审法院的法官均认为该案中集团诉讼之确认是一个主导性的法律问题,并且存在不同意见之重大理由。

第三,集团诉讼确认的标准应当如何准确理解和运用?

这一问题实际上是在第二个问题具有明确答案——对集团诉讼确认之裁判可以提出诉讼中间上诉后,二审法院所必须解决的一个关于集团诉讼的实体性法律问题,这同时也是该案被告在一审中对集团诉讼之确认提出诸多质疑或

---

① Richardson Electronics, Ltd. V. Panache Broadcasting of Pennsylvania, Inc., 202 F. 3d 957, 959 (7th Cir. 2000).

② Prado-Steiman ex rel. Prado v. Bush, 221 F. 3d 1266 (11th Cir. 2000).

否认的回应。依据美国《联邦民事诉讼规则》第23条第(a)款规定,集团诉讼确认必须首先符合下列前提条件:(1)拟定集团人数众多,即所谓"众多性";(2)至少存在一个共同的事实问题或法律问题,即所谓"共同性";(3)具名原告之诉求在集团诉讼全体成员中具有典型性,即所谓"典型性";(4)具名原告能够公正和充分地代表集团,即所谓"充分代表性"。同时,该条第(b)款规定,只有当案件符合上述4个前提条件后,还应当符合该款规定的3种集团诉讼类型之一,方可最终确认该案为集团诉讼。其中该条第(b)款第(3)项规定,与仅影响个别成员的法律问题或事实问题相比较而言,集团成员间具有的共同法律问题或事实问题具有主导性。现实中,集团成员之间的情况可能并不相同,因此,在确认集团诉讼时,只要集团成员间的共同法律问题或事实问题主导了影响个体成员的问题即可,这一要件并不意味着集团诉讼的每一个成员必须都具有案件中的每一个问题。"其实,很难想象案件中的每个问题——诸如因果关系、损害后果以及损害赔偿金等,所有成员都面对完全一样的问题。"①

本案中,被告认为该案不成立集团诉讼,其原因在于以下几点:

(1)被告认为,证券持有者之间不存在共同的法律或事实问题,因为在集团争诉期间,证券持有者所依据的财务信息披露文件可能并不相同。这一观点并未得到上诉法院的支持,相反,上诉法院认为被告对集团诉讼中所要求的共同法律问题或事实问题产生了误解,因为一定时期内的虚假陈述之间往往是具有关联性的,早在1966年Fischer v. Kletz案中,主审法官就指出:"一个虚假陈述会引发后续陈述出现不准确、扭曲的情况。"②即不相关的虚假陈述也可能成为一个同一个欺诈计划的组成部分,而这些都可以构成"共同的事实或法律问题。"

(2)被告认为,不存在凌驾于信赖及损害赔偿等个别问题之上的占主导地位的共同问题。而二审法院则认为信赖并非该案依据10b-5规则进行索赔的证明要件。信赖是被用来证明被告之行为与原告之损失之间存在因果关系的,但就该案而言,因其并非单个的股票交易,或者说是"面对面"的股票交易,因此不需要进行这样的证明,只需证明购买证券以及虚假陈述的"重大性",即可成立因果关系,虚假陈述的"重大性"要素中本身就包含了信赖这一含义,如果非要进行"信赖证明",则最多只能要求原告证明如果其明知存在虚假陈述,则

① [美]理查德·D.弗里尔:《美国民事诉讼法》(下),张利民等译,商务印书馆2013年版,第924页。

② Fischer v. Kletz, 41 F. R. D. 377, 381 (S. D. N. Y. 1966), p. 381.

不会进行购买行为，这显然是一个不用证明的“公理”，因为没有傻子甘愿上当受骗、遭受损失。凯尔奇法官认为，现实中如果要求证券持有者证明其在购买股票时直接依赖了某一特定的虚假陈述，则会使那些没有直接依赖该虚假陈述的购买者失去获得补偿的机会。由于因果关系可以通过“重大性”予以证明，并且该结果适用于所有集团成员，因此，对集团成员个别因果关系的质疑，并不影响集团成员共同问题的主导性地位，因此该案存在主导性的共同问题。从这一点上来看，该案正式确立了“欺诈市场理论”(fraud on the market theory)。在公开交易市场中，“信赖”这一要件判断上的应用，即公开不当陈述有关信息构成了对证券市场和所有交易者的欺诈，原告不必承担对该信息产生信赖的积极举证责任，其只要证明当时的市场价格为受到虚假信息影响的不真实价格，而他按照这种价格进行了证券买卖交易，即可构成证券欺诈行为“信赖”之要素。1998 年联邦最高法院在 Basic Inc. v. Levinson 案①中，Blackmun 法官进一步明确指出，在一个健全的证券市场中，股票价格即反映了一切能够公开得到的信息，当然也包括那些虚假信息，投资者进行股票交易是以对市场以及该公开价格之真实性的信赖为基础的，因此，不实陈述的信息当然也影响了依据该信息进行交易的投资者，所以投资者进行交易本身就决定了信赖的存在。从集团诉讼的角度来看，“欺诈市场理论”的一个重要价值在于该理论提供了集团诉讼确认与维持条件之一，即这种对市场和价格推定的“信赖”是一个共同的法律问题，并且是一个优于个人问题的主导性法律问题。

(3)被告认为，诉讼集团成员之间存在利益冲突，因此否认诉讼集团的成立。但是凯尔奇法官认为，在集团诉讼中，集团成员之间存在某一时刻上的利益冲突是一种正常现象，但这种冲突与集团成员之间的共同利益相比较而言，则居于次要地位，每一个成员在认为虚假陈述的存在以及“重大性”上都具有共同利益。实际上，在集团诉讼中子集团或者亚集团的存在也是集团成员存在利益上不同诉求的体现。通常，在司法实践中，当被告以集团成员存在利益冲突为由提出否认集团诉讼之确认时，法院均对此观点持否认立场，②除非这种冲突是明显的、急迫的，并且是问题的核心。更为重要的是，《联邦民事诉讼规则》第 23 条所确立的集团诉讼确认要件中根本未提及冲突的问题。综上，在对集团诉讼确认所提出的中间上诉中，二审法院的法官对被告否认集团诉讼的理由进行了逐一的批驳，这些批驳的理由可归纳为一句话，即被告对集团诉讼

---

① Basic Inc. v. Levinson, 485 U. S. 224, 241 - 242, 108 S. Ct. 978, 99 L. Ed. 2d 194(1998).

② Hawk Industries, Inc. v. Bausch & Lomb, Inc., 59 F. R. D. 619(S. D. N. Y. 1973).

确认之要件存在理解上的错误,故二审法院通过该中间上诉依然维持原审法院对集团诉讼确认之裁判。

(三)结论

本案的焦点虽然并非证券内幕交易抑或虚假陈述的实体性法律问题,但对于证券违法行为诉讼而言却具有重要意义,因为相当数量的证券违法行为诉讼是以集团诉讼的形式进行的,而对集团诉讼的确认与否则直接与案件原被告双方的利益密切相关,因此,在实践中,正确认识案件的法律事实,准确理解集团诉讼构成之法定要件,是确认集团诉讼之关键。实际上,集团诉讼既具有提升司法效率之积极性一面,又具有对非当事人进行法律约束,以及在可上诉性上具有不确定性等程序正当性问题。从这一点上也印证了没有完美的法律,任何事物可能都具有两面性,关键是如何扬长避短。

信托本源的回归

——中国信托本土化的路径

王莹莹*

信托制度的完善会增强信义关系在社会生活中的力量。就某种程度而言,"乡土中国"的熟人社会理念与经济全球化的趋势格格不入,而信托制度这一确保通过契约借助他人行为获得利益的法律设计,恰好体现了全球经济一体化背景下我国经济社会发展过程中上层建筑与经济基础的呼应,其价值不仅止于规范现实经济生活中大量存在的事实信托活动,而且还在潜移默化中使信义关系深入人心,这会对我国社会经济发展的方方面面产生深远的影响。

我国《信托法》自2001年实施至今却不尽如人意,在司法实务中很少被适用,以致被业界戏称为"纸法"。信托法律制度是否已经成为我国法律制度移植中的一根"鸡肋"?我国《信托法》虽已实施15年有余,对这个问题的认真回答仍然十分必要。事实上至今还有很多传统民法学者认为信托制度在我国法律体系的移植并非必要,我国现有的代理、委托及行纪已经能满足实践中对信义关系的所有需要,但事实是否如此?信托在中国的实践发展证明了信托制度在中国的旺盛生命力和经济发展对制度供给的需求。时至民法典编纂在

* 西北政法大学经济法学院副教授、硕士研究生导师,法学博士。

即,信托将以什么样的形式进入民法典或与民法典链接?信托的类型如何确定?与民商分立或者合一的关系如何处理?营业信托是不是与商事信托等同?在这15年间,信托法律制度在中国的本土化情况到底如何?信托在中国经历了"黄金时代"后,各项制度和理论是否已经成熟?[①] 目前转型期暴露出的问题该如何解决?

这一长串问题的回答涉及信托法律制度的方方面面,首先需要回答第一个核心问题,即信托的本源是什么?在弄清信托的本源后,需要回答第二个核心问题,当前在社会上出现的各种不能用代理、委托或者行纪解决的信义关系是否能够用这个叫作信托的制度加以妥善解决?后一个问题的答案需要依靠我国信托制度的具体实践来作出。

一、信托的本源

起源问题的研究有助于我们更好地认识信托的本质,关于这个问题,学界多有争论。包括埃姆斯、布莱克斯通、霍姆斯和梅特兰在内的许多法学家都对此问题进行过探讨。多数学者主张信托发源于英国的用益制,这也是我国理论界的主流观点。与主流观点不同的主张分别是:(1)源于罗马法,持这一观点的有法国的C. Kuhn及德国的瑞格尔斯伯格,国内有张淳(1994年)、李世刚(2012年)、孙静(2012年);(2)源于日耳曼法,这一观点的代表人物是霍姆斯,国内有余辉(2007年);(3)源于罗马法和日耳曼法的双重影响,这一观点的倡导者是梅特兰。笔者坚持梅特兰的主张,因为罗马法原始片段中出现的信托现象确实与现代信托制度具有密切联系。

先来看盖尤斯《法学阶梯》的两个片段:

盖尤斯《法学阶梯》的G.2.277段[②]得到了证明:同样,尽管我们不能在已变为我们的继承人的人死后设立另一人取代他,但是我们可以要求他在死亡时将遗产的全部或者部分退给其他人。既然在继承人死后也可以实行遗产信托,我们可以通过在遗嘱中这样写而实现这种信托:"在我的继承人提兹死亡后,

---

① 我国《信托法》2001年颁布施行,共74个条文。笔者在中国期刊网搜索,输入"信托法律制度本土化",发现从2001年到2016年,对这个问题的研究论文数量呈现一个有趣的波浪线,从2001年的109篇到2015年的614篇,中间在2012~2013年持续增长,在2013年达到峰值再回落至今。再以"信托法"为主题搜索,从2001年的1045篇到2015年的826篇,其发展曲线的方向与前者相似。2012~2013年达到峰值再逐渐回落的背景与信托从井喷式的增速发展的"黄金时代"回落至目前的转型缓慢期相对应。

② 参见[古罗马]盖尤斯:《法学阶梯》,黄风译,中国政法大学出版社1996年版,第184页。

我希望我的遗产归P. 梅韦所有。”在上述这两种做法中,提兹都将要求他的继承人退还通过遗产信托得到的财物。

G. 2. 271:①同样,不能让受遗赠人承担遗赠的义务;但可以实行遗产信托,甚至我们可以让通过遗产信托接受赠予的人再通过遗产信托向他人实行赠予。②

(1)本段实现了遗嘱人对遗产的第二次移转(遗产在遗嘱人和继承人间的移转是第一次,在继承人和受益人或受赠人间移转是第二次)。通过使遗产信托受益人也承担遗产义务,使遗嘱人的遗产在其死后可以自继承人手中按照他的意志接力似的移转于其他数代人。

(2)再次移转次数没有限制。在这个规定下遗嘱人可以实现其对遗产的永续控制。即当一个罗马人把自己的儿子或女儿设为继承人时,他可以以遗产信托的方式要求其继承人一直保留这份遗产,然后在他死亡时再传给孙子,然后在孙子死后再传给孙子的儿子、孙子的孙子……直到永远。

再来看优士丁尼《法学阶梯》中的两个片段:因此,首先必须知道,某人通过遗嘱被依法正当地指定为继承人,并托付其信用要他把该遗产交付给他人,是必要的……③以及乌尔比安在其《论遗产信托》第一编中所论述的,但应当明白:遗产信托是为遗嘱人在自己死亡后将其财物转给他人而设立的。该财物要交付给受托人,并且不得从他们那里将该财物给予剥夺。④ 这两个片段中孕育的信托理念与现代信托的本质是如此的相似,即受人之托,代人管理或者处置财产。

无论学说是坚持信托起源于英国的用益制还是罗马法的遗嘱信托,有一点基本取得共识,即最早产生信托的领域是民事领域。民事信托是一个存在于大陆法系理论界与立法层面的术语,英美法立法中虽没有正式的民事信托的术语,但在理论界作为无偿信托、个人信托、监护信托、家庭信托和宣言信托等非商事信托的上位概念却有着悠久的历史传统,在英国民事信托已占信托业务总

① 参见[古罗马]盖尤斯:《法学阶梯》,黄风译,中国政法大学出版社1996年版,第182页。

② 罗马帝政初期,遗赠和遗产信托相区别,后渐趋一致。参见[古罗马]优士丁尼:《法学阶梯》,徐国栋译,中国政法大学出版社2005年版,第229页;丘汉平:《罗马法》,方正出版社2004年版,第309页。

③ 参见[古罗马]优士丁尼:《法学阶梯》,徐国栋译,中国政法大学出版社2005年版,第255页。

④ 参见《婚姻家庭和遗产继承》,[意]桑德罗·斯奇巴尼选编,费安玲译,中国政法大学出版社2001年版,第591页。

量的 80%,美国民事信托也随处可见。D. M. English(2013 年)认为美国民事信托的功能既可避退遗嘱认证程序,又可免却指定监护人义务。Lusina HO(2010 年)、Fabiola Suwanto(2013 年)主张民事信托的功能包含避免遗产纠纷和进行财富安排。英美法的民事信托制度是随着各种信托活动的不断发展而建立起来的。近些年大陆法系各国在注重信托商事化应用的同时,开始扩大信托在民事领域中的应用。我国法学界对民事信托的关注早在《信托法》制定之前。江平(1996 年)、周小明(1996 年)指出,我国虽然通过民法在民事生活的许多方面建立起一套类似于信托的法律制度,但这套法律制度尚不能完全取代信托在民事领域的功能。

二、我国信托实践对信托本源的偏离

信托起源于民事领域,蓬勃发展于近现代的商事领域。斯科特曾形象地指出"信托的应用与人类的想象力一样,是没有限制的"。信托的这一特性在商事领域被发挥得淋漓尽致。

对于商事信托,理论界基本能达成一致的主张是将信托机构作为受托人的信托作为商事信托,即商事信托是指信托人将其财产交由信托机构设立信托,由信托机构对信托财产进行管理、运用和处分,为信托受益人(信托人或其指定的信托受益人)获取收益或者实现特定目的的商事活动。信托机构是依法设立的,具有信托营业资质,通过受理信托业务获取信托报酬的独立企业法人。这样的商事信托肇端于中世纪的英国,在美国发展成熟,被加拿大、澳大利亚、日本等国家广泛借鉴。长期以来大陆法系各国移植信托制度主要是在信托的商事应用,这点在我国尤为突出,我国自 2001 年出台《信托法》后,融资类商事信托得以蓬勃发展,已然成为中国金融行业的支柱之一。

(一)融资类信托的井喷式发展

信托业管理资产规模从 2007 年的 9000 亿元经过 5 年左右的发展已经达到 8 万亿元,超越保险业跻身第二大金融产业,信托业收入也已经达到 600 亿元。[①] 融资类信托成为信托制度在我国本土化规模和速度最庞大和迅速的一块领域。根据中国信托业协会发布的数据,2014 年年末信托行业管理的信托资产规模为 13.98 万亿元,平均每家信托公司 2055.88 亿元,较 2013 年年末的 10.91 万亿元,同比增长 28.14%;其中 68 家信托公司实现经营收入 954.95 亿元,较 2013 年的 832.6 亿元增长 14.69%。截至 2015 年二季度末,信托业实现

① 参见中国金融四十人论坛研究部:《信托业爆发式增长的原因与挑战》2013 年 4 月 8 日。

营业收入544.06亿元,同比均超三成多。[①] 失去了房地产和地方政府融资平台的两大引擎,中国信托行业仍快速增长。从存量信托产品的类型分布来看,除其他投资信托类别外,贷款类信托所占比例最高,为19.41%,其中主要为房地产和地方政府融资平台贷款。排名第二的为权益投资信托,主要是投资于能够带来稳定持续的现金收益的财产权或者权益的资金信托品种,这些权益包括基础设施收费权、公共交通营运权、旅游项目收费权、教育项目收费权,在实际运行中也是类贷款的品种,而证券投资信托占比为15.69%。(见下图)[②]

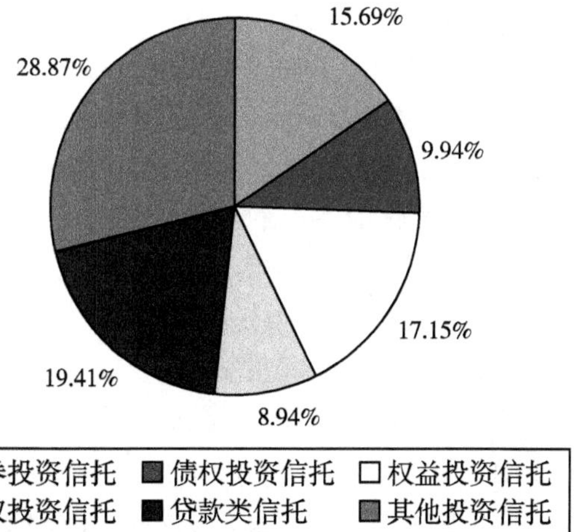

资料来源:Wind、朝阳财富基金研究中心;截止时间:2016年2月。

图1 信托产品按类型发行规模统计

信托在相当长一段时间内给投资者形成了刚性兑付的预期,"刚性兑付"成为我国信托行业发展中出现的一种特色现象,它的表现就是金融产品到期后,产品发行者必须分配给投资者本金以及预期收益,当产品不能如期兑付或兑付困难时,发行方或有关部门需要兜底处理。近几年在我国金融市场上井喷式发展的信托机构的资金信托业务显然已经异化为类负债业务,即主要以发放贷款的方式进行实质上的债权性运用,信托机构则赚取支付给委托人的所谓"预期收益"与贷款利息之间的差额。随着类负债信托业务规模不断增大,到期"兑付"风险无疑在不断累积增加。把信托仅仅作为一个投融资的工具,是对信托本质的严重扭曲。

---

① 载中国信托业协会:http://www.xtxh.net/xtxh/,最后访问日期:2016年10月23日。

② 参见《"刚性兑付"今安在?——信托产品研究报告》,载http://fund.cnfol.com/smjj/simuyanjiu/20160330/22492704.shtml,最后访问日期:2016年10月23日。

(二)民事信托的立法和实践迟滞

与商事信托蓬勃发展相应的是,我国民事信托的立法的缺乏和实践发展的犹豫不定。我国立法中,"民事信托"这一概念仅见于《信托法》以及《民事案件案由规定》这两部法律法规,《信托法》将信托划分为民事信托、营业信托和公益信托,但对于什么属于民事信托没有直接规定。与"信托"有关的300多部规范性文件中,都是规制信托投资机构以及信托业务的。立法层面表现出来的对民事信托的忽略其实不单单是一个立法意向或者技术问题,它也折射出我国在制定《信托法》的过程中关于信托,特别是民事信托的理论研究薄弱、理论准备不足的深层次问题。随着私人财富的迅速积累,机关事业单位养老制度改革,农村土地权利制度改革等步伐的加快,民事信托机制面临更广阔的应用空间。民事信托制度的供给不足已成为信托发展的障碍,许多人一直还是对《信托法》的适用范围存在误解,认为《信托法》只有在一方当事人是信托公司时才可以适用。因为前述的误解,在司法实践中鲜见有自然人担任受托人的信托纠纷案例,而是多将民事信托认定为委托代理关系。

(三)商事信托制度的适用问题重重

1. 商事信托的功能不能仅局限于投融资

商事信托受到各国法律的广泛承认和借鉴,说明其具备重要的制度价值。但商事信托的制度价值不能片面地追求为投资者获取收益,为融资方提供资金这些功能,这会造成信托的异化,我国信托业"刚性兑付"的奇怪现象正是这一异化的结果,造成了金融风险的非正常积聚。近3年融资类信托资产占比呈逐年下降趋势就是力证,2013~2015年分别为47.76%、33.65%、24.32%。[①] 而且类负债业务信托的这些功能通过委托代理、订立契约、设立企业等方式都可以实现,信托制度的优势没有得到发挥。

2. 商事信托司法缺乏具有商事性的裁判规则

由于立法和理论没有对民事信托和商事信托的清晰界定,导致司法实务中对商事信托的认定标准十分模糊,本应适用商事信托规则的信托关系,由于缺少与民事信托的清晰区分,缺乏正确的商事信托的裁判理念和裁判规则,再加之对信托关系的认定缺乏判断标准,导致商事信托关系被判定为民事信托或者委托代理关系。[②]

---

① 资料来源:中国信托业协会:http://www.xtxh.net/xtxh/,最后访问日期:2016年10月23日。

② 参见王建文:《商事信托的司法裁判:理念与规则》,载《2015中日信托法会议论文合集》。

三、我国非融资类信托的自然发展

(一)遗产信托

典型案例:2013 年全国首例子女抚养费信托案。[1] 江苏省常州市的高某某与妻子吕某某结婚多年,共育有两个女儿高甲和高乙,但一直没有儿子。高某某后结识未婚姑娘郝某某,郝某某为其生下一子取名高丙。为了感谢郝某某为高家诞下香火,高某某不仅为郝某某购置了价值 800 多万元的房产,还通过自己的公司给付郝某某 700 多万元现金。后被高某某妻子吕某某发现,提出离婚,高某某最后决定挽回婚姻,与郝某某分手。高某某妻子要求郝某某如数归还高某某给其的 700 多万元,郝某某同意分手,但以自己的生活补助费和高丙的抚养费为由拒绝归还财产,双方僵持不下。

按传统的处理思路,如果吕某某坚持让郝某某归还财产,则只能采取诉讼的途径。在证据确实充分的情况下,法庭可能会判决郝某某归还财产。可对于高某某来讲,他并不愿意看到大家闹到对簿公堂、两败俱伤的境地。对于吕某某来讲,也许她赢回了财产,却面临失去丈夫、失去婚姻的风险,这也是吕某某及其女儿所不愿意看到的结果。为了缓解矛盾,律师引入了信托制度。该信托的目的是保障高某某与郝某某所生非婚生子高丙的抚养费,同时需要平衡高某某原配、高某某婚生子女与郝某某及非婚生子女的利益。基于此,信托结构为信托委托人设定为吕某某,受益人高丙,受托人高甲。在信托条款中,受益人的收益参照抚养费的内容被定为 3 项:日常生活费、重大疾病医疗费及大项开支费用。同时,信托条款对受益人领取收益设定了前提条件,即高某某与郝某某 2 人不得恢复同居、情人等不正当男女关系。若在信托执行过程中,一旦出现上述情形,受托人有权终止对受益人一切费用的支付。[2] 这样一个信托的设计使高某某以和平回归家庭,各方利益得到满足。

这是一个十分典型的民事信托,受托人是自然人,信托目的为财产的管理和传承。

(二)农地信托

利用信托能够实现土地所有权、使用权和收益权的相互分离的优势,信托在我国农地的经营管理领域也有了用武之地。“土地流转信托与党的十八届三中全会公告中‘赋予农民更多财产权利’正好契合。”信托公司以土地流转,

---

① 参见王小成:《民事信托密码》,载《法律与生活》2013 年第 17 期。

② 同上。

推动土地资源合理再配置,促进土地的集约化和现代化经营,能够提高土地的生产能力和内在价值,使农民切实分享到土地增值所带来的收益。

典型案例:2013 年 11 月 7 日北京信托在江苏无锡推出第一单土地流转信托——“北京信托 - 无锡阳山镇桃园村农村土地承包经营权集合信托计划”。该信托期限为不少于 15 年,收益由“固定收益 + 浮动收益”两部分组成。桃园村项目中,北京信托引入了土地股份合作社,使土地经营权股份化。桃园村土地信托采取了“土地合作社 + 专业合作社”的双合作社设计,即首先将拟进行信托的集体土地经营权确权到村民个人,再由村民以其土地经营权入股“土地合作社”,“土地合作社”作为委托人以土地经营权在北京信托设立财产权信托。同时,桃园村的水蜜桃种植能手成立“水蜜桃专业合作社”,北京信托代表桃园村土地信托将土地租赁给“水蜜桃专业合作社”。北京信托从“水蜜桃专业合作社”获得收益后再依据信托合同分配给受益人。①

我国目前的农地信托都是由信托公司作为受托人操作的营业信托。

(三)事务管理型信托

典型案例一:中信信托·嘉丽泽健康度假产品系列信托项目。中信信托于 2013 年 11 月推出了国内首单消费信托。在中信信托·嘉丽泽项目中,旅游消费者通过信托获得居住权以及医疗养生服务。

典型案例二:北京信托·养老消费信托。该集合资金信托计划项下的信托资金采取包括但不限于债权、股权、权益等在内的一种或多种方式进行投资组合。受托人以信托为平台聚集和整合养老医疗、康复、护理养生、休闲旅行度假、身后关怀等行业或产业上下游服务商和供应商,拓展大健康产品线,丰富健康消费产品,为受益人提供健康消费产品及消费权益。投资回报包括两部分:一是“养老消费权益”,养老产品由产业合作方北京汇晨养老机构管理有限公司提供。具体为入住养老公寓,借此可提前锁定养老床位或未来养老消费价格及优先权。而认购养老消费信托后,受益人通过放弃货币收益,可“免费”入住同标的养老公寓,获得一系列养老消费权益与较市场价格一定折扣的优惠。二是“货币收益”,以“基准收益 + 浮动收益”作为安排,收益分配周期为每季度,产品存续期间的每一信托年度内,北京信托有权根据市场情况公告该年度的基准收益率。而在某个核算日,当信托财产实际收益率大于基准收益率时,消费

① 王春艳:《消费信托典型案例分析》,载南方财富网:http://www.southmoney.com/xintuo/201510/425149.html,最后访问日期:2016 年 10 月 23 日。

者认购的信托单位可获得浮动信托收益。①

典型案例三:长安信托·中国电信消费信托。该信托计划中,投资者预存5000元可获得一步iPhone 6,每个月存入319元话费,获得399元本金。此外,还会向投资人提供消费选择权,即1200元的话费或600元现金的收益,供投资者选择。②

典型案例小结:从已发行的事务管理型信托产品来看,大多为系列单一资金信托再聚集到一起进行集合运作。这样可以满足投资者门槛较低的要求,且因消费者实际消费存在差异化特点需要信托公司分别管理等原因,我国目前的事务管理类信托均由信托机构作为受托人,实为营业信托。

四、民事信托与商事信托的区分

民事信托是我国《信托法》规定的第一大信托类型,虽未能得到现行立法和理论研究的重视,民事信托实践终是发展出了自己的道路。商事信托是我国理论界针对这几年蓬勃发展的融资类信托适用的一个概括称呼。立法对二者的内涵均缺少明确的界定。要界定两者,不可回避的问题是立法对民事信托和商事信托有必要和有可能区分吗?

理论界多将民事信托与商事信托区别使用,对民事信托与商事信托的区分标准则观点不一。K. B. Gallant(2013年)、神作裕之(2015年)认为明确区分民事信托与商事信托十分必要。中村野正(2005年)、神田秀树(2007年)认为受托人的作用局限于被动的财产管理或处分的情形即为民事信托。中野正俊(2005年)认为需将营业性与信托目的相结合作为民事信托与商事信托的区分标准。日本理论界对民事信托与商事信托的研究著述丰厚,即使如此,对二者的区分标准仍未形成共识,也未能通过立法确认。国内关于民事信托与商事信托的区分学说主要包括以卞耀武(2003年)为代表的"目的说",以王文宇(2000年)、王建文(2015年)为代表的"受托人身份说",以施天涛(2012年)、盛学军(2013年)、何宝玉(2015年)为代表的"行为说"。江平在2013年再次提出发展中国民事信托的构想,与《信托法》确立的"民事信托+营业信托+公益信托=信托"的模式有所不同,他提出了"民事信托(含营业信托)+公益信托=信托"的制度架构。于朝印(2016年)认为,我国的《信托法》强行性规范

① 王春艳:《消费信托典型案例分析》,载南方财富网:http://www.southmoney.com/xintuo/201510/425149.html,最后访问日期:2016年10月23日。

② 同上。

的大量存在挤压了民事信托意思自治的空间,应当摆脱"信托商事应用中心化"。唐坚毅(2015年)提出要制定专门的民事信托法。陈敦(2011年)则从商事信托移植的角度认为在我国区分民事信托与商事信托的意义并不大。

关于民事信托与商事信托的学说纷争,反映出我国理论界也尚未解决民事信托与商事信托的区分问题。然而,信托的实践显示出确实存在一种受托人不是信托机构也不以信托为业的信托,它们承担不同的功能,满足了社会生活的不同需要。这类信托的具体规则是否和我国《信托法》规定的营业信托完全相同?还是应该适用民事行为的规则?如果是后者,则我国《信托法》虽然规定了民事信托是信托的法定类型,但并没有给民事信托提供多少具体制度规定。

从我国的实践及前文分析的有关非融资类信托的典型案例来看,多是营业信托与民事信托目的交织在一起,难分民事与商事。就我国的法律制度体系现状而言,理论上可以对民事信托与商事信托进行区分研究,但这种区分在当前民商关系的立法处理尚无定论的背景下,在立法上很难做到。民商分立一旦确立,信托进行民事与商事区分自然合理便捷,但若在民商合一背景下,强硬区分民事信托与商事信托,则总会陷入"民事"与"商事"区分的泥潭。

五、中国信托回归本源的本土化路径

商事信托起初是许多大陆法系国家信托立法的真正目的所在,但这样的立法目的产生的负面影响就是对民事信托的漠视,与之相应的是大陆法系理论界对民事信托制度的研究一度被忽略。随着泛资管时代的到来,一个明显的趋势就是各国在注重信托商事化应用的同时,也开始扩大信托在民事领域中的应用,法国等大陆法系国家对信托法制的变革充分体现出向民事信托扩展的倾向。基于此,我国经济进入"新常态"以后,"三期叠加"特征显现,发展形势复杂,而信托行业在经济新常态下,还面临着泛资产管理市场竞争加剧的严峻挑战,传统模式难以为继,信托业不能再依靠垄断信托制度获利,服务于普通大众的民事信托服务逐步成为信托业发展的新动力。

1. 回归信托的本源。信托制度的本质是"受人之托,代人理财"。因此,正确理解和运用商事信托的价值和功能,必须要回归信托的本源。《信托法》应通过"去商事化"完成对信托基本理念的回归,信托回归本源又会反向为商事信托的健康发展提供良好的环境土壤。

2. 立法上在信托类型上可以不区分民事信托与商事信托,而可将信托区分为营业信托与非营业信托以及私益信托与公益信托。从受托人的身份是否具有营业性,即受托人是否为信托公司来看,可将其分为营业信托和非营业信托。

营业信托不仅要适用《信托法》,还要适用将来制定的《信托业法》,非营业信托适用民事规则,存在无偿信托等。基于这种区分,以信托机构作为委托人设计的事务管理型信托适用商事行为规则,更加注重商事效率和安全价值的实现。

从信托的目的是为私益还是为公益,可将其分为私益信托与公益信托。私益信托和公益信托都可能是营业信托或者非营业信托,以公益为目的设立的信托在设立及运营上要遵循特别的规则。

信托制度的进一步发展,离不开理论界从法理角度厘清法律关系、提供法律依据。唯有实现信托法理论研究与立法、执法和司法实践的相互契合,实现信托实务界与理论界、法律实务界与理论界的良性互动,将《信托法》真正纳入到本国法律制度的系统中,《信托法》才能够由"纸法"转变为"活法",彰显自身的生命力。[①] 事实上,将罗马法的信义义务与现代契约自由精神的平衡作为信托制度设计的核心,在信托传统与制度现代化更新中坚持契约自由的精神,寻求在安全与灵活、形式主义与合同自由之间的平衡,也许正是中国信托本土化的正确方向。

① 参见王建文:《商事信托的司法裁判:理念与规则》,载《2015中日信托法会议论文合集》。

司法破解互联网金融监管困境的思考

——以“网贷第一案”为例

张妤婕[*]

随着互联网金融行业的快速发展,其在融资渠道方面已经成了传统金融行业的有效补充。但互联网金融行业在繁荣我国金融行业的同时,它的高风险性也引发了行业内外的高度关注。我国现有的法律法规虽然对互联网金融市场进行了相关规制,但由于固有的监管模式不适应互联网金融行业的特质,其监管的现实效果不尽如人意。“网贷第一案”的判决结果,显示出了一种新监管秩序形成的可能性。通过司法介入市场第三方的监管秩序中,其与行政监管及行业自治将一道形成一种新的监管体系。司法的介入必须满足一定的前提条件,司法能动性的有效发挥以及指导性案件的类型化划分改革,都决定了司法能否有效介入到互联网金融的新监管体系之中。

一、问题的提出:互联网金融行业的监管难问题

以银行为主的传统金融机构,是我国最主要的融资渠道,但是,近年来商业银行普遍收紧贷款,不少小微企业无法从商业银行获得融资。特别是短期融资对审贷放贷速度要求较高,传统商业银行烦琐的审批程序无法满足即时性的资金需求。而小贷、典当公司等

* 西北政法大学经济法学院讲师,法学博士。

非银金融机构虽然门槛较低，但融资成本普遍较高，加重了融资方的财务压力。虽然实践中存在“融资难”的情况，但随着互联网技术应用领域的全面拓展，为这一问题提供了新的解决方法，一个新的行业——互联网金融随之兴起。互联网金融从出现到迅速发展，逐渐改变了我国金融领域受到抑制的局面，金融参与主体不断丰富，触及人群范围更广，金融产品形式更加多样化。在各种形式的互联网金融中，P2P 网贷和众筹等直接融资模式起步相对较早，已经成为商业银行等传统融资渠道的有力补充。① 与传统银行等金融机构进行的企业融资相比，P2P 融资有其独特优势。比如，P2P 网贷平台的注册门槛、运营成本较低，且不存在资金杠杆问题，因此早年间 P2P 网贷机构数量得以爆发式地增长。而且 P2P 融资可以覆盖大量无法在传统机构及时获得资金的中小微企业，在资金划拨速度方面更加高效；从资金端来看，P2P 投资产品资金回报率明显高于银行定期存款等传统理财产品，但与之相伴的是，它的投资风险也相对更高。也正因如此，P2P 网贷作为互联网金融市场重要组成部分，其发展较为迅速，截至 2017 年 6 月末至少有 1553 家正常运营的平台，而网络小贷公司仅有百余家，已开业的互联网银行仅 3 家。从资金规模来看，近年来 P2P 网贷的短期资产规模增长迅速，2016 年已达到 1.13 万亿元，短期资产在整个网贷中所占的比重则长期稳定在 50% 以上。② P2P 网贷作为互联网金融市场目前最大的组成部分之一，已经成为短期融资的重要资金渠道。

互联网短期融资在繁荣互联网金融市场的同时，也带来了一系列问题，如市场失灵等。例如，由于互联网短期融资“虚拟性”和“专业性”带来信息不对称，加之过于宽松的市场监管方式，导致恶意骗贷、平台“跑路”等金融风险问题。短期融资借助互联网打破了地域、主体的限制，一旦发生金融风险，其波及面大、受众广，将会对金融市场秩序造成严重的冲击，并产生恶劣的社会影响。为防范金融风险和进一步规范“互联网 +”短期融资市场秩序，我国先后出台了《关于促进互联网金融健康发展的指导意见》《互联网金融风险专项整治工作实施方案》《网络借贷信息中介机构业务活动管理暂行办法》《关于进一步做好互联网金融风险专项整治清理整顿工作的通知》等规范性文件。这些规范性文件的出台在一定程度上防范了大规模金融风险，对互联网短期融资市场秩序进行了规范。但互联网短期融资监管从一个极端走向了另一个极端，目前监

① 参见卢馨、李慧敏：《P2P 网络借贷的运行模式与风险管控》，载《改革》2015 年第 2 期。

② 参见《网贷之家发布〈2016 年全国 P2P 网贷行业半年报〉》，载飞象网：http://www.cctime.com/html/2016-7-1/1190564.htm，最后访问日期：2017 年 7 月 21 日。

管规则又显得过于严苛。特别是《网络借贷信息中介机构业务活动管理暂行办法》的出台,对于网贷信贷信息中介机构设定了严格的准入门槛和义务,尤其是针对网络借贷金额的限额规定,对于整个互联网短期融资行业提出了严峻的挑战。除此之外,《网络借贷信息中介机构业务活动管理暂行办法》本身也存在一些问题。《网络借贷信息中介机构业务活动管理暂行办法》第1条规定,本办法以《民法通则》《公司法》《合同法》等作为法律依据。而作为银监会监管权来源的《银行业监督管理法》,却不在其上位法来源的序列。究其原因,整部《银行业监督管理法》中并没有授权银监会监管P2P网贷的明确规定,此种情况下,银监会对网贷监管的合法性本身就很容易受到质疑。不仅如此,《网络借贷信息中介机构业务活动管理暂行办法》本身的合法性都会受到质疑与减损。要解决以上问题,一方面,需要进一步完善现有的立法,修补法律法规不健全或者矛盾之处;另一方面,这一问题引发了通过立法对某一行业进行全面规制的思路,也引发了是否能够有效运用到目前出现的诸如互联网短期借贷等新兴行业的思考。有学者撰文指出,一些新兴行业(诸如互联网金融)应该加大类似行业自治规则的运行空间。此类行业也可能出现因发展速度太快,行业自治规则都来不及制定的情况出现。[①] 这也从侧面说明,在类似互联网金融这样的新兴行业中,法律法规的不完备可能会经常性地出现。无论是立法抑或软法之治都行之困难的时候,司法的重要性就必将凸显。那么问题在于对于互联网金融这样迅速发展的新兴行业,司法可以有效地介入监管吗?笔者拟通过典型案件的分析,对这一问题进行分析。

二、司法介入互联网金融行业监管的实例分析

(一)案件回顾

司法介入互联网金融监管,最具代表性的案件就是2016年的“网贷第一案”。该案的原告方是经营“短融网”P2P网贷平台的久亿公司,被告方是一家以提供金融产品搜索服务为主要业务的“融世纪公司”。由“融世纪公司”开办的融360网站联合中国人民大学国际学院苏州研究院,从2015年年初起,针对P2P网贷平台开展评级活动,定期发布评级报告,每期报告针对100家左右的P2P网贷平台按A级至C级进行划分。融360网站先后于2015年2月9日,2015年5月19日发布两期网贷评级报告,在两次网贷评级报告中,短融网先

① 参见邓建鹏、黄震:《互联网金融的软法治理:问题与路径》,载《金融监管研究》2016年第1期。

后被评为C级和C－级。原告久亿公司认为，融世纪公司不具有评级业务资质，其根据所谓评级标准对原告企业信用进行评价并公开发布，违反了相关法律规定，且融世纪公司在两份评级报告中对原告的评价毫无事实依据，明显属于诋毁原告商业信誉行为，造成了原告商业信誉及经营收益遭受严重影响。久亿公司起诉要求融世纪删除与评级相关的文章、消除影响、赔偿经济损失50万元等。融世纪公司则认为自己的评级客观、科学，不构成商业诋毁。[①] 本案于2015年12月15日在北京市海淀区人民法院开庭，并于2016年12月27日正式宣判。

本案中第一个争议焦点在于融世纪公司作为一家商业机构，是否有网贷评级的资质。法院审理认为，当前并没有明确的法律法规对网贷评级主体的资质、评级要求和标准作出具体的规定。因此，法院判断融世纪公司是否构成商业诋毁，以本案争议的评级行为是否属于捏造散布，虚伪事实为基础，不以融世纪公司是否具备合法的评级资质为考虑因素。关于评级结果是否构成商业诋毁，法院认为单纯的竞争关系的存在与捏造、散布虚伪事实不产生必然联系，一般情况下，除非发生评价方式不恰当，评价内容不真实或存在主观恶意等情况，不能限制或禁止经营者对他人的竞争性业务进行评价。一般情况下，经营者有权制止竞争对手捏造、散布与其有关的虚假事实，但是，应当对客观、真实的评价予以适度容忍。[②] 法院结合双方证据、专家辅助人的意见认定，久亿公司缺乏充分证据证明融世纪公司收集的短融网数据信息不真实、不完整，也无法指出涉案评级体系规则存在明显不科学、不合理之处，亦无从证明融世纪公司存在主观恶意。此外，对于评级结果使久亿公司受到不当的市场冲击而造成商业信誉受损的诉求，也缺乏足够的证据加以证明。法院据此判决驳回久亿公司的诉讼请求。

（二）案件评析

第一，司法有力回应了金融创新，对网贷评级给予了相当大的包容。

网贷信用评级是近几年新生的事物，在互联网金融蓬勃发展的背景下，互联网金融行业的高风险也逐渐受到关注。行业内的专业人士对此问题的出现显然要更加敏感，在相关法规及行业自治章程都留有大片空白的领域，市场的调节机制首先启动，这也符合市场经济内在的发展逻辑，市场的归市场。但是，对司法者而言，却留下了一个难题。对于之前司法未涉及的领域，司法者应该

---

① 参见张春波：《“网贷评级第一案”一审宣判》，载《中国审判》2017年第4期。

② 参见（2015）海民（知）初字第32295号。

如何应对。从"网贷第一案"中,可以发现当今司法者理念的进步。在案件启动之初,主审法官采取的第一个重要的行动是,听取原被告双方及各自聘请的专家辅助人对网贷评级本身提供的专业性意见。在这一基础上,充分认识网贷评级的本质,并了解这一新生事物存在的意义。除了听取专业性的意见,案件审理过程中还对其中涉及的证据进行了评估。在这些前期工作完成后,法院对网贷评级给出了自己的看法。判决书中指出,网贷行业属于高风险的行业,对网贷平台进行评级,对投资者防范风险具有重要参考价值。这一判断其实是肯定了网贷评级行为本身的正当性。从法院作出判断的过程以及最后对网贷评级行为的认可,都表明司法对于互联网金融行业内的创新行为给予高度的包容。司法对于互联网金融创新的支持,正是这一案件的启发性意义之所在,它远远大于判决结果对于原、被告双方的影响。

第二,司法站在保护投资人利益、维护互联网金融行业发展的角度,对网贷评级行为进行合法性与否的衡量。在此次案件的审理过程中,法院对于网贷评级行为的判断,更多的是考虑了投资人的利益。这一姿态对于鼓励一个新兴行业的发展至关重要。网贷行业的出现至今不逾10年的时间,与它井喷式发展相对应的是其高风险的存在。网贷行业已经成为互联网金融行业中的风险频发区,这一点已经成为共识。在这种情况下,利用市场中的第三方,对网贷公司进行风险评判,其中有很多积极的意义。评判的过程实际上也是相关网贷平台公司信息披露的过程,借助相关专业性的评判,能够让投资人,尤其是处于信息劣势获得者地位的个人投资人获得更多的信息,增强他们的规避风险的意识,这些对于投资人的利益维护而言都是十分必要的。本次案件的判决结果认为,对竞争对手捏造、散布虚伪事实的行为肯定是法律所禁止的,即经营者有权制止竞争对手捏造、散布与其有关的虚假事实。但是,网贷评级并不必然与捏造、散布虚假事实的行为相关。除非有证据证明,存在出于不正当竞争的主观故意而设计不科学、不合理的评级体系规则并用于评级活动,除此之外,网贷市场需以更宽容的姿态接受能基本反映客观现状的网贷评级。换言之,为了让部分处于弱势地位的投资人获得更多的客观且有价值的关于网贷公司的参考消息,相对客观的网贷评级是应该被市场接纳的。

第三,司法认可了市场自发监管对互联网金融行业的重大意义。在传统的金融行业中,信用评级机构一般实行牌照制或者准入制。按照这一思路,必须是由获得资质的专业评级机构对不同网贷平台公司进行合理的评级,投资者通过这些评级意见规避网贷行业的风险。但就目前而言,关于规制网贷评级机构的法律法规仍是一片空白,因此,不可以轻易否定市场中第三方的评级意见。

主审案件的法院认为,除非存在出于不正当竞争的主观故意而设计不科学、不合理的评级体系规则并用于评级活动,否则对于网贷评级体系规则本身的优劣法院不应进行相关的干涉或评判。通过案件可以看出,司法在市场与自身权责之间自觉划分了界线。按照以往立法对互联网金融行业监管的经验,立法总是面临着“要么不管,要么管死”的尴尬境地。这说明,立法在市场与立法权限之间很难找到合理的平衡点。相较立法,司法由于其本身的特征显得相对灵活。就网贷评级行为的判定而言,司法将属于市场可以判断的行为交给了市场,其实也是从另一个侧面认可了市场自发监管对网贷行业的意义。而在市场行为以外法律之内,司法仍然发挥着其重要的作用。

三、司法介入互联网金融监管的合理性及其实现途径

(一)“互联网+”时代呼唤的是一种新的监管秩序

“网贷第一案”庭审过程中有一个问题值得注意。原告一方的专家辅助证人提出,目前限制网贷评级机构资质的相关规定尚未出台,但按照传统金融行业的发展规律来看,对网贷评级机构设置入门条件是一种必然。对银行、证券、保险传统金融行业进行观察可知,在这些金融行业中,信用评级都是出自经过认可的、具有相关资质的独立评级机构。因此,鉴于我国对于网贷评级机构的资质认可规范还未出台的现实情况,司法应该发挥其主观能动性,根据实质性审查的原则,限制当前网贷市场中的一些不当评级行为,为规范网贷市场的正常有序发展做出指导。原告专家辅助证人的意见,其实就是一种固有的监管思路。在这一监管模式下,首先由政府出台相关的法规,设定信用评级机构的入门条件与资质,符合这些条件的机构将获得政府的准入资格认定,或由主管机构直接颁发牌照,其次通过这些有资质的信用评级机构的专业评级辅助银监会进行监管。这种传统的监管模式真的适用于飞速发展的互联网金融行业吗?

对于网贷平台而言,相关的法规已经将其界定为信息中介机构,它与传统的金融机构在性质上有明显的差别。[①] 因此,网贷评级机构的规制套用传统金融行业的信用评级办法,显然存在前提条件不相符性。此外,自 2015 年下半年以来,随着网贷行业的监管政策不断加码,禁止了无资质的网贷平台从事持牌金融服务、销售金融产品收益权等业务。为了建立业务优势的同时规避监管,不少有实力的 P2P 网贷平台以直接入股或自行设立公司的方式升级为金融控股集团,或者与金融机构、类金融机构“联姻”,借此享有一定的金融资源和金

① 参见赖丽华:《P2P 网络借贷平台的复合民事法律地位》,载《法学论坛》2016 年第 3 期。

融优惠。随着行业风险的逐步释放,会有越来越多的P2P网贷平台或其母公司顺应综合财富管理和基础资产多元化趋势,选择拓展金融版图。在这种趋势下,大量缺乏市场竞争力的网贷平台将退出市场,网贷平台的数量也会出现大幅度的减少,有些专家认为未来2~3年内,网贷平台公司的数量可能会减少至100家以下。面对一个市场主体数量很有限的市场,是否有必要去使用制定法规的方式,对其信用评级机构的资质进行监管,答案可能是否定的。

"网贷第一案"判决结果显示出一种新的监管秩序的可能性,法院经审理认为目前没有相关的法律规范对网贷信用评级进行规制,那么就不应该轻易否定市场当中网贷评级公司作出的信用评级的判断。对于不具有非正当性的网贷评级的结论,市场应该有一个相对宽容的态度。鉴于这一案件对法律法规空白的填补和其在行业内的影响范围,完全有可能上升至指导性案例的高度。借用司法的过程,明确网贷评级行为的合理与否,并在网贷评级领域对司法与市场的边界进行廓清,这些都将推动网贷评级体系的进一步合理化。由此司法将以一种更为谦抑的姿态介入网贷平台监管的过程,并充分尊重市场在资源配置当中所起的基础性作用。更进一步地讲,上述司法介入的过程可以推广普及到整个互联网金融行业,通过这样的一种司法的形式,构建一种新的行业监管秩序的形成。互联网金融行业易变且发展非常迅速,面对此种类型的市场,就应该用更加灵活的方式去塑造监管秩序的形成。即使旧有的监管模式是正确、有效的,但因为它的滞后性,也会让它在互联网金融行业中失去实效性。通过行政监管、行业自治组织监管以及市场第三方的介入,其将成为另一种新的监管模式。其中由司法介入市场第三方形成一种监管秩序,从而使各主体的监管形成一个合理的监管体系。这一模式将更为高效且可以节约大量的行政成本,尤其是它在时效性方面极大的优势,能够配合整个互联网金融行业的发展,"互联网+"时代期待的正是这样的监管秩序。

(二)司法介入新监管秩序的实现条件

虽然司法介入互联网金融行业监管当中具有合理性的依据,而且它能够促使互联网金融行业形成一种新的较为高效的监管体系。但也要看到,司法介入互联网金融行业新监管秩序的过程当中,需要两个前提性的条件:其一,司法者是否能够运用法律智慧,充分发挥司法能动性,以应对此类案件所提出的挑战;其二,借助司法过程形成的指导性案例,能否发挥它应有的作用,有效指导未来的相类似判决的形成。只有解决这两个问题,司法才能够在新的监管秩序形成过程中有效发挥其作用。关于第一个问题,司法者是否能够运用法律智慧应对此类案件所提出的挑战?司法者的挑战主要来自两个方面:一方面,对于某一互联网金融行业出现的新业态，法律没有相关规定，司法者能否应对？另一方面，对于某一互联网金融行业出现的新业态，与现行法规存在抵触，司法者应如何应对？对于第一个挑战，在“网贷第一案”当中，可以看到司法者比较好的回应。网贷评级行为虽然没有法律法规相关规范，司法者并没有直接否定这一新生事物的合法性。在吸取专业意见并细致审查的基础上，司法者能够站在维护投资人利益与促进整个网贷平台发展的角度，认可了正当网贷评级的有效性。可以看出，目前司法者能够以包容和开放的姿态，对互联网金融行业出现的新业态进行判断。

对于第二个挑战，2016 年的“专车行政诉讼第一案”也给出了积极的回应。[①] 2016 年济南市市中区人民法院，一方面，认可了现行法律的规定，确认原告网约车司机陈超的行为构成了“未经许可擅自从事出租汽车客运经营”的行为。另一方面，法院经审理认为，本案中，原告通过网络约车软件进行道路运输经营，而原告与网络约车平台的关系及与乘客最终产生的车费是否实际支付或结算完毕，被告未提供证据证明，具体几方受益也没有证据证明，尚不明确。因此，虽然被告对未经许可擅自从事出租汽车客运的行为可以依法进行处罚，但原告在本案所涉道路运输经营行为中仅具体实施了其中的部分行为，在现有证据下，被告将本案行政处罚所针对的违法行为及其后果全部归责于原告，并对其个人作出了较重的行政处罚，处罚幅度和数额畸重，存在明显不当。根据《行政诉讼法》第 70 条规定的精神，依法应当予以撤销。在这个案件的审理过程中，虽然法院认定了网约车司机的违反现行法律的行为，但是却作出了撤销对其行政处罚的判决。法院作出此判决的原因在于行政罚款中有比例原则，按照这一原则，本案中行政管理部门的罚款处罚明显过重。此外，本案的司法者认为，网约车这种客运服务的新业态作为共享经济的产物，它的运营有助于提高闲置资源的利用效率，缓解运输服务供需时空匹配的冲突，有助于在更大程度上满足人民群众的实际需求，因此，当一种新的技术或新的商业模式出现时，基于竞争的理念和公共政策的考虑，不能完全基于旧有规则，一概地将其排除在市场之外。可以看出，司法者对互联网行业新业态的出现秉持了很包容的态度，出于经济发展的长远考虑与方便公众生活的考量，应该是本案中取消行政处罚的最主要动因。从这些司法实例中可以看出，目前我国的司法者是否能够运用法律智慧应对此类案件所提出的挑战，可以为司法介入新的监管秩序提供

---

① 参见《专车行政诉讼“第一案”济南宣判》，载最高人民法院网：http://www.court.gov.cn/zixun-xiangqing-34232.html，最后访问日期：2017 年 8 月 1 日。

一定保障。当然,不能据此说明我们的司法者都有这样的主观能动性,当部分司法者不具备这样的能力时,就必须考虑到通过指导性案例指导类似案件的审理,这又涉及第二个条件能否成就的问题。

从目前的情况来看,借助司法过程形成的指导性案例,能否有效指导未来互联网金融行业新业态类似判决的形成,仍有一定的难度。最高人民法院虽然确定了法官在后案的类似案件中应当参照指导性案例,但是,规定了指导性案件不能成为法官援引的审判依据,对于不参照指导性案件的情况也没有规定其后果为何。正是这种在指导性案件适用方面制度规定的含混不清,导致了指导性案件在适用中遇到了一系列的困难。这些困难表现在以下方面:首先,法官对指导性案件的态度比较随意,很多法官不重视指导性案件,有些法官甚至认为指导性案件完全没有了解的必要,只有少数的法官坚持要遵循指导性案例。[①] 其次,指导性案件在适用过程中也遇到不少阻碍。因为对指导性案件的重视程度不足,实践中很多案件中,在当事人提出参考指导性案件的情况下,法官才会适用。法官自己主动适用的情况非常少。最后,与指导性案件相类似的案件,没有得到同判的现象也比比皆是。[②] 出现类似问题的主要原因是,最高人民法院对于指导性案件的适用规则作了同质性的规定,没有根据指导性案件的性质做出应有的分类。很多学者已经意识到了这一点,在"两高"发布第一批指导性案件之后,有学者就将这些案件划分为规则创制型、政策宣示型和工作指导型。[③] 还有很多学者认为指导性案件应该划分为释法型、造法型和直接适用型。[④] 不管学者对指导性案件做何种划分,指导性案件的类型化,是保障指导性案件得以正确适用的前提条件,这一条件对于司法有效介入互联网金融行业的监管显得尤为重要。例如,如果指导性案件划分为释法型、造法型和直接适用型,那么鉴于"网贷第一案"法官借助法律适用的方法填补法律空白,作出恰当判决的案例,就应该归于造法型一类,后案的法官必须直接主动援引,并且可以作为裁判依据予以援引。而对于"专车行政诉讼第一案",对于法律条文的含义比较明确或者争议不大,但是,法官在案件裁判过程中,结合该案的具

---

① 参见赵瑞罡、耿协阳:《指导性案例"适用难"的实证研究——以261份裁判文书为分析样本》,载《法学杂志》2016年第3期。

② 参见资琳:《指导性案例同质化处理的困境及突破》,载《法学》2017年第1期。

③ 参见陈兴良:《案例指导制度的规范考察》,载《法学评论》2012年第3期。

④ 参见雷磊:《指导性案例法源地位再反思》,载《中国法学》2015年第3期;张骐:《再论指导性案例效力的性质与保证》,载《法制与社会发展》2013年第1期;瞿灵敏:《指导性案例类型化基础上的"参照"解读》,载《交大法学》2015年第3期。

体法律事实、法律关系、争议焦点等对法律规则的适用进行了合理阐释从而作出判决，应该归为释法型。对于释法型的案件，法官没有主动援引的义务，只能在裁判理由中予以援引。对指导性案件进行这种类型化的划分，才能解决实践中指导性案件司法适用的混乱，这也是促进司法有效介入互联网金融行业监管的有效路径。

机动车无过错保险对驾驶行为之影响

——以美国的历史经验为例

常　鑫*

机动车无过错保险制度的特殊性在于机动车事故侵权人不需要对受害人进行赔偿,而是受害人直接从保险获得赔偿。由于机动车无过错保险削弱了侵权法的遏制功能,因而部分学者认为机动车无过错保险使得驾驶人在驾驶过程中放松警惕,从而引发了更多的交通事故。20世纪70年代以来,机动车无过错保险在美国的历史实践经验表明,机动车无过错保险并未对机动车事故的发生率以及致死率造成影响,机动车无过错保险不会对驾驶人的驾驶行为产生影响。

一、美国机动车无过错保险的实践

机动车无过错保险法律制度较为复杂,在不同国家、不同地区间,其无论是在具体类型上还是实施效果方面均存在诸多不同。20世纪70年代,马萨诸塞州成为全美第一个实施机动车无过错保险的州。自1970年至1976年,全美共有26个州开始实施机动车无过错保险。当前,在美国现行的机动车保险体系,不同的州分为采用侵权法体系和机动车无过错保险两种体系。

---

* 西北政法大学经济法学院讲师,法学博士。

本文是国家社科基金(青年)“诉讼财产保全责任保险制度研究”(16CFX031)的阶段性成果。

在采用机动车无过错保险的各州,机动车无过错保险的具体表现形式也不尽相同。这些不同的州所采用的机动车无过错保险的具体类型也不尽相同,这其中包括了附加式机动车无过错保险、门槛式机动车无过错保险与选择式机动车无过错保险。

与传统侵权模式下的机动车第三者责任保险相比,机动车无过错保险是在处理机动车侵权损害赔偿过程中另一种完全不同的制度体系。第一,侵权模式下的责任保险所保障的对象一般为车外第三人,随着一段时间的发展,车内乘客也逐渐被纳入了责任保险的保障范围;而在机动车无过错保险中,车外第三人、车内乘客以及机动车驾驶人均为被保障的对象。第二,侵权模式下责任保险的法律关系包含了保险人、被保险人以及受害人之间的3方法律关系,在此关系下,被保险人在机动车事故中所承担的侵权责任是保险公司承担赔偿责任的基础;而机动车无过错保险的法律关系仅为保险人与受害人之间的双方法律关系,其在一定程度上废除了侵权责任。① 第三,与侵权模式下的责任保险相比,机动车无过错保险的法律关系被大大简化,因而在此模式下,受害人能够更为及时的获得赔偿,而且理论上认为机动车无过错保险使交易成本大大降低。②

机动车无过错保险的特征具体表现在以下几个方面:第一,法律渊源以州层面的成文法为主。在实施机动车无过错保险的州,有相关法律明确规定交通事故导致的损害赔偿适用无过错保险赔偿制度。尽管在不同的州无过错保险的相关法律的称谓以及表现形式不尽一致,然而在各州涉及无过错保险制度的法律规范均在州法层面以成文法的形式存在。第二,机动车无过错保险属强制保险。即通常情况下在实施机动车无过错保险的州,驾驶人被强制要求投保机动车无过错保险。然而,在机动车无过错保险的发展过程中又出现了一些经过改良的形式,如附加式无过错保险和选择式无过错保险。在实施此类无过错保险的州,驾驶人有一定的自由选择权利,从而决定是否投保附加机动车无过错保险,或放弃机动车无过错保险而选择传统侵权模式下的责任保险。第三,机动车无过错保险的赔偿范围包括医疗费、收入损失、后期理疗费用等。为了避免受害人从人身意外伤害保险、健康保险、劳工赔偿等其他渠道获得重复的赔

① 之所以称为"一定程度的废除",是因为纯粹的机动车无故错保险彻底废除了基于过错的侵权法规则,然而该制度在美国并未实施。而在美国实施的门槛式无故错保险、选择式无过错保险以及附加式无过错保险等形式的无过错保险,都只是在满足一定条件的情况下,受害人能够提起侵权诉讼。

② 实际运行的情况恰恰相反。无过错保险使成本提升,从而增加了机动车的保险费。

偿,无过错保险赔偿的范围被限定为净损失,即被保险人无法从其他途径获得更多的损害赔偿。与传统侵权模式的重要区别在于,机动车无过错保险不支持受害人由身体与精神痛苦所引发的精神损害赔偿。机动车无过错保险的制度设计者认为造成侵权模式下保险费高昂的一个重要原因在于侵权法体系下非财产性损失(Noneconomic Loss)赔偿高昂,因而排除非财产性损失的赔偿能够有效降低无过错保险的保险费。第四,机动车无过错保险赔偿不包含财产损失。针对受害人的财产损失,其可以另行向加害人请求财产损害赔偿。也就是说,机动车无过错保险的赔偿范围仅限于受害人的人身伤害所获得的赔偿。

二、理论假想:机动车无过错保险对侵权法预防功能的遏制

机动车保险在美国出现后,机动车无过错保险对机动车驾驶人驾驶行为的影响是人们非常关注的话题。由于侵权法遏制功能之丧失,因而对无过错保险是否会引发机动车驾驶人产生更多"鲁莽的"(Reckless)驾驶行为,从而增加事故发生的概率并最终使保险费上升是一个被早期学者和制度设计者关注的话题。

在1971年至1976年,全美共计16个州通过了机动车无过错保险改革方案。在这些不同的州,其所采取的机动车无过错保险的形式也各不相同,因而所产生的对于机动车驾驶人的行为之影响也不尽相同。在1971年至1976年,当全美开始大范围讨论是否采用机动车无过错保险时,无过错保险对机动车驾驶人驾驶行为之影响并未引起学者的注意。相反,这个话题是由侵权法领域的学者在谈论侵权法遏制功能时提出来的。人们怀疑机动车无过错保险可能引发鲁莽驾驶行为的原因是,通过该制度机动车驾驶人避免了对事故中受害人的人身伤害赔偿,从而消除了驾驶人过失驾驶行为的负面成本。机动车无过错保险在实际运行中造成了对侵权法遏制功能的损害。通常而言,侵权行为法被认为具有两方面的功能:填补损害(补偿)和预防损害(遏制)(Deterence)。[①] 从民法的发展历史来看,早在罗马法时代,侵权责任法就体现了预防功能。[②] 所谓预防功能,是指侵权法通过规定侵权人应负的民事责任,从而引导人们正确行为,预防和遏制各种损害的发生,保持社会秩序稳定和社会生活和谐。也就是说,当法律规定侵权行为人需要对自己的侵权行为造成的损害后果承担相应责任时,侵权行为人基于对承担相应不利后果的顾忌,会使自己的行为变得更

① 参见王泽鉴:《侵权行为法》,中国政法大学出版社2001年版,第7~10页。

② 参见朱岩:《侵权责任法通论总论》,法律出版社2011年版,第106页。

加小心与谨慎,从而达到避免侵权行为发生的目的。

三、现实中的数据结论:有限的影响

早前有关此问题的实证研究主要集中在无过错保险与机动车事故死亡率方面。早期的研究成果包括,1982 年 Landes 教授得出的结论是,在 1971 年至 1975 年,采用机动车无过错保险的州每年机动车事故死亡率上涨了 10%。[①] 根据其研究显示,自 1991 年至 1995 年,机动车无过错保险使机动车事故的死亡人数额外的增加了 5600 人。该研究的结论使整个 20 世纪 80 年代学者们对于该问题进行了密集的讨论。然而,随后 1986 年 Zador 教授的研究,1985 年 Kochanowski 教授的研究以及 1985 年美国交通部对于该问题的研究却得出了相反的结论。[②] 以上 3 部研究报告得出的结论是机动车无过错保险与交通事故的死亡率并无关联性。事实上,新近越来越多的研究证明,不论是机动车事故的死亡率、事故发生率还是机动车驾驶人的驾驶行为,均与机动车无过错保险无直接联系。

(一)事故发生率的影响不明显

在美国,对于事故发生率的文献非常有限。[③] 这是由于交通事故死亡率方面的统计口径并不相同,因而难以获得不同州之间机动车事故可供分析的具体数据。1988 年美国交通运输部(Department of Transportation, DOT)在全美范围内从警察部门获得了事故数据样本,然而这些数据仍无法反映出全美的整体情况。因为许多的交通事故并未向警察部门报告,这些未被报告的事故则属于那些未造成非常严重后果的事故。国家独立保险人委员会(National Association of Independent Insurers)自 1976 年开始,一直在收集关于财产损害索赔的数据。对于自 1976 年后的每一个州的每一个年度,该委员会均记录了所有发生的有关财产损害索赔的相关数据以及所有生效保单的数据。通过该数据的分析,可以了解在采用无过错保险的州与侵权法规则的州之间机动车事

---

① See Landes E. 1982, "Insurance, Liability, and Accidents: A Theoretical and Empirical Investigation of the Effect of No-fault Accidents", *Journal of Law and Economics*, 25, 1, 49 - 65.

② See Zardor P., and A. Lund, 1986, "Re-Analysis of the Effects of No-Fault Auto Insurance on Fatal Crashes", *The Journal of Risk and Insurance*, 53, 226 - 241. Kochanowski P. and M. Young, 1985, "Deterrence Aspects of No-Fault Automobile Insurance: Some Empirical Findings", *The Journal of Risk and Insurance*, 52, 259 - 288. U. S. Department of Transportation, 1985, Compensating Auto Accident Victims: A Follow-Up Report on No-Fault Auto Insurance Experiences, Washington, DC: U. S. DOT.

③ See Edward L. Lascher, Jr. Michael R. Powers, The Economics and Politics of *Choice No-fault Insurance*, Kluwer Academic Publishers, 2001, p. 124.

故发生率是否存在不同。

根据该委员所提供的数据显示,1976年至1990年,在采用两种不同模式的州中,交通事故的发生率均发生了明显的下降。1976年至1981年,这一数字的下降速度最快,在两类采用不同机动车保险制度的州中,财产损害赔偿的比率下降了大约1/3。具体而言,在采用侵权规则的州中,在1976年每百份生效保单的财产损害发生率为6.5%,而1981年该数字降至4.6%;同时,在采用机动车无过错保险的州中,该数字则从6.4%降至4.4%。因而,与采用侵权规则的州相比,采用机动车无过错保险的州相关财产损害索赔额的比例下降得更为迅速,尽管这种差别是比较细微的。由此可以得出的结论是,机动车无过错保险对于机动车事故发生频率的影响并不明显。

(二)致死事故的影响不明显

在美国各州层面收集到的最为广泛的关于疏忽驾驶行为的数据是来自美国交通部的致死事故报告系统(Fatal Accident Reporting System),该系统记录了自1975年以来美国致命事故的所有数据。① 在这些被记录的数据中,该系统的数据包括了违反交通法规的行为以及驾驶员的过失驾驶行为是如何促使交通事故的发生。这些被记录的指标包括行驶速度、不适当的变道行为、错误的刹车行为、错误的信号灯以及其他的一些过失行为。此外,驾驶员的血液酒精含量也是该系统记录的重要指标。

致死事故报告系统的建立收到了来自各个州的交通部门的支持。这些交通部门收集的有关致死事故的信息源自医疗人员、医疗急救系统以及警方的事故报告。因而,基于这些来自各州交通部门的数据,美国交通运输部能够确保所收集到的信息的准确性,从而掌握每一起致死交通事故的具体情况。当然,能够肯定的是,在采用传统侵权过错原则的州,官方人员对于驾驶人的过失行为更为关注,因为这将直接判断出过错的划分以及交通事故的赔偿费用在各方之间如何分担。当然,这种区分仅限于较小的范围内,因为对于那些严重的交通事故,警方将会进行细致调查以判断其是否涉及刑事犯罪。

自1979年到1994年,该系统的记录变得更为精确。官方详细地记录了每一起交通事故中的每一个涉案车辆以及交通事故中的每一位乘客的情况。在这期间,全美50个州中共有508,773起致死的交通事故案件,共涉及897,985位机动车驾驶人。官方对这些事故进行收集,掌握了疲劳驾驶、酒后驾驶、超

① See "Fatal Accident Reporting System", Accessed Auguest 1st, 2017. https://www.nhtsa.gov/research-data/fatality-analysis-reporting-system-fars.

速、恶劣天气致视线影响等99项相关信息。而这其中，共有26项指标与驾驶员的驾驶疏忽行为有关。最为常见的因素包括了精力分散的驾驶、未能合理保持车距、突然过错的驾驶行为、路权判断错误、未遵守交通信号灯以及超速的行为。然而，依据数据的统计结果显示，在采用两类不同的机动车保险的州中，致死交通事故所占的比重并无明显差别。在采用侵权规则的州，大约58%致死的交通事故中存在驾驶人疏忽的驾驶行为；而在采用无过错保险的州，这一数字为54%。这些数字驳斥了在采用无过错保险的州疏忽驾驶行为引发了更多的交通事故的假设推论。

然而，此种推断可能存在缺陷是，能够影响机动车驾驶人行为的因素中包括了一些特定的事故环境以及驾驶人具备的特征。同时，如若这些外在环境特征进一步影响着美国特定的一个州是否会采用机动车无过错保险，那么以上所得出的结论便还有进一步讨论的空间。这些可能涉及的环境因素主要包括光线、气象条件、年份、月份、道路数量、最高时速限制以及城市与乡村地区的区分等因素。驾驶人的主观方面因素还包括了驾驶人的年龄、性别以及受伤的严重程度等。然而，即使是在考虑了这些主客观因素的情况下，仍能够认为在采用机动车无过错保险的州，机动车驾驶人发生疏忽驾驶行为的概率并不高于传统侵权法规则下的州的情况。然而，研究也发现了许多影响因素每一年所产生的作用会发生很大的变化，甚至高达30%的波动。对此现象的一个重要的解释是，各州的相关部门收到来自上级机关要求记录驾驶人疏忽驾驶行为的命令并不相同，即上一级行政机关在每一年度对该问题的重视程度并不一致。

四、影响驾驶人行为因素的分析

本部分试图从多角度进行论证，从而说明两种不同的保险制度模式下，机动车驾驶人的驾驶行为并无明显差异。

（一）非财产性因素

在无过错保险与侵权模式下的责任保险中，机动车驾驶人谨慎驾驶的动机应当是一致的，即均为避免受到由自身驾驶行为导致的人身伤害，同时避免遭受因违反交通事故受到相应的处罚。可以想象，当一个机动车驾驶人在进入车辆打开引擎时是如何决定自己驾驶过程中投入多大程度的谨慎注意义务的。非财产性因素涉及机动车驾驶人在驾驶过程中所考虑到的自身安全问题以及时间成本。首先可以肯定的是，在机动车事故发生后，无论过错在哪一方，事故涉及的各方当事人均会因此而消耗一定的时间。因而，无论何方过错以及最终责任由哪一方承担，通常在时间成本的作用下，交通活动中任何一位参与者都会尽可能地避免交通事故的发生。因为交通活动参与者均持有及时、安全到达目的地的心态。在安全因素方面,机动车驾驶属于危险性较高的活动。在高速行驶的过程中,一旦发生事故,无论任何一方的过错,任何一方参与者均有可能受到人身伤害之威胁。这种安全因素与任何一方过错与否以及究竟哪一方承担最终赔偿的责任并无关系。因而,即使从个人安全因素考虑,机动车驾驶人无论在采用侵权模式的州或无过错保险的州,通常情况下均会尽可能避免事故的发生。因此,无论考虑到时间成本消耗还是基于个人安全考虑,通常情况下,机动车驾驶人均会尽可能谨慎驾驶。

(二)经济因素

能够决定机动车驾驶人谨慎程度的经济性因素具体包括以下3个方面:首先,机动车驾驶人可能会发生由于自己的过错所产生相应的经济费用;其次,机动车驾驶人可能由于第三人的过错产生相应的经济费用;最后,发生事故后,由于机动车驾驶人的过错而使未来保险费率提升。而在以上所发生的各种经济费用中,又具体包括财产损失费、人身伤害赔偿费、误工费以及精神损害赔偿等。这些赔偿费用无论发生在侵权体系下的责任保险中,还是发生在无过错保险下,均能得到来自保险的赔偿。因而,在这两种不同的体系下并不存在绝对明显的差异。

然而,这其中所存在的细微差别值得进一步的讨论。在传统侵权模式下,机车驾驶人是否购买保险通常是自愿选择的结果而非具有强制性的。然而,在采取机动车无过错保险的州内,购买无过错保险是被强制要求的,即机动车驾驶人必须投保无过错保险,从而使其在事故发生时,无论过错与否均可获得相应的经济赔偿。因而,人们可能会提出的假设预判是,在采用无过错保险的州,机动车驾驶人可能引发一定的道德风险而放松谨慎驾驶义务,因为其个人的经济损失一定能够在赔偿范围内由保险负担;相反,在侵权法体系下,驾驶人并不一定购买机动车责任保险。然而,这样的预判假设忽视的现实是,越来越多地采用传统侵权法规则的州,也纷纷开始采用强制第三者责任保险的模式。① 也就是说,即使是在适用侵权法体系的州,也在一定赔偿限度内采用强制保险的措施。因而,在两种不同的体系之下,保险对机动车驾驶人渗透率的差异在变小,因而这样的差异对机动车驾驶人的驾驶行为是几乎没有影响的。

① See "Understanding Minimum Car Insurance Requirements", Accessed June 1st, 2017. https://www.thebalance.com/understanding-minimum-car-insurance-requirements-2645473.

(三)非经济损失(Non-economics Damages)因素

非经济损失是指对于受害者遭受的主观、非物质的损失,如受害人在事故中遭受的疼痛、痛苦、不便、情感挫折以及在生活中因侵权行为造成的生活丧失快乐等。在机动车无过错保险制度中,除非所发生的事故造成了非常严重的损失,受害人应当放弃侵权诉讼的权利。与此同时,受害人将迅速获得医疗费用、误工费以及其他经济损害赔偿。然而,包括精神损害赔偿在内的非经济损害赔偿则不被机动车无过错保险支持。

在采用机动车无过错保险的州,机动车驾驶人并无赔偿非经济损失的压力,因而这将成为引发其放松谨慎驾驶的一种可能。这种观点流行的原因在于最初机动车无过错保险的设计者认为,无过错保险能够降低成本的重要原因是在该制度中,并不支持对于非经济损失(Non-Economic Damages)的赔偿。特别是在那些实施纯粹的机动车无过错保险制度(Pure No-fault)的国家和地区,侵权人受到来自非经济损失的赔偿压力远小于那些实施侵权法规则的国家和地区。然而,上述观点并不可靠。首先,目前美国各州所实施的机动车无过错保险对于非经济损失的赔偿均留有一定的空间。例如,许多州都规定了在受害人遭受永久性伤残以及非常严重的伤害之时,受害人有权利获得非经济损害赔偿。其次,受害人实际能够获得的非经济损害赔偿非常有限。最后,通过诉讼受害人最终获得的赔偿数额能够超过人身伤害保险额度的可能性非常低。因此,可以得出的推论是非经济损失赔偿对于机动车驾驶人的驾驶行为的影响是很有限的。

通过具体的数字分析,无过错保险对于非经济损害赔偿的影响能够更清楚地呈现。根据保险研究委员会(Insurance Research Council)以及 State Farm 保险公司收集的数据显示,①在 1977 年全美大约有 17% 的无过错保险超过了门槛式无过错保险的门槛(tort threshold),即在此种情况下,即使在无过错保险项下,受害人仍然能够要求获得非经济损害赔偿;然而,在 1997 年这一数字为 29%。同样在 1997 年这一年中,夏威夷州能够提起非经济损害赔偿的案件占所有案件比重的 3%,而在佛罗里达州这一数字为 31%。时至 1997 年,这一数字在密歇根州增长至 15%,而在马萨诸塞州的数字增到了 52%。这样的变化明显反映出了在这段时期门槛式无过错保险对于抵挡减少非经济损害赔偿的作用正在逐渐衰退。因此,尽管在采用无过错保险的州,该制度设计的目的在

---

① See "Insurance Research Council", Accessed June 1st, 2017. http://www.insurance-research.org/research-publications? page =3.

于阻止受害人获得非经济损害赔偿,然而机动车驾驶人仍有可能面临遭受非经济损害赔偿索赔要求的风险。

五、结语

采用机动车无过错保险并不会引发机动车驾驶人的疏忽驾驶行为。通过对来自美国交通部的致死事故报告系统(Fatal Accident Reporting System)提供的数据进行分析,采用机动车无过错保险反而能够降低交通事故的发生概率。笔者认为,对于谨慎驾驶机动车的最大动因来自驾驶人的自我保护意识,这种人们自我保护的本能想法与实施哪一种侵权法律制度或保险赔偿制度并没有关系。通过机动车无过错保险在美国的历史实践经验表明,机动车无过错保险并未明显影响驾驶人的驾驶行为方式,即未产生早期反对者设想的道德风险。

环境保护基金法律制度研究

——以美国超级基金法为视角

韩利琳[*]　齐婧茹[**]

2002年11月23日在天津大沽口东部海域,马耳他籍油轮“塔斯曼海”载8万吨石油,与我国大连装载7000多吨石油的“顺凯一号”发生碰撞,导致“塔斯曼海”装载的石油发生泄漏,造成长2.5海里、宽1.4海里的溢油漂流带。① 2002年12月26日,天津市海洋局以英菲尼特航运有限公司及其保险人伦敦汽船船东互保协会作为被告,向天津海事法院提起诉讼,②要求两被告赔偿海洋环境容量、海洋生态服务功能损失、海洋相关恢复费用、研究费用和监测评估费用等。③ 天津海事法院公开审理此案后,判定两被告赔偿原告海洋环境容量损失750.58万元,调查、监测、评估费及生物研究经费245.23万元,共计995.81万元。④ 这是我国在1992年加入《设立国际油污损害赔偿基金公约》(以下

* 西北政法大学教授、硕士研究生导师,博士。

** 西北政法大学2014级环境资源法硕士研究生。

① 参见竺效:《论在“国际油污民事责任公约”和“国际油污基金公约”框架下的生态损害赔偿》,载《政治与法律》2006年第2期。

② 参见《我国首例海洋生态环境污损索赔开庭》,载《中国海洋报》2004年6月5日,第1版。

③ 参见天津海事法院(2003)津海法事初字第183号民事判决书。

④ 参见《“塔斯曼海”案一审判决》,载《中国海洋报》2004年12月31日,第1版。

简称《基金公约》)后发生的第一起案件。《基金公约》中,对于治污的海洋环境的容量损害、海洋环境生物修复研究费用以及相关的调查、监测和评估的费用,作为生态损害或者环境损害的部分,环境责任人也应当承担责任,而不仅仅是单纯对人身损害和财产损害的赔偿。在国际环境保护领域上,该《基金公约》取得了跨越式的发展,对各国环境侵权的案件也有一定的参考意义。

环境损害意味着环境生态系统结构、功能和内外部关系的损害,是传统的损害赔偿机制解决不了的,应该采取切实可行的措施对受到损害的生态系统的功能和结构进行修复,对受到破坏的生态系统内外关系进行恢复。① 重视环境损害,关注环境保护是规避环境风险的应有之义。

一、环境保护基金法律制度基本内涵分析

1. 环境保护基金法律制度的基本含义

我国法律上没有给出环境保护基金的定义,杨正学认为在经济有效的基础上集中控制和处理污染物,可以采取环境保护基金的方式。② 李灿认为,环境保护基金的资金来源政府拨款或排污费,用于保护和改善环境,防治污染和公害。③ 逯元堂、吴舜泽、陈鹏等人则认为环境保护基金根据资金来源及是否具有强制性,可以分为专项基金和公益基金,专项基金以污染者付费为依据,主要是税收或收费,用于专项用途;公益基金则以捐款为主,且资金的连续性和稳定性不足,但是具有公益性质。④

我国学术界在一定程度上认为环境保护基金就是承接和发展了环境保护专项基金。本文认为,环境保护基金是为了保障公众健康,提高环境质量而建立起来的,由政府财政拨款、排污收费、资源税、环境税、社会组织和个人捐赠等资金构成,主要使用范围是污染的预防和治理,发展环境保护科技,促进环境教育等方面,具有完善的运行机制的专门资金。

环境保护基金法律制度则是指以法律的形式,对环境保护基金的设立、运行、资金管理和监督管理等作出的系统的法律规制系统,是明确环境保护基金的性质、设立目的以及法律定位的规定。从形式上来看,它应该是环境保护基金的法制化。从内容上来看,它是关于环境保护基金在成立和使用过程中发生

① 参见李挚萍:《环境修复法律制度探析》,载《法学评论》2013年第2期。

② 参见杨正学:《建立环境保护基金 推进污染集中控制》,载《中国环境管理》1989年第10期。

③ 参见李灿:《中美环境保护基金制度比较》,载《绿叶》2007年第10期。

④ 参见逯元堂、吴舜泽、陈鹏:《环境保护基金特征及构建思路研究》,载《生态经济》2015年第9期。

的特定社会关系而形成的法律制度。

2. 环境保护基金法律制度的功能

(1)外部性的经济诱因使环境保护基金法律制度有经济刺激的功能

在经济学家看来,环境污染等环境问题就是经济问题。生产经营者在成本构成中没有消费环境的成本,但致污企业却获得了收益,若是在企业生产成本中加上环境损害部分,那么企业就会为了追求经济效益,改进生产技术或者购进污染低的生产设备而减少环境污染。

再如植树造林、改善环境质量的组织和个人,对公众来说,带来正的外部效益,但是并没有为自己带来更多的经济效益。对于制造外部效益的生产者来说,基于利益驱动,其会认为该行为是不经济的,不再继续带来外部效益。所以,环境保护基金法就应该基于产生外部效益的生产者以一定的补贴,使其更愿意继续产生环境效益。

(2)环境责任社会化的有效途径

第一,政府环境责任的社会化。

公共物品的免费享有且不会带来直接经济利益,政府一定是公共物品的提供者和维护者,而且要保障环境质量。这时环境保护基金就成为政府环境保护责任社会化的一种有效途径,是社会化政府环境责任的一项最优选择。吸收大量的社会资本和政府拨款,以雄厚的资金保障环境治理和环境保护,提供优质的自然环境。

第二,责任主体在特定情形下治理环境污染责任的社会化。

以侵权的角度来看污染行为,就不难理解其实际上就是环境侵权的行为。不过,环境侵权不仅包括环境对人身财产的损害,还有对自然环境的污染和破坏。而在没有责任主体和责任主体没有能力治理环境污染的情况下,环境保护基金法律制度以一种更及时的方式赔偿损失和治理污染,是替污染企业承担环境责任的法律制度,而环境保护基金的资金多数来源于税收或者财政拨款以及社会捐助,由此看来,环境保护基金法律制度就是以社会的资金力量来承担污染企业的环境法律责任。

二、我国环境保护基金制度的立法现状分析

(一)环境保护基金制度的法律现状分析

1. 环境保护基本法中没有环境保护基金制度的内容

作为我国环境基本法的《环境保护法》中没有关于环境保护基金的内容,而民间的环境保护的公益性基金也是在摸索中前进,没有法律的支持和指导,

也就没有法律的规制和约束,对环境保护基金制度的蓬勃发展是一种限制。例如,美国《超级基金法》以法律的形式确定了超级基金的法律地位,荷兰《环境管理法》设立了空气污染基金会,在国家的基本法中建立并规制环境保护基金会。

2. 缺少环境保护基金制度的单行法

目前我国没有环境保护基金制度的单行法,仅在《排污费征收使用管理条例》有环境保护专项基金的表述。美国《清洁水法》建立了清洁水州立滚动基金,用于水质保护项目和水污染处理项目的贷款,《安全饮用水法案》修正案,在1997年正式设立州饮用水周转基金,帮助州和地方改善饮用水供水系统的基础设施。

3. 关于环境保护基金制度的地方性政府规章少,停留在尝试阶段

1990年6月19日《沈阳市环境保护基金管理办法》和1996年4月1日《武汉市环境保护基金管理办法》是我国环境保护基金制度的地方性政府规章,修订时间比较早,不能适应现在环境保护的状况。2010年湖南财政厅和省环保厅共同修订的《湖南省环境保护专项资金管理办法》,是我国现行比较有借鉴意义的地方规章。

(二)环境保护基金制度运行过程中存在的问题

运行是一个动态的过程,环境保护基金制度是一个规制体系,好比一个零件完善的机械,在运转过程中,在实现产出时要达到的预期效果,但是若哪一个零件或螺栓出现问题,就会导致整个机械功能的丧失。环境保护专项基金制度相较发达国家还存在很多问题,而且目前也只是处于研究和基础发展阶段,我国这个庞大而又要五脏俱全的"机械"要想完整而不出任何故障地运行起来,我们还要解决很多问题。

1. 资金来源渠道窄且资金少

中华环境保护基金会的资金来源主要是国内外的慈善机构、社会团体和个人的捐赠,而在污染治理这个大命题之下,这也只是杯水车薪,加之公益性的基金不能从事营利性的经营,这对于需求量大的环境问题来说并非易事,所以中华环境保护基金会只能扶持资金需求量相对较小的项目。

环境保护专项基金自诞生之时,就是法定设立的环境保护基金,它的资金来源主要是国家征收的超标排污费中提取的部分,历年排污费中未使用的部分和基金贷款产生的利息、滞纳金和挪用贷款的罚息支付银行手续费之后的剩余

部分。①

所以,无论是公益团体在环境保护基金所做的积极努力,还是我国法定的环境保护专项基金,都存在资金来源渠道不多、资金不足的问题。

2. 环境保护基金使用范围较小

我国法律规定,环境保护专项资金主要用于重点污染源防治、区域性污染防治、污染防治新技术、新工艺的开发、示范和应用等的拨款补助或者贷款贴息。可见,我国环境保护基金的重点只是在环境污染的治理,而且对于污染治理的使用范围没有明确具体的法律规定和细化。

3. 缺少有效管理监督机制

我国法律要求对全社会公开基金会财务状况。县级以上人民政府财政部门、环境保护行政主管部门管理和监督对资金的使用。公益事业受赠的财产及其增值为社会公共财产。公益性的环境保护基金是社会公共财产,那么就应当有社会公众的共同监督。但是,实际上,社会公众的监督管理在环境保护基金制度的运行中是不存在的,没有公众的意见和反馈信息。

三、美国《超级基金法》中主要内容考察

美国国会在 1980 年 12 月 11 日通过《综合环境反应、赔偿与责任法》,以期通过立法来弥补《资源保护和回收法》(Resource Conservation and Recovery Act, RCRA)对已经形成的危险废物场所应由谁负责治理、如何治理、由谁承担费用等问题未作规定的缺憾。这部法律是美国超级基金诞生的起始,随着对该法律的不断修订,如 1986 年的《超级基金修正与在授权法》《公众环境应对促进法》以及《超级基金回收平衡法》,紧跟需要解决的环境问题和超级基金制度的运行中的问题的完善而完善,形成在世界环境保护领域都有借鉴意义的美国超级基金制度。

(一)美国超级基金制度

1. 资金来源

根据《综合环境反应、赔偿和责任法》的规定,超级基金的资金来源主要是对石油和 42 种化工原料征收的专门税,还有授权期限为 5 年的联邦财政的常规拨款,每一个财政年度拨款 4400 万美元。②

---

① 参见黄真:《环境保护基金制度基本法律问题初探》,中国政法大学民商经济法学院 2013 年硕士学位论文。

② TITLE26, Subtitle D, CHAPTER 38, Subchapter A, Sec. 4611 of Internal Revenue Code.

1986 年提高了石油税,增加两项新的税收:一项是对 50 种化学衍生物征税;另一项是对年收入在 200 万元以上的公司所征收的环境税。[①] 在该 5 年的授权期限内,联邦财政还拨款 2.5 亿美元。《综合财政协调法》延展了上一个 5 年的授权期限,1995 年以后,由于没有新的税收来源,主要是联邦财政的常规拨款和对潜在责任方的追溯的费用、基金利息以及罚款所得。

综上所述,危险物质超级基金的资金来源主要是以下 5 个途径:原料税、环境税、联邦财政的常规拨款、对危险物品和污染场地的潜在责任人追回的费用、基金利息、对不愿承担场地治理但有治理责任的公司和个人的罚款以及一些投资收入等。[②]

2. 基金使用范围

《超级基金法》对超级基金的使用范围作了详细的规定,大体上有以下几种分类:[③]

第一,政府采取的对危险物质修复活动所需要的费用;第二,任何人因执行《国家应急计划》的必要行动而提出的补偿请求;第三,针对危险物质释放所作出的一系列调查研究费用;第四,通过其他行政和诉讼方式,申请人依然无法从责任方处得到修复费用的,自然资源损害需要补偿费用以及行政费用、司法费用和律师费。

(二)环境责任承担制度

1. 潜在责任人

《超级基金法》第 107 条第(a)款把潜在责任人分为以下 4 类:[④]

一是船舶或设施的当前所有人和经营人。若船舶释放危险物质,则责任主体是船舶的所有人和经营人,设施发生危险物质释放情况的,则设施当前的所有人和经营人,以及处置危险物质期间的所有人和经营人也是责任主体。

二是危险物质处置安排人和危险物质产生人。处置安排人是指通过协议的方式,将本人或他人所有或占有的危险废物交由拥有处置设施的他人处理的人。这类责任主体的成立必须以行为人的主观意图来辨别危险物质和有用产品的交易,如果合同的标的是有用产品,则不成立处置危险物品的责任。

---

① TITLE26, Subtitle A, CHAPTER 1, Subchapter A, PART Ⅶ, Sec. 59A.

② U. S. Congressional Budget Office. Analyzing the duration of cleanup at site on superfund's national priorities list, Washington DC: U. S Congressional Budget Office. 1994 [2016 - 12 - 28]. http://www.cbo.gov/ftp docs/48xx/doc4889/doc14.pdf.

③ Section 111(a) of CERCLA.

④ Section 107(a) of CERCLA.

危险物质产生人相当于所有人,该产生人始终是危险物质的责任人,并适用严格的归责原则。

三是处置危险物质的运输人。运输人是否选择危险废物处置的地点是运输人能否成为责任主体的主要判断依据。该运输人已经明确选定了处置场所是承担超级基金法责任的前提和必要条件。①

四是与公司承担连带责任的股东和经营管理人。若公司是超级基金法中的责任主体,而公司又不足以支付反应行动费用时,股东、高级管理人和子公司都有可能成为涉案公司的连带责任主体,但前提是对危险物质处置具有并且行使控制权。

2. 归责原则

(1)超级基金法归责原则适用严格责任

在《超级基金法》中并未直接写入严格责任,而是规定该法框架下的"责任"采用《清洁水法》第311条中的责任标准。② 而在《清洁水法》第311条确实为严格责任,而且在《超级基金法》生效之际,已经有司法判例支持《清洁水法》的严格责任。③ 严格责任一个被广泛接受的概念是,"其成立并不考虑行为人行为时的主观状态,即使已经最大程度尽到注意义务,也要承担责任"。④ 相当于大陆法系的无过错责任。

(2)超级基金法下严格责任的构成要件

船舶或者设施的所有人和经营人适用严格责任,即只要有损害行为、损害结果、行为与结果之间有因果关系即可成为责任主体,承担责任。但对于运输人的因果关系这个构成要件的标准却不一样,还要求有选择处置地点这一要件方可成立。

3. 免责事由

(1)超级基金法下一般的免责事由

《超级基金法》规定,若有优势证据证明,危险物质的释放或释放威胁由以下3种原因所致,则潜在责任人不需要承担责任:不可抗力、战争以及第三人行

---

① 参见李冬梅:《美国〈综合环境反应、赔偿和责任法〉上的环境民事责任研究》,吉林大学民商法学2008年博士学位论文。

② 参见《超级基金法》第101条第(32)款。

③ 参见贾峰:《美国超级基金法研究——历史遗留污染问题的美国解决之道》,中国环境出版社2015年版,第20页。

④ W. Page Keenton ET AL., *Prosser & Keeton on the Law of Torts* 75, at 534(5th ed. 1984).

为。① 此处的第三人指的是被告的雇员、代理人之外的第三人或与被告没有直接或间接关系合同关系的第三人的作为或不作为。如若被告更以优势证据证明其对有关的危险物质尽到合理注意义务,根据特定环境和事实考虑了该危险物质的特性且对可预见的第三人的作为、不作为以及可能产生的可预期后果采取了预防措施。

(2)修正案中的免责条款

但是为了转变超级基金法中严苛的责任,确定谁是污染者,谁应该承担处理潜在危险物质成为《超级基金法》一个新命题。② 1986 年之后的修正案中增加的免责事由有以下几种:

第一,善意所有人的抗辩和善意潜在购买人的责任免除。土地所有人在危险物质处理之后,或处置之后获得设施的所有权,且满足下列条件之一的,善意所有人的抗辩成立:其一,取得土地时不知或无理由知道该地已然存在污染;其二,被告是政府机构,并通过没收、强制转让或者征收征用等手段获得所有权的;其三,因赠予或继承而得到的所有权。

善意潜在购买人责任免除的条款。在 2002 年 1 月 11 日之后取得所有权的购买人满足以下条件,成立抗辩:其一,获得所有权是在设施上已经处理过危险物质之后;其二,在进行全部适当的调查之后才购买的设施,对危险物质尽到法律上的注意义务,并提供合理的措施防止危险物质释放,防止不利影响,按照设施的一般用途使用;其三,与相关部门合作,采取反应措施,遵循法律对土地使用的规定;其四,该购买人与潜在责任人没有法律关系。

第二,城镇固体废物产生人的责任免除。在潜在责任的书面通知发出前的 3 个纳税年度之内的企业实体,所产生的城镇固体废物都归因于该企业实体的。非营利组织在一个纳税年度之内,雇佣有薪人数不多于 100 人的地点所产生的城镇固体归因于本组织的可以免责。另外,对于住宅房地产的所有人、经营人、承租人,与该设施有关的全部城镇固体都产生于该住宅房产的予以免责。

第三,毗邻不动产所有人的责任免除。首先做到没有引起、促进和同意危险物质的释放,其次采取合理的措施阻止危险物质的释放,同时也向反映活动提供支持、协助与合作。

第四,回收利用行为的抗辩是为了鼓励回收利用,减少废物产生,《超级基

① Section 107(b) of CERCLA.

② See Mark Haggerty and Stephanie A. Welcomer, "Superfund: The Ascendance of Enabling Myths", *Journal of Economic Issues*, 2003(2): 451 - 459.

金回收平衡法》为"安排人"和"运输人"增加的抗辩条款。只要回收物质符合特定商品特征,该物质的重要成分可以再利用或者可以再次作为商品出售,或者可做替代性原料,并有回收市场,符合法律规定、环境标准和命令,在特定的场所进行,注意合理义务即可实现抗辩。

第五,微量豁免,即轻微责任方的免责。① 这是指免除虽给国家优先名录上的场地造成污染,但污染责任极其轻微的污染者偿付反映费用的责任。适用该豁免条款的行为须向国家环保局证明污染行为发生在 2001 年 4 月 1 日之前,危险物质的液态总量少于 110 加仑,固态物质少于 200 磅或少于法律规定的其他标准。②

四、完善我国环境保护基金法律制度的建议

(一)美国《超级基金法》对完善我国环境保护基金法律的启示

超级基金制度产生所依托的法律法规和修正案以及相关法律补充都是美国超级基金制度的灵魂,超级基金制度为修复场地和消除危险物质做出的贡献是超级基金制度的血肉。超级基金法律制度在《超级基金法》之下成立,在《超级基金修正与再授权法》中发展,在《小规模企业责任减轻和棕色地块振兴法》中逐渐完善,法律在一项法律制度的产生和发展中的指导意义之大,而我国在建立和完善环境保护基金法律制度的现实需要的情况下,显得更加迫在眉睫。

1. 制定环境保护基金制度的单行法

首先,制定单行环境保护基金法符合我国实际情况。新修订的《环境保护法》《国家突发环境案件应急预案》以及 2018 年才开始施行的"费改税"的《环境税法》都没有把环境保护基金写入其中,环境保护基金法律制度又需要法律规制,所以环境保护基金单行法更符合实际情况。

其次,我国环境保护基金单行法制定的时机已到。《污染源治理专项基金有偿使用暂行办法》以及现行的武汉、沈阳等各地方的环境保护基金的政府规章,这些都有关于环境保护基金法的先行性实验。在这些经验的积累和实践的检验下,制定一项适用于全国的环境保护基金的法律的时机已经成熟。

最后,我国环境保护基金需要环境保护基金法。民间的环境保护基金会是基金会的一个分支,适用法律一直是《信托法》或者民法,适用这些法律并不是最符合环境保护基金会的管理模式,所以制定环境保护基金单行法,是为完善

① Section 107(o) of CERCLA.

② 参见《美国联邦法典》第 42 卷第 9607 节第(O)款第(1)(A)项。

政府环境保护基金的表现。

2. 地方政府可以根据地方情况出台地方性政府规章

没有环境保护基金相关的政府规章或地方法规的省市可以直接适用环境保护基金单行法,对于特殊环境地区,如生态功能区、生态环境敏感区和生态环境脆弱区等地方政府可以根据实际情况和恢复计划,制定与环境保护基金单行法相配套的地方法律、法规。

已有环境保护基金相关法律法规的武汉、沈阳等地方可以修改原法律法规文件,以期解决实际问题。

(二)明确我国环境保护基金的管理主体

1. 管理主体

美国国家环保局独立管理超级基金,不仅不能聚合行政资源,而且是非专业基金管理模式,难免会问题频现,结合到我国的实际情况,可以设立专门的、不负有行政或政治职能的国家机关或政治组织,成为环境保护基金管理机构。[①] 高度专业的基金管理机构,相对独立于环保部,可以保证环境保护基金的高效运行。但其也要受到环保部的指导和监督,达到环境保护和污染修复的目的。

2. 监督主体

首先,环保部监督环境保护基金管理机构。环保部直接领导该基金管理机构,对于环境保护基金管理机构的资金运行情况以及环境问题的处理上都有监督管理的责任。其次,在环境保护基金管理机构内部,也应当设立监督管理部门。对于一般行政事务或者资金用途做好备案和管理工作,与环保部的监管部门直接对口,受其监督,向其报告,对其负责。最后,是加强社会监督。作为公共环境的"所有权人",是环境执法的有力监督者。[②]

(三)拓宽我国环境保护基金的资金来源渠道

1. 把环境税的一部分资金纳入环境保护基金中

企业、事业单位和其他经营者造成大气、水、固体废弃物和噪声污染是环境税收取的依据。排污多少决定税收多少,以源头刺激排污单位少排污。在排污费的收取中就有给环境保护专项基金的投入,环境税更应该秉承排污费用于保护环境的初衷,把环境税再次作为环境保护基金也是应有之义。

---

① 王小飞:《长株谭实验区环境损害赔偿制度探析》,载《云梦学刊》2011年第4期。

② 孙熹、李凤:《环境法中的NGOs制度探析》,载《科协论坛》2007年第4期。

2. 政府财政的投入

在美国超级基金后期的持续运行的主要资金来源便是政府财政的财政投入，我国2015年环境污染治理投资8806.3亿元，占国内生产总值为1.28%，2014年环境污染治理总额9575.5亿元，占国民生产总值为1.49%，[①]总体来说，我国在环境污染治理的投入还是比较少的，在污染情况日益严重的情况下，财政的大力资金注入是义不容辞的。

3. 低风险的金融产品扩充环境保护基金的资金

在保证基金可持续使用的前提下，将部分基金交由专业的投资机构，进行风险较低的投资，能扩充环境保护基金的资金量。比如购买风险较低的国债或者政府债券，政府得大力支持和推广投资风险小、有收益的、发展前景好的环保项目。另外，发行环保彩票业是一种"集资"的不错方式，向社会发行环境彩票不仅可以将环保彩票筹集的资金投入环境修复的项目中，而且可以向公众宣传低碳理念，提高公民的环境保护意识。

4. 鼓励民间资本为环境保护基金捐款

随着我国公民、企业、社会团体等主体的环境保护意识逐渐增强，社会责任意识提高，环境公益事业在民间不断发展壮大。中国第一个专门从事环境保护的公益基金就是中华环保基金会，在资助环保项目、开展环境项目等方面做出了卓越贡献。民间公益的环境保护基金也正在成长为一支环境保护的新生力量。我们应该鼓励所有热心环保公益事业的人力、财力、物力都能加入环境保护的行列。

（四）扩大我国环境保护基金的使用范围

在探索我国的环境保护基金的支付范围时，应该在吸收、借鉴美国超级基金支付范围的经验上，妥善安排资金的使用范围。这里的基金适用范围也应当针对无责任人或责任人没有能力解决环境问题的先行支付，并保留后期对责任人的追偿。

1. 治理污染的费用支出

环境保护基金的首要用途就是对污染治理和恢复支付费用。我国也可以依据法律制定我国的国家优先名录，按照环境污染的程度不同，划档分层，优先治理优先名录上的环境问题。

对于不可抗力引起的环境污染事件，有毒有害物质泄漏的紧急环境问题，造成人身和财产损害时，环境保护基金应该发挥作用，在控制危险物质之后，通

① 参见《2016年中国统计年鉴》。

过后期调查确定环境损害的责任方,由责任方来承担损害后果的法律责任。由于战争或者自然灾害等不可抗力导致突发环境事件,《基金公约》为油污损害设定了赔偿的总数金额不超过4.5亿法郎,我国在环境保护基金中对于不可抗力造成损害的也可以设定一个赔偿数额的区间。

2. 对自然资源的评估和修复费用

美国超级基金的适用范围之一是危险物质释放对自然资源破坏的恢复到未破坏之前或相当于未破坏之前的费用,但在《超级基金法》之前已经造成破坏的不予适用。在我国环境保护基金适用范围之内,也应该有自然资源保护和修复的功能。

在评估自然资源长期或短期的损失时,需要生态损害评估鉴定的专业人员和专业技术的支持,这笔费用当然也由环境保护基金予以支持。恢复环境功能和鉴定自然资源受到损害的损害评估,也应当由环境保护基金全部负责。

3. 对人身损害的赔偿费用和环保技术发展的投资费用

在超级基金制度中,在日本的公害健康损害协会中,都有关于对人体健康损害的支出,主要是用于补偿健康受到损害,不能满足生活需要或者帮助减轻污染对健康的损害而存在的。

美国超级基金重视先进的环保科技的发展,支持环保的替代技术的发展,用于和鼓励清洁技术的研发。在德国联邦环境基金中更是鼓励和支持国家计划以外的环境技术的进步,还有我国台湾地区的花莲县环境保护基金主要是用于辅助及执行各项污染改善、防治技术的研究发展。所以我国环境保护基金要在治理污染的同时,支持绿色技术的研发,早日从源头上减少污染,走绿色发展道路。

(五)建立符合我国国情的环境保护基金责任承担机制

1. 确定潜在责任主体

可以借鉴美国经验,我国在环境保护基金制度建立之初,应该采用宽严相济的方式确定责任主体。

第一,现在的所有者和经营者在调查之后并未发现污染的,在善意购买的情况下不是责任主体。责任的承担必然要求损害结果的存在,所以污染场地、设施现在的、善意的所有人和经营人不应该成为环境保护基金法律制度之下的责任主体。

第二,场地、设施被污染的所有人和使用者。但这里的责任承担主体之所以应当负责,主要是由于该主体就是实际的污染者。如果该责任主体是企业公司等法人单位,则当其若造成环境污染时,即使该企业发生过变更、终止等法定变更,也同样要承担环境责任,不能因此免除其在此之前对环境的损害责任。

第三,在特定条件下,污染环境的危险物质处置的安排人和运输人应当承担环境责任。如果处置安排人采用倾倒或焚烧的处置方式,以获得高昂的佣金和政府政策的倾斜,那么该安排人必须得到法律的制裁,承担支付高额的环境恢复资金等环境责任。

对于运输者这个特殊的主体,我们可以适用美国对该主体的做法,运输人的行为对环境造成损害的程度较小,对运输人的责任要求较轻,也是符合行为后果和责任大小相适应的责任要求的。

2. 适用归责原则

首先,适用严格责任。对环境污染的责任就应该采取无过错责任,理由如下:第一,环境污染容易,恢复难,预防环境污染的成本远远小于治理环境污染所耗费的人力、物力,严格责任可以引导人们从源头上控制污染;第二,恢复环境功能耗费大量的人力、物力,如果没有责任人来承担责任,而要环境保护基金来独自承担众多的类似项目是不现实的;第三,危险物质释放对环境的严重损害并不是经常发生,对于偶发性的严重污染适用严格责任,可以让相关工业企业注重环境责任,谨慎管理,环境修复的资金可以得到有效保证,也不会对所有经营者过于严苛。

其次,两个或两个以上的责任主体,责任不能按比例明确的,承担连带责任。这种适用情形的目的是保护原告的利益,避免因为某些被告人无偿还能力而使原告得不到补偿的情况发生,也能解决被害人提起诉讼时的举证难题。①

最后,有条件地适用追溯责任。作为原则的例外,溯及既往原则可以强调和保障国家利益、公众利益,与强化国家社会管理和经济调控职能的政策相协调。② 采用溯及既往的法律责任就是考虑到违法行为在法律实行之前,而污染后果表现在法律实行之后。对在环境保护基金法律法规出现之前的严重危害环境和公共健康的行为,我国的环境相关法律可以追责。但是应该考虑合理的情况,不能对所有的主体都提起诉讼要求承担环境修复责任。因此,溯及既往的责任是针对环境污染的特性而使用的一种追责手段,而非用来确定所有所有权者的环境法律责任。

---

① 参见张铁薇:《共同侵权制度研究》,法律出版社2007年版,第246~254页。

② 参见杨登峰:《何为法的溯及既往——在事实或其效果持续过程中法的变更与适用》,载《中外法学》2007年第10期。

3.赔偿的责任范围

首先,应当承担治理前的调查评估费用。危险物质释放导致的环境污染在修复治理前都需要鉴定污染的成分和治理方案的评估。其次,承担治理修复措施所产生的费用。环境修复措施可以由有修复技术的机构或者企业采取,所产生的费用应一律由责任方承担。再次,因为污染行为或危险物质释放造成的人身和财产损失也应当有责任主体承担赔偿责任。最后,对自然资源损害的损失和环境保护基金管理机构解决该项环境修复项目所产生的行政费用,后期维护修复设施正常运行的资金支出都由责任主体承担。

五、结语

环境保护基金发挥的作用可以说是"次序上的后位性,功能上的填补性和效力上的代位性"。[①] 美国超级基金制度在世界环境保护基金范围内都有可借鉴之处,在环境问题日益严重的今天,我国环境保护基金法律制度将承担环境保护、治理污染的重任。本文通过对美国超级基金制度的研究,探析超级基金中主要的法律制度,对其资金的来源、使用范围、使用前提,责任主体的确定,法律责任的确定等方面做了详细介绍,关于超级基金所存在的问题,完善超级基金制度,发挥超级基金制度的最大作用。

在研究美国的超级基金制度之后,对于我国环境保护基金法律制度的建立和完善,笔者主要从环境保护基金法律制度的法律层面,资金的来源渠道,增加资金的方式,资金的使用范围,潜在责任人的范围,确定环境法律责任的归责原则,责任人法律责任的承担范围以及环境保护基金法律制度的公众参与机制等方面来展开论述,希望从这几个主要方面来构建我国环境保护基金制度。在治理污染、修复环境责任重大的今天,修复时间长,需求资金大的境况下,建立环境保护基金已是大势所趋,我国的政府和社会公众都需要环境保护基金发挥更大的作用,解决更多、更复杂的环境难题。以美国《超级基金法》为研究对象,探索适合我国环境保护窘况之下,改革开放国情之下的环境基金制度,构建和完善我国环境保护基金法律制度,填补这一空缺。从实践出发来看,从环境保护的长远来看,建立和完善环境保护基金制度对于环境保护工作的推进具有积极的意义和作用。

---

① 肖海军:《论环境侵权之公共赔偿救济制度的构建》,载《法学论坛》2004年第3期。

论我国绿色金融政策的法律化

王继恒*

绿色金融作为实现绿色发展的一种金融运营战略，是可持续发展理念成为全球共识、环境问题日益突出背景下的必然产物。我国绿色金融发展迅速，但实践中绿色金融政策法律保障体系不够完善，制约了绿色金融政策效能充分发挥。因此，通过加强绿色金融立法，实现绿色金融政策的法律化，既是充分发挥绿色金融政策调控市场和保护环境作用的现实需要，也是实现我国绿色金融法治的必然要求。

一、绿色金融：助力环境保护促进绿色发展的金融创新

（一）世界无末日：绿色金融的缘起

从宏观发展战略上来看，绿色金融是在可持续发展理念成为全球共识的背景下提出的，也是当今世界绿色文明发展的必然结果。1987年世界环境与发展委员会（World Commission on Environment and Development，WCED）发表了题为《我们共同的未来》的报告，报告在系统探讨了人类面临的一系列重大经济、社会和环境问题之后认为：环境危机、资源危机和发展危机不可分割；地球的资源和能源远不能满足人类发展的需要；必须为当代人和下代人的利益改变发展模式。

---

* 西北政法大学经济法学院副教授，法学博士。

在此基础上,报告首次提出了"可持续发展"(sustainable development)的概念。受此影响,一场绿色革命随即席卷全球,绿色概念开始渗入社会各个领域。随着环境问题的加剧,人类开始意识到单纯以经济增长为目的的生产方式的危害性,也越来越清楚地认识到自身的生存和发展对自然环境的高度依赖性和环境保护的重要性。1992年联合国环境与发展大会通过了"世界范围内可持续发展行动计划"——《21世纪议程》,旨在实现朝着可持续发展的转变。从此,一场涉及政治、经济、社会、文化等多个方面以及深入生产、流通、消费、服务等各个领域,代表着人类与自然和谐共存发展的绿色革命和绿色文明渐趋高丙。这时大力倡导绿色文明,践行可持续发展战略,强调绿色是持续发展的必要条件,经济发展向环保产业和绿色经济倾斜逐渐被人们认可并成为经济社会发展的生动实践。金融是现代经济的核心,金融必须服务于经济的可持续发展,作为绿色革命重要组成部分和实现绿色发展的重要措施,绿色金融应运而生。

从微观实证的角度来看,通过融资环节影响企业资本成本进而对企业生产经营产生影响,是绿色金融发挥作用的主渠道。从这个方面来看,绿色金融正是为了实现依靠金融手段和金融创新影响企业的投资和经济取向,进而引导企业在经济活动中统筹经济、社会和环境保护协调发展而提出的。金融机构的投融资活动是与企业生产经营活动可能导致的环境后果密切相关的。然而,过去由于传统金融片面追求经济利益忽视环境利益,使得金融部门不仅在投融资决策中较少考虑潜在的环境风险,而且也缺乏在金融经营活动中对自然生态保护和环境污染治理的重视,导致金融部门实际上成为污染企业背后的重要推手。而对于企业在生产经营活动中造成的环境污染危害,由于人们往往会依据"污染者负担原则"把关注的目光聚焦于环境污染危害的直接致害者——企业,而较少关注甚至无视企业行为的支持者,即投资给企业的金融机构在其中应当承担的连带责任问题,这在客观上造成了企业环境污染危害与金融机构环境责任的分离。

从理论上来说,企业在生产经营活动中造成的环境污染危害具有致害行为上的"两重性",即企业的经济活动是造成环境污染危害的直接致害行为,而金融机构的投融资活动是导致环境污染危害的间接致害行为。作为具有"共同意思联络"的致害行为,企业生产活动的直接致害行为和金融机构投融资活动的间接致害行为作为不可分割的整体,理应为环境污染危害后果承担"共同但有区别的连带责任"。[①] 之所以这样说,是因为银行和其他金融机构在对项目

① 例如,有些国家和地区规定如果金融机构未遵守环境法律法规,贷款的项目引发环境问题,则要为清除污染产生的费用或由于污染而产生的索赔负责。

进行投融资时,应当有责任评估和监督项目的环境和社会影响,将环境风险纳入金融风险管理的范畴,把与环境条件相关的潜在回报、风险和成本都融合进银行的日常业务的考核范围中。这其实就是“绿色金融”的要求,或者说是金融“绿化”的客观基础。

从绿色金融对节能减排的作用机理来看,“绿色金融”之所以备受关注,主要源于它对强化企业社会责任,促进节能减排和可持续发展的激励约束作用。例如,通过对环境友好型企业提供“绿色贷款”并辅之以优惠性低利率扶持,而对环境风险较高的企业进行贷款额度限制并施以惩罚性高利率,可以改变企业的资本成本,从而引导企业规范经营行为。又如,通过对环境友好型企业的上市融资提供便利,而对没有严格执行环境影响评价和“三同时”等环境管理制度,环境设施不配套、不能达标排放、环境风险较大的企业严格环境信息披露制度,甚至在必要的时候截断其资金供给,都会对企业产生强有力的督导作用,促使其经营行为合乎环保规范。显然,正是基于对绿色金融可以通过节能减排的作用降低经济运行的风险,有利于推进环境保护与经济的协调发展,从而促进金融业自身的健康发展,实现环境保护和与绿色金融的互助共赢的认识,在金融领域引入“绿色”概念,倡导“绿色金融”就成了必然选择。

从国际上来看,金融业与可持续发展的关系早已引起西方国家的重视,并逐渐成为其金融理论与实践的主流。① 1992 年联合国环境规划署与世界主要银行和保险公司成立了金融机构自律组织(UNEP FI),该组织将环保理念整合到金融机构的经营中,鼓励向环境友好型的技术和服务投资,促进环境友好的业务实践,达到经济、环境和社会的和谐发展。同年联合国环境规划署(United Nations Environment Programme, UNEP)金融行动机构又发布了《银行界关于环境与可持续发展的声明》,要求金融机构把客户是否达到环境法规所要求的标准和是否进行环境无害化作为判断客户能否获得贷款的主要条件。② 21 世纪初,迫于金融机构履行企业社会责任的压力,③2002 年 10 月国际金融公司(International Finance Corporation, IFC)和荷银集团等创建了项目融资中有关

① 其实,在“绿色金融”概念出现以前,有关绿色金融的国际实践就已经开始了。

② 早在 1974 年,西德就设立了世界上第一家环境银行,1991 年波兰也建立了环保银行,支持环保投资项目。根据联合国最新报告,目前英国已成为全球绿色金融中心。

③ 在“赤道原则”的起草和实施过程中,非政府组织发挥了重大作用。在西方国家的社会利益制衡机制中,离不开非政府组织,银行会长期面临来自劳工、环保和人权非政府组织(Non-government Organization, NGO)的压力。有一些非政府组织甚至会专门就银行的运营和对社会及环境的影响进行跟踪监督。

环境风险与社会风险问题的指南,即后来的"赤道原则"(the Equator Principles)。作为国际项目融资的一个非强制的自愿性准则,"赤道原则"要求金融机构在向一个项目投资时,要对该项目可能对环境和社会的影响进行综合评估,并利用金融杠杆促进该项目在环境保护以及社会和谐发展方面发挥积极作用。目前,全球已有超过60家金融机构宣布采纳"赤道原则",[①]项目融资额约占全球融资总额的85%。如今,赤道原则不再"曲高和寡",其科学性与合理性已被越来越多的金融机构所认同,一场由"绿"到"金"的金融业"绿色革命"开始兴起并茁壮成长。

(二)温故知新:绿色金融的科学内涵

近年来,绿色金融日益受到高度关注。创新绿色金融模式,推动环境治理,促进可持续发展,业已成为中国绿色发展的重要议题之一。但鉴于我国尚未形成较为明确的"绿色金融"概念,导致实践中存在诸多问题。其主要表现为对"绿色金融"概念缺乏全面理解,可能限制政策支持体系和市场实践的发展。例如,现阶段我国对绿色保险概念的理解还比较窄,通常特指"环境污染责任保险"这一特定险种,并未将气候变化这一更长期的环境风险因素纳入绿色保险范畴。而国外的绿色保险定义,包括与环境风险管理有关的各种保险计划,实质上是将保险作为可持续发展的工具以应对包括气候变化、污染和环境破坏在内的与环境有关的诸多问题。显然,正确认识和理解绿色金融的内涵,对促进我国绿色金融实践的健康发展具有重要的现实意义。

那么,何为"绿色金融"?目前我国理论和实务界的认识不一,尚无定论。其中较具代表性的观点主要有:绿色金融是指金融部门把环境保护这一基本国策作为自己的一项基本政策,通过金融业务的运作来体现"可持续发展"战略,从而促进环境资源保护与经济协调发展,并以此来实现金融可持续发展的一种金融运营战略。[②] 绿色金融是指金融业在贷款政策、贷款对象、贷款条件和贷款种类上,将绿色产业作为重点扶持项目,从信贷投放、投量、期限及利率等方面给予第一优先和倾斜的政策。[③] 绿色金融是指金融在经营活动中要体现"绿

① 2008年10月31日,兴业银行公开承诺采纳"赤道原则",从而成为全球第63家、中国首家"赤道银行"。作为赤道原则在中国的拓荒者,此举标志着兴业银行在引入国际先进模式,加强环境和社会风险管理,推进科学、可持续发展方面走在了国内商业银行的前列。

② 参见高建良:《绿色金融与金融可持续发展》,载《哈尔滨金融高等专科学校学报》1998年第4期。

③ 参见和秀星:《实施绿色金融政策是金融业面向21世纪的战略选择》,载《南京金融高等专科学校学报》1998年第4期。

色”，即在投融资行为中要注重对环境污染的治理及对生态环境的保护，通过其对社会资源的引导作用，促进经济的可持续发展以及经济与生态的协调发展。① 绿色金融是指遵循市场经济规律的要求，以建设生态文明为导向，以信贷、保险、证券、产业基金以及其他金融衍生工具为手段，以促进节能减排和经济资源环境协调发展为目的的宏观调控政策。② 绿色金融是指为支持环境改善、应对气候变化和资源节约高效利用的经济活动，即对环保、节能、清洁能源、绿色交通、绿色建筑等领域的项目投融资、项目运营、风险管理等所提供的金融服务。③

比较来看，上述各论对“绿色金融”概念的认识和理解各有侧重，不外乎两个方面：其一，主要是从绿色金融服务之于改善环境、推动现代经济的绿色转型，促进环境保护和经济社会协调发展的功能上来认识和理解绿色金融的内涵；其二，主要是从绿色金融的生态服务功能以及现代金融业自身转型发展的角度，来认识和理解绿色金融的内涵。金融是现代经济的核心，是市场经济有序运行的枢纽。在金融经济时代，金融业的定位总是与经济社会的发展同步的。无疑，从绿色金融的理论和实践来看，作为一种新的环境经济政策，绿色金融的应运而生顺应了新时期环境保护和实现经济社会可持续发展的现实要求。因此，从本质上来看，绿色金融的目的就是要通过发挥现代金融业投融资行为这一金融调控工具对社会资源的引导作用，优化资源配置，调整产业结构，发展绿色产业，以实现环境和经济社会协调发展。

从国际经验来看，绿色金融作为一种有效的市场化正向激励制度安排，对于促进环境保护和生态建设具有非常重要的工具性价值。正如美国一些学者所认为的，绿色金融是提高环境质量、转移环境风险而设计的以市场为基础的金融产品。一个良好的绿色金融产品，应当满足环境风险转移和排放物减少的环境目标。④《美国传统词典》（The American Heritage Dictionary 4th edition 2000）也认为，绿色金融或“环境金融”（Environmental Finance）、“可持续金融”（Sustainable Finance），是指如何使用多样化的金融工具来保护生态环境，保护生物多样性。以绿色金融助推绿色经济发展，是破解资源环境约束的重要方式。显然，把绿色金融作环境经济政策的一部分，从金融与环境的关系入手，着

---

① 参见王军华：《论金融业的“绿色革命”》，载《生态经济》2000 年第 10 期。

② 参见安伟：《绿色金融的内涵、机理和实践初探》，载《经济经纬》2008 年第 5 期。

③ 参见《关于构建绿色金融体系的指导意见》第一部分。

④ See Sonia Labatt, *Environmental Finance: A Guide to Environmental Risk Assessment and Finance Products*, New York: Johe Wiley & Son, Inc. 2002, p. 145.

眼于绿色金融服务助力绿色产业的培植转型和发展,从而实现经济社会和环境的协调共赢方面认识和理解绿色金融的内涵并无不妥。因为"绿色金融"既是传统金融意识和现代环境意识的有机融合,也是我国环境政策与宏观经济政策协调发展的结果,符合可持续发展的时代要求,是人类文明的一大进步。但把绿色金融局限于"环保产业"或"绿色产业"却不无褊狭之嫌,绿色金融理应包含投融资等金融服务决策过程中对潜在环境影响的考量和环境风险管理问题。

其实,绿色金融的发展是环保需求和金融需求双重作用的结果。[①] 发展绿色金融既是促进经济和生态环境协调发展的客观要求,也是金融业优化信贷结构、加快经营转型的内在需求。21世纪的环境保护呼唤金融业的"绿色化"。环境保护的现实需要既为绿色金融的发展提出了要求,也为金融业自身可持续发展创造了机遇。[②] 因此,对绿色金融概念的界定需要从其环保功能上去认识和理解,也需要从金融自身的功能上去认识和理解。这样,较为科学的绿色金融的内涵应当包含这样两层含义:一是绿色金融如何促进环境保护与经济社会协调、可持续发展的问题;二是站在金融的角度看待其自身的可持续发展的问题。前者指出"绿色金融"的作用体现在投融资决策中要考虑潜在的环境影响,在金融经营活动中注重引导资金流向节能、环保、清洁能源等绿色产业,通过加强对环境的保护和污染的治理,促进经济社会的可持续发展。后者则明确金融业要保持可持续发展,避免注重短期利益的过度投机行为。

绿色金融是现代金融的新理念,也是21世纪现代金融业发展的必然趋势。作为环境保护的金融手段和环境风险控制的有效工具,绿色金融是对传统金融的延伸及扩展。从金融活动的过程来讲,它与传统金融别无二致,但较传统金融业的发展而言,绿色金融更为强调人类社会生存环境的利益。绿色金融将环境的保护、资源的有效利用程度作为计量其活动成效的标准之一,它推崇金融活动和发展要与环境保护、生态平衡相协调,通过自身活动来引导社会经济资

---

① 目前,我国的环境治理任务繁重,现阶段和未来都具有巨大的绿色融资需求,构建绿色金融体系正当其时。绿色金融为破解环境治理难题提供了新的思路,通过发展绿色金融优化资源配置,引导金融资本投向到绿色环保产业,有助于加快推进环保、节能、新能源等领域的技术进步和创新。随着我国环境管理的深化,气、水、土等领域的环保产业市场需求得到有效释放,加之环保供给侧结构性改革、环境执法趋严、公众强烈的环境治理意愿以及"一带一路"等国际战略的部署,都为环保产业的发展提供了新的机遇,更为金融业在环保领域的发展创造了商机。

② 金融可持续发展是量和质统一的金融发展。"量性金融发展"主要指经济中金融资产总量的增长,金融工具种类的增多,金融机构的增加等。"质性金融发展"表现为动员和配置金融资源的效率提高,环境协调、金融稳定和金融结构优化等。绿色金融从"量"上和"质"上使金融可持续发展成为可能。

源、推动产业转型发展，从而保护环境，实现绿色增长，促进社会的可持续发展。总之，绿色金融是对现行金融发展模式的革命性变革，构建绿色金融体系、增加绿色金融供给，是贯彻“创新、协调、绿色、开放、共享”五大发展理念”和发挥金融服务供给侧结构性改革作用的重要举措，它的提出及发展必将给引导传统经济向现代“生态经济”的转型带来深远的影响。

二、绿色金融到、春来发几枝？——我国绿色金融政策的发展及存在的问题

发展绿色金融，是破除绿色资金“瓶颈”的重要手段，为破解环境治理难题提供了新思路。我国目前环境治理任务繁重，环保投资需求巨大，要实现改善环境质量的目标，仅靠政府财政投入难以满足环境治理的需求，必须通过创新绿色金融政策体系，一方面吸引社会资本进入中国生态环境保护领域，另一方面促进金融业向绿色化快速转型。因此，在政策层面构建绿色金融体系，积极推动绿色金融业务发展可谓正当其时。我国的绿色信贷政策始于2007年中国人民银行发布的《关于改进和加强节能环保领域金融服务工作的指导意见》，以及环保总局、中国人民银行联合发布的《关于落实环保政策法规防范信贷风险的意见》，标志着绿色信贷政策开始进入我国环境保护和污染减排的主战场。同年11月，中国银监会又印发了《节能减排授信工作指导意见》，对绿色信贷政策的实施作了进一步规定。2008年我国发布《关于环境污染责任保险工作的指导意见》，为我国绿色保险市场发展奠定了基础。同年环保总局发布的《关于加强上市公司环保监管工作的指导意见》，标志着我国开始建立绿色证券政策。2012年为促进银行业金融机构发展绿色信贷，中国银监会又发布了《绿色信贷指引》。

值得关注的是，2015年9月中共中央、国务院印发《生态文明体制改革总体方案》，首次明确提出了“建立绿色金融体系”，标志着指导我国绿色金融发展战略的顶层设计已经确立。该方案指出，要推广绿色信贷，明确贷款人的尽职免责要求和环境保护法律责任；发行绿色债券，鼓励对绿色信贷资产实行证券化；支持设立各类绿色发展基金，实行市场化运作；在环境高风险领域，建立环境污染强制责任保险制度。[①] 在《生态文明体制改革总体方案》的指导下，2015年12月中国金融学会绿色金融专业委员会发布《绿色债券支持项目目录（2015年版）》，成为我国第一份关于绿色债券界定的文件。该目录发布当日，

① 参见《生态文明体制改革总体方案》第八部分之（四十五）。

中国人民银行发布绿色金融债券公告,支持开发性银行、政策性银行、商业银行、企业集团财务公司以及其他依法设立的金融机构申请发行绿色金融债券,这标志着我国绿色债券市场正式启动。同年12月31日,国家发展和改革委员会出台了《绿色债券发行指引》,界定了绿色企业债支持项目范围以及发行优惠条件,进一步释放了政策支持绿色债券发行的信号。

2016年是"十三五"开局之年,也是绿色金融元年。"绿色金融"首次被纳入国民经济和社会发展五年规划和生态文明建设纲领性文件,并由理念上升为国家战略,配套政策密集出台,绿色金融市场环境不断改善。例如,2016年3月《"十三五"规划纲要》提出,建立绿色金融体系,发展绿色信贷,绿色债券,设立绿色发展基金。[①] 严格环境损害赔偿,在高风险行业推行环境污染强制责任保险。[②] 2016年3月和4月上海证券交易所和深圳证券交易所分别发布了《关于开展绿色公司债券试点的通知》以及《关于开展绿色公司债券业务试点的通知》,以鼓励机构投资者投资绿色公司债券。2016年8月30日中央全面深化改革领导小组第二十七次会议审议通过了《关于构建绿色金融体系的指导意见》。会议指出,发展绿色金融,是实现绿色发展的重要措施,也是供给侧结构性改革的重要内容。要通过创新性金融制度安排,引导和激励更多社会资本投入绿色产业,同时有效抑制污染性投资。[③] 要利用绿色信贷、绿色债券、绿色股票指数和相关产品、绿色发展基金、绿色保险、碳金融等金融工具和相关政策为绿色发展服务。还要加强对绿色金融业务和产品的监管协调,完善有关监管规则和标准。

2016年8月31日中国人民银行、财政部等7部委联合发布了《关于构建绿色金融体系的指导意见》。这是生态文明体制改革的新进展,为引导绿色发展带来了新机制,为推动环境质量改善提供了新手段。该意见首次明确界定了绿色金融的含义,确立了绿色金融体系涵盖的7个领域:一是大力发展绿色信贷;二是推动证券市场支持绿色投资;三是设立绿色发展基金,通过政府和社会资本合作(Public-Private Partnership,PPP)模式动员社会资本;四是发展绿色保险;五是完善环境权益交易市场,丰富融资工具;六是支持地方发展绿色金融;七是推动开展绿色金融国际合作。该意见既是对我国绿色金融实践的总结,也

---

① 参见《国家"十三五"规划纲要》第四十八章第一节。

② 参见《国家"十三五"规划纲要》第四十七章第二节。

③ 据国务院发展研究中心金融研究所预测,"十三五"期间中国绿色投资需求每年将达2万亿元至4万亿元,这其中需要依靠大量的社会投资。

是绿色金融理念和机制的创新和提升。该意见阐释的绿色金融新理念可以集中概括为3个关键词,即责任、市场、共治。可以说,我国的绿色金融就是以环境责任为基础,以市场为导向,以共治为特点的一种金融发展格局,这是我国绿色金融发展的重要基础。[①] 随着该意见的出台,中国将成为全球首个建立了比较完整的绿色金融政策体系的经济体。

近年来,我国绿色金融政策发展迅速、持续推进,绿色金融政策框架体系已初步建立,各类绿色金融产品及其衍生工具不断发展创新,市场参与主体日益多元,在政策设计、制度建设以及市场实践等方面采取了一系列措施并取得了积极进展,为建构全面系统的绿色金融政策体系奠定了良好基础。但我国绿色金融发展仍处于初级阶段,还存在一些需要重视并亟待解决的问题。例如,不同层级政府之间以及政府与市场之间在发展绿色金融的认识和意愿上还存在偏差,影响了绿色金融的发展;绿色发展理念尚未在金融政策中得到充分体现,影响了绿色金融服务功能的实际发挥和绿色金融资金的使用效率;绿色金融定位不清,缺乏对绿色金融概念的科学认知,影响了政策支持和市场实践的发展;部门间协调、沟通机制不畅,影响了绿色金融政策的贯彻落实;绿色金融政策支持体系不完善,影响了各市场主体主动参与绿色金融实践的积极性。但无论怎样,我国的绿色金融政策缺乏法律保障是问题的根本。

从法律上来看,由于我国的绿色金融政策缺乏有效运行的良好制度环境,以致严重影响了其政策效能的实际发挥。例如,我国的绿色金融政策由于缺乏法律保证,导致很多绿色产品的自愿性强;由于环境污染强制责任保险法律制度不完善,导致很多绿色保险意愿不足、缺乏社会责任感的企业绿色参保的随意性强,无法纳入环境污染强制责任保险的范围;由于强制性环境信息披露法律制度不健全,导致上市公司和发债企业环境信息披露的选择性强;由于绿色金融各参与主体的法律责任不明确,导致绿色金融市场发展不够规范等。尽管我国已出台了多部涉及绿色金融政策方面的规章和规范性文件,但从实践情况来看,普遍存在立法层次低、责任归属不明、可操作性不强等问题:一是现有绿色金融规范性法律文件的制定主体主要是国务院有关部委,法律效力较低,缺乏法律应有的强制力和权威性;二是多属建议和宣示性的声明要求,缺少明确的法律责任规定,造成"违法难究",规定无法落实等问题;三是可操作性差,以《关于构建绿色金融体系的指导意见》和《绿色债券发行指引》为主,多为原则

① 参见王伟:《以新理念构建绿色金融体系》,载《学习时报》2016年9月12日,第1版。

性规定,缺少具体标准,实践中难以执行和落实。① 显然,要充分发挥绿色金融政策调控市场和保护环境的作用,就必须通过绿色金融政策的法律化,让绿色金融有法可依、有章可循,最大限度发挥法律的规范和调整作用。

三、他山之石:发达国家的绿色金融实践及经验借鉴

从全球来看,发达国家出现环境问题较早,应对环境污染和社会问题的绿色金融发展也较早且较为成熟,并积累了大量经验。作为绿色金融的主要实践者,发达国家的商业银行将绿色金融视为自身可持续发展的重要途径,推动了全球绿色金融的发展。目前,主动倡导和承担社会及环境责任,认识到与整个社会的利益对接并相向而行才是银行业可持续发展的方向已成为西方国家经济活动中的一些重要金融机构的普遍做法,反映出这些国家金融业在环保方面的高度自觉性。②

美国是绿色金融的发源地。20世纪90年代末,美国首次提出"绿色金融"的概念,将环境因素和金融创新相结合,开始在金融领域评估环境风险,开发环境金融产品,提供环境保护资金。例如,在绿色信贷方面,为支持绿色技术研发,美国银行创新了支持节油技术发展的无抵押兼优惠贷款。在绿色保险方面,1988年美国成立了专业的环境保护保险公司,之后在强制保险方式、个性化的保险设计、政府担保等方面不断创新。除了在社会责任上强调绿色环保外,将绿色环保责任入法,通过制定相应的绿色金融法规保证绿色金融发展有法可依,也是美国绿色金融政策发展实践中值得重视的成功经验。例如,针对金融机构的环境责任,美国法律明确规定了贷方责任(lender liability),即银行对借款人因项目实施造成的环境污染负有连带、可以追溯的支付修复成本的责任。另外,美国通过颁布《清洁水法》规定了针对有毒物质和废弃物处理可能引起的损害责任实行强制保险,以此来促进绿色保险的实施。美国还通过制定《清洁空气法》限定二氧化碳排放总量,建立了可交易的二氧化碳排放许可证机制。1990年美国国会通过立法规定了全国二氧化硫排放限额,要求将排放

① 参见张承惠、王刚:《以法律形式确立绿色金融制度》,载《上海证券报》2014年11月6日,第A01版。

② 荷兰经济学家马赛尔·杰肯(Marcel Jeucken)在《金融可持续发展与银行业:金融部门与地球的未来》一书中,将银行对待可持续发展的态度分为抵制(Defensive)、规避(Preventive)、积极(Offensive)和可持续(Sustainable)四个阶段。根据该四阶段论,当前发达国家的金融机构应当多处于积极阶段,即银行已经从环境保护中发现商机,因而会采取一些积极的手段开展环境友好业务。

量最终减少50%。为了实现立法目标,美国建立了基于市场的“限额交易”制度。这项制度的建立使减排成效明显的企业可以出售配额、增加收入,从而提高减排动力,而未完成减排任务的企业则必须购买配额或者面临高额罚款。迄今为止,美国已建立起以气泡政策、银行储存和容量结余为核心内容的一整套碳金融交易体系,在实践中取得了明显的环境效益与经济效益。①

德国是国际绿色信贷政策的主要发源地之一,“赤道原则”已成为银行业普遍遵循的准则。早在1974年,德国即成立了全球首家政策性环保银行,负责为商业银行不愿授信的环保工程项目提供优惠贷款。1998年德国在其金融中心法兰克福成立了以促进生物和生态事业发展为目的而经营信贷业务的生态银行(Eco-bank),重点资助促进环境保护的投资项目和工程。德国还通过制定相关法律,为生态银行的环保投资建设和为生态产业发展聚集资金以及日常运行提供法律依据和保障。不仅如此,德国还制定了推行绿色保险的法律——《环境责任保险条款》,该法将绿色保险分为一般环境责任保险和环境治理保险两类。另外,持续报告环境事务已成为德国金融机构的一项法定义务,也成为绿色金融立法的重要内容。德国的主要经验是国家对绿色信贷项目予以贴息贷款,杠杆效应显著;以政策性银行为基础开发支持绿色信贷金融产品;环保部门的认可是企业获得绿色信贷的关键。

日本曾经是世界上污染最为严重的国家之一,从20世纪70年代以来就高度重视环境保护。近年来,日本又通过发展绿色金融,进一步推进金融支持环保事业。② 日本政策投资银行于2004年开始实施“促进环境友好经营融资业务”,成为日本实践绿色金融的成功典范。该业务以环境评级的方法确定投资对象,向环保方面表现优异的企业提供环保专项低息贷款,支持企业增加环保投入。2007年政策银行又推出“环境评级贴息贷款业务”,承诺在5年以内实现消减单位产量二氧化碳排放量5%以上的企业,在申请二氧化碳治理资金贷款时,将可获得进一步利率优惠。在贷款实施后,政策银行将对目标企业持续监督,5年后如果企业未能实现承诺,银行向企业追偿减免部分的贷款利息。③促进环境友好经营融资业务,体现出了日本政策银行已经从单纯末端治理开始

① 参见朱家贤:《环境金融法研究》,法律出版社2009年版,第65~68页。

② 目前,日本是亚洲拥有“赤道银行”最多的国家。

③ 参见常杪、杨亮、王世汶:《日本政策投资银行的最新绿色金融实践》,载《环境保护》2008年第10期。

转向范围更为广阔的全过程综合治理。[①] 在绿色金融立法方面,通过制定《生态基金投资法》以规范生态资金投资和引导社会责任投资。日本是亚洲社会责任投资最发达的国家,其绿色金融实践有很多方面值得我们学习。例如,政府高度重视绿色金融,通过强化扶持政策,推动绿色金融发展和绿色技术创新。重视顶层设计和法律建设,从国家层面组织制定绿色金融政策,明确战略目标和实施步骤,确保了环保事业的统一协调和有序发展。政策银行和商业银行密切协作,通过共享企业环境评级成果,引导和调动商业银行开展绿色信贷业务等。

英国作为全球绿色金融中心,在绿色金融发展实践中也有很多经验。例如,2012 年英国为推动本国绿色金融发展,由政府出资成立了全球首家绿色投资银行——英国绿色投资银行,引导和鼓励私有资本投入到绿色经济领域,促进英国的绿色经济转型。又如,为了规避贷款企业的环境风险,英国的银行界成立了专门环境管理机构,并制定了相应的指南来考察和衡量贷款的环境风险。另外,值得一提的是近年来英国实施的"绿色金融项目"。该项目在保险领域,由英国皇家联合保险公司推出了"绿色车险"项目,为使用混合动力以及可替代能源的车主提供汽车保险折扣,从而鼓励更多人购买环保汽车。绿色保险在欧洲发展较快的主要原因之一就是,欧盟不仅以立法形式坚持"污染者付费"原则,还于 2004 年颁布并实施了《欧盟环境责任指令》。根据联合国环境署可持续金融项目发布的最新报告,目前英国可持续金融战略的优先领域主要包括:成立绿色债券中心,推进英国在环保解决方案债券领域的地位;允许个人获取正确的可持续信息指导其投资;重新考虑住房融资,以减少能源成本和环境影响;系统考察环境风险,将英格兰银行的审核业务从保险业扩展到其他部门,如银行;探索替代金融的绿色潜力,建立英国在 P2P 借贷领域的领导力等。

四、我国绿色金融政策的立法完善:应然选择与实然建构

针对我国绿色金融政策发展过程中存在的法律短板,积极推进绿色金融立法,实现绿色金融政策的法律化,既是保障我国绿色金融持续有序发展的现实需要,也是实现我国绿色金融法治的必然要求。总体来看,绿色金融立法的目的和任务,就是要通过建立一套完善的绿色金融法律保障体系,为绿色金融的

---

① 这要体现在环保领域基础设施投入占总投资的比例逐年下降,面向环保新技术、新工艺的开发,资源回收利用、员工环保知识普及、温室气体减排等领域的投资则增长迅速。

长效发展创建良好的制度环境。具体而言,绿色金融立法就是要秉承绿色发展理念,以法律的形式确立绿色金融制度;从法律上明确绿色金融活动中各参与主体的环境责任和义务,厘清和规范政府与市场的关系;明确界定绿色项目的范围,完善绿色金融产品和服务的实施标准和操作规范;强化信息披露,完善环保和金融部门的信息沟通和共享机制;从制度上引导和鼓励金融机构深度推进绿色金融服务,鼓励企业使用绿色融资,明确企业绿色经营标准,促进环境保护和绿色金融融合发展;充分发挥绿色金融政策在实现经济结构调整和发展模式转变方面的重要作用,实现经济社会与环境的协调可持续发展。

根据实际需要和发展趋势,我国绿色金融政策立法可以考虑采取“一体三元”的立法模式,即以绿色金融政策法律化为制度契机,采取“国家绿色金融政策促进法”“绿色金融法”以及“绿色金融促进条例”三者并行不悖、分别立法的形式。一方面,由全国人大制定国家绿色金融政策促进法作为我国绿色金融法律体系领域的综合性基础性法律,对我国绿色金融活动中涉及的基本问题作出全面规定。之所以在绿色金融立法过程中采取绿色金融促进法的立法形式,原因有三:其一,重视顶层设计,从国家层面上组织制定绿色金融政策,确保绿色金融统一协调和有序发展,是国际社会的成功经验;其二,在我国,绿色金融政策主要定位在环境经济政策中作为环境管理战术层面的一种手段和工具,缺乏从战略层面对金融体制与环保制度的统筹,难以发挥金融体制对环境保护的根本性和全局性作用;其三,绿色金融政策作为一种有效的市场化正向激励制度安排,主要由利益诱导和激励机制等软性手段的政策性规范构成。因此,国家《绿色金融政策促进法》应当是我国绿色金融政策法律化较为适当的上位法律形式。另一方面,通过修改《商业银行法》《证券法》和《保险法》加入有关绿色信贷、绿色证券以及绿色保险等内容,实现我国金融部门立法的“生态化”。这是现阶段我国在绿色金融立法过程中,比较可取也相对较为务实的立法策略。在地方层面上,可以因地制宜地通过制定《绿色金融促进条例》的形式,有针对性地指导和促进本地区的绿色金融发展。这样一来,以国家法和地方法相互配合、基本法和单行法彼此协调、一般法与特别法功能互补形成的有关绿色金融政策的法律体系,能够较为全面、系统地发挥对绿色金融的制度支持和法律保障作用。

另外,根据我国绿色金融发展实践中出现的问题,在立法内容方面除了要完善相关绿色金融法律制度外,还应当明确并注意解决好以下几个方面的问题:一是明确金融机构环境责任的法律化是促进绿色金融发展的关键。通过立法的形式确立金融机构的环境法律责任,不仅有利于形成环境损害的合理负担机制,而且有助于金融机构主动防范环境风险。二是注意解决好绿色金融法与环境法的关系。例如,新《环境保护法》第6条规定“一切单位和个人都有保护环境的义务”,第52条规定“国家鼓励投保环境污染责任保险”,这些立法规定为确立金融机构的环境法律责任以及污染企业的强制责任保险制度奠定了基础,提供了法律依据。三是秉承“寓义于利”的理念,解决好绿色金融立法刚性约束与正向激励的关系。既要通过建立和创新有利于绿色金融发展的正向激励机制,引导和鼓励更多社会资本投入绿色产业,又要明确相关主体的法律责任,强化市场监管与责任追究,有效抑制污染性投资。四是注意解决好不同部门间的协调与联动。绿色金融是跨部门,如金融与环保、政策银行与商业银行、政府与市场间的合作与协同,建立信息沟通与部门间的协调联动机制,有利于破除绿色金融面临的信息、体制机制方面的“瓶颈”制约,降低绿色金融的融资成本,提高融资效率。

金融私法定位下的《商业银行法》修订

张　娟*

《商业银行法》本质上是一部具有商业属性的金融私法，是银行业主体法。我国现行《商业银行法》颁布实施20多年来，在市场经济条件下取得了一定的成就，同时，随着金融混业经营的发展，也暴露出了诸多法律问题。在金融私法定位下，《商业银行法》改为“银行业法”应该始终围绕银行业金融机构这一主体，在保护金融消费者权益，健全银行经营业务，完善银行内部治理和自我管理的基本思路下进行。为此，笔者对新“银行业法”的体例进行重新设计，并提出重点条款的修改意见。

一、金融私法定位下我国现行《商业银行法》的运行现状

（一）我国现行《商业银行法》颁布的市场经济背景

我国现行《商业银行法》颁布于1995年，其内容是依据当时的社会主义市场经济体制要求而制定的。从经济发展的宏观层面来看，我国正处于金融经济体制转型时期。为适应社会主义经济建设发展的需要，我国相继恢复和设立了中国工商银行、中国银行、中国建设银行和中国农业银行4大国家专业银行。1986年重

---

* 西北政法大学经济法学院2015级经济法硕士研究生。

新组建了交通银行,设立招商银行、光大银行以及华夏银行等地方商业银行。1994年组建了国家开发银行、中国进出口银行和中国农业发展银行3家政策性银行。根据国家经济体制改革的需要,四大国家银行又开始向国有商业银行转变。同时,为配合引进外资,我国相继设立了外资银行和中外合作银行。经过十几年的改革和发展,我国形成了以国有商业银行为主体,其他地方商业银行和外资银行并存、分工协作的银行组织体系。但是,此时尚未出现一部体系完整、逻辑严密的商业银行法律规范。在商业银行转型改制和经营发展的过程中,迫切需要制定出台《商业银行法》推动我国银行改革顺利进行。

经历10多年的改革开放,我国银行体制和结构开始出现多元化发展,从所有制成分到融资方式、融资工具再到业务类型都呈现出新的变化,我国银行业彼此之间的竞争日趋激烈。此时,商业银行的发展也存在诸多问题:银行业的经营风险和不安全、不稳定因素增大,非法设立银行机构、非法从事商业银行业务的现象时有发生,严重扰乱金融秩序。[①] 尤其是国有商业银行在经营管理中出现经营效益下降、不良存款比例过高、银行之间不正当竞争以及违法经营等问题,亟待商业银行立法去规范银行业经营发展秩序,维护国家金融稳健良好运行。

在改革开放的10多年里,中国经济体制改革经历了由社会主义计划经济体制向有计划的商品经济,再到社会主义市场经济体制的转变。在经济体制变革的历程中,社会主义市场经济理论和实践也在不断呼唤法制的出场。在20世纪80年代后期,张文显教授认为:发展商品经济和法治之间具有密切关系,发展商品经济是我国步入法治社会的必由之路。[②] 1982年《民事诉讼法(试行)》、1985年《涉外经济合同法》、1986年《民法通则》等重要部门法的出台,也都是在社会主义商品经济的发展下推动的。

进入20世纪90年代,"市场经济就是法制经济"成为理论界的共识,人们开始关注市场经济与法制经济的逻辑联系,并认为健全的法制才是建立市场机制的内在要求。认真对待并加快市场经济立法已然成为20世纪90年代中国经济和法制发展的共同课题。法制经济的根本要求是,个人和企业组织的行为、市场的运行和政府的管理都应有严格的法律规范,必须依法办事。《商业银行法》也正是在这一时代背景和市场经济条件下出台的,其主要内容遵循了当时国家金融体制改革状况和发展方向,借鉴国际上通行的做法,最终确立了

① 参见李玫:《银行法概论》(第2版),对外经济贸易大学出版社2014年版,第158页。

② 参见张文显:《中国步入法治社会的必由之路》,载《中国社会科学》1989年第2期。

商业银行市场化、股份制的改革方向，推动国有专业银行向国有商业银行转轨。《商业银行法》的颁布实施，主要有以下两方面的重要意义：

第一，围绕“什么是商业银行”的问题，从国家法律层面确定了商业银行的法律地位、权利和义务、与客户的关系、设立和终止、业务范围与规则等关键问题，对于商业银行的转型和发展提供了坚定的法律基础。

第二，回答了“如何对银行进行监管”的问题，初步确立了向市场经济转型条件下的银行监管体制，对于金融体系的安全和稳健运行起到了重要的保障作用。①

（二）《商业银行法》颁布20年来的主要成就与存在问题

1.《商业银行法》颁布实施20多年来取得的主要成就

在特定的历史条件下，《商业银行法》的颁布对于巩固我国金融体制改革成果，保障商业银行长期健康发展发挥了重要的作用。改革开放以来，《商业银行法》作为规范银行业金融机构经营发展的第一部专门性法律，从整部法律的章节体系来看，其发挥的主要作用如下：第一，按照市场化原则和法人财产制度，推动银行业的改革和发展，促进商业银行办成现代金融企业。第二，在立法价值、立法功能上追求多元化和全面性，通过专章规定“对存款人的保护”，注重保护存款人和客户的合法权益，为社会公众提供安全、优质、规范、便利的金融服务。第三，维护商业银行合法权益，商业银行的信贷自主权受法律保护。第四，提升金融监管和商业银行内控水平，为整顿和维护金融秩序起到积极作用。第五，作为商业银行法律体系中的母法，为制定配套规范提供了国家层面的法律依据，促进法律制度的完善。

从商业银行经营原则的变化来看，确立了自主经营原则。1993年党的十四届三中全会提出“建立社会主义市场经济体制”的改革目标，国务院设立了政策性银行，各专业银行加快转变为国有商业银行，政策性业务职能被剥离，自此按照现代商业银行经营体制进行发展。我国银行业在经历政企分离、商业化运营改革之后，商业银行实行“自主经营，自担风险，自负盈亏，自我约束”和“不受任何单位和个人的干涉”等治理理念逐步明朗。② 1995年颁布的《商业

---

① 参见中国城乡金融报于2015年9月29日对吴弘教授、孙慎教授的访谈：《我国〈商业银行法〉颁布实施二十周年回顾、展望》，载微信公众平台：https://mp. weixin. qq. com/s? __biz = MzAwNzM3MjUxNA = = &mid = 211336527&idx = 5&sn = 0758929e6aa0fd9bcef90cbb28f02ce7&mpshare = 1&scene = 1&srcid = 0729RPM0ynIjMsZ3JkZjie8x&pass _ ticket = TmYdDaPiTGLqJjRiisdIghinE897rpYrXiKyExgADX8rmZ fNu%2B9ukTxcfeZ2oos5#rd，最后访问日期：2016年10月10日。

② 参见张炜：《修改商业银行法》，载《中国金融》2016年第2期。

银行法》正是将这一系列银行基本理念和制度以法律规范的形式得以确立的重要标志,巩固了银行业金融机构的改革成果,使商业银行基本脱离国家计划和指令,获得相对独立发展的机会。

在20世纪90年代,《商业银行法》取得的另一重要成就,即确立了严格的分业经营原则。1995年颁布的《商业银行法》第43条规定,商业银行在中国境内不得从事信托投资和证券经营业务,不得投资于非自用不动产。该条款正式确立了我国的分业经营体制。在2003年修订之前,尚未补充"但国家另有规定的除外"的例外性规定,因此也就没有为混合经营乃至综合化经营留下任何余地和敞口。由此可见,当时采用的是严格的分业经营模式。

从当时我国银行业的外部环境和管理水平来看,选择分业经营、分业管理制度是有一定道理的。自从20世纪80年代中后期开始,我国4大国有银行开始向外拓展设立自己的信托投资公司、证券经营部,从事信托、证券等业务。但是,当时我国4大国有银行不同于发达市场经济国家中的银行,在资金、人事等公司内部治理结构上并没有实施独立经营管理,风险防范机制也不健全,彼此之间没有设立"防火墙"。在实践中,4大国有银行"突破"组织存贷款等银行最基本的职能,也并没有为商业银行提供更加良好的发展机遇。相反,从1992年下半年开始,社会上出现了房地产热和证券热,银行大量信贷资金流入证券市场和房地产市场,引发了一系列信用违约事件,使商业银行损失惨重,增加大量呆账、坏账,造成整个金融行业一定程度的混乱,加大了金融领域系统性风险。① 从某种程度上来说,20世纪90年代初期商业银行"混业经营"所引发银行业经营秩序紊乱,决定了4大国有银行的经营发展道路。在当时国有银行内部治理机制不完善、风险防范措施不健全的特定历史背景下,只有分业经营才能保障金融业稳健发展,提升银行经营管理的专业化水平。

2. 我国现行《商业银行法》存在的主要问题

随着经济金融化,金融日益成为现代经济的核心。我国银行业的发展又占据了金融行业的主体地位,而国有资产则占银行业控制地位,"工、农、中、建、交"5家国有商业银行居于银行业的主导地位。根据中国人民银行发布的《中国金融稳定报告(2017)》,截至2016年年末,我国银行业机构资产总额为232.25亿元,其中5家大型商业银行的资产规模占比37.29%。②

与1995年《商业银行法》出台的经济金融环境相比,历经20多年的发展,

---

① 参见黄达:《货币银行学》(第5版),中国人民大学出版社2014年版,第87页。

② 参见中国人民银行:《中国金融稳定报告(2017)》。

政策背景、市场经济条件、银行业经营模式的变化使立法基础发生改变。目前，由于内外部经济环境的深刻变化，我国银行业正处于大变革时代，行业发展和竞争格局发生了深刻的调整。面对银行业国际化、市场化和互联网化的外部挑战，面对综合经营、金融脱媒、强化监管的发展趋势，我国现行《商业银行法》也暴露出了诸多问题。在银行业金融环境变迁的宏大背景下，需要金融法制通过适时进化来予以及时回应，在适应金融市场全新变革的同时进一步规范和发展金融市场。①

(1)没有为综合化经营留下敞口。经 2003 年修订，《商业银行法》将"办理票据承兑""买卖金融债券""从事银行卡业务"等纳入商业银行的业务经营范围，同时顺应业务多元化、综合化趋势，在禁止银行从事信托投资和证券经营业务作出例外规定，即国家另有规定的除外。商业银行在政府债券发行、政策性金融债的基础上，已经衍生出理财业务、衍生品交易业务、托管业务、保险业务、资产证券化业务以及依托互联网金融发展起来的大量新型业务。

(2)银行业务经营规定滞后。一是建议取消现行《商业银行法》中的模糊性经营原则规定，如第 34 条的规定，即"在国家产业政策指导下开展贷款业务"，该原则有悖于商业银行的自主经营原则，过于强调银行贷款服务于国家产业政策，不利于商业银行市场化发展。二是第 40 条规定：商业银行不得向关系人发放信用贷款。借鉴日本立法对董事会授信需要经过特别批准的程序以及新加坡和加拿大立法对于关系人授信不得超过特定限额的法律规定，在金融消费信用业务快速发展的时代背景下，《商业银行法》修订时可考虑采用"限额内允许，限额外审批"的立法模式。三是商业银行向非金融机构转让不良债权的法律性质问题，从我国人民银行和银监会的监管口径来看，应适当放宽不良债权受让方的条件。

(3)银行业监管规则尚待与国际接轨。中国人民银行进一步完善了宏观审慎政策框架，将差别准备金动态调整机制"升级"为宏观审慎评估(Macro Prudential Assessment，MPA)，对金融机构的行为进行多维度引导，督促金融机构不断强化自律管理，保持审慎经营。并决定自 2017 年第一季度起将表外理财业务纳入宏观审慎评估的广义信贷指标，引导金融机构加强对表外业务风险的管理，更好地发挥宏观审慎框架的逆周期调节和结构引导作用。在"如何完善宏观审慎政策框架"方面，银监会借鉴国际金融监管改革经验，也制定并印

---

① 参见冯国、袁康：《社会变迁视野下的金融法理论与实践》，北京大学出版社 2013 年版，第 3 页。

发了一系列规范性文件,如《银行业金融机构全面风险管理指引》《商业银行内部审计指引》,旨在不断增强银行业系统应对风险的能力,提高监管有效性。

中国人民银行、财政部和银监会等国内相关部门一直都在积极参与金融稳定理事会(Financial Stability Board,FSB)和巴塞尔银行监管委员会(Basel Committee on Banking Supervision,BCBS)的监管改革,并且稳妥推进系列规则和标准在中国的实施。其在以下方面进行了深度参与:

第一,中国已经成立了危机管理小组,并制订和更新恢复和处置计划、开展可处置性评估,加强有效处置机制建设。

第二,参与BCBS在商业银行信用风险、操作风险、杠杆率、资本下限等方面的监管改革,发布市场风险、银行账户利率风险、证券化、TLAC工具互持扣减等监管新规。

第三,进一步推动落实《巴塞尔协议Ⅲ》关于银行业监管框架的相关规则,引导国内商业银行稳步实施资本、杠杆率和流动性监管新标准。

(4)防控金融风险尚未放到重要位置。根据我国银行业现有风险防控的成熟经验,需要重点关注银行业的资产质量、流动性、同业业务、银行理财业务和表外理财业务等领域风险,密切防范交叉性金融风险、房地产市场风险、地方政府融资平台风险、互联网金融风险和非法集资风险。部分银行业金融机构在公司治理、内部控制等方面仍有不足、风险管理、合规经营问题频发,重大案件时有发生,案件领域从传统的存贷款业务向同业、表外业务逐渐扩展蔓延。随着银行业"走出去"的步伐不断加快,海外合规风险也逐渐暴露出来。此外,还有部分小额贷款公司、融资性担保公司、融资租赁公司等具有融资功能的非金融机构。追溯至问题产生的源头,则是由于《商业银行法》规定与现实金融经济协调性不高、公司内部治理规则不完善和外部监管力度不够等原因,而导致金融危险事件频发。

(三)厘清金融私法与金融公法的差异

1992年党的十四大报告提出,要把建立社会主义市场经济体制作为我国经济体制改革新的目标。自此,我国确立实行社会主义市场经济体制。中国的现代金融法制是在实行社会主义市场经济后确立的,在转型时期确立的金融法制带有明显的公法性痕迹,这种痕迹的存在被经济法学者解释为是为了金融安全并以此作为研究的逻辑基础。① 1995年颁布的《商业银行法》第1条立法宗

① 参见邱润根、舒小庆:《私法治理:中国金融法治的理念回归》,载《南昌大学学报》(人文社会科学版)2009年第6期。

旨中明确规定要"维护金融秩序,促进社会主义市场经济的发展"。第3条是对商业银行业务的规定,明确限制了经营金融商品的范围,并没有采取私法属性下的"法无禁止即自由"原则。第34条规定,商业银行根据国民经济和社会发展的需要,在国家产业政策指导下开展贷款业务。这些法律条款的内容也印证了现代中国的金融法制带有明显的公法属性,银行立法必须遵循维护金融安全的基本宗旨。然而,现行中国金融法制所暴露出的种种问题,并没有达到当初的设计目标,促使学界不断探讨和重新寻找其真正的立法理念,回归金融法制私法性本位。

金融法制包括货币法律制度、金融运行法律制度和金融监管法律制度3大部分。货币法律制度是一个国家以法律的形式确定本国货币流通的结构、体系与组织形式。[①] 金融运行法制则是指金融机构在金融市场中从事的各种金融活动的法律规则的总称,其中包括银行法律制度、证券法律制度、保险法律制度以及各类金融创新法律制度。金融监管法律制度是指金融监管机构对金融运行进行规制的法律制度。马克思认为,货币代表一种社会关系,却又采取了具有一定属性的自然物的形式。[②] 货币关系源于人们的自由交换行为,根植于商品经济的发展,因此,货币法律制度的逻辑起点应该具有私法属性。1929年爆发的全球性金融危机,促使各国政府加大对经济的宏观调控。当时,美国政府对金融监管法制重新思考,要求不断强化金融法制的公法性。金融法制的公法性和维护金融安全的立法宗旨,被作为防范和化解金融危机的重要路径。1997年我国政府能够抵御亚洲金融危机,一方面是由于市场经济尚处于起步阶段,经济体制尚未放开;另一方面则是因为金融法制赋予政府的公权力足够强大,可以保障政府有效化解危机。

但是,金融法制的公法属性是一把"双刃剑"。长期以来,由于我国金融运行法制公法属性的底蕴过于深厚,导致民间资本进入市场的途径缺乏明确的法律规制,没有被金融法制所吸纳并加以引导,从而滋生了地下金融、非法集资等诸多乱象,社会私有资本没有得到有序良好的运行。

商业银行本质上是以经营金融业务获取利润的企业,实行自主经营、独立核算,依法活动、照章纳税,并遵从市场经营原则,以营利为核心目标。[③] 保尔

---

① 参见曹龙骐:《货币银行学》,高等教育出版社2000年版。

② 参见[德]马克思、恩格斯:《马克思恩格斯全集》(第2版),人民出版社2002年版,第23页。

③ 参见黄达:《金融学》(第3版),中国人民大学出版社2014年版,第100页。

森认为:强大的资本市场需要强有力的产权保护、健全的监管、良好的会计准则和公司治理、健康的金融机构、客观的金融分析、有效的信息披露机制、独立的信用评级机制。[①] 因此,回归金融私法本位才是《商业银行法》修订应该关注的重要方向,要在遵循市场经济条件的金融运行规律基础之上,健全和完善金融运行法律制度,保障银行业机构稳健安全经营。

二、《商业银行法》与现代银行业发展的关系

(一)明确《商业银行法》的几重关系

1.《商业银行法》的功能与定位

首先,《商业银行法》是一部具有商业属性的金融私法,而不是一部以监管为核心的金融公法。

其次,《商业银行法》应当是商业银行主体法,而不是商业银行业务法必须在法律制定的过程中,必须明确这一点。之所以认为《商业银行法》是商业银行主体法,是因为随着金融混业经营的不断深化,试图在《商业银行法》里规定所有的商业银行经营规则是不可能的,而是应该从博弈与对应之间有所取舍。《商业银行法》的修改应该始终围绕商业银行这一主体,在保护商业银行、健全商业银行业务、完善商业银行内部治理和自我管理的基本思路之下进行。

再次,《商业银行法》应该侧重内部治理,而不是其他规则。《商业银行法》想要真正成为一部由商业银行主要适用的金融法律规范,就必须将商业银行的内部治理规则作为重点修改对象。随着我国商业银行改革的不断深化,商业银行逐步树立了公司治理理念,普遍建立了"三会一层"为主体的公司治理组织架构,形成多元化的股权制度。有效的内部治理是商业银行健康、可持续发展的基石,将系统完善的治理规则纳入法律范畴,有利于提升商业银行的风险管理水平和经营管理能力。但是,目前商业银行的内部治理主要依据银监会2013年发布的《商业银行公司治理指引》,法律层级较低,没有形成完整统一的商业银行内部治理的法律法规制度框架。因此,未来《商业银行法》的修改应当以商业银行内部治理为核心。

最后,《商业银行法》应当强调自我风险防控。政府对银行业的监管是一种外部监管,而金融从业者的自我约束则属于金融机构的内部管理。《商业银行法》第六章监督管理部分的5款条文中,只有前2款规定涉及商业银行的自律监管,且都是原则性规定,其余3款均是银行业外部监督管理规定。由此可

① 参见保尔森:《中国资本市场的重要性》,载《中国企业家》2007年第6期。

以看出，现行《商业银行法》注重银行业监督管理机构、中国人民银行、审计机构等外部监督管理，忽视了商业银行的自我管理和风险防范。

究竟《商业银行法》应该如何平衡内部自律管理与外部监督管理的关系，以及政府监督管理机构对商业银行治理进行外部干预所涉及的法律规范是否应该进入《商业银行法》？首先，金融机构内部管理控制制度，是防范金融风险与危机的基础性、根本性制度，是金融机构稳健经营的前提。金融监管当局的外部监管手段只是作为金融机构内控不足的补充，控制风险的根本措施还是靠内部控制制度。其次，单纯的外部监督并不一定能实现良好的监管效果，加强金融机构的自律管理可以强化外部监管的效果，提高市场监管效率。最后，《商业银行法》作为一部商业银行主体法，应该将商业银行的自我管理作为修改和增加的重点对象。因此，外部监管法律规范不应该进入《商业银行法》，自律性监管应该作为商业银行风险防控的重点。

2. 商业银行与中央银行的关系

1953 年至 1978 年，我国按照苏联模式实行高度集中的计划经济体制，我国银行业金融机构，与此相适应，银行业机构也采用的是"大一统"的银行体系。此时，中国人民银行作为国家金融管理和货币发行的机构，其承担两方面的重要职能——管理国家金融机关和全面经营银行业务。在这种时代背景下，中央银行的职能和商业银行的职能并没有得到区分，也不存在外部监管问题，中国人民银行既行使中央银行的职能，又办理商业银行业务。

随着市场经济体制逐步确立，"大一统"的银行体系被逐渐打破。我国金融领域形成了以中国人民银行为中心，国有商业银行为主，多种机构并存的金融中介机构体系格局。中央银行肩负着双重职能，既是业务机构又是监管机构。作为国家的银行和银行的银行，其仅在两种特定情形下从事金融业务活动，即从事国际金融活动和为了执行货币政策，经营银行业务已从中央银行职能中剥离。

自此，中央银行体系主要包括货币财产、货币流通及其监管法律关系，这是相对独立的法律关系，必须由专门的法律进行专门的规范。① 从世界各国的金融体系划分来看，中央银行法律体系始终处于相对独立的地位，必须由专门的一部中央银行法进行规范调整。因此，新修订的银行业法律体系不应该包含中央银行体系。

---

① 参见刘少军：《〈商业银行法〉改为"银行业法"的总体构想》，载《中国政法大学学报》2016年第6期。

3. 商业银行同业关系

当前,我国银行间同业业务已经进入快速发展阶段,以提高资金使用效率和银行竞争力为目的,以标准化产品创新为主线,城市商业银行同业业务占比超过股份制商业银行和大型国有商业银行,同业资产中"非标资产"由标准产品替代,逐渐走向规范化发展道路,负债业务中同业存单增长较快。[①] 2014 年 5 月发布的《银监会等关于规范金融机构同业业务的通知》(以下简称"127 号文"),明确了"同业业务"的定义和类型,是指中国境内依法设立的金融机构之间开展的以投融资为核心的各项业务,主要类型包括同业拆借、同业存款、同业借款、同业代付、买入返售(卖出回购)等同业融资业务和同业投资业务。随后,监管层面又发布了配套性规范《银监会等关于规范商业银行同业业务治理的通知》,其中第 1 条将"同业存款"限定为"非结算性同业存款",规定商业银行开展以投融资业务为核心的同业业务。其中,同业拆借、同业存款和同业借款是商业银行的传统业务。相较之前的监管规则,关于同业代付、买入返售类同业融资和同业投资业务的规则有了实质性更新。

根据"127 号文"第 4 条的规定,同业代付是指商业银行(受托方)接受金融机构(委托方)的委托向企业客户付款,委托方在约定还款日偿还代付款项本息的资金融通行为。境内信用证、保理、托收、承兑汇票等业务原本属于贸易结算工具,由于付款结算存在时间差,企业则通过银行贴现获得融资,银行委托另一家银行代付,本质上是一种银行对企业的授信行为。代付资金分别纳入委托行和代付行的表外科目,不列入表内的风险计提,实质上却是代付行为委托行客户提供的信贷融资。因此,"127 号文"规定,同业代付原则上"仅适用于办理跨境贸易结算",回归支付结算功能本源。同时,明确规定如果委托行在当地有分支机构,则贸易结算不能委托其他金融机构代付。

"127 号文"和配套规则出台后,买入返售类同业融资的金融资产标的被严格限制为标准类资产,直接约束了通过票据、信托受益权、存单质押等资产的买入返售非标业务的扩张。

同业投资规则是指金融机构自主购买或是委托其他机构购买的同业资产或者特定目的载体,包括金融债、次级债、理财产品、信托投资计划、证券投资基金和资产管理计划等金融产品。

吸收、借鉴我国现有和成熟的同业业务监管经验,应该将日益发展迅速的

---

① 参见陈德胜、邓莉:《回归本源:我国商业银行同业业务的新变化》,载《南方金融》2015 年第 8 期。

银行间同业业务及时纳入银行立法的调整范围,填补现行《商业银行法》关于银行间同业关系和同业业务规则的空白。

4. 商业银行的自律监管与外部监管的关系

商业银行的自律监管与外部监管的关系,实质上就是如何平衡和协调自我约束和外部强制之间的关系。由于金融风险的特性,为了保障整个金融体系的稳定与安全,这就决定了必须对金融机构的经营行为实施监督管理。因此,无论是商业银行的内部自我约束,还是银行业监督管理机构的外部监管,最根本的目的就是防范金融风险。

从金融监管的成本来看,大致产生于以下 3 个方面:第一,执法成本,即在具体实施监管的过程中产生的直接成本;第二,守法成本,即银行业金融监管机构为了满足监管需要而产生的额外隐形损失;第三,道德风险,即在监管活动过程中,银行业金融机构在最大限度地增进自身效用的同时,可能做出的不利于存款人利益的行为。①

如果外部监管的成本过高,高到难以实施的程度,则外部强制的效果会难以达到预期的状态。因此,在实施金融外部监督管理活动的过程中一定要注意控制成本,实现效益大于成本的预期目标。金融监管实践经验表明,政府监管机构即使在付出了一定的监管成本之后,依然摆脱不了监管失灵的问题。单纯的外部监管行为状态并非是理想化的,尽管监管者想最大限度地弥补市场缺陷,但由于各种外部因素的制约,尤其是受信息不对称因素的干扰,除了一些法律法规所要求披露的经营信息之外,监管者无法获取被监管者完整、准确、可靠的经营管理信息。与此同时,监管者对客观规律的认识以及如何正确地选择监管措施等能力要求的局限性,常常会出现与监管预期目标相悖的结果。

因此,银行业的自律管理将会成为外部监管手段的重要补充,弥补政府监管出现的失灵问题,自律监管将会成为监督管理体制中的重要环节。《商业银行法》第 29 条规定:商业银行应当按照有关规定,制定本行的业务规则,建立、健全本行的风险管理和内部控制制度。第 60 条规定:商业银行应当建立、健全本行对存款、贷款、结算、呆账等各项情况的稽核、检查制度。目前,我国现行《商业银行法》关于银行业的自律管理,仅仅作出了这两款原则性法律规定,对于商业银行如何进行风险管理和内部控制缺少细则性法律规定。商业银行基于本行业利益和防范系统性金融风险,如何进行规则制定、自我管理以及实现行业内部的自我监管的具体实施细则应该成为《商业银行法》的修订重点,重

① 参见黄达:《货币银行学》(第 5 版),中国人民大学出版社 2014 年版,第 296 页。

视内部自我管理所产生的实际效用。在建立、完善宏观审慎监管框架的过程中,同时应该加强银行业金融机构自律管理的制度性条款设计,降低外部监管所产生的社会成本。

5. 商业银行与金融消费者的关系

随着金融市场的不断繁荣和发展,我国银行业、保险业以及证券行业领域均开始出现、使用"金融消费者"的概念,由于分业经营的影响,各金融行业领域对金融消费者的概念界定有所不同,尚未形成统一的金融消费者保护政策。针对商业银行与金融消费者之间的关系,首先需要界定"金融消费者"的概念,明确"金融消费者"的保护范围。2006年中国银行业监督管理委员会发布的《商业银行金融创新指引》首次采用了"金融消费者"的提法,但依旧没有对"金融消费者"的概念进行明确界定。2010年中国人民银行无锡市中心支行印发关于金融消费者的保护性规范《中国人民银行无锡市中心支行金融消费者权益保护试行办法》,其第2条规定:本办法所称的金融消费者是指在金融机构购买金融产品、接受金融服务的自然人、法人或其他组织。2015年新修订的《消费者权益保护法》则将金融消费者作为"提供证券、保险、银行等金融服务的经营者"的相对人,即与金融机构建立业务的自然人,也并没有给出明确的法律定义。

我国台湾地区关于金融消费者的保护则制定了一部专门性的规定,即"金融消费者保护法",其第4条将金融消费者的内涵定义为金融消费者,指接受金融服务业提供金融商品或服务者。但不包括下列对象:(1)专业投资者;(2)符合一定财力或专业能力之自然人或法人。前项专业投资机构之范围及一定财力或专业能力之条件,由主管机关定之。

参照我国台湾地区对于金融消费者的定义和我国实践经验,界定金融消费者的概念应该考虑以下几个标准:

第一,保护主体。是否接受金融机构提供的金融服务或购买金融产品。

第二,保护范围。对于具备一定金融专业知识的自然人或法人不予纳入保护范围。

第三,交易对象。必须是与受金融监管机构监理之金融机构进行交易或者接受其服务。

作为接受银行业金融机构提供服务或者购买金融产品的金融消费者,是否应该将其纳入《商业银行法》章节体系,制定专门保护规范? 本文拟从以下两个方面进行探讨。

一方面,从实践的角度来讲,关于金融消费者的权益保护尚没有一部专门性的法律规定,同时也没有形成统一的金融消费者保护机构,在分业经营、分业监管的模式下,由各个金融业制定仅限于各行业领域的金融消费者权益保护规范,容易造成金融市场乱象丛生。目前,我国各金融监管部门分头立法,其结果导致相同性质、相同类型的金融商品,在不同的金融行业领域内适用的法律规范宽严不一的结果。[①] 以面向个人的理财业务为例,目前商业银行、信托投资公司的理财业务由银监会依据《商业银行个人理财业务管理暂行办法》等进行监管;证券公司和基金公司则适用《证券公司客户资产管理业务试行办法》和《证券投资基金管理公司管理办法》,由证监会进行监管;保险公司的理财商品又必须遵循保监会制定发布的《保险资产管理公司暂行办法》等规范。这就使在分业监管模式的影响下,无法制定统一的制度规范,容易造成监管套利与监管竞争,同时也容易导致不少金融产品、金融服务游离于法律监管之外。金融产品和金融服务业务制度规范的不一致和某些方面的监管缺失,将会加重金融消费者的维权成本和难度,致使由于信息不对称等天然原因而处于弱势地位的金融消费者和投资者,在保障权益的过程中,缺乏明确的法律保障机制,为金融机构逃避责任提供了可乘之机。

另一方面,从《商业银行法》的主要内容来看,它属于金融主体法,其修订内容也应该始终围绕商业银行这一主体进行。如果将金融消费者的保护纳入其中,对此仅仅进行原则性规定,而没有系统完整、逻辑严密、内容健全的条款设计,在法律适用过程中也将难以维护金融消费者的合法权益。同时,也会导致《商业银行法》体系庞杂,内容繁多,增加立法难度,割裂《商业银行法》的立法目的、宗旨,弱化规范商业银行经营业务、完善商业银行内部治理和自我管理的基本修法思路。

因此,金融消费者处于金融市场的终端,作为金融市场的重要参与主体不应被遗忘在金融法体系之外。[②] 金融消费者立法体系,应该打破现行分业经营、分业监管模式,尽快制定出台一部囊括统领金融各业领域的基本法,以明确金融消费者的概念、调整金融服务关系、规范金融服务行为、保护消费者的权益为目标的金融服务法。

---

① 参见冯国、袁康:《社会变迁视野下的金融法理论与实践》,北京大学出版社 2013 年版,第 49 页。

② 同上书,第 32 页。

(二)厘清《商业银行法》与其他金融部门法的关系

1. 与《公司法》的关系

我国现行《公司法》与《商业银行法》实质上是一般法与特别法的关系。《公司法》关于我国银行业的内部治理法律规则作出了一般性规定,在《商业银行法》没有特别规定的情形下,应适用《公司法》。根据《商业银行法》第17条规定,商业银行的组织形式、组织机构适用《公司法》规定。对于不符合《公司法》规定的组织形式和机构,沿用原有规定。该条款内容表明《商业银行法》没有对商业银行经营机构的组织形式和组织机构作出专门规定,而是适用《公司法》关于一人公司、有限责任公司、股份有限公司和国有独资公司组织等对应企业法人类型组织机构的法律规定。依据我国《公司法》的对于企业法人组织形式和机构规定,我国商业银行的组织机构一般包括股东会、董事会和监事会。股东(大)会是最高的权力与决策机关,由全体股东组成。董事会是商业银行的执行机关,向股东会负责报告其工作,董事由股东会选举产生,董事长是银行公司的法定代表人。监事会是商业银行的监督机关,由股东代表与适当比例的职工代表,对董事、经理的职务行为进行监督。我国《商业银行法》对银行的组织机构仅仅作出了少数的几条特别规定。其中,《商业银行法》第18条关于国有独资银行的监事会进行专门规定,而且还明确了监事会的监管职责范围。但是,在国有银行股改上市之后,此条款关于"国有独资银行"监事会的规定不再适应现实经济生活。

此外,《公司法》第21条有关禁止关联行为的一般性规定,也适用于商业银行的内部治理。公司的控股股东、实际控制人、董事、监事、高级管理人员不得利用其关联关系损害公司利益。给公司造成损失的,应当承担赔偿责任。[①]《公司法》第152条关于股东直接诉讼的规定,同样可以规制商业银行的公司治理行为。公司董事、高级管理人员违反法律、行政法规或者公司章程的规定,损害股东利益的,股东可以向人民法院提起诉讼。[②]

2. 与金融监管法的关系

1997年受亚洲金融危机的冲击之后,为了提升整个金融体系抵御和化解风险的能力,摆脱计划经济体制对金融监管效率的影响,我国开始重新配置金

---

① 《公司法》第21条规定:公司的控股股东、实际控制人、董事、监事、高级管理人员不得利用其关联关系损害公司利益。违反前款规定,给公司造成损失的,应当承担赔偿责任。

② 《公司法》第152条规定:董事、高级管理人员违反法律、行政法规或者公司章程的规定,损害股东利益的,股东可以向人民法院提起诉讼。

融监管权力,在中国人民银行跨省区设置9大分行,以减弱地方政府的影响。2003年按照党的十六届二中全会审议通过的《关于深化行政管理体制和机构改革的意见》,国家将金融监管权力正式从央行剥离,成立中国银行业监督管理委员会。2004年2月我国正式实施《银行业监督管理法》。至此,中国金融监管分业体制最终形成,央行金融监管方式从微观监管转变为宏观审慎监管。

在现行立法体系中,我国金融监管法和银行运行法具有相对独立性,金融监管法制是建立在分业监管的机构性监管体制框架下进行制定的。但是,为了适应金融机构综合化经营趋势,维护集团混业和金融控股公司有序运营,我国金融监管部门不断放松对商业银行分业经营的管制,通过规章和规范性文件设计综合经营制度安排,并且出台一系列政策的表明深化混业经营改革的立场。早在2004年,银监会、证监会和保监会出台了《三大金融监管当局分工合作备忘录》,第12条规定,3大金融监管机构应密切合作,就重大监管事项和跨行业、跨境监管中复杂问题进行协商确定。第15条规定,建立3会之间的“监管联席会议机制”。但是,《备忘录》并没有触及原有的按照业务性质实施的机构型监管体制。从监管规则层面来看,大量监管规范和政策彼此之间有很多不协调、重叠和直接抵触之处。2005年中国人民银行、银监会和证监会联合发布《商业银行设立基金管理公司试点管理办法》,允许商业银行设立基金公司,商业银行直接出资作为企业法人等规定,进一步松动了分业经营的隔离墙。银监会2005年发布的《银行个人理财业务管理暂行办法》第9条规定,个人理财业务是建立在委托代理关系基础上的银行服务。然而,《商业银行法》第43条但书规定指的是“国务院另有规定除外”,而非“中国人民银行、银监会、证监会和保监会规定除外”。由此表明,我国金融监管法制内部协调性差,衔接度不高,甚至有悖于“上位法优先”的立法理念。

现实经济生活中,我国也已出现了一些异质性金融集团,5大国有银行中,中国银行和交通银行通过海外子公司持有证券牌照,光大银行、光大证券及相关保险业组成光大集团,广发证券公司、广发源企业托管公司与广州发展银行组成广发集团,平安证券与平安保险组成平安集团。综观我国当前银行实践,共划分为3种综合经营模式:第一种为准金融控股模式,如中国银行等;第二种为投资银行业务内部化模式,如中国农业银行、招商银行等;第三种为准金融控股公司与投资银行业务内部化相结合模式,如中国工商银行、中国建设银行等。①

---

① 参见刘仁和、郑爱明、叶庆忠:《我国市场主导型金融体系演进与商业银行功能发挥》,载《经济问题》2007年第10期。

目前,我国金融监管主要依据规范性文件及大量的通知、指引、办法、意见,使金融监管法律层级过低,尚未形成统一的综合经营监管规则。综合考虑我国当前金融发展、金融全球化及金融自由化的情形下,对目前的金融监管法律体制应当进行客观公正思考。无论金融经营模式的走向如何,新的金融监管体制都是在总结原有监管法律制度经验的基础上继承与发展,且无论我国选择何种金融监管模式,首先都要确保金融监管的透明性和程序性。① 结合我国当前金融监管的实践经验和金融行业分业经营体制,在金融监管模式的选择上,不宜选择绝对的机构型或功能型监管模式,相较之下,功能性框架下的分业监管更符合我国现行的金融监管发展趋势。在此理念的指导下,吸收现有规范性文件已经成熟的监管规则,修订和完善我国金融监管法制,制定一部体系完整、逻辑严密的"金融监督管理法",避免"多头立法"导致的监管重复。

我国现行《商业银行法》《证券法》和《保险法》也包含了各领域外部监管的特别规定,建议在修订《商业银行法》时,能将这部分银行业外部性监管的规定拿出去。《商业银行法》第六章虽涵盖了商业银行有关中国银行业监督管理委员会、中国人民银行和审计机构等外部监管规范,但是极其简洁的4款规定想必是很难发挥效力的,更难以有效发挥银行业外部监管职能。在金融私法定位下,《商业银行法》的修改应该以商业银行为适用主体,在完善银行业机构内部治理和自律监管的设计路径下,关于银行业外部监管的法律规定则适宜统一纳入到"金融监督管理法"中去。同时,将商业银行的市场准入、综合经营和自律性规范作为增加和修改的重点,注重银行业机构通过自律监管去调整设立、开展、变更和终止业务活动所产生的经济关系和行为。

三、新银行业法的立法体例构想

(一)新法的名称——银行业法

关于"银行业"的界定

由于银行类金融机构业务经营的特殊性,各国(地区)金融监管部门对这类机构的设立及相关业务经营都有较严格的准入监管。对银行业准入进行牌照监管是国际上的通行做法,监管范围从两方面进行规制:存款端和负债端。实行牌照监管的前提是,要明确"银行业"的概念和"银行业"业务经营范围。

我国现行法律法规尚未对"银行业"进行明确界定,货币当局和监管当局

① 参见黎四奇:《我国银行法律制度改革与完善研究》,武汉大学出版社2013年版,第189页。

当局根据自身管理范围区分不同口径，对金融机构进行列举。目前，从我国的金融立法体系来看，涉及银行业金融机构的法律制度主要有两部，即《商业银行法》和《银行业监督管理法》。《商业银行法》第 2 条规定：商业银行是指依法设立的吸收公众存款、发放贷款、办理结算等业务的企业法人。《银行业监督管理法》第 2 条规定：本法所称的银行业金融机构，是指在中华人民共和国境内设立的商业银行、城市信用合作社、农村信用合作社等吸收公众存款的金融机构以及政策性银行。对在中华人民共和国境内设立的金融资产管理公司、信托投资公司、财务公司、金融租赁公司以及国务院银行业监督管理机构批准设立的其他金融机构的监督管理，适用本法对银行业金融机构监督管理的规定。

从银监会的监管范围来看，根据《银行业监督管理法》的规定，本法将银行业监管对象划分为两类并进行了不完全列举：一是本法所规定的银行业金融机构；二是参照适用银行业金融机构监管规定的机构。

根据中国人民银行 2014 年 9 月发布的《金融机构编码规范》，银行及其他银监会批准设立的金融机构共计 14 类，其中包括银行、城市信用合作社、农村信用合作社、农村合作银行、农村商业银行、村镇银行、农村资金互助社、财务公司、信托公司、金融资产管理公司、金融租赁公司、汽车金融公司、贷款公司、货币经纪公司。

根据中国人民银行调查统计司 2015 年 1 月存贷款统计修订口径，按照是否主要经营存款类业务，可将银行业金融机构划分为两类：一是银行业存款类金融机构，包括国家开发银行以及政策性银行、国有商业银行、股份制商业银行、邮政储蓄银行、城市商业银行、农村商业银行、农村合作银行、村镇银行、外资银行、农村信用社、农村资金互助社和企业集团财务公司；二是银行业非存款类金融机构，包括信托投资公司、金融租赁公司、汽车金融服务公司、贷款公司、消费金融公司、货币经纪公司。

当前，各国（地区）或国际金融组织对银行业、银行业金融机构的界定没有明确、统一标准。经营存款业务作为银行业的构成要件得到了广泛的认可，只是在对存款或接受存款认定范围上有不同程度的差异。

"银行业金融机构"的核心构成要素之一是吸收存款。存款业务是指银行业金融机构经批准从事的按照约定形式、期限、利率等条件有偿吸收单位和个人货币资金的经营活动。参照各国（地区）银行业金融机构监管实践经验，是否吸收存款已经成为界定和监管银行业金融机构的主要标准。

核心要素之二是以自身信用承担债务偿付责任。信用中介是商业银行的基本职能，通过吸收存款等负债业务，集中社会闲散资金并投向社会经济各个部门。银行作为货币资本的借入者(债务人)和贷出者(债权人)实现货币资本的融通,在这个过程中,银行是以自身信用参与的。

我国现行《商业银行法》从名称来看,仅局限于规范商业银行的法律关系,范围定的太窄,其狭隘的法律范畴限制了新兴银行业机构的设立,也不能包含政策性银行、农村合作银行、农村信用社等现有银行业金融机构。

从外国或地区银行业立法情况来看,英国、法国、德国、澳大利亚等国家和我国台湾地区的银行业核心法律均采用典型的行为立法体例,以“银行业”或“银行业务”为着眼点,强调对银行业行为的规范,而非对特定银行业机构的专门立法。行为立法体例允许将更多的银行业机构类型(不限于狭义银行或商业银行)纳入法律规范范围,调整对象能有效涵盖银行业经营规则、银行业监管、存款保险和金融控股公司等广泛领域,有利于发挥银行业核心法律的主导作用,并实现对整个银行业的功能性规范。相对来说,国际上仅有少数发达国家(地区)采用典型的机构立法,但往往伴随完整的银行业机构立法体系。以加拿大为例,除《银行法》外,还有《商业企业法》《合作信贷组织法》《信托和贷款公司法》等专门立法。日本和我国台湾地区都没有制定商业银行法,而是通过“银行法”规制整个银行业金融机构产生的社会关系。其中,我国台湾地区制定的“银行法”的规制对象既包括商业银行,也涵盖了储蓄银行、专业银行、信托投资公司和外国银行等多种类型金融机构。

现行银行业法律体系暴露出的弊端,无论是法律规范的缺位,还是核心法律调整功能的弱化,究其深层原因,均与银行业核心法律采用机构立法体例有关。从建设规范统一、竞争有序的银行业市场的实际需求出发,考虑到我国法律制定程序较复杂,对各类银行业机构单独立法的可行性不高,制定统一的银行业法应当成为完善我国银行业法律体系的中长期目标。因此,为满足金融混业经营的发展和适应金融经营机构、新兴业态多元化趋势,建议将《商业银行法》名称修改为“银行业法”。

(二)银行业法的章节设计

银行业务法是指调整银行之间以及银行与客户之间,在经营货币或者其他信用业务等活动中形成的经济关系的法律规范的总称。[①] 银行的业务关系是一种横向的平等主体之间的经济关系,主要包括存款业务关系、贷款业务关系和结算业务关系等,其中一方主体是商业银行,另一方为服务对象,主要有自然人、法人(包括银行)和国家等主体。因此,银行业法的章节设计上吸收借鉴国

① 参见李玫:《银行法概论》(第2版),对外经济贸易大学出版社2014年版,第17页。

内比较成熟的低位阶制度和思想成果。依据近年来监管实践经验证明的行之有效的内部控制、公司治理、资本管理、风险管理等重要审慎性规则，初步将银行业法划分为十一章：总则、设立和组织机构、存款类业务规则、贷款类业务规则、中间类业务规则、创新类业务规则、财务会计、风险控制、终止和破产、法律责任和附则。

（三）银行业法章节设计说明

第一章　总则

现代银行作为货币市场上经营资金的特殊主体，不同于普通的企业法人。从金融私法的角度来看，现代银行机构本质上是具有商业属性的企业法人。作为规范银行业金融机构的主体法，银行业法所追求的宗旨应该体现出营利性的价值目标，否则会偏离现代银行作为商业机构的经营价值，营利性是银行业机构经营成果的直接表现形式，更是评价银行业机构经营业绩最重要的指标之一。①

但银行业机构属于特殊的金融企业法人，资产负债具有特殊性，是货币市场资金的聚集场所，扮演者“中间人”的重要角色，因此，资本的安全性对于现代银行来讲显得颇为重要。银行业的资金安全也关乎整个国家金融体系的安全，“牵一发而动全身”。因此，银行业应该在保障资金安全、经营安全和金融消费者权益的前提下去追求营利性目标，维护银行股东的经济利益。

《商业银行法》的立法宗旨规定：为了保护商业银行、存款人和其他客户的合法权益，规范商业银行的行为，提高信贷资产量，加强监督管理，保障商业银行的稳健运行，维护金融秩序，促经社会主义市场经济的发展，制定本法。从立法宗旨中，可以看出这部法律承担了过多的职责，既要保护商业银行和客户的利益，又要规范商业银行的经营行为，还要强调银行业监督管理机构等外部监督。由于银行业资金融通主要来源于社会公众存款，且经营以营利为目的，银行业金融机构的经营行为直接影响着金融消费者的利益。两者之间出现利益冲突时应该如何平衡，显然成为银行业法立法宗旨首要解决的问题。首先，规范银行机构的经营行为，应该建立在保护金融消费者的合法权益之上，并以此作为重要的立法目的。其次，为适应新兴金融业态和新业务的发展，应该将“健全商业银行业务”纳入立法宗旨。最后，作为银行业主体法，银行业法强调的应该是银行业金融机构的内部治理和自律性管理，完善商业银行的自律性规范将成为“银行业法”的重点修改对象。

---

① 参见姚旭：《商业银行公司治理法律问题研究》，法律出版社2011年版，第49页。

我国台湾地区“银行法”第1条的制度宗旨——为健全银行业务经营,保障存款人权益,适应产业发展,并使银行信用配合金融政策,特制订本“法”,我国银行业法的立法宗旨可确定为“为健全银行业务经营,保障金融消费者的合法权益,规范银行业金融机构的行为,完善银行内部治理,维护金融秩序,促进社会主义市场经济发展,制定本法”。

第二章　设立和组织机构

在综合考虑银行机构的现代公司治理结构、管理水平、业务类型、监管指标状况和风险防范制度等要素的基础上,并以此为依据区分不同牌照的银行业机构类型。首先,规定银行业机构的一般市场准入条件、设立条件、设立程序和组织制度。其次,区分商业银行全牌照银行业金融机构和经银行业监督管理委员会批准的有限牌照银行业金融机构,分别制定两类银行业金融机构的特殊设立条件、设立程序和组织制度。最后,在立法路径选择上,仍然主要以《商业银行法》和《公司法》等有关银行业内部治理的法律规则为基础,修补和完善现行银行法律体系中公司内部权力分配不均、重叠和模糊等问题,将银行业机构公司内部组织结构设置、管理层权力配置和决策和高层人员权力控制问题作为修改重点。

第三章　存款类业务规则

在银行业务综合化发展背景下,商业银行业务类型不断进行拓展变化,但组织存、贷款的基本职能决定了存款业务仍然占据着商业银行经营的核心地位。从整体结构来看,现行《商业银行法》将“对存款人的保护”单独列为一章并不合适,保护范围也仅限于自然人存款人,规定的储蓄原则、协助执行存款、利率、利息、存款准备金五项内容,对存款人的权益保护也是有限的。因此,在现有立法框架下,为将制法成本控制在合理范围内,不至于因立法政策和技术上的难题推迟银行业法的出台,建议将现行《商业银行法》第三章“对存款人的保护”修改为“存款类业务规则”。本章具体规定吸收公众存款的法定条件、存款生效条件、存款当事人的权利与义务和对存款人的保护等内容。①

第四章　贷款类业务规则

贷款类业务规则是银行业机构的核心业务制度,应该具体包括贷款的基本程序、贷款的基本类型、当事人的权利与义务、贷款合同、限制性规定等内容。②

---

① 参见刘少军:《〈商业银行法〉改为“银行业法”的总体构想》,载《中国政法大学学报》2016年第6期。

② 同上。

第五章 中间类业务规则

2001 年中国人民银行颁布的《商业银行中间业务暂行规定》对广义上的商业银行中间业务定义为“不构成商业银行表内资产、表内负债,形成银行非利息收入的业务”。学理上狭义的银行中间代理业务,是指银行收费代理业务,双方并不产生债权债务关系。[①] 由于中间业务占银行收入比重逐年增大,因此,银行业法应该将中间业务纳入其中,单独列为一个章节。中间类业务规则应主要包括担保承诺业务、委托理财业务、资金托管、委托理财业务和其他中间类业务。

第六章 创新类业务规则

创新类业务规则主要包括表外业务规范、投资业务、综合化经营业务和其他类创新业务。

其中,根据我国金融创新实践过程中,产生风险的表外业务类型主要包括互换、期权、期货、远期利率协议、票据发行便利、贷款承诺、备用信用证等业务。

随着“互联网 + ”战略的提出,互联网金融创新活跃,新兴业态和业务模式不断涌现,商业银行也积极开展了一系列新型业务创新。但是,P2P、众筹等新兴业务存在法律空白,制约了互联网金融新兴业态的发展。目前,关于 P2P 的市场准入、业务模式界定等问题缺乏法律规制,商业银行是否可以像互联网公司一样平等地开展此类新兴业务仍然存在法律疑问。然而,现行《商业银行法》并不能给予明确的回应,其在跨界创新领域存在法律短板。对于这一立法空白点,银行业法在“创新类业务规则”一章中,应该明确规定银行业机构能够进行互联网金融业务创新的范围。也就是说,要明确银行业在什么样界限内是可以去创新发展互联网金融业务类型。

目前,4 大行线上业务比例不断上升,电子渠道交易量占比超过 85% ,传统的柜面业务已发生深刻变化。因此,在这一章节,可以考虑将客户在线化交易、线上电子账户、电子合同等常见的互联网新兴业务形态纳入其中。

第七章 财务会计

银行业法应该拥有独立有效的会计和审计制度,保障银行业经营机构财务会计制度的规范性。首先,银行业法参照《会计基础工作规范》,从银行业经营业务的特点出发,制定银行业领域业务操作流程以及分工、协作、写作和操作流程。其次,以《会计法》和其他会计准则规范,规定银行业机构特殊的财务会计制度和会计监督体系,建立健全信息管理机制,确保银行业业务财务信息的全

---

① 参见黄达:《货币银行学》(第 5 版),中国人民大学出版社 2014 年版,第 98 页。

面性、真实性、正确性和完整性。最后,加强对银行业负债业务的财务会计规范和会计核算。

第八章　风险控制

银行业风险管理部门应该负责风险的识别、计量、监测、控制、缓释以及风险敞口的报告。风险范围应该覆盖表内外所有风险,全面覆盖整个银行集团、所有资产组合和业务条线,并考虑风险重叠部分(比如,市场风险和信用风险之间、信用风险和操作风险之间的界限日益模糊)。[①] 风险控制规则主要包括资本控制、业务监管和风险防范制度。其中,资本控制规范内容主要包括资本充足率(分为核心资本充足率和一级资本充足率)、准备金比率、资本杠杆率和流通性风险。

第九章　终止和破产

接管是指银行业监督管理机构对已经发生信用危机或可能发生信用危机的商业银行采取的拯救措施,由银行业监督管理机构的接管组织负责实施,实际上属于银行业监督管理机构的职权,因此应该从银行业法中剔除出去,纳入金融监督管理法,同时完善银行退出机制,对于银行业金融机构破产程序的启动、破产重整、破产清算进行具体规定。与此同时,要保持与《存款保险条例》的基本条款相衔接。

第十章　法律责任

法律责任是指法律所规定的行为主体因违反法定义务而应当承担的不利的法律后果。法律责任是一部法律体系的重要组成部分,完整的法律规范都应当包括立法宗旨、适用条件、行为模式以及惩治违法行为模式的法律责任四个要素。其中,法律责任体现了法律规范国家强制力的核心部分。银行业法应该按照违法行为所触犯的法律规范的性质,重新梳理刑事责任、行政责任和民事责任。明确违反具体责任承担方式,违法行为触犯法律责任时,应该具体承担哪种或哪几种财产责任、人身责任和行为能力责任。

四、银行业法的重点条款设计

(一)银行定义问题的修改意见

界定银行的定义,存在形式主义和实质主义两种方法。其中,形式主义侧重银行业机构是否按照银行业法的程序设立,并以银行的名义开展相关业务,

---

① 参见巴塞尔银行监管委员会:《加强银行公司治理的原则》,中国银监会办公厅译,中国金融出版社2011年版,第22页。

弊端是容易留下太多法律适用漏洞,尤其是那些实质从事银行业务,但却没有获得依法许可的地下金融机构银行业法律的适用。然而,全面的实质主义也无法方式脱法行为。① 因此,各国和地区对于银行业机构的定义通常采用以形式主义为主,兼采实质主义的认定标准。例如,我国台湾地区“银行法”第2条银行之定义,谓依本“法”组织登记,经营银行业务之机构。

我国《商业银行法》第2条对于商业银行的定义,既采用了“依照本法和《公司法》”设立的形式主义标准,也明确列出了“吸收公众存款、发放贷款、办理结算等业务”的实质要件。但现行法律关于商业银行之定义已经无法容纳,与商业银行经营的核心业务相同,却在组织形式、某些业务具体要求可能与商业银行有所区别,如合作银行、村镇银行、信用合作社等银行业金融机构。银行业公司与商业银行经营之业务则有明显的区别,它们不具有吸收公众存款的资格,只能经营商业银行中的贷款业务和支付结算业务,或者这些业务的某一小部分,如小额贷款公司、融资租赁公司、消费金融公司、汽车金融公司、支付结算公司等。因此,银行业法应该重新定义银行的内涵与外延。

根据国际上银行业立法和监管的实践经验,以及上文对银行业金融机构基本职能和业务属性的探讨,“银行”可以被定义为:依照银行业法设立,可以吸收存款、发放贷款或办理结算业务,并以自身信用承担债务偿付责任的企业法人。

(二)“支付结算规范”的立法模式与体例

支付、清算与结算体系是当前金融市场基础设施(Financial Market Infrastructures,FMIs)中最重要且具有挑战性的金融研究领域。习近平总书记在“十三五”规划中首次提出“统筹监管重要金融基础设施,包括重要的支付体系、清算机构、金融资产登记与托管机构,维护金融基础设施稳健高效运行”。

目前,我国的支付体系由中国人民银行直接和间接主导、第三方支付机构系统和证券清结算体系构成。从支付的工具视角划分,则分为两大类包括现金支付和非现金支付。非现金支付分为票据、银行卡和其他结算业务。其中,电子支付、网络支付和非现金支付在概念上有所差异,但又有所重叠和交叉。

现阶段,我国电子支付尤其是移动支付和第三方支付系统发展迅猛。与此同时,第三方支付系统也面临着法律层面和监管层面的诸多问题与挑战,对于业务管理不规范、备付金管理、客户信息使用、市场退出机制等问题尚待法律规范予以回应。

---

① 参见彭冰:《商业银行的定义》,载《北京大学学报》(哲学社会科学版)2007年第1期。

“支付结算规范”是一种非常复杂的法律规则,应该保障其内容体系的统一性和完整性。从立法成本来考量,宜将“支付结算规范”单独立法,而不应纳入银行业法。

五、结论

当前,我国金融法制体系建设与金融业转型发展已经进入关键时期,《商业银行法》由于立法技术和立法内容的滞后性,已经无法满足“银行业”改革创新、持续发展的现实需要。我们必须重新审视《商业银行法》定位与功能,提出修改《商业银行法》的整体思路与框架。《商业银行法》的修改应该始终围绕银行业机构这一主体,在健全银行经营业务、完善银行业机构内部治理和自我管理的基本思路之下进行。《商业银行法》的修订应当以银行业机构内部治理为主要内容,风险防控为立法核心,妥善处理好银行业经营机构与金融消费者的关系。《商业银行法》是整个金融法律制度的重要组成部分,唯有适时修订完善,才能更好地顺应银行业金融机构的变革与发展。

第三方支付的监管风险及其法律回应

强　力[*]　张　豪[**]

2015年以来，随着“泛亚”“e租宝”等诈骗事件的出现，互联网金融风险集中爆发。2016年10月13日国务院办公厅公布了《互联网金融风险专项整治工作实施方案》。此方案作为近年来最严格的监管政策，重点整治“P2P网络借贷和股权众筹业务、通过互联网开展资产管理及跨界从事金融业务、第三方支付业务和互联网金融领域广告”四个方面。本文着重讨论第三方支付风险的控制与监管问题。

支付是金融的基础功能之一。从某种意义上来讲，现代金融即源于货币的支付功能，金融是即期支付（现金）的时间函数。从生产到最终消费的货物（服务）流，与货币资金的流转不同步，就会带来延迟支付和预付，导致借贷、投资等金融业态的发生。支付体系通常由账户、渠道、工具、终端、标的（货币或流动性）等构成。其中，账户是由所有人身份（姓名、身份识别号码）、户名、编号、货币（金融资产）类别（如人民币、美元、黄金、股票、债券）等要素构成的、具有排他性的金融财富记录、储存体。账户是互联网金融体系的制高点，是金融交易的起点和终点。可以毫不夸张地讲，账户是支付业的战略资源。

---

* 西北政法大学经济法学院教授。

** 西北政法大学2015级硕士研究生。

而在互联网金融背景下,"互联网金融 = 入口 + 账户"。活跃账户数是对互联网金融企业估值的重要依据,各大传统金融机构以及新兴互联网金融机构激烈的流量争夺战,归根结底都是在争夺客户的账户控制权。互联网支付或者说第三方支付是互联网金融的数据基础、商务基础和用户基础。为防止互联网金融风险的蔓延,国务院2016年4月出台《互联网金融风险专项整治工作实施方案》,在整治第三方支付方面规定不得挪用、占用客户备付金,不得连接多家银行系统,变相开展跨行清算业务,不得无证经营支付业务等。[①] 从长远考虑,应逐步构建起第三方支付市场的法律制度体系,明确业务规则,促进第三方支付市场的健康发展。

一、第三方支付的含义及法律属性

(一)第三方支付的含义

对于第三方支付的含义有多种解释。有学者认为,第三方支付是指具备一定实力和信誉保障的第三方企业与国内外的各大银行签约,为买方和卖方提供一项旨在增强信用的服务。也就是说,在银行的直接支付环节中增加一个中介,买方选购商品后将款项付给中介,由中介通知卖家进行发货;待买方收到商品后,由中介将买方的款项转至卖家账户。[②] 另有学者指出,第三方支付是指通过与各银行合作,提供与银行支付结算系统相连接的接口和通道服务。其主要作用在于连接网络交易过程中的买方和卖方、电子商务平台和银行,为其提供资金转移的通道,推动网上交易顺利进行。[③] 前者侧重于第三方支付的增信功能,后者则强调第三方支付的通道功能。中国人民银行2010年发布的《非金融机构支付服务管理办法》则采用了"非金融机构支付"的概念。该办法第2条规定:非金融机构支付服务是指非金融机构在收付款人之间作为中介机构提供网络支付、预付卡的发行与受理、银行卡收单等货币资金转移服务。其中的网络支付是指依托公共网络或专用网络在收付款人之间转移货币资金的行为,包括货币汇兑、互联网支付、移动电话支付、固定电话支付、数字电视支付等。预付卡,是指以营利为目的发行的、在发行机构之外购买商品或服务的预付价

① 中国人民银行联合十七个部委印发的《关于进一步做好互联网金融风险专项整治清理整顿工作的通知》(银发〔2017〕119号)明确全国范围内专项整治工作将持续到2018年6月底。

② 参见谢瑶华、栾福茂:《我国第三方支付的现状、风险及控制对策》,载《财会月刊》2017年第13期。

③ 参见田侃、关天强《第三方支付行业信用发展研究》,载章政、田侃主编:《中国信用发展报告2014~2015》,社会科学文献出版社2015年版,第199~266页。

值，包括采取磁条、芯片等技术以卡片、密码等形式发行的预付卡。银行卡收单，是指通过销售点(Point of Sale，POS)终端等为银行卡特约商户代收货币资金的行为。

目前，我国第三方支付机构基本都是非金融机构，就此而言，"非金融机构支付"和"第三方支付"的内涵与外延是相等的。一般是指非金融机构所提供的资金转移服务，主要范围包括网络支付、预付卡的发行与受理、银行卡收单以及中国人民银行规定的其他支付服务。就本质而言，第三方支付平台并不涉及资金的所有权，而只是起到资金的中转作用。

(二)第三方支付的法律属性

第三方支付机构的性质，学术界争议较大。有学者认为，第三方支付类似于网上虚拟银行，实际上是在充当着网上银行其中一部分功能和服务；有学者认为，第三方支付是不受管制的银行，客观上已经具备了某些银行的特征；也有学者根据第三方支付的业务定位和《商业银行法》规定，认为第三方支付应定义为非银行金融机构。更有学者提出将第三方支付机构定义为从事"货币服务机构"的非存款性金融机构。①

就第三方支付参与主体(支付机构、商户与消费者)之间的法律关系属性而言，学界主要有第三方代为履行说、债权转让说、委托代理说等三种观点。其中，第三方代为履行说认为，在第三方支付中，消费者(买方)的钱并没有直接支付到商户(卖方)的账户，而是由商户和第三方支付机构约定，在消费者将资金转入第三方支付机构账户后，再由第三方支付机构与商户结算，以代替消费者履行付款义务。债权转让说则认为，消费者将资金划转到第三方支付机构的账户之后，对第三方支付机构享有一笔与划转金额相同的债权，又因为消费者对商户基于买卖合同而承担付款的义务。因此，消费者将其对第三方支付机构享有的债权转让给商户，从而抵销其对商户负有的金钱给付之债。委托代理说认为，第三方支付机构实际上是消费者的代理人，消费者将款项付给第三方支付机构，并委托其代为向商户付款，第三方支付机构付款后的法律责任最终由消费者承担。②

笔者认为，第三方代为履行说定性不准，第三方支付机构转给商家的资金

---

① 参见韩国红：《第三方支付发展的十年回顾：一个文献综述》，载《企业经济》2012 年第 12 期。

② 参见王洪凯、陈斌彬：《论我国第三方支付中消费者权益的法律保护及完善》，载《武汉金融》2017 年第 4 期。

并非其自有资金,而是消费者支付的购物资金,实质上仅是消费者支付给商家的一个必经通道;债权转让说把消费者和商户的债务履行和消费者与第三方支付机构的债权债务关系相混淆;第三方支付机构作为支付工具和中间媒介,其实质是消费者和商家之间资金流动的桥梁,在法律上界定为委托代理较为恰当。

二、我国第三方支付的发展现状

(一)第三方支付的发展历程

第三方支付的发展历程只有不到20年的时间,却已经经历了4个阶段。第一阶段(1998~2002年)为网关支付阶段,在1998年确定电子商务工程启动,首都电子商城为网上交易与支付中介的示范平台以及1999年首信易作为第一家第三方支付机构出现,并在网关整合上做出突破。第二阶段(2003~2007年)为信用中介阶段,以支付宝崛起为标志性事件,打造了具有集信用中介功能为一体的虚拟账户,创建崭新的信用中介规模。第三阶段(2008~2009年)为综合支付阶段,逐步渗透到全面综合电子支付服务行业的领域。这一阶段的第三方支付不仅带有支付清算服务的特性而且包含信用中介服务功能,同时还兼备部分融资特性。第四阶段(2010年至今)为规范发展阶段,2010年中国人民银行出台《非金融机构支付服务管理办法》,第三方支付机构被纳入央行支付监管领域内,成了支付市场的正规军。

(二)第三方支付的发展现状

易观统计数据显示,从2013年到2016年,中国第三方支付移动支付行业发展迅猛,年交易量1.3万亿元已经增长至35.33万亿元人民币的规模。预计2017年整体交易规模将保持超过100%的增长速度,达到75万亿元人民币规模。按照季度细分,从2016年第4季度开始,移动支付市场交易规模增速已经保持在40%以上。互联网支付行业格局依然保持稳定,市场交易份额对比,支付宝、财付通、银联商务仍然占据前3位,支付宝位居榜首。① 根据中国人民银行官网显示,在获取支付牌照方面,截至2017年9月,中国人民银行共发放支付业务许可证247张,2017年上半年,中国人民银行注销13家拥有支付牌照机构。其业务涵盖互联网支付、银行卡收单、预付卡发行与受理、移动电话支付、固定电话支付、数字电视支付等。

---

① 参见王蓬博:《中国第三方支付行业专题研究2017》,载易观:https://www.analysys.cn/analysis/8/detail/1000825/,最后访问日期:2017年9月25日。

在当前第三方支付发展依然表现出强劲发展趋势。首先,第三方支付平台的集中趋势。中国现有的第三方支付企业的分布呈现出明显的地域集中的特点,这些企业通常集群在中国的经济发展水平较高的地区。另外,第三方支付市场被少数几家企业占据。其次,具有庞大的用户群。第三方支付平台的出现旨在服务于小额高频的支付服务,贴合了大众日常生活的支付需求,形成了大规模稳定的用户群。最后,支付业务不断创新。随着第三方支付平台的日趋完善,第三方支付业务开始向着资金配置的方向延伸,在传统支付清算中介服务基础上衍生出一系列新型的支付创新业务。例如,支付宝主要提供支付及理财服务。包括担保交易、网络支付、转账、信用卡还款、手机充值、水电煤缴费、个人理财等多个领域。

为适应第三方支付市场的发展,建立第三方支付机构的转接清算平台,网联清算有限公司于 2017 年 8 月 29 日成立。网联的成立结束了第三方支付机构"直连"银行的模式,第三方支付机构必须通过网联接入各大银行,形成客户—第三方支付机构—网联—银行的连接模式,不再允许银行与第三方支付机构发生直接关联,使第三方支付机构的账户信息和资金流向公开透明。

三、第三方支付市场存在的风险

第三方支付,一方面通过提升支付效率、扩大金融普惠性提升了社会福祉;另一方面因为产业尚未进入规范发展的轨道,也给支付体系带来了新的风险与不安全因素。

(一)不正当竞争的风险

第三方支付机构的数量众多,很快就形成了高度集中的市场。根据易观研究报告,我国第三方网络支付市场支付宝和财付通的市场占有率接近 80%。根据《反垄断法》的规定,其具有了市场支配地位。同时,第三方支付机构积极推行商业闭环,与上游关联企业达成排他的合作协议,以强化自身地位。例如,注册淘宝账户时必须同时同意《支付宝服务协议》,否则将不能完成注册。

另外,根据《淘宝平台服务协议》的规定,"作为淘宝平台经营者,为使您更好地使用淘宝平台的各项服务,保障您的账户安全,淘宝可要求您按支付宝公司要求及我国法律规定完成实名认证。如您的账户未绑定通过实名认证的支付宝账户则淘宝可回收您的账户,相应服务同时终止"。由此可见,淘宝网在向客户提供服务时有疑似"搭售"支付宝的行为。淘宝网要求客户在接受其服务的同时必修接受支付宝的服务,这种行为发生在淘宝网与客户之间,然而考察支付宝的股权组成及实际控制与淘宝网都属于阿里集团。虽然支付宝公司具有独立的法人资格,但将其放在实际控制原则之下,则都属于阿里集团控制,在法律上不一定构成不正当竞争行为(因不正当竞争主体是淘宝网),然而实际上的行为却是限制了消费者的选择。因此,第三方支付平台企业具备提高价格的可能性,即可以通过只提高交易费而不增加注册费的方式来达到其提高价格,以弥补低价期间的损失并获取利润的目的。①

(二)资金沉淀及其孳息权属风险

在处理支付清算业务时,第三方支付平台收到买方支付的货款时不会即刻将这笔账款划至卖方账户下,因此,在买方验货无误交易达成之前的时间段中,该类账款滞留在第三方支付平台上形成了大量的沉淀资金。

在实际运营中,用户和商业银行并不了解第三方支付企业会将这笔资金究竟作何用途,无法对企业做出及时有效的监督。对于第三方支付企业而言,挪用这笔资金进行投资可能获取巨额的收益,而风险则落到了用户身上,侵害了用户的权益。根据中国人民银行2013年出台的《支付机构客户备付金存管办法》规定,"任何单位和个人不得擅自挪用、占用、借用客户备付金,不得擅自以客户备付金为他人提供担保"。然而,随着虚拟账户功能的丰富,网络支付机构不断扩大业务外延,围绕支付业务形成了较为复杂持续扩张的业务体系,在虚拟账户中滞留了大量的备付资金。

由于备付金规模巨大,在存管银行无法有效监督、机构自身内部控制失控的情况下,极易产生擅自挪用备付金的信用风险。尽管国务院在《互联网金融风险专项整治工作实施方案》中明确规定"非银行支付机构不得挪用、占用客户备付金,客户备付金账户应开立在人民银行或符合要求的商业银行"。但却没有规定具体的处罚措施。同时,根据《支付机构客户备付金存管办法》规定,支付机构应当在备付金存管银行开立至少一个自有资金账户。支付机构的备付金专用存款账户应当与自有资金账户分户管理,不得办理现金支取。

同时,上述办法规定:沉淀资金并不属于非金融机构,非金融机构无权挪用沉淀资金作其他用途,如投资理财等。但法律并未对沉淀资金孳息的所有权问题做出明确的回应。若将其看作保管行为,保管人不得使用或者许可第三人使用保管物,以及保管期间届满或者寄存人提前领取保管物的,保管人应当将原

---

① 参见黄勇、杨利华:《第三方支付平台企业掠夺性定价的反垄断法分析》,载《河北法学》2016年第4期。

物及其孳息归还寄存人。① 因资金的流动性难以界定权属，现实中孳息并没有返还给客户备付金所有者。

（三）实质从事清算业务的风险

我国的网络支付企业在业务模式上，企业处理的银行卡交易并不通过卡组织转接，而是直连银行。通过在多个银行设立备付金账户，又在其系统内为消费者设立虚拟账户，在不同的虚拟账户间记账变相实现了银行卡资金的跨行转移。在此种直连模式下，虚似账户间的资金交易仅仅表现为支付企业所设立的内部账目的增减，从开立备付金账户的银行端看来则完全没有发生任何的资金变动，仅在消费者的银行卡账户与虚拟账户间发生充值和提现时，银行才能看到账户的变化。2015 年《国务院关于实施银行卡清算机构准入管理的决定》要求从事银行卡清算的机构需为专门从事的机构，未依法取得银行卡清算业务许可证的，不得从事银行卡清算业务。网络支付企业的这种交易模式，不仅涉嫌在未取得清算业务许可的情况下，从事跨行资金清算活动，同时，大量的交易资金在虚拟账户中进行转移，相关金融机构和监管机构无法获知交易的真实情况以进行管理，造成金融安全风险。

（四）信息安全风险

第三方支付的运转依托于网络，支付账户上储存的大量客户个人信息、支付信息、交易信息、社交信息暴露于网络之中，如果安全保障系统不够健全，很容易造成客户信息泄露，给消费者的资金安全、信息安全造成威胁。2015 年 6 月 6 日，海南省公安厅侦破一起涉及 75 名储户银行卡异地被盗刷取款 80 多万元的案件，该案件发生的原因就是犯罪分子从市场上买到了被泄露的银行卡及持卡人的信息。② 而对于第三方支付机构的客户信息保障机制要求，以及若发生客户信息泄露将遭受哪些处罚等相关监管规定还在完善当中。同时，个别第三方支付机构与网络服务提供商、特约商户等签订合作协议时，通常会约定共享部分或全部客户信息，使得信息在客户并不知情的情况下被扩散，客户信息被泄露或被窃取的可能性更大。

（五）洗钱等金融犯罪风险

第三方支付的交易主要通过互联网和移动通信网络进行，具有匿名、隐蔽

---

① 参见王菁菁：《我国第三方支付发展的问题及建议——以支付宝为例》，载《经营与管理》2017 年第 1 期。

② 参见《海南 75 名银行储户在广东被克隆卡盗刷 80 万》，载搜狐网：http://news.sohu.com/20150612/n414889483.shtml，最后访问日期：2017 年 9 月 26 日。

的特点,资金交易双方的真实身份信息和交易信息难以监测,为资金的非法转移、洗钱等犯罪活动提供了可乘之机。实践中存在虚假交易引发的洗钱风险、资金池引发的洗钱风险、非法注资引发的洗钱风险和网络病毒引发的洗钱风险等。

由于第三方支付中介平台的存在,传统面对面的买卖形式转变为非面对面交易。依靠银行直接转账的交易模式被打破,一笔交易被割裂为两个似乎没有联系的两笔交易,导致两项交易间的因果联系无法追查,银行对资金的流向识别被第三方中介平台屏蔽,因而进一步加大了反洗钱监控难度。[①] 第三方支付机构的账户开立往往通过网络完成,这种形式使客户身份信息的真实性难以核实,不法分子利用虚假账户进行洗钱有了可乘之机,这些交易游离于正规银行体系之外,监管机构对于这些交易的主体身份、交易金额、交易频率、交易背景、资金流向等进行监测的难度很大。

另外,部分第三方支付机构未落实虚拟账户的实名制要求,向银行报送的支付信息不完整、不一致、不可追溯,使大量违法资金可以多重转移,加大了追查难度,对支付信息安全保护不到位,致使大量个人敏感支付信息泄露等,这些情况在一定程度上造成了诈骗等财产犯罪案件频发。目前虽然监管机关强制要求第三方支付平台进行客户身份强制验证,但在未验证身份的前提下只是限制了交易数额,依然存在隐患。

(六)冲击支付系统的风险

首先,货币正常流通的风险。第三方支付在金融市场中实际承担支付清算的职能,过程中兼有资金的流转。当买方在交易进行时,转入第三方支付账户中的资金在一定程度上等同于存款,这笔资金在交易尚未完成的时间内成为第三方支付机构中的沉淀资金,在监管不力时,第三方支付机构挪用沉淀资金,此时就具有了一定程度上金融市场体制之外的货币创造能力。

其次,交叉金融的风险。第三方支付作为支付体系中的一部分,随着不断地发展也不断地向金融领域里的其他方面渗透,第三方支付业务已经逐渐联通了货币市场、资本市场和资管市场等多方面金融市场的业务。互联网金融的普惠性使得参与者众多,其中一些重大"创新"只要几个月就可覆盖近亿名消费者,但是对这些产品的风险评估与监测管理尚不到位,若发生风险,将造成范围较广、破坏性较大的影响。

① 参见李涛、张伟:《第三方支付平台隐含的洗钱风险及防控对策》,载《中国人民公安大学学报》2016年第1期。

最后,监管协调的风险。第三方支付机构在工商注册时被界定为中介服务机构,但其业务范围除提供支付中介服务外,还涉及结算、担保、理财、信贷等,已经在一定程度上类似于金融机构的性质。中国人民银行从维护支付系统正常运行角度对第三方支付机构进行监管,银监会从商业银行与第三方支付合作角度进行监管,工信部门从信息安全和移动运营商管理角度进行监管,目前金融领域的跨业监管由金融监管部际联席会议统筹协调,但金融监管部门与非金融监管部门之间如何协调、如何厘清权责界限、如何共同实施监管,尚未有明确的答案。

四、第三方支付市场的监管建议

为规范互联网金融发展,国务院和各相关主管部门,先后出台了《关于促进互联网金融健康发展的指导意见》《互联网金融风险专项整治工作实施方案》和《关于进一步做好互联网金融专项整治清理整顿工作的通知》等多个文件,明确将第三方支付定位为提供小额、快捷、便民的小微支付,同时对备付金管理、变相从事跨行清算业务、无证经营等问题提出了明确的管理意见和工作要求。从长远考虑,应逐步构建起第三方支付市场的法律制度体系,规范第三方支付市场的发展。

(一)健全和完善支付法律法规

要加快建立和完善第三方支付行业的法律法规体系。

第一,提升现有法律法规的等级。目前第三方支付监管规则的法律位阶偏低,主要停留在规范性文件层面,其法律执行力相对较弱,对相应违反这些法律法规的失信行为的约束能力不足且没有具体的惩罚措施,需要在今后的立法过程中,吸收具有强制性和约束力的监管规定。①

第二,制定和完善相应的法律法规。建立第三方支付征信法律法规,明确第三方支付平台为判定用户信用等级可以获取和使用的用户资料权限,保护用户的个人隐私不受侵犯。建立健全与第三方支付退出有关的法律法规,保护用户在第三方支付公司退出时保留在第三方支付平台账户中资金的安全。明确《支付机构客户备付金存管办法》对备付金利息收益分配原则等。

第三,建立严格的失信惩戒制度。在法律法规中增加明确的失信行为处罚条款,增加失信行为的成本。

---

① 参见曹亚菲:《第三方支付平台存在的风险及监管机制的研究》,载《法制与经济》2017年第2期。

(二)构建第三方支付市场统一规则体系

第三方支付市场伴随着电商市场而发展起来,监管部门于2010年通过《非金融机构支付服务管理办法》将其纳入监管范围当中,规定了非金融机构从事支付业务的范围。其后通过《支付机构客户备付金存管办法》明确了支付机构应当并且只能选择一家备付金存管银行,并明确了客户备付金的使用和划转。《互联网金融风险专项整治工作实施方案》中明确提出非银行支付机构不得挪用、占用客户备付金,人民银行或商业银行不向非银行支付机构备付金账户计付利息,防止支付机构"吃利差"。

另外,还应明确非银行支付机构不得连接多家银行系统,变相开展跨行清算业务。非银行支付机构开展跨行支付业务应通过人民银行跨行清算系统或者具有合法资质的清算机构进行。《非银行支付机构网络支付业务管理办法》对客户进行分类,将大额交易限定在实名制下,使监管部门能掌握资金流向。然而却没有给出具体的操作规则,缺乏统一的标准体系,且缺少违反相关规定的处罚措施,监管机构应结合第三方支付市场的发展,适时出台统一的业务标准,以规范第三方支付行为。

(三)完善监管体制与机制

目前我国第三方支付机构由中国人民银行监管。央行、证监会、银监会、保监会、工信部等部门各司其职。目前第三方支付公司通过创新,已经将业务扩展至全部金融领域,从而难免出现监管真空,这就对现有的监管体系提出了挑战。因此,各部门在监管第三方支付行业相关业务时要不断加强沟通,不断完善监管规则,避免监管漏洞的出现,同时也应避免因各部门重复监管而增加第三方支付公司的合规成本。监管部门应组织和扶持专门的团队和研究机构对第三方支付公司的风险进行准确评估并及时发布专业的风险评估报告以警示风险。

(四)规范治理第三方支付企业

其一,规范信息披露,强化信息安全,完善自身的信息服务平台。第三方支付机构提供交易双方交易信息的平台是第三方支付行业促进网上交易顺利进行的重要保障,其信息的透明度、公正性,直接影响着买卖双方对对方的信用评价。因此,第三方支付公司应该通过健全信用评价机制、完善售后服务环节、加强对交易双方准入的资质审核等,提升自身平台的公信度。

其二,建立有效的风险监测,预警和应急处理机制,加强内部管理,降低信用风险。第三方支付公司随着业务规模和业务领域的不断扩大,其面临的风险也变得更加复杂多样。因此,要加强风险监测,完善自身的风险管理体系,建立风险应急处理机制，对创新领域的风险进行准确评估，及时处理。

其三，加强从业人员的专业培训，提升风险防控能力。既要提升市场开发人员的风险意识与自身业务素质，也要提升其在市场开发过程中对潜在商户的资质和信用的甄别审核能力和服务能力。

其四，规范与银行的合作，确保交易平台的资金安全。第三方支付公司的备付金必须全额缴存至支付机构在备付金银行开立的备付金专用存款账户。第三方支付的主要业务也包括提供银行与商户间的交易结算通道。因此，通过加强与银行的合作可以消除双方在业务衔接过程中可能存在的风险。

（五）加强行业协会的自律服务与监管

中国支付行业协会自 2011 年成立以来，在促进支付清算服务行业自律管理、维护支付清算服务市场的竞争秩序和会员的合法权益、防范支付清算服务风险、促进支付清算服务行业健康发展等方面做出了突出的贡献。因此，应该充分支持行业协会建立第三方支付行业的信用信息体系，并建立严格的信用奖惩机制，加强对第三方支付行业的信用约束。还应建立透明有效的第三方支付行业企业信息平台，及时公布第三方支付行业各企业的信用状况。2017 年 8 月 4 日，中国人民银行支付结算司向有关金融机构下发了《中国人民银行支付结算司关于将非银行支付机构网络支付业务由直连模式迁移至网联平台处理的通知》要求，自 2018 年 6 月 30 日起，支付机构受理的涉及银行账户的网络支付业务全部通过网联平台处理。这一组织的设立将改变以往第三方支付机构直连银行的局面，便于监管机构的监管，解决了第三方支付平台自己结算不合规的问题，同时起到了规范行业的作用。应当建立透明有效的第三方支付行业企业信息平台，及时公布第三方支付行业各企业的信用状况。同时，应通过协调沟通，鼓励第三方支付行业建立统一的商户信用评价体系，提升整个行业的信用水平；加强对从业人员的培训，强化其服务意识，提升其服务质量。

（六）强化网络支付金融消费者合法权益保护

大型网络电商和支付机构中普遍存在滥用格式条款，大量获取金融消费者个人信息的行为。实践中，如果金融消费者拒绝接受不合理地获取个人信息的格式条款，则交易无法继续。随着大数据、云计算逐渐发展为成熟的商业模式，网络支付机构将客户金融信息共享到关联公司。而金融消费者即便被侵权，也往往不会通过法律救济手段直接维护权益。这需要监管部门及时出台监管政策，加大惩罚力度，通过行政手段有效遏制互联网支付机构的大规模侵权行为。在现有法律体系中，《非银行支付机构网络支付业务管理办法》主要侧重于对支付机构的技术、管理、经营等资质以及消费者的资金安全层面，而未对支付机构挪用客户备付金、超范围经营、非法经营的情况进行监管。消费者依据《消费者权益保护法》行使权利存在纠纷解决机制烦琐等问题,[①]所以在构建第三方支付法律体系中应当为消费者维权提供便利的渠道。

(七)切实执行互联网金融安全监管政策

近期国务院办公厅和中国人民银行等部门,密集出台了互联网金融风险专项整治等10多个文件,对第三方支付的备付金管理、变相从事跨行清算业务、无证经营等3个方面问题提出了管理意见和工作要求。但是,这些监管规则主要停留在规范性文件层面,法律位阶低,且未有具体、有效的惩戒措施,为此,需要在今后的立法过程中,及时吸收具有更大强制性和约束力的监管规定。重点关注,规范网络支付领域的竞争监管。对于个别企业支配地位且有搭售行为的现象,应认真研究并加强网络支付市场竞争秩序的监管。对滥用垄断地位现象进行治理,更好地促进互联网金融领域在正确的方向上创新发展。

五、结语

随着互联网经济的发展,互联网行业向金融业逐步渗透,我国第三方支付市场继续保持快速发展势头,在支付技术和支付场景等方面不断创新,进一步提高了支付安全性和支付便捷性,但支付中断、客户欺诈、备付金管理不严格等问题仍屡有发生。为适应新的支付方式带来的变化,监管机关先后出台了相关法律文件以适应时代的发展。以《非银行支付机构网络支付业务管理办法》和《非银行支付机构风险专项整治工作实施方案》为起点,对第三方支付平台提出了原则性的要求,伴随着"网联"平台的搭建,第三方支付机构逐步走上规范发展的道路。从更长远考虑,在适当时应制定更高层次的法律,明确第三方支付的市场准入规则、经营范围、经营规则、行业自律和监管等方面的内容,从而以法律形式明确金融功能,保护消费者的权益。

---

① 参见王洪凯、陈斌彬:《论我国第三方支付中消费者权益的法律保护及完善》,载《武汉金融》2017年第4期。

共享经济之基本法律范畴

杨为乔*

近年来，共享经济/分享经济（“共享经济现象”或者“共享经济模式”）①的出现，在提高经济效益和生活便利的同时，人们也开始关注起它所带来的法律理论与实践上的挑战。这些“挑战”在几乎涵盖市场经济法制的所有方面的同时，却并未指明属于“共享经济”的核心法律问题到底是什么？即使是那些冠以“共享”名头的共享专车、共享单车、共享酒店或者民居（Airbnb）乃至共享融资（P2P 和众筹）等所谓共享经济法律问题，到底与“共享经济”有多大关系，其中又包含哪些具体法律问题，亦不甚了了。

目前，学界尚未对共享经济（Sharing Economy，甚至有好事者发明了一个新的单词“Shareconomy”）有统一、权威的认识和界定。一般认为，所谓共享经济就是基于共享社会关系而存在的一种社会经济样态；而这种共享社会关系是建立在物（商品、资源等）与服务的共同利用、共同运营关系上的一种人与人之间的社会关系。

---

* 西北政法大学经济法学院副教授、硕士研究生导师。

① 严格来讲，“共享经济现象”与“共享经济模式”是两个完全不同的术语。前者强调作为一种社会经济样态的载体与表现；后者则强调这一经济样态的组织方式与运行规律。为行文方便，本文并未特意区别二者。为行文简洁，本文均使用“共享经济”一词泛指代之。

一、对共享分享关系的历史考察

(一)早期人类社会中的共享/分享关系

就广义的角度而言,人们之间的各种相互扶助关系,甚至赠予关系都可以看作一种共享经济现象。从这个意义上来说,所谓"共享经济"现象在人类社会早期便已存在。易言之,只要存在人与人之间存在分享关系,就有可能存在所谓的"共享经济"。当然,这种人类社会早期的分享现象,不能与现今的"共享经济"同日而语;人类社会早期的分享现象,或许存在以下几个特点:

第一,分享主体范围的局限性。早期人类社会的分享关系,多发生在特定的人群之内,这些人群或存在血缘上的亲族关系,或存在地域上的近邻关系。他们之间存在生存关系上具有某种共同体利益关系;而辨别这种共同体关系的依据就是相对可以容易区分的血缘标准或者地域标准。

第二,分享目的的单向性。早期人类社会的"分享关系"绝大多数情况下都是基于一方对某种共同利益关系的一种单方评价与判断,进而采取的单方/单向行为,典型如赠予。这种单方对于共同利益评价做法,亦尚未形成某种权力/权利义务关系;因为一旦进入某种权力/权利义务关系体系下,这种关系的"共享"属性就在很大程度上被掩盖甚至否定掉了。

第三,分享阶段的消费性。早期人类社会对于分享的认识基本限于"共同消费",恰如水泊梁山上的"你有,我有,全都有啊!"这种共同消费直接体现为对特定资源、物的直接利用与享用。现代人们根据共享目的的不同,将共享经济分为消费型、生产型和发展型3大类型。就此而言,早期人类社会的"共享经济"也就算是处于消费型共享经济阶段。当然,共享经济是否存在这样明确的阶段或者层次划分,值得讨论。

(二)对现代共享经济的基本理解

就狭义角度而言,共享经济也被认为是一个含义广泛的概括性术语,通常用来描述那些通过互联网进行的各类在线交易现象或交易行为。[①] 显而易见,在这一超级概括的表述背后,实际上是人们对共享经济这一经济现象应当包含的基本范畴、特征以及构成要素等基本规定性的粗糙认识。或许,给共享经济下一个准确的定义更应当是经济学家应该完成的任务。

---

① 这一术语被形象地表述为:"Umbrella Term",也许和中文里的"口袋名词"是一个意思吧。参见《共享经济》,载维基百科:https://en.wikipedia.org/wiki/Sharing_economy,最后访问日期:2017年10月3日。

不过,从一般法律人的角度观察,狭义的现代共享经济对信息传播的依赖显而易见。无论是创新还是革命,狭义的共享经济都与互联网有紧密的联系:没有互联网的大规模普及,就没有所谓现代共享经济的存在。互联网在其中扮演的是一个超级信息传播者的角色。

所谓超级,一是互联网将信息传播的范围无限扩大,其潜台词就是潜在的交易机会与交易对象无限扩大;二是信息传播的成本大大下降,这就意味着交易机会的倍数增加:"过了这个村,就没有这个店儿了"不再是交易双方可能会顾及的因素,多次比较、反复对比成为通过互联网交易的常态,有人把这称为"民主化的市场手段";三是信息传播的对等性,这是相对于传统市场信息不对称、信息偏在而言,互联网信息传递几乎都可以看作点对点的信息传播,其中不存在第三方修改、影响原始信息内容的可能。类似表见代理等与意思表示有关的法律制度,在互联网信息传播与网络在线交易方式下,遇到了前所未有的有力挑战。

此外,开放源代码、免费 APP 软件以及网络虚拟社区的存在,也是现代共享经济得以发生、发展的重要客观物质依赖。同时,这也是为什么现代共享经济目前仍被限定于网络经济范围之内的一个基本原因:共享经济的前提是信息的实时、无差别共享。

二、共享经济与市场经济之间的关系

从长远发展的眼光来看,共享经济势必将突破网络经济的桎梏,而延伸至实体经济领域,并实现共享经济的实体经济化(当然,也可以从相对的角度将此理解为实体经济的共享化或者网络化)。在可以预见的未来,可能呈现给我们的未来经济样态或将是共享与实体混合的某种样态,[①]这种混合经济样态或许向我们回证了共享经济与市场经济的以下关联:

(一)供求关系规律未发生本质变化

从微观角度来看,共享经济并未改变市场经济赖以存在的基本供求关系规

① 本文认为共享经济具有与实体经济相混合的某种样态;不过在印度学者阿鲁·萨丹拉彻那里,这种"混合样态"却是标准市场经济与礼物经济的混合,在他看来,共享经济/分享经济的部分商业活动类似于相当标准的市场经济活动。但另一些交易更适合被归于"礼物经济"(Gift Economy)的范畴;这是因为这种被称为共享经济的事物,不仅仅具有商业目的,还有其他的社会和文化上的作用。大部分的交易看起来都像是市场经济和礼物经济的结合。分享经济自然地跨越了市场经济和礼物经济,成了它们之间的过渡态。参见[印]阿鲁·萨丹拉彻:《分享经济的爆发》,周恂译,文汇出版社 2017 年版,第 559~563 页。

律。市场经济孜孜以求地通过市场配置资源的基本供求关系原理和规律不仅依然有效,更在市场信息传递的环节得到了极大的加强。也就是说,在供给与需求不变的情形下,共享经济由于信息传递环节的高效与强化,使供给变得更有针对性,同时需求也更容易获得及时的满足。从某种意义上来看,共享经济实际上更贴近包括亚当·斯密等人对于理想市场经济的最初设想。

更为重要的是,共享经济从骨子里透出来的对自由意志和自由精神的追求,高度契合市场经济的价值取向——自由竞争。如果是这样,那么所有宣称追随市场经济理想的人,都应该对于共享经济时代的到来喜上眉梢、欢呼雀跃才对;然而,这些被理性占据的头脑,却并没有向它的手脚脉冲这样的神经信号。其背后的原因或许就在于共享经济尚无法完全替代现有市场经济。

(二)市场参与主体更加广泛

任何人只要上网,都有可能成为共享经济的参与者。对于商品或者服务提供者而言,这一方面降低了进入市场的准入门槛,为任何愿意从事市场交易的主体,提供了参与市场的交易的机会;但另一方面,这一事实也有可能使现有的各种市场准入制度面临不攻自破的风险。对于商品或者服务的接受者而言,其选择交易的机会和可能大大地增加了,几乎可以达到"想要什么交易就有什么交易,想要交易什么就能够交易什么"的自由境界。同样对于自然人而言,借由互联网技术以及现代物流技术的扶助,人的行为能力对于其达成特定交易的影响在不断减少,甚至有关其权利能力与行为能力基本法律制度设计都能够重写。例如,最新实施的《民法总则》中有关民事行为能力年龄阶段设置的调整就是如此。

(三)市场价格发现能力增强

得益于互联网信息传递技术的帮助,即使在同等条件下,共享经济市场中的价格敏感度更为精准细腻。在传统市场中存在的各类价格欺诈、价格垄断等问题,在更为清晰透明的共享经济下生存空间日渐收窄、减少。但仍需说明的是,在共享经济下最终决定价格的依然是前文已经提到的供求关系规律,以及市场竞争关系规律的双重作用。换言之,共享经济能够更为及时、迅速地反映市场价格变化,但无法决定市场交易价格。作如此提示的目的在于在共享经济条件下,政府要干预市场价格的依据依然是供求关系规律以及竞争关系规律,那种认为"在商业经济里'价格是资源分配主要的调节信息,也是重要动力';

但在分享经济里它却被'非价格因素的社会关系'所代替"①的观点，就不能不审慎推敲。

（四）节约资源、减少交易成本

共享经济作为一种新的经济形态，"正逐渐成为结构转型升级的驱动力量以及稳定经济发展前景的最优途径"。这反映了人们普遍认为的"在共享经济的模式下，能做到无限节约资源，降低交易成本"②。的确，在一些显而易见的领域，共享经济能够极大地节约资源、减少交易成本，从而提高了交易效率。相对于传统的交易方式而言，共享经济模式中交易效率的显著提高可能包括两个层面的意义：第一，达成交易或合同缔结的成功率/或曰签约率在提高；缔结合同变得越来越容易。第二，交易效率的提高，意味着随着签约率显著提高，对应地提升了合同的及时、完全履行。这似乎说明，共享经济是有效率的。

实际上，节约资源、减少交易成本是提升共享经济背景系交易效率众多重要条件之一，但不能就此得出共享经济就一定是有效率的这种判断。可能的问题包括：一是共享经济的效率前提是需求的同质化。在市场需求多样化、个性化的条件下，共享经济到底能够在何种程度和范围上满足这种需求，尚待观察。二是现有的关于共享经济节约资源、降低交易成本的观察，往往集中于生产消费的一段、一端；而不是从生产消费的全产业链来进行整体的观察与评价。最近，国内各大城市中的共享单车造成的闲置、浪费以及环境混乱问题恰恰提醒了人们需要重新评价共享经济可能带来的浪费和社会管理成本问题。

（五）市场中介机制发生变化

传统市场中介机构以及中介平台将不得不面临转型。各类实体中介机构将不断延展其中介业务链，传统的代客买卖、居间服务将更多地在客户终端由客户自主实施（至少从法律上来看）。当然，这是否意味着市场中介机构的蜕化，或者所谓的"去组织化、去中介化、去中心化"③尚难定论。但基于互联网的共享经济的中介成本要远远低于现有市场组织的交易成本，因此，现有市场中介机构的调整与发展将是不可逆转的，一种可能的发展方向是现有中介机构将不断演变为社区信息交易平台，更多地从事提供公告栏式的服务；④同时，其中

---

① [印]阿鲁·萨丹拉彻：《分享经济的爆发》，周恂译，文汇出版社2017年版，第688～693页。

② 刘国华、吴博：《共享经济2.0：个人、商业与社会的颠覆性变革》，企业管理出版社2015年版，第2283～2294页。

③ 同上书，第2249～2262页。

④ 参见[印]阿鲁·萨丹拉彻：《分享经济的爆发》，周恂译，文汇出版社2017年版，第410页。

介服务行为也将演变为基础性在线及时信息服务;就盈利的角度而言,提供信息服务本身很难继续成为中介机构的盈利来源,更多的获益将来自信息中介平台所提供的具有延伸性、针对性的增值类服务。

三、共享经济对"所有权"概念的影响

"所有权"概念过时了吗? 显然,市场经济不是人类经济发展的最终形态,但共享经济也并非是替代市场经济的真命天子。共享经济只不过是市场经济交易组织方式的最新版本,它所能更新或者替换的充其量只是市场经济中的某些"软体"部分。就像在芝加哥期货交易所里,交易员们手里漫天飞舞的纸片,变成了手中的电子终端一样。在更多的情况下,人们更愿意把共享经济看作一种混合市场形态,这种介于公私之间的经济模式,或许会对"所有权"概念形成某种冲击。

"所有权"概念作为现代民商事法律制度、市场经济法律制度的基础性概念,已经不是第一次被人们所质疑了。近代以来,出于对工业社会生产关系的保护,所有权制度在整个财产法律制度体系中的地位得到了强化乃至扩张,尤其是在近现代物权制度中得到了巩固。在相应的财产权利上,无论是资本主义的私有化,还是计划经济的国有,都在一定程度上限制了经济领域内人们"共享资源"的可能。无论是对所有权 4 项权能的分解,还是通过信托制度架设所有权与其用益可能的分离,其实都是对传统所有权概念的一次扩张,从而使"所有权与使用权"的分离,获得理论上的合理性与正当性。这不仅无可厚非,相反却是理论自愈与自洽的一种正常现象。

(一)所有权的取得角度

共享经济条件下,或许人们取得所有权的目的不再是满足自己的实际消费或者直接使用,而是转而谋取某种获益的可能;取得所有权以作为生活资料的目的似乎削弱了,而使其在具有生活资料功能的基础成为某种生产资料的多目的性开始显现出来,这一点在 AIRBNB 的运用中可以显而易见地表现出来。在海南各城市,尤其是三亚不是也有这样很多随着季节变化而迁徙的人们吗?然而,取得所有权目的的多样化,并不能直接说明所有权概念已经过时,或者所有权概念已经变得不重要。

实际上,在杰里米 · 里夫金在 2000 年出版的《使用权时代》(The Age of Access)中所倡导的"摒弃市场和产权交易,从观念上推动人际关系以实现结构

性转变。这就是从产权观念向共享观念的转变”。① 这种产权观念的更新，更多的是在强调共享经济条件下，“共享”行为在经济上是效率的，能够实现共享者与社会整体资源利用之间的“双赢”乃至“多赢”。其实，这种摒弃多种所有权多样性制度安排的“美好愿望”在计划经济倡导者那里早已不是新鲜的东西：全国社会财富只有一个所有者，那就是国家；国有企业、集体企业以及个人，都只是国家所有权下的使用者而已。只不过，共享经济倡导者实现这种“双赢”或者“多赢”的过程不再是靠计划和指令，而是借助于人人手里的手机而已。

（二）所有权不如租赁权了吗？

人们认为所有权的重要性已经被租赁权所替代。“分享经济经常代表了与传统的所有权的彻底分割……租借，与拥有不同，能在更大的人群中将更少的物质更有效地利用起来。”②的确，从用益关系角度而言，仅由所有权人直接行使其权利的现象在一定程度上减少了；这是一个法律人格与对应财产关系的脱离过程，反映出人与物的基本关系的某种革命性变化：脱离物的限制，人格自由与自我实现不再依赖于其对物质财富的拥有与控制。

然而，这一切美好生活的实现，必须依赖一个更为广阔背景下社会福利体系对特定个体的“供养”体系，没有这种体系的保障，租赁权就无法替代所有权成为个体赖以生存的必需。显然，无论中外，这样的供养体系目前尚无法实现，所以我们看到的租赁权对所有权的冲击，也仅仅是在特定领域，尤其是城市生活消费领域的“替代”或者“冲击”，但要是大漠孤烟、荒岛余生呢？要是在特定生产领域呢？

不想简单地说：“没有所有权哪里来的租赁权呢？”一是不愿意堕入某种逻辑纠缠和文字游戏中，虽然这可以从一定程度上反驳租赁权对于所有权概念的冲击；二是更愿意看到在共享经济条件下租赁权的继续发展与演进。实际上，我妻荣先生早就提出了“债权在现代法中的优越地位”这样一个命题，在笔者看来，现在关于共享经济条件下租赁权对所有权的冲击，仍未能超越我妻先生的视野，而另辟一个新的天地。

此外，“另一方面则在于它在‘即时’模式上的赌博——预订一辆车立即就能使用，而不用经过主人同意——这个模式才真正从购买变成了共享。它的点

---

① 刘国华、吴博：《共享经济2.0：个人、商业与社会的颠覆性变革》，企业管理出版社2015年版，第1497～1499页。

② ［印］阿鲁·萨丹拉彻：《分享经济的爆发》，周恂译，文汇出版社2017年版，第1203～1207页。

对点租用模式是整个分享经济的核心部分,它是两种观点的完美融合:使用却不拥有,以及网络结构取代层级结构"。① 如果可以用法律术语来翻译这一段话,那么它可能被表述为,共享经济所蕴含的内核,或者说核心不过是在物之所有权与使用权分离基础上,因实时交易而存在的租赁关系/租用关系,这种租用关系在本质上尚未脱离租赁关系的基本权利交换结构。其核心不过是"一破一立""破:所有权的局限性、专属性""立:租赁权的扩张",而这恰恰在某种程度上印证了所有权的不可替代性。

还有一个问题:尽管"使用但不拥有"确实存在潜在的巨大效率优势,但除了房屋和汽车之外,是不是所有的东西都适合发展规模化点对点租用市场呢?它们的远期价值是否与所有权紧密相关呢?对于这些基本问题的直觉回答,就能回应对于所有权概念过时的反问。

(三)"接入权"对所有权的冲击

有一"部分共享经济和协同消费研究者认为'接入权'相比'使用权'更准确地刻画共享经济"。② 显然,这里的"接入权"实际上就是指在共享经济条件下,潜在交易者获得交易机会的权利。就此而言,这种"接入权"与传统实体市场交易中,在遵从法律和交易习惯前提下的缔约谈判权利而已,甚至更为简单:它不过是标准契约的谈判、签约权利。

从传统权利形态来看,所谓"接入权"与所有权分属不同的权利形态,没有可比性,甚至也没有进行比较的必要性。但其亮点在于"接入权"概念背后隐含的自治属性,即取得"接入权",须以接受相关APP服务协议为前提。有学者将这一过程看作共享经济的"造法功能"。或许共享经济这种"造法功能"的出现,倒是真的拜传统法制的某种局限性所"赐"——公权对于私权领域的过度介入。但就此断定或者期冀通过共享经济拥有这种"造法功能"就可以修正现实立法的某些缺陷,未免将立法以及司法实践中公权与私权博弈过程看得过于简单了。

四、结语

共享经济对于"所有权"概念的冲击、更新,或许不像人们想象的那样巨

---

① [印]阿鲁·萨丹拉彻著:《分享经济的爆发》,周恂译,文汇出版社2017年版,第403~405页。

② 刘国华、吴博:《共享经济2.0:个人、商业与社会的颠覆性变革》,企业管理出版社2015年版,第1494~1495页。

大。反而,更需要人们警惕的是:不能通过对“共享”概念肯定而滑落至对计划经济的肯定。本文之所以倾向于主张共享经济无法否定“所有权”概念的理由,一方面来源于对传统财产权利制度的尊重与不愿割舍。本人始终认为,法学应该是社会科学体系里仅次于神学的一门保守的科学。在法学领域,过多的“创新”往往适得其反。另一方面则是对这样一个问题的疑惑:在共享经济条件下,谁来决定我们共享?如果依然离不开财产所有者意志,那么共享经济就不能否定“所有权”概念的存在;如果答案是相反的,那就另当别论。

另外,《哈佛商业评论》《金融时报》都曾经刊文认为,“共享经济”只不过是一种误称。《哈佛商业评论》曾经指出:广义的共享经济这个词的正确含义是“准入经济”。还有人提出:如果极端一点,也许我们今天津津乐道的共享经济,其实不过是一种协作消费而已。因此,笔者基本不担心基于共享经济的所谓“脱监管趋势”,却更担心传统法律制度惯性反弹,即反而会导致所谓“共享经济的法律规制系统”成为阻碍共享经济发展的一种阻碍力量。

图书在版编目(CIP)数据

长安金融法学研究. 第8卷 / 强力主编. --北京：法律出版社,2017

ISBN 978-7-5197-1639-4

Ⅰ.①长… Ⅱ.①强… Ⅲ.①金融法-法学-文集 Ⅳ.①D912.280.1-53

中国版本图书馆CIP数据核字(2017)第279859号

长安金融法学研究(第8卷)
CHANGAN JINRONG FAXUE YANJIU(DI 8 JUAN)

强 力 主编

策划编辑 沈小英
责任编辑 陈 妮
装帧设计 汪奇峰

出版 法律出版社
总发行 中国法律图书有限公司
经销 新华书店
印刷 北京京华虎彩印刷有限公司
责任校对 马 丽
责任印制 吕亚莉

编辑统筹 财经出版分社
开本 720毫米×960毫米 1/16
印张 23.5
字数 430千
版本 2017年11月第1版
印次 2017年11月第1次印刷

法律出版社/北京市丰台区莲花池西里7号(100073)
网址/www.lawpress.com.cn
投稿邮箱/info@lawpress.com.cn
举报维权邮箱/jbwq@lawpress.com.cn
销售热线/010-63939792
咨询电话/010-63939796

中国法律图书有限公司/北京市丰台区莲花池西里7号(100073)
全国各地中法图分、子公司销售电话：
统一销售客服/400-660-6393
第一法律书店/010-63939781/9782
西安分公司/029-85330678
重庆分公司/023-67453036
上海分公司/021-62071639/1636
深圳分公司/0755-83072995

书号:ISBN 978-7-5197-1639-4
定价:76.00元